Kahlenberg/Weiss (Hrsg.) · Steuerrecht aktuell 2/2019

 Inklusive Online-Version und Online-Seminar „Steuerrecht aktuell"

Das kompakte Wissens-Update für die ganze Kanzlei!

Als Käufer dieses Buches haben Sie Zugang zu dessen Online-Version und zu einem aktuellen Online-Seminar in der NWB Datenbank.

Die Aufzeichnung des Online-Seminars „Steuerrecht aktuell" ermöglicht effiziente Weiterbildung direkt an Ihrem Arbeitsplatz

Schalten Sie jetzt Ihre Online-Mehrwerte frei:

1. Rufen Sie die Seite **www.nwb.de/go/freischalten** auf.
2. Geben Sie den eingedruckten Freischaltcode ein und folgen Sie dem Anmeldedialog.

> **Ihr Freischaltcode:**
> **RTTK-HKUR-FLCQ-NDOO-TRVT-YG**

3. Produkt starten. Fertig!

Die Online-Version von Steuerrecht aktuell 2/2019 steht Ihnen drei Wochen nach Erscheinen der gedruckten Ausgabe zur Verfügung.

Steuerrecht aktuell 2/2019

- Brexit-Steuerbegleitgesetz
- Grunderwerbsteuerreform, Konzernklausel und EU-Beihilferecht
- Erbschaftsteuerliche Steuerbefreiung für Familienheim
- Veräußerung von Miteigentumsanteilen als Lieferung
- Steuerfreistellung bei variablen Kaufpreisforderungen
- Gewerbeverlust bei Einbringung nach § 24 UmwStG
- Buchführungspflicht einer ausländischen Kapitalgesellschaft
- Anfechtung einer KapESt-Anmeldung

Herausgeber:
Dr. Christian Kahlenberg/Prof. Dr. Martin Weiss

Mitautoren

Iring Christopeit, LL.M., RA/StB/FA Erbrecht/StR

David Dietsch, LL.B.

Dr. Benedikt Ellenrieder, Rechtsanwalt

Dr. Ralf Haendel, RA/StB

Dr. Lars H. Haverkamp, LL.M.,RA/FAfStR

Sven Janken, Dipl.-Finanzwirt (FH),StB

Michael Joisten, Dipl.-Kfm., Steuerberater

Dr. Christian Kahlenberg, M.Sc./LL.M., StB

Kimberly Kutac, M. Sc., StB

Sara Meinert, LL.M., RA

Dr. Delia Maria Palenker, RA

Michael Pospischil, LL.B., StB

Lukas Schweika, Dipl.-Finanzwirt (FH)

Prof. Dr. Martin Weiss, StB/Fachberater für Int. StR

Christian Kappelmann, Dipl.-Finanzwirt (FH), StB

Christina Storm, M.Sc, Steuerberaterin

Henning Stümpfig, Dipl.-Finanzwirt (FH), StB/Fachberater für Int. StR

Tobias Fischer, LL.B.

Hannah Gladitsch, M.Sc.

Volker Küpper, Dipl.-Volkswirt, StB

Gustav Liedgens, M.Sc.

Nadine Oberherr, Dipl.-Finanzwirtin (FH), StB

Sven Sistig, LL.M.

Dr. Noemi Strotkemper, RA/StB

Dr. Benjamin Zapf, RA

Yannic Lebfromm, LL.B.

ISBN 978-3-482-**66810**-4

© NWB Verlag GmbH & Co. KG, Herne 2019
www.nwb.de

Alle Rechte vorbehalten.

Dieses Buch und alle in ihm enthaltenen Beiträge und Abbildungen sind urheberrechtlich geschützt. Mit Ausnahme der gesetzlich zugelassenen Fälle ist eine Verwertung ohne Einwilligung des Verlages unzulässig.

Satz: Griebsch & Rochol Druck GmbH, Hamm
Druck: Stückle Druck und Verlag, Ettenheim

VORWORT

Liebe Leserinnen und Leser,

wir freuen uns, Ihnen die neue Auflage von „Steuerrecht aktuell" überreichen zu dürfen. Zahlreiche Entwicklungen, die sich teilweise auch überschneiden und gegenseitig beeinflussen, kennzeichnen derzeit das Steuerrecht. Der bevorstehende „Brexit", der Austritt des Vereinigten Königreichs Großbritannien und Nordirland aus der Europäischen Union, stellt eines der Kernthemen dieser Auflage dar. Der deutsche Gesetzgeber hat mit dem Brexit-Steuerbegleitgesetz umfassend Vorsorge getroffen, unerwünschte Steuerfolgen aufgrund des Brexit abzumildern; die entsprechenden Regelungen stellen wir Ihnen in dieser Aufgabe vor. Daneben diskutieren wir die für die Praxis bedeutsamsten Entscheidungen in den Bereichen Ertragsteuern, Grunderwerbsteuer, Umsatzsteuer und Verfahrensrecht aus dem ersten Quartal 2019 und weisen auf die praktischen Auswirkungen hin. Außerdem verschafft Ihnen diese Ausgabe einen Überblick über den gegenwärtigen Entwurf zur Grunderwerbsteuerreform. Die angedachten Neuregelungen durch das bisher noch nicht verabschiedete Jahressteuergesetz 2019 werden wir Ihnen in der nächsten Ausgabe vorstellen.

Wir freuen uns sehr, dass wir mit Dr. Benedikt Ellenrieder, Michael Joisten und Christina Storm für die zweite Auflage weitere Autoren gewinnen konnten, die das Werk durch Ihre Expertise bereichern. Vielen Dank dafür!

Natürlich streben wir weiterhin eine stetige Weiterentwicklung und Verbesserung des Werkes an. Sollten Sie also Anmerkungen oder Anregungen haben, richten Sie diese bitte gern unmittelbar an uns (christian.kahlenberg@fgs.de oder martin.weiss@fgs.de).

Wir wünschen Ihnen eine informative und gut verständliche Lektüre sowie eine frohe und besinnliche Weihnachtszeit!

Berlin im Dezember 2019   Die Herausgeber

INHALTSVERZEICHNIS

	Seite
Vorwort	5
Inhaltsverzeichnis	7
Abkürzungsverzeichnis	15

A. Einkommensteuer — 21

    I. Rechtsprechung — 21

1. Sky-Bundesliga-Abo als Werbungskosten — 21
2. Einkommensteuerrechtliche Qualifikation von Preisgeldern aus Turnierpokerspielen — 22
3. Berücksichtigung von Verlusten aus einer Übungsleitertätigkeit — 23
4. Zur Ermittlung der ortsüblichen Miete ist sog. EOP-Methode ungeeignet — 24
5. Keine Übertragung einer Rücklage nach § 6b EStG ohne Abzug von den Anschaffungs- oder Herstellungskosten eines Reinvestitionswirtschaftsguts — 25
6. Teilwertabschreibung auf Anteile an offenen Immobilienfonds, deren Ausgabe und Rücknahme endgültig eingestellt ist — 27
7. Keine für Alt-Lebensversicherung steuerschädliche Verwendung eines besicherten Darlehens für Gewährung zinsloser Darlehen — 29
8. Anerkennung von Verlusten aus Knock-out-Zertifikaten — 31
9. Aufteilung von Finanzierungskosten auf Einkünfte aus Kapitalvermögen und sonstige Einkünfte — 32
10. Spendenabzug bei Schenkung unter Ehegatten mit Spendenauflage — 33
11. Steuerfreiheit einer vor dem 1.1.2005 abgeschlossenen Kapitalversicherung bei „laufenden Beitragszahlungen" — 36
12. Preisdifferenzierungen wegen betrieblicher Besonderheiten bleiben beim Listenpreis i. S. d. § 6 Abs. 1 Nr. 4 Satz 2 EStG unberücksichtigt — 38
13. Besuch einer Missionsschule als Berufsausbildung — 40
14. Erbauseinandersetzung bei zivilrechtlicher Nachlassspaltung: Realteilung vs. Anschaffungskosten — 41
15. Gesellschaftsvertragliche Ergebniszuweisung einer vermögensverwaltenden GbR bei Gesellschafterwechsel während des Geschäftsjahres — 43
16. Betrieb eines Blockheizkraftwerks – Wohnungseigentümergemeinschaft als gewerbliche Mitunternehmerschaft — 45

	17.	Objektbezogene Prüfung der Überschusserzielungsabsicht bei Ferienwohnungen; Wechsel von dauerhafter Vermietung zu Ferienwohnvermietung	47
	18.	Keine vorab entstandenen Werbungskosten aus Finanzierung eines nießbrauchsbelasteten Grundstücks	48
	19.	Zur Abziehbarkeit von Aufwendungen für Einrichtungsgegenstände und Hausrat im Rahmen einer doppelten Haushaltsführung	49
II.	Verwaltungsanweisungen		50
	1.	Investmenterträge aus Madoff-Fonds	50
	2.	Vermietung eines Arbeitszimmers oder einer als Homeoffice genutzten Wohnung an den Arbeitgeber	52
	3.	Steuerliche Behandlung der Überlassung von (Elektro-)Fahrrädern	53
	4.	Auslegungsfragen zu § 20 Abs. 1 Nr. 10 EStG bei Betrieben gewerblicher Art als Schuldner der Kapitalerträge	54
III.	Gesetzesänderungen		56
	1.	§ 4g Abs. 6 EStG – Bildung eines Ausgleichspostens bei Entnahme nach § 4 Abs. 1 Satz 3 EStG – Änderungen im Zusammenhang mit dem BREXIT	56
	2.	§ 6b Abs. 2a EStG – Übertragung stiller Reserven bei der Veräußerung bestimmter Anlagegüter – Änderungen im Zusammenhang mit dem BREXIT	57

B. **Körperschaftsteuerrecht** — 59

I.	Rechtsprechung		59
	1.	Verdeckte Gewinnausschüttung bei Rückstellung für drohende Haftungsinanspruchnahme einer Organgesellschaft nach § 73 AO	59
	2.	Verdeckte Gewinnausschüttung und das Bestimmtheitserfordernis bei Beratungsverträgen	60
	3.	Erträge aus der Aufzinsung des Körperschaftsteuerguthabens nach Formwechsel in einer Personengesellschaft	63
	4.	Steuerfreistellung nach § 8b Abs. 2 KStG bei gewinn- und umsatzabhängigen Kaufpreisforderungen	66
	5.	BFH, Beschluss v. 16.1.2019 – I R 72/16 (NWB BAAAH-07932) – Beitrittsaufforderung zur Anwendbarkeit des § 8b Abs. 5 KStG bei grenzüberschreitender Betriebsaufspaltung	69
	6.	Fortführungsgebundener Verlustvortrag i. S. d. § 8d KStG	71
	7.	Mittelbare Organschaft	73

	II.	Verwaltungsanweisungen	78
		1. Zuordnung von Leistungen aus dem steuerlichen Einlagekonto	78
		2. Definitiveffekt bei Anwendung der Mindestbesteuerung in Liquidationsfällen – Hinweis auf anhängiges Revisionsverfahren BFH I R 36/18	79
		3. Ertragsteuerliche Beurteilung von Darlehensverbindlichkeiten im Abwicklungsendvermögen einer Tochtergesellschaft	82
		4. Ablösung von Gesellschafterdarlehen oder -sicherheiten durch Gesellschaftereinlagen als nachträgliche Anschaffungskosten	83
C.	Gewerbesteuer		85
	I.	Rechtsprechung	85
		1. Erweiterte Kürzung nach § 9 Nr. 1 Satz 2 ff. GewStG	85
		2. Kein Gewerbebetrieb für Gewerbesteuerzwecke bei Aufwärtsinfektion	87
		3. Übergang eines Gewerbeverlustes von einer Kapitalgesellschaft bei Einbringung nach § 24 UmwStG	89
		4. Beginn der Gewerblichkeit bei rückwirkender Einbringung	92
	II.	Gesetzesänderungen	94
	III.	Verwaltungsanweisungen	95
		1. Steuerermäßigung nach § 35 EStG bei Einkünften aus Gewerbebetrieb	95
		2. Unionsrechtskonforme Anwendung des § 9 Nr. 7 GewStG nach dem EuGH-Urteil vom 20.9.2018 in der Rechtssache C-685/16	96
		3. Schädliche Tätigkeiten bei der erweiterten Kürzung nach § 9 Nr. 1 Satz 2 ff. GewStG	97
D.	Internationales und Europäisches Steuerrecht		99
	I.	Rechtsprechung zum internationalen Steuerrecht	99
		1. Hinzurechnungsbesteuerung und Gewerbesteuer	99
		2. Buchführungspflicht einer ausländischen Immobilienkapitalgesellschaft nach § 140 AO	101
		3. Rechtsprechungsänderung zu § 1 Abs. 1 AStG und zum Konzernrückhalt	106
		4. Anteilserwerb durch Briefkastengesellschaft als ein der Grunderwerbsteuer unterliegender Rechtsvorgang	109

	5. Ständige Rechtsprechung des FG Köln zu Simultanprüfungen und Joint Audits bestätigt	111
	6. Anwendung von § 50d Abs. 8 Satz 1 EStG im Mehrstaatensachverhalt und Abzug ausländischer Steuern bei missbräuchlicher Gestaltung	113
	7. Steuerabzug nach § 50a Abs. 1 Nr. 3 EStG bei „total buy out"-Vertrag	115
	8. Unbeschränkte Steuerpflicht bei inländischem Wohnsitz trotz Lebensmittelpunkts im Ausland	117
	9. Geschäftsführer einer Kapitalgesellschaft als ständiger Vertreter	119
II.	Rechtsprechung zum Europäischen Steuerrecht	122
	1. Missbrauchsabwehr im Unionsrecht	122
	a) Anti-Treaty/-Direktive Shopping	122
	b) Keine Anwendung von § 50d Abs. 3 EStG bei grenzüberschreitenden Zinszahlungen	127
	c) Anwendung von § 50d Abs. 3 EStG bei Lizenzen	129
	d) Hinzurechnungsbesteuerung	130
	2. Neues zur Wegzugsbesteuerung im Verhältnis zur Schweiz	132
	3. Finale Verluste bei ausländischen Tochterkapitalgesellschaften	134
III.	Gesetzesänderungen	137
	1. BREXIT-Steuerbegleitgesetz	137
	a) Änderungen im Außensteuergesetz (§ 6 AStG)	137
	b) Änderungen im Körperschaftsteuergesetz	139
	aa) Keine fiktive Sitzverlegung	139
	bb) Keine Entstrickung von Einzelwirtschaftsgütern	139
IV.	Verwaltungsanweisungen	140
	1. Steuerabzug nach § 50a Abs. 1 Nr. 3 EStG bei Einkünften aus der Überlassung von Rechten und von gewerblichen, technischen, wissenschaftlichen und ähnlichen Erfahrungen, Kenntnissen und Fertigkeiten	140
	2. Nichtanwendung der Urteilsgrundsätze vom 26.8.2010 (Az. I R 53/09) aufgrund Schiedsentscheidung des EuGH vom 12.9.2017 zu Art. 11 Abs. 2 DBA-Österreich durch Verfügung des BMF vom 21.2.2019	141
	a) Rückblick auf den Urteilsgegenstand des Schiedsgerichtsurteils und des damit verbundenen Verfahrensablaufs	141
	b) Folgen der nationalen Umsetzung der Schiedsgerichtsentscheidung	143
	3. BMF-Schreiben zur Anwendung der EU-Streitbeilegungsrichtlinie in Deutschlandab dem 1.7.2019 vom 25.6.2019	144
	a) Zeitliche Anwendbarkeit der EU-Streitbeilegungsrichtlinie zum 1.7.2019 auch in Deutschland	145
	b) Sachliche Anwendbarkeit der EU-SBLR	145

  c) Geplantes rückwirkendes Inkrafttreten des EU-DBA-SBG in Deutschland   147
  d) Überblick über inhaltliche (In-)Kongruenzen des EU-DBA-SBG im Vergleich zur EU-SBLR   147
  e) Ausblick   150
 V. Weitere Empfehlungen und Entwicklungen auf dem Gebiet des internationalen Steuerrechts   150
  1. OECD Joint Audit Report 2019   150
  2. Das Konsultationspapier der OECD zur Besteuerung der digitalen Wirtschaft   152
   a) Auslöser der Debatte um die Besteuerung der digitalen Wirtschaft und was ist bisher passiert?   152
   b) Überblick und aktuelle Entwicklungen in Europa und auf Ebene der EU   153
   c) Vorschläge der OECD zur neuen digitalen Weltsteuerordnung   153
  3. Veröffentlichung des EU-Joint Transfer Pricing Forums zur Anwendung der Gewinnaufteilungsmethode innerhalb der EU   155

E. Umwandlungssteuerrecht   159

 I. Rechtsprechung   159
  1. Keine Saldierung bei mehreren Sacheinlagegegenständen nach § 20 UmwStG   159
  2. Bemessung der fiktiven Dividende nach § 7 UmwStG   161
  3. Verschmelzung einer Kapitalgesellschaft auf ihren Alleingesellschafter   163
  4. Verletzung der Sperrfrist des § 6 Abs. 5 Satz 6 EStG durch einen Formwechsel   165
 II. Gesetzesänderungen   168
  1. Brexit-Steuerbegleitgesetz   168
  2. Erweiterung der persönlichen Anwendbarkeit des UmwStG   168
  3. Ergänzung des § 22 UmwStG   169

F. Umsatzsteuer   171

 I. Rechtsprechung   171
  1. § 3a UstG: Ort der tatsächlichen Bewirkung der Dienstleistung   171
  2. § 4 UStG: Umsatzsteuerbefreiung für Leistungen eines Gesundheitszentrums   173

	3.	§ 4 Nr. 21 UStG: Keine Steuerbefreiung für Fahrschulunterricht	174
	4.	§ 14 UStG: Leistungsbeschreibung in Rechnungen für Waren im Niedrigpreissegment	177
	5.	§ 14 UStG: Zum Rechnungsmerkmal „vollständige Anschrift" bei der Ausübung des Rechts auf Vorsteuerabzug	178
	6.	§ 15 UStG: Vorsteuerabzug aus Anschaffungskosten für einen Ferrari	180
	7.	§ 15 UStG: Nachweis der Voraussetzungen für den Vorsteuerabzug auch ohne Vorlage von Rechnungen möglich	182
II.		Verwaltungsanweisungen	184

G. Abgabenrecht/Verfahrensrecht/Strafrecht — 185

I.		Rechtsprechung zum Verfahrensrecht	185
	1.	Ablaufhemmung im Verhältnis von Steuer- und Zinsbescheid	185
	2.	Klagebefugnis gegen Feststellungsbescheide nach § 34a Abs. 10 Satz 1 EStG	186
	3.	Gegenstand und Statthaftigkeit der Anfechtungsklage nach außergerichtlichem Rechtsbehelf	188
	4.	Bindungswirkung bei Verlustrücktrag	190
	5.	Offenbare Unrichtigkeiten	193
	6.	Anwendung des § 129 AO bei Abgabe elektronischer Steuererklärungen; offenbare Unrichtigkeit bei nicht ausgefüllter Zeile 44a der Körperschaftsteuererklärung	194
	7.	Keine widerstreitenden Steuerfestsetzungen bei mehrfacher Berücksichtigungsmöglichkeit	197
	8.	Gesonderte und einheitliche Feststellung von Kapitaleinkünften in sog. Mischfällen	198
	9.	Zuständigkeit für den Erlass eines Abrechnungsbescheids – Säumniszuschläge	200
	10.	Anfechtung einer KapESt-Anmeldung durch den Vergütungsgläubiger; Erledigung der KapESt-Anmeldung aufgrund der Einkommensteuerfestsetzung bei einem Antrag nach § 32d Abs. 4 EStG	202
	11.	Verfahrensaussetzung bei EuGH-Vorlage und Bindungswirkung nach § 126 Abs. 5 FGO	203
	12.	Verfolgungsverjährung bei Verlustfeststellungsbescheid beginnt erst mit Bekanntgabe des Folgebescheids	205

II.	Verwaltungsanweisungen	206
	1. Einführung des § 146a AO durch das Gesetz zum Schutz vor Manipulationen an digitalen Grundaufzeichnungen vom 22.12.2016 – Neufassung des Anwendungserlasses zu § 146a AO	206
	2. Vorläufige Festsetzung von Zinsen nach § 233 i. V. m. § 238 Abs. 1 Satz 1 AO	208

H. Erbschaft- und Schenkungsteuergesetz/Bewertungsgesetz — 211

I.	Rechtsprechung zum Erbschaftsteuergesetz	211
	1. Mittelbare Schenkungen von Betriebsvermögen	211
	2. Steuerbefreiung für Familienheim im Falle der Renovierung	213
	3. Gesetzesänderungen: BREXIT-Steuerbegleitgesetz	215
II.	Bewertungsgesetz	216

I. Grunderwerbsteuerrecht — 219

I.	Rechtsprechung zum Grunderwerbsteuerrecht	219
	1. Konzernklausel und EU-Beihilferecht	219
	2. Grunderwerbsteuerpflicht bei Rückerwerb	224
	3. Gesetzesänderungen: BREXIT-Steuerbegleitgesetz	227
	a) BREXIT nicht als grunderwerbsteuerauslösendes Ereignis	227
	b) Änderungen im Bereich der Konzernklausel	228
	4. Geplante Grunderwerbsteuerreform	229
	a) Problem und Ziel	229
	b) Vorgeschlagene Lösung der Bundesregierung	229
	c) Alternative: Einführung eines quotalen Besteuerungsmodells	229
	d) Einführung eines weiteren Ergänzungstatbestandes für Gesellschafterwechsel bei Kapitalgesellschaften (§ 1 Abs. 2b GrEStG-E)	230
	aa) Gleicher Gedanke wie bei § 1 Abs. 2a GrEStG	230
	bb) Keine Anwendung der Nichterhebungsregelungen	230
	cc) Zeitliche Anwendung	231

Stichwortverzeichnis — 233

ABKÜRZUNGSVERZEICHNIS

A

a. A.	anderer Ansicht
a. a. O.	am angegebenen Ort
ABl. EU	Amtsblatt der Europäischen Union
Abs.	Absatz
Abschn.	Abschnitt
AEAO	Anwendungserlass zur Abgabenordnung
a. F.	alte Fassung
AfA	Abschreibung für Abnutzung
AG	Aktiengesellschaft
AktG	Aktiengesetz
Alt.	Alternative
AmtshilfeRLUmsG	Amtshilferichtlinie-Umsetzungsgesetz
Anm.	Anmerkung
AO	Abgabenordnung
AO-StB	Der AO-Steuerberater (Zs.)
Art.	Artikel
AStG	Außensteuergesetz
Az.	Aktenzeichen

B

BB	Betriebs-Berater (Zs.)
BBK	Buchführung, Bilanzierung, Kostenrechnung (Zs.)
BEEG	Gesetz zum Elterngeld und zur Elternzeit
BewG	Bewertungsgesetz
BFH	Bundesfinanzhof
BFHE	Sammlung der Entscheidungen des Bundesfinanzhofs
BFH/NV	Sammlung amtlich nicht veröffentlichter Entscheidungen des Bundesfinanzhofs
BGB	Bürgerliches Gesetzbuch
BGBl I (II)	Bundesgesetzblatt Teil I (II)
BGH	Bundesgerichtshof
BMF	Bundesministerium für Finanzen
BPO	Betriebsprüfungsordnung
BR-Drucks.	Bundesrats-Drucksache
BStBl	Bundessteuerblatt Teil I und II
BT-Drucks.	Bundestags-Drucksache
BVerfG	Bundesverfassungsgericht
BVerfGE	Sammlung der Entscheidungen des Bundesverfassungsgerichts

BVerwG	Bundesverwaltungsgericht
BVerwGE	Entscheidungen des Bundesverwaltungsgerichts
bzgl.	bezüglich
BZSt	Bundeszentralamt für Steuern
bzw.	beziehungsweise

D

DB	Der Betrieb (Zs.)
DBA	Doppelbesteuerungsabkommen
d. h.	das heißt
DStR	Deutsches Steuerrecht (Zs.)
DStZ	Deutsche Steuerzeitung (Zs.)

E

EFG	Entscheidungen der FG (Zs.)
ErbStB	Erbschaftsteuer-Berater (Zs.)
ErbStG	Erbschaftsteuergesetz
EStB	Der Ertrag-Steuer-Berater (Zs.)
EStDV	Einkommensteuerdurchführungsverordnung
EStR	Einkommensteuer-Richtlinien
EStH	Einkommensteuer-Hinweise
EuGH	Europäischer Gerichtshof
EuG	Gericht erster Instanz der Europäischen Gemeinschaft
EURLUmsG	Gesetz zur Umsetzung von EU-Richtlinien in nationales Steuerrecht und zur Änderung weiterer Vorschriften

F

F.	Fach
f., ff.	folgende, fortfolgende
FA	Finanzamt
FG	Finanzgericht
FGO	Finanzgerichtsordnung
Finbeh	Finanzbehörde
FinMin	Finanzministerium
FR	Finanzrundschau (Zs.)
FZA	Freizügigkeitsabkommen

G

GbR	Gesellschaft bürgerlichen Rechts
gem.	gemäß
GewStDV	Gewerbesteuer-Durchführungsverordnung
GewStG	Gewerbesteuergesetz

GG	Grundgesetz
ggf.	gegebenenfalls
gl. A.	gleicher Ansicht
GmbH	Gesellschaft mit beschränkter Haftung
GmbHR	GmbH-Rundschau (Zs.)
GmbH-StB	Der GmbH-Steuer-Berater (Zs.)
grds.	grundsätzlich
GrEStG	Grunderwerbsteuergesetz

H

HFR	Höchstrichterliche Finanzrechtsprechung (Zs.)
HGB	Handelsgesetzbuch
HK	Herstellungskosten

I

i. d. F.	in der Fassung
i. d. R.	in der Regel
i. E.	Im Einzelnen
i. H. v.	in Höhe von
InsO	Insolvenzordnung
InvStG	Investmentsteuergesetz
i. S. d.	im Sinne der/s
ISR	Internationale Steuer-Rundschau (Zs.)
iStR	Internationales Steuerrecht (Zs.)
i. S. v.	im Sinne von
i. V. m.	in Verbindung mit
IWB	Internationales Steuer- und Wirtschaftsrecht (Zs.)

J

JbFfSt	Jahrbuch der Fachanwälte für Steuerrecht (Zs.)
JStG	Jahressteuergesetz

K

KapESt	Kaptalertragsteuer
KassenSichV	Kassensicherungsverordnung
KG	Kommanditgesellschaft
KÖSDI	Kölner Steuerdialog (Zs.)
KSR direkt	Kommentiertes Steuerrecht (Zs.)
KStG	Körperschaftsteuergesetz
KWG	Kreditwesengesetz

VERZEICHNIS Abkürzungen

L

LG	Landgericht
lt.	Laut
LStH	Lohnsteuer-Hinweise
LStR	Lohnsteuer-Richtlinien

M

m. E.	meines Erachtens
Mio.	Million
MoMiG	Gesetz zur Modernisierung des GmbH-Rechts und zur Bekämpfung von Missbräuchen
m. w. N.	mit weiteren Nachweisen
MwStSystRL	Mehrwertsteuersystem-Richtlinie

N

n. F.	neue Fassung
nrkr.	nicht rechtskräftig
NWB	Neue Wirtschafts-Briefe (Zs.)
NWB DokID	NWB Dokumenten-Identifikationsnummer
NZB	Nichtzulassungsbeschwerde

O

OFD	Oberfinanzdirektion
o. g.	oben genannt (e, es)
o. V.	ohne Verfasser

P

PBefG	Personen-Beförderungsgesetz
PiR	Praxis in der internationalen Rechnungslegung (Zs.)

R

R	Richtlinie
Rev.	Revision
RFH	Reichsfinanzhof
rkr.	Rechtskräftig
RL	Richtlinie
Rs.	Rechtssache
Rspr.	Rechtsprechung
Rz.	Randziffer

S

s.	siehe
S.	Seite
s. a.	siehe auch
SGB	Sozialgesetzbuch
sog.	so genannte (r, s)
StBW	Die Steuer-Berater-Woche (Zs.)
StEntlG	Steuerentlastungsgesetz
StGB	Strafgesetzbuch
SteuK	Steuerrecht kurzgefasst (Zs.)
StRA	Steuerrecht aktuell, NWB Verlag
StPO	Strafprozessordnung
StuB	Steuern und Bilanzen (Zs.)
StVereinfG	Steuer-Vereinfachungsgesetz

T

Tz.	Textziffer

U

u. a.	unter anderem
Ubg	Die Unternehmensbesteuerung (Zs.)
u.g	unten genannte(r, s)
UmwStG	Umwandlungssteuergesetz
USt	Umsatzsteuer
UStAE	Umsatzsteuer-Anwendungserlass
UStAVermG	Gesetz zur Vermeidung von Umsatzsteuerausfällen beim Handel mit Waren im Internet und zur Änderung weiterer steuerlicher Vorschriften
UStDV	Umsatzsteuer-Durchführungsverordnung
USt-IdNr.	Umsatzsteuer-Identifikationsnummer#UStG
UStG	Umsatzsteuergesetz
u. U.	unter Umständen

V

v.	vom
VGH	Verwaltungsgerichtshof
vgl.	vergleiche
VZ	Veranlagungszeitraum

W

WG	Wirtschaftsgut/Wirtschaftsgüter
Wj.	Wirtschaftsjahr
WPg	Die Wirtschaftsprüfung (Zs.)

Z

z. B.	zum Beispiel
ZErb	Zeitschrift für die Steuer- und Erbrechtspraxis (Zs.)
ZEV	Zeitschrift für Erbrecht und Vermögensnachfolge (Zs.)
ZfV	Zeitschrift für Versicherungswesen (Zs.)
ZPO	Zivilprozessordnung
Zs.	Zeitschrift
ZVG	Gesetz über die Zwangsversteigerung und die Zwangsverwaltung
zz.	zurzeit
zzgl.	zuzüglich

A. Einkommensteuer

I. Rechtsprechung

1. Sky-Bundesliga-Abo als Werbungskosten

BFH v. 16.1.2019 – VI R 24/16, BStBl 2019 II S. 376, NWB NAAAH-13857

(*Volker Küpper*)

Zusammenfassung der Entscheidung

Der Kläger arbeitete als Co-Trainer einer U-23-Mannschaft und später als Torwarttrainer der Lizenzmannschaft und schloss im Veranlagungsjahr ein Abonnement des Pay-TV-Senders „Sky" für monatlich 46,90 € ab. Das Abonnement bestand aus drei Paketen „Fußball Bundesliga", „Sport" und „Sky Welt". In seiner Einkommensteuererklärung machte er den Anteil, der auf das Fußballpaket entfiel, als Werbungskosten bei den Einkünften aus nichtselbständiger Arbeit geltend. Das zuständige Finanzamt lehnte den Ansatz als Werbungskosten ab. Der dagegen eingelegte Einspruch blieb ebenso ohne Erfolg wie die anschließende Klage vor dem FG Düsseldorf. Der in Revision angerufene BFH hob das Urteil des FG Düsseldorf auf und verwies die Sache an das FG zur anderweitigen Verhandlung und Entscheidung zurück.

Entscheidungsgründe

Werbungskosten sind nach § 9 Abs. 1 Satz 1 EStG Aufwendungen zur Erwerbung, Sicherung und Erhaltung der Einnahmen. Nach der ständigen Rechtsprechung des BFH liegen Werbungskosten dann vor, wenn zwischen den Aufwendungen und den steuerpflichtigen Einnahmen ein Veranlassungszusammenhang besteht. Ein solcher Veranlassungszusammenhang liegt regelmäßig dann vor, wenn die Aufwendungen mit der Erzielung von Einkünften objektiv zusammenhängen und subjektiv dazu bestimmt sind, Einnahmen aus nichtselbständiger Arbeit zu erzielen. Maßgeblich dafür, ob ein solcher Zusammenhang besteht, ist zum einen die wertende Beurteilung des die betreffenden Aufwendungen „auslösenden Moments", zum anderen dessen Zuweisung zur einkommensteuerrechtlich relevanten Erwerbssphäre. Dabei bilden die Gründe, die den Steuerpflichtigen zu den Aufwendungen bewogen haben, das auslösende Moment. Aufwendungen können grundsätzlich auch dann als Werbungskosten in Abzug gebracht werden, wenn diese nicht oder in nur unbedeutendem Maße auf private, der Lebensführung des Steuerpflichtigen zuzurechnenden Umständen beruhen. Eine nur geringfügige private Mitbenutzung ist somit unschädlich.

Bei einer nicht nur unbedeutenden privaten Nutzung, sind die Aufwendungen nicht abziehbar. Ist der erwerbsbezogene Anteil nicht von untergeordneter Bedeutung, so kann eine Aufteilung der Aufwendungen in einen beruflich und einen privat veranlassten Teil der Kosten erfolgen. Dabei sind die den Beruf fördernden Aufwendungen nach objektiven Maßstäben und in leicht nachprüfbarer Weise abzugrenzen. Ob die Voraussetzungen für einen Werbungskostenabzug dann tatsächlich vorliegen, bedarf stets der Würdigung aller Umstände im Einzelfall.

Nach Auffassung des BFH unterscheiden sich Aufwendungen für ein Sky-Bundesliga-Abo beispielsweise von Tageszeitungen dadurch, dass Tageszeitungen in einem breitgefächerten Spektrum über Themen aus Politik, Wirtschaft, Gesellschaft, Kultur, Sport und anderen Bereichen berichten, wohingegen das Sky-Bundesliga-Abo nicht den Bereich Sport allgemein erfasst, sondern nur Bundesligaspiele. Eine nahezu ausschließliche berufliche Verwendung kann somit nicht ausgeschlossen werden, insbesondere dürfte ein auf das Berufsbild des Klägers zugeschnittenes Angebot auch nicht auf dem Markt erhältlich sein.

Der BFH hat die Vorentscheidung des FG aufgehoben und diesem auferlegt, die weiteren notwendigen Feststellungen zur tatsächlichen Verwendung des Sky-Bundesliga-Abos nachzuholen. Dazu können auch Trainerkollegen oder Spieler vernommen werden, um eine berufliche Verwendung des Sky-Bundesligapakets festzustellen. Im Rahmen seiner Würdigung hat das FG jedoch zu berücksichtigen, dass der Steuerpflichtige erst unterjährig als Torwarttrainer zu arbeiten angefangen hat. Für einen gesamten und nicht nur anteiligen Werbungskostenabzug muss somit auch eine berufliche Nutzung im Rahmen der vorangegangenen Tätigkeit als Co-Trainer nachgewiesen werden.

2. Einkommensteuerrechtliche Qualifikation von Preisgeldern aus Turnierpokerspielen

BFH v. 7.11.2018 – X R 34/16, BFH/NV 2019 S. 686, NWB EAAAH-13847

(Christian Kappelmann)

Zusammenfassung der Entscheidung

Der Revisionskläger nahm neben seiner nichtselbständigen Tätigkeit in den Jahr 2005 bis 2007 an 91 Turnierpokerspielen teil. Für diese hob der Kläger hohe Beträge für die Einsätze von seinen Konten ab und zahlte die entsprechenden Gewinne bar wieder auf die Konten ein. Im Rahmen einer Steuerfahndungsprüfung wurden die Gewinne auf 25.000 € geschätzt. Das Finanzgericht wies die Klage gegen die geänderten Einkommensteuerbescheide und Gewerbesteuerbescheide ab und bestätigte, dass es sich bei den im Rahmen von „Cash Games" (u. a. Black Jack) und Turnierpokerspielen erzielten Gewinne um Einkünfte aus Gewerbebetrieb gem. § 15 Abs. 1 Satz 1 Nr. 1, Abs. 2 EstG handele. Der Kläger macht jedoch in der Revision geltend, dass die Pokerturniere und die anderen „Cash Games" als Glückspiele einzuordnen seien, da die Geschicklichkeitskomponente eindeutig hinter die Glückskomponente zurücktrete.

Entscheidungsgründe

Der Kläger sei mit seiner Tätigkeit als Pokerspieler nachhaltig tätig gewesen, da diese mit der Absicht ausgeübt wurde, sie zu wiederholen und daraus eine ständige Erwerbsquelle zu machen. Dies sei insbesondere dadurch offensichtlich gewesen, dass der Kläger zwischenzeitlich seine nichtselbständige Tätigkeit einstellte, um stattdessen in großem Umfang an Pokerturnieren teilzunehmen. Damit einhergehend sei das Tatbestandsmerkmal der Gewinnerzielungsabsicht erfüllt gewesen, da während der Einstellung der Angestelltentätigkeit die Absicht bestand einen Totalgewinn zu erzielen.

Ebenso sei die Beteiligung am allgemeinen wirtschaftlichen Verkehr gegeben gewesen. Der Steuerpflichtige trat – zumindest für eine begrenzte Allgemeinheit – nach außen hin in Erscheinung. Dabei ist es unerheblich, ob das Entgelt vorher vereinbart wurde oder ob es, wie in diesem Fall, erfolgsabhängig gezahlt wird.

Folgerungen: In Bezug auf reine Glücksspiele (Rennwetten, Lottospiele) bleibt die höchstrichterliche Finanzrechtsprechung (vgl. BFH v. 16.9.2015 – X R 43/12, BStBl 2016 II S. 48), dass in diesen Fällen keine Teilnahme an dem wirtschaftlichen Verkehr vorliegt, weiterhin bestehen. Diese Einnahmen seien überwiegend vom Zufall abhängig, wodurch diese kein Entgelt für diese Tätigkeit darstellen.

Bei Spielen wie Poker, bei denen jedoch überwiegend die Geschicklichkeitskomponente für die Erzielung von regelmäßigen Erträgen maßgeblich ist, bejaht der BFH nun die Teilnahme am wirtschaftlichen Verkehr. Dies sei nicht nur bei Profispielern, sondern auch nach wissenschaftlichen Studien bereits bei einem Durchschnittsspieler gegeben, da bei diesen der Zufallsmoment nicht mehr überwiege.

Konsequenzen für die Praxis

Für Pokerspieler dürfte die Versteuerung der erzielten Gewinne ab einem gewissen Grad der Professionalität nun eindeutig geregelt sein. Attraktiv für den Steuerpflichtigen ist in diesem Zusammenhang, dass ebenfalls Verluste abgezogen werden dürfen. Für die Einordnung von anderen Spielen, wie Cash Games oder Black Jack, steht die Beurteilung, ob der Zufallsmoment oder die Geschicklichkeit maßgeblich für die Erzielung der Einnahmen ist jedoch noch aus.

3. Berücksichtigung von Verlusten aus einer Übungsleitertätigkeit

BFH v. 20.11.2018 – VIII R 17/16, BStBl 2019 II S. 422, NWB HAAAH-13418

(Christian Kappelmann)

Zusammenfassung der Entscheidung

Im Streitfall erzielte der Kläger im Jahr 2013 Einnahmen aus seiner Tätigkeit als Übungsleiter i. H. v. 108 €. Dagegen standen Fahrtkosten i. H. v. 608,60 €, wodurch der Kläger insgesamt einen Verlust aus selbständiger Arbeit i. H. v. 500,60 € geltend machte.

Das Finanzamt lehnte die Abziehbarkeit dieses Verlustes mit Verweis aus R 3.26 Abs. 9 LStR (2013) ab, da die Betriebsausgaben nur abgezogen werden könnten, wenn die Einnahmen und ebenfalls die Ausgaben den Freibetrag nach § 3 Nr. 26 EStG von 2.400 € überstiegen.

Das FG Mecklenburg-Vorpommern gab der hiergegen erhobenen Klage statt und verwies in seinen Ausführungen auf das Urteil des FG Rheinland-Pfalz v. 25.5.2011 (2 K 1996/10, NWB MAAAD-86899), das einem Verlustabzug bei einer grundsätzlich durch § 3 Nr. 26 EStG begünstigten Tätigkeit zustimmte und das Abzugsverbot nach § 3c Abs. 1 EStG für nicht einschlägig hielt.

Entscheidungsgründe

Der BFH stimmt dem FG insoweit zu, dass grundsätzlich ein Verlust auf einer Übungsleitertätigkeit, die § 3 Nr. 26 EStG unterläge, nicht von der Abzugsbeschränkung gem. § 3c EStG umfasst wird. Die die Einnahmen übersteigenden Aufwendungen können somit in voller Höhe abgezogen werden.

Allerdings verwies der BFH die Rechtssache an das FG zurück, da dieses nicht eindeutig geprüft habe, ob bei der Übungsleitertätigkeit eine Einkunftserzielungsabsicht vorläge. Bei der Höhe der Aufwendungen sei zumindest in dem Streitjahr zweifelhaft, ob die Tätigkeit überhaupt dazu geeignet sei, einen Totalüberschuss zu erzielen. Bei pauschaliert gezahlten Vergütungen, die lediglich dazu dienen die entstandenen Selbstkosten zu decken und nur zu einem kleinen oder geringen Einnahmenüberschuss führen, sei eine Liebhaberei nach der Rechtsprechung des BFH (BFH v. 23.10.1992 – VI R 59/91, BStBl 1993 II S. 303; BFH, Urteil v. 4.8.1994 – VI R 94/93, BStBl 1994 II S. 944; BFH, Urteil v. 9.4.2014 – X R 40/11, BFH/NV 2014 S. 1359, NWB JAAAA-67890) zu bejahen.

Folgerungen: Demnach wird ein Verlust aus einer nach § 3 Nr. 26 EStG begünstigten Tätigkeit weder ganz noch teilweise von der Abzugsbeschränkung § 3c EStG umfasst und kann somit grundsätzlich in voller Höhe abgezogen werden.

Konsequenzen für die Praxis

In der Regel ist jedoch davon auszugehen, dass für eine Tätigkeit als Amateursportler oder Sporttrainer lediglich Zahlungen getätigt werden, die nicht oder nur unwesentlich die entstandenen Aufwendungen übersteigen. Nach der BFH Rechtsprechung ist in diesen Fällen die Einkunftserzielungsabsicht zu verneinen. Die durch eine derartige Tätigkeit entstandenen Verluste sind somit steuerlich irrelevant.

4. Zur Ermittlung der ortsüblichen Miete ist sog. EOP-Methode ungeeignet
BFH v. 10.10.2018 – IX R 30/17, BStBl 2019 II S. 200, NWB RAAAH-07931

(Kimberly Kutac)

Zusammenfassung der Entscheidung

Die Klägerin kaufte im Juli 2006 ein historisches Gebäude (Grundstücksfläche 8.440 qm, Nutzfläche des Gebäudes 308,55 qm) und investierte über 400.000 € für die Sanierung. Anschließend verpachtete die Klägerin das Grundstück zum Betrieb eines Beachvolleyballplatzes, einer Minigolfanlage und einer Gaststätte an ihren Ehemann für monatlich 1.000 € zzgl. 2.025 € Nebenkostenvorauszahlungen und USt. Das Finanzamt ging von einer teilentgeltlichen Vermietung aus, hat die Pacht erhöht und den Werbungskostenabzug verringert. Nach Klageeinreichung hat das FG einen Sachverständigen eingeschaltet, der die ortsübliche Miete anhand einer Kombinationsmethode aus dem EOP-Verfahren sowie auf der Grundlage der Investitionen beurteilt hat, wodurch eine noch höhere Pacht als fremdüblich anzusehen sei, und wies die Klage folglich ab. Nach Einlegung der Revision gegen diese Entscheidung entschied der BFH hingegen, dass die ortsübliche Vergleichsmiete nicht auf der Grundlage statistischer Annahmen mit der sog. EOP-Methode (ertragsorientierter Pachtwert) bestimmt werden kann und dass ein Sachverständiger beurteilen muss, welcher Miet- oder Pachtzins angemessen ist, wenn sich vergleichbare Objekte nicht finden lassen.

Entscheidungsgründe

Die Annahme des FG, der ortübliche Pachtzins liege nicht unter 1.474 € pro Monat, finde keine Stütze, denn die sog. Kombinationsmethode sei aus Rechtsgründen nicht geeignet, um die ortsübliche Marktpacht zu bestimmen. Dass die Vergleichswertmethode mangels vergleichbarer Objekte nicht angewendet werden kann, bedeute nicht automatisch, dass die Ermittlung der fremdüblichen Pacht anhand statistischer Erwartungswerte gerechtfertigt sei. Auch hält der BFH grundsätzlich die EOP-Methode nicht für geeignet (BGH, Urteile v. 28.4.1999 – XII ZR 150/97, BGHZ 141 S. 257; NJW 1999 S. 3187; v. 13.6.2001 – XII ZR 49/99, NJW 2002 S. 55; v. 10.7.2002 – XII ZR 314/00, NJW-RR-2002 S. 1521; BGH, Beschluss v. 9.4.2003 – XII ZR 216/01, NWB IAAAC-06494; BGH, Urteil v. 14.7.2004 – XII ZR 352/00, NJW 2004 S. 3553). Stattdessen hänge die ortübliche Pacht eines Gaststättenobjekts von Angebot und Nachfrage ab. Daher fordert der BFH in einem solchen Fall die Bestimmung des ortüblichen Preises von einem erfahrenen und mit der konkreten örtlichen Marktsituation vertrauten Sachverständigen, wie beispielsweise durch einen Makler, bei der eine unvermeidlich höhere Schätzungstoleranz hingenommen werden müsse. Ein betriebswirtschaftlich kalkuliertes Verpächterrisiko beeinflusse nicht die Höhe der am Markt erzielbaren Pacht.

PRAXISTIPP:

Um sicherzustellen, dass bei der Vermietung und Verpachtung an nahestehende Personen eine fremdübliche Miete vertraglich vereinbart wird, kann es durchaus hilfreich sein, einen Sachverständigen, der mit den konkreten Marktverhältnissen vertraut ist, mit einem Gutachten zu beauftragen. Dies ist insbesondere hilfreich, wenn sich Vergleichsobjekte nicht leicht finden lassen.

5. Keine Übertragung einer Rücklage nach § 6b EStG ohne Abzug von den Anschaffungs- oder Herstellungskosten eines Reinvestitionswirtschaftsguts

BFH v. 22.11.2018 – VI R 50/16, BStBl 2019 II S. 313, NWB HAAAH-07930

(Hannah Gladitsch)

Zusammenfassung der Entscheidung

Die Eltern des Klägers waren Inhaber eines landwirtschaftlichen Betriebs, dessen Gewinn sie mittels Einnahmenüberschussrechnung nach § 4 Abs. 3 EStG ermittelten. Für den aus Grundstücksverkäufen stammenden Gewinn i. H. v. TEUR 345 im WJ 2005/2006 bildeten die Kläger zulässiger Weise eine Rücklage gem. § 6b Abs. 3 Satz 1 i. V. m. § 6c Abs. 1 Satz 1 EStG in gleicher Höhe zum 30.6.2006. Zum 30.12.2006 übertrugen die Eltern des Klägers ihren landwirtschaftlichen Betrieb unentgeltlich auf den Kläger. Zu diesem Zeitpunkt entnahmen die Eltern des Klägers die § 6b-Rücklage i. H. v. TEUR 345 und legten diese in das Sonderbetriebsvermögen einer von ihnen in 2003 gegründeten KG ein. Im Sonderbetriebsvermögen der KG befand sich außerdem ein Grundstück, auf dem die Eltern des Klägers ein Mehrfamilienhaus errichten ließen, welches zum 30.6.2007 fertiggestellt und zum 5.7.2007 bilanziert wurde. Die § 6b-Rücklage wurde in voller Höhe auf die Herstellungskosten des Mehrfamilienhauses übertragen.

Im Rahmen einer bei der KG durchgeführten Außenprüfung wurde die § 6b-Rücklage im Sonderbetriebsvermögen der KG nicht anerkannt, da die Übertragung einer Rücklage eines Betriebsvermögen in ein anderes Betriebsvermögen nicht möglich sei, lediglich die Übertragung auf ein anderes, im Betriebsvermögen desselben Steuerpflichtigen gehaltenes Wirtschaftsgut sei zulässig. Das Wirtschaftsgut, auf welches die Übertragung beabsichtigt war, sei zum 31.12.2006 allerdings noch nicht fertiggestellt gewesen, weshalb eine Übertragung zu diesem Zeitpunkt ausschied. Eine spätere Übertragung sei ebenfalls ausgeschlossen, da der Betrieb zum 30.12.2006 übertragen wurde und die Rücklage ab diesem Zeitpunkt dem Kläger zuzuordnen gewesen sei. Sie hätte von diesem spätestens im WJ 2009/2010 aufgelöst werden müssen.

Das Finanzamt folgte der Auffassung der Außenprüfung und erhöhte im Streitjahr (2009) die Einkünfte des Klägers um die Hälfte des Gewinns aus der Auflösung der § 6b-Rücklage zuzüglich Gewinnzuschlag. Hiergegen legte der Kläger Klage beim Finanzgericht ein, welches ihm Recht gab mit der Begründung, dass die Übertragung der Rücklage durch die Eltern des Klägers in das Sonderbetriebsvermögen der KG wirksam erfolgt sei.

Hiergegen ging das Finanzamt in Revision, welche durch den BFH für begründet befunden wurde.

Entscheidungsgründe

Eine Rücklage nach § 6b EStG darf vor der Anschaffung oder Herstellung eines Reinvestitionswirtschaftsguts nicht auf einen anderen Betrieb des Steuerpflichtigen übertragen werden.

Grundsätzlich ist es möglich, bei der Veräußerung von Grund und Boden unter Vorliegen der Voraussetzungen des § 6b Abs. 4 EStG im Wirtschaftsjahr der Veräußerung einen Betrag bis zur Höhe des Veräußerungsgewinns von den Anschaffungs-/Herstellungskosten bestimmter anderer Wirtschaftsgut abzuziehen oder eine den Gewinn mindernde Rücklage gem. § 6b Abs. 3 EStG zu bilden. Diese ist bei der Bildung als Betriebsausgabe und bei Auflösung als Betriebseinnahme zu behandeln.

Die Rücklage ist kein Wirtschaftsgut und kann deshalb nicht gem. § 6 Abs. 5 Satz 1 EStG übertragen werden. Jedoch erlaubt § 6b den Abzug von Anschaffungs-/Herstellungskosten nicht nur betriebsbezogen, sondern auch hinsichtlich bestimmter anderer Wirtschaftsgut des Einzel- oder Sonderbetriebsvermögens sowie entsprechend der Beteiligungsquote des Steuerpflichtigen von den Anschaffungs-/Herstellungskosten von Wirtschaftsgütern des Gesamthandsvermögens einer (anderen) Personengesellschaft, bei der der Steuerpflichtige als Mitunternehmer anzusehen ist. Die nach § 6b Abs. 3 Satz 2 EStG gebildete Rücklage verlangt jedoch zwingend den Abzug von Anschaffungs-/Herstellungskosten eines innerhalb von vier bzw. sechs Jahren angeschafften Wirtschaftsguts. Die schlichte Übertragung der § 6b-Rücklage in ein anderes (Sonder-)Betriebsvermögen ohne einen solchen Abzug der Anschaffungs-/Herstellungskosten ist nicht möglich. Ein Veräußerungsgewinn, der in eine Rücklage nach § 6b EStG eingestellt worden ist, kann in einen anderen Betrieb des Steuerpflichtigen erst in dem Zeitpunkt überführt werden, in dem der Abzug von den Anschaffungs- oder Herstellungskosten des Reinvestitionswirtschaftsguts des anderen Betriebs vorgenommen wird, R 6b.2 Abs. 8 Satz 3 EStR (ebenso z. B. Blümich/Schießl, § 6b EStG Rz. 280; Jachmann-Michel in Kirchhof, EStG, 17. Aufl., § 6b Rz. 30; Bolk, DStR 2018 S. 976).

Daher hat der BFH folgerichtig die Übertragung der § 6b-Rücklage durch die Eltern des Klägers in 2006 auf das erst in 2007 fertiggestellte Sechsfamilienhaus verneint, weshalb sich die Rücklage bei unentgeltlicher Übertragung des Betriebs auf den Kläger noch in diesem befand. Da eine Übertragung der Rücklage auf ein Reinvestitionswirtschaftsgut unterblieb, war diese zu Recht zum Abschluss des Wirtschaftsjahres 2009/2010 gewinnerhöhend und mit Gewinnzuschlag gem. § 6b Abs. 7 EStG aufzulösen.

Folgerungen: Grundsätzlich bietet § 6b EStG eine gute Möglichkeit, um stille Reserven eines Wirtschaftsguts bei einer geplanten Investition auf ein anderes Wirtschaftsgut zu übertragen. Doch vor allem bei der Übertragung vermeintlicher Wirtschaftsgüter zwischen verschiedenen (Sonder-)Betriebsvermögen ist höchste Vorsicht geboten. Eine Übertragung der Rücklage in ein anderes Betriebsvermögen und die dortige Passivierung als § 6b-Rücklage ist demnach nicht möglich. Die Übertragung des eingestellten Veräußerungsgewinns auf ein Reinvestitionswirtschaftsgut im anderen Betriebsvermögen kann jedoch zu dem Zeitpunkt erfolgen, in dem der Abzug von den Anschaffungs-/Herstellungskosten möglich ist. Voraussetzung ist also, dass das Reinvestitionswirtschaftsgut zu diesem Zeitpunkt bereits angeschafft bzw. hergestellt wurde. Eine nachträgliche Übertragung über die Grenzen des Betriebsvermögens hinaus ist nicht möglich.

PRAXISTIPP:

Die Reinvestitionsfrist soll, auch wenn im Rahmen einer unentgeltlichen Betriebsübertragung ein Rumpfwirtschaftsjahr entsteht, einen Zeitraum von 48 Monaten umfassen. Sie ist insoweit nicht durch das gem. § 8b Satz 2 Nr. 1 EStDV beim Betriebsübergeber entstandene Rumpfwirtschaftsjahr abzukürzen (s. a. BFH v. 23.4.2009 – IV R 9/09).

6. Teilwertabschreibung auf Anteile an offenen Immobilienfonds, deren Ausgabe und Rücknahme endgültig eingestellt ist

BFH v. 13.2.2019 – XI R 41/17, BFH/NV 2019 S. 624, NWB YAAAH-12517

(Kimberly Kutac)

Zusammenfassung der Entscheidung

Im Betriebsvermögen einer Bank befanden sich Anteile an offenen Immobilienfonds (AXA Immoselect, KanAm grundinvest Fonds, SEB Immoinvest und CS Euroreal), die sich zum Bilanzstichtag 31.12.2012 in Liquidation befanden und bei denen die Ausgabe und Rückgabe von Anteilen daher endgültig ausgesetzt war. Die Bank hatte die Fonds daher auf den Zweitmarktwert an der Börse abgeschrieben, da dieser Handel die einzige Möglichkeit war, die Anteile zu veräußern oder zu erwerben. Das FA und das FG haben die Teilwertabschreibung nicht anerkannt, da die Voraussetzungen für eine Teilwertabschreibung nicht vorlägen.

Der BFH entschied, dass der Börsenkurs der Anteile an offenen Immobilienfonds, deren Ausgabe und Rücknahme endgültig eingestellt ist, deren Teilwert darstelle. Außerdem läge eine voraussichtlich dauernde Wertminderung der Anteile vor, wenn der Börsenwert zum Bilanzstichtag unter denjenigen im Zeitpunkt des Erwerbs der Anteile gesunken sei und dieser Verlust die Bagatellgrenze von 5 % der Anschaffungskosten bei Erwerb überschreite.

Entscheidungsgründe

Da die Klägerin ihren Gewinn nach § 8 Abs. 1 Satz 1 KStG i.V. m. § 4 Abs. 1 EStG ermittelt, müsse sie gem. § 5 Abs. 1 Satz 1 EStG zum Schluss eines jeden Wirtschaftsjahres das Betriebsvermögen ansetzen, das nach den handelsrechtlichen Grundsätzen ordnungsmäßiger Buchführung auszuweisen ist, und die Bewertung nach § 6 EStG vornehmen. Nach § 6 Abs. 1 Nr. 2 EStG sind die Wirtschaftsgüter (u. a. die des Umlaufvermögens) grundsätzlich mit den Anschaffungskosten/Herstellungskosten anzusetzen. Bei einer voraussichtlich dauernden Wertminderung besteht ein Wahlrecht zum Ansatz des Teilwerts gem. § 6 Abs. 1 Nr. 2 Satz 2 EStG.

Der Teilwert ist gem. § 6 Abs. 1 Nr. 1 Satz 3 EStG als der Betrag definiert, den ein Erwerber des ganzen Betriebs im Rahmen des Gesamtkaufpreises für das einzelne Wirtschaftsgut ansetzen würde; dabei ist davon auszugehen, dass der Erwerber den Betrieb fortführt. Die Ermittlung eines Teilwerts sei grundsätzlich eine Schätzung i. S. d. § 162 AO, so dass vom Gericht lediglich geprüft werden könne, ob die Teilwertabschreibung „dem Grunde nach zulässig war, in verfahrensfehlerfreier Weise zustande gekommen ist und nicht gegen anerkannte Schätzungsgrundsätze, Denkgesetze und allgemeine Erfahrungssätze verstößt" (vgl. BFH-Urteile v. 16.12.2015 – IV R 18/12, BStBl 2016 II S. 346, Rz. 29 f.; v. 17.8.2017 – IV R 3/14, BFH/NV 2017 S. 1666 = NWB DAAAG-58604, Rz. 21).

Grundsätzlich sei bei der Teilwertermittlung, wie oben ausgeführt, der Wiederbeschaffungspreis, der im Allgemeinen dem Börsen- oder Marktpreis am Bilanzstichtag entspräche, abzustellen (BFH, Urteil v. 13.3.1964 – IV 236/63 S, BStBl 1964 III S. 426, unter 1., Rz. 12). Jedoch sei der Teilwert von für den Betrieb entbehrlichen Investmentanteilen auch von ihrem voraussichtlichen Veräußerungserlös abhängig, hier also vom Rücknahmepreis (BFH, Urteile v. 22.3.1972 – I R 199/69, BStBl 1972 II S. 489; in BFHE 107 S. 414, BStBl 1973 II S. 207; v. 25.8.1983 – IV R 218/80, BStBl 1984 II S. 33, unter 2., Rz 19; v. 6.12.1995 – I R 51/95, BStBl 1998 II S. 781, unter II.2.b, Rz. 15; v. 29.4.1999 – IV R 14/98, BStBl 1999 II S. 681, unter II.1., Rz. 8). Mangels Rücknahmepreis und Ausgabepreis, bedingt durch die Liquidation des Fonds, könne auf objektiv zur Verfügung stehende Erwerbs- bzw. Veräußerungsmöglichkeiten, wie hier beispielsweise an der Börse, zurückgegriffen werden.

Außerdem liege eine voraussichtlich dauernde Wertminderung vor. Da es an einer Definition des Begriffs der voraussichtlich dauernden Wertminderung fehle, müsse daher unter Berücksichtigung der Eigenart des jeweils in Rede stehenden Wirtschaftsguts beurteilt werden, ob diese vorliegt (vgl. BFH, Urteil v. 27.11.1974 – I R 123/73, BStBl 1975 II S. 294). Wertaufhellende Tatsachen seien bei der Bewertung von Wirtschaftsgütern des Umlaufvermögens zu berücksichtigen (vgl. BMF v. 2.9.2016, BStBl 2016 I S. 995, Tz. 16). Bei börsennotierten Aktien sei von einer voraussichtlich dauernden Wertminderung auszugehen, wenn der Börsenwert zum Bilanzstichtag um mindestens 5% ausgehend von dem Börsenwert im Zeitpunkt des Erwerbs gesunken ist. Diese Rechtsprechung hat der BFH auch auf die Bewertung von Investmentfonds, die überwiegend an Börsen gehandelt werden, übertragen (vgl. BFH, Urteil v. 21.9.2011 – I R 7/11, BStBl 2014 II S. 616).

Von dieser Rechtsprechung ausgenommen ist die Bewertung von festverzinslichen Wertpapieren, da der Inhaber einen gesicherten Anspruch auf Rückzahlung der Forderung in Höhe ihres Nominalwerts hat. Das Absinken des Kurswertes unter den Nominalwert ändert hieran nichts, sodass diese Wertminderung lediglich vorübergehend sein kann und eine Teilwertminderung aufgrund einer voraussichtlich dauernden Wertminderung folglich nicht vorgenommen werden kann. Auch Wechselkursschwankungen werden i. d. R. als vorübergehend angesehen und berechtigen entsprechend nicht zur Teilwertabschreibung (vgl. BFH, Urteil v. 4.2.2014 – I R 53/12, BFH/NV 2014 S. 1016, NWB KAAAE-64995, Rz. 11 ff.).

Folgerungen: Der Börsenwert kann mangels Rücknahme-/Ausgabepreis grundsätzlich als Schätzwert für die Bewertung von Immobilienfonds herangezogen werden, da dieser die Einschätzung von einer erheblich großen Anzahl von Marktteilnehmern über die zukünftige Entwicklung des Kurses widerspiegelt. Vom Steuerpflichtigen könne nicht erwartet werden, er könne den Wert realistischer schätzen als der Markt (vgl. BFH, Urteil v. 26.9.2007 – I R 58/06, BStBl 2009 II S. 294). Von einer voraussichtlich dauernden Wertminderung aufgrund des Börsenwertes darf jedoch nicht ausgegangen werden, wenn aufgrund konkreter und objektiv überprüfbarer Anhaltspunkte davon auszugehen ist, dass der Börsenpreis nicht den tatsächlichen Anteilswert widerspiegelt (vgl. BFH, Urteil v. 21.9.2011 – I R 89/10, BStBl 2014 II S. 612, Rz. 17).

7. Keine für Alt-Lebensversicherung steuerschädliche Verwendung eines besicherten Darlehens für Gewährung zinsloser Darlehen

BFH v. 25.9.2018 – VIII R 3/15, BStBl 2019 II S. 235, NWB HAAAH-10784

(Kimberly Kutac)

Zusammenfassung der Entscheidung

Der Kläger hat eine Berufsunfähigkeitsrente mit Kapitalwahlrecht (im folgenden Rentenversicherung genannt) abgeschlossen. Zusätzlich hat er ein Darlehen bei einer Bank aufgenommen, bei der er die Ansprüche aus der Rentenversicherung als Sicherheit abtrat. Diese Darlehensmittel stellte er seiner Ehefrau zinslos als Darlehen zur Verfügung. Der BFH entschied, dass die Gewährung eines zinslosen Darlehens nicht zu einer steuerschädlichen Verwendung der Darlehensvaluta eines mit einer Lebensversicherung besicherten Darlehens i. S. v. § 20 Abs. 1 Nr. 6 Satz 2 i. V. m. § 10 Abs. 2 Satz 2 EStG führe, die in der bis zum 31.12.2004 geltenden Fassung die Steuerpflicht der Zinsen aus den Sparanteilen der Lebensversicherung zur Folge hätte. Die Voraussetzungen des Sonderausgabenabzugs lägen vor. Es handele sich im vorliegenden Fall nicht um einen Fall des § 10 Abs. 2 Satz 2 EStG 2004.

Sinn und Zweck der Ausnahme von der Steuerbefreiung war es, bestimmten steuersparenden Finanzierungsmodellen entgegenzuwirken, bei denen der Anspruch auf die Versicherungssumme der Tilgung oder Sicherung eines Kredits dient, dessen Finanzierungskosten zusätzlich als Werbungskosten oder Betriebsausgaben abzugsfähig sind. Grundsätzlich sollte die eigene private Vorsorge und der Hinterbliebenen durch langlaufende Lebensversicherungen steuerlich gefördert werden. Lebensversicherungen zur Tilgung oder Sicherung von Krediten sollten steuerlich nicht gefördert werden. Dies wurde umgesetzt, indem die daraus erzielten Zinsen u. U. von der Steuerbefreiung ausgenommen wurden.

Entscheidungsgründe

Nach § 20 Abs. 1 Nr. 6 EStG 2004 sind Zinsen aus Sparanteilen, die in Beiträgen zu Versicherungen auf den Erlebens- oder Todesfall enthalten sind, steuerpflichtig. Hiervon ausgenommen sind Zinsen aus Versicherungen i. S. d. § 10 Abs. 1 Nr. 2 Buchst. b EStG 2004, die mit Beiträgen verrechnet werden, die im Versicherungsfall ausgezahlt werden oder die im Fall des Rückkaufs des Vertrages nach Ablauf von 12 Jahren seit dem Vertragsabschluss ausgezahlt werden. Diese Steuerbefreiung gilt jedoch nur unter der weiteren Voraussetzung, dass die Voraussetzungen für den Sonderausgabenabzug nach § 10 Abs. 2 Satz 2 Buchst. a oder b EStG 2004 erfüllt sind oder soweit bei Versicherungsverträgen Zinsen in Veranlagungszeiträumen gutgeschrieben werden, von denen Beiträge nach § 10 Abs. 2 Satz 2c EStG 2004 abgezogen werden können. Laut BFH handele es sich bei der Rentenversicherung zwar um eine Versicherung i. S. d. § 10 Abs. 2 Satz 2 EStG 2004, nämlich um eine Versicherung nach § 10 Abs. 1 Nr. 2 Buchst. b Doppelbuchst. cc EStG 2004, die während ihrer Dauer im Erlebensfall der Sicherung eines Darlehens dient. Ein Fall des § 10 Abs. 2 Satz 2 EStG 2004 läge allerdings nicht vor, da die Finanzierungskosten des gesicherten Darlehens keine Betriebsausgaben oder Werbungskosten seien, denn es fehle mit der Gewährung des zinslosen Darlehens an die Ehefrau des Klägers an der notwendigen Einkünfteerzielungsabsicht.

Für den Ausschluss von der Steuerbefreiung komme es darauf an, dass die Finanzierungskosten ihrer Art nach Betriebsausgaben oder Werbungskosten seien. Die Abzugsbeschränkung des § 10 Abs. 2 Satz 2 EStG sei außerdem nicht personenbezogen, d. h. steuerschädlich könne auch die Verwendung der Versicherung durch und für Dritte sein. Irrelevant sei auch, ob die Werbungskosten/Betriebsausgaben überhaupt geltend gemacht werden oder sich steuerlich auswirken. Irrelevant sei beispielsweise, dass Werbungskosten bei Einkünften aus Kapitalvermögen durch das seit dem 1.1.2009 geltenden Werbungskostenabzugsverbot i. S. d. § 20 Abs. 9 Satz 1 2. Halbsatz EStG nicht geltend gemacht werden können.

Finanzierungen, die außerhalb der Einkunftsarten i. S. d. § 2 EStG stehen, also insbesondere Darlehen zur Finanzierung von Privatausgaben, seien nicht steuerschädlich (vgl. BFH, Urteil v. 13.7.2004 – VIII R 48/02, BStBl 2004 II S. 1060, unter II.2.c; BMF v. 15.6.2000 – IV C 4-S 2221-86/00, BStBl 2000 I S. 1118, Rz. 8; Fischer in Kirchhof, EStG, 4. Aufl., § 10 Rz. 17; Wacker, DB 1993, Beilage 4, S. 5 f.). Im vorliegenden Fall liege eine solche Finanzierung vor, denn der Kläger habe seiner Ehefrau das Darlehen aus privaten Gründen gewährt. Außerdem ist dieses zinslos, so dass mangels beabsichtigter Einnahmen keine einkommensteuerbare Tätigkeit des Klägers vorliege und die Refinanzierungskosten folglich keine Betriebsausgaben oder Werbungskosten sein könnten (vgl. Schmidt/Weber-Grellet, EStG, 37. Aufl., § 2 Rz. 3; Kirchhof in Kirchhof/Söhn/Mellinghoff, a. a. O., § 2 Rz. A 30 f.; Wacker, DB 1993 Beilage 4, S. 5 f.). Auch die Ehefrau habe keine Betriebsausgaben/Werbungskosten für die Finanzierungskosten geltend gemacht. Damit sei die Besicherung des Darlehens mit der Rentenversicherung steuerlich unschädlich.

Die thematisierten Vorschriften wurden grundlegend geändert und sind mit der Gesetzeslage für Versicherungen, die nach dem 31.12.2004 abgeschlossen wurden, nicht mehr vergleichbar. Daher wird dieses BFH-Urteil lediglich für noch offene Fälle relevant sein.

8. Anerkennung von Verlusten aus Knock-out-Zertifikaten

BFH v. 20.11.2018 – VIII R 37/15, BStBl 2019 II S. 450, NWB UAAAH-09524

(Sven Janken)

Zusammenfassung der Entscheidung

Der Kläger hatte im Streitjahr 2011 verschiedene Knock-out-Zertifikate erworben. Die Knock-out-Schwelle wurde noch im Jahr 2011 erreicht, sodass die entsprechenden Zertifikate daraufhin ohne Differenzausgleich bzw. Restwert ausgebucht wurden. Hierfür machte der Kläger in seiner Einkommensteuererklärung für das Jahr 2011 Verluste in Höhe seiner Anschaffungskosten geltend, die das Finanzamt nicht anerkannte. Die dagegen gerichtete Klage hatte Erfolg.

Der BFH bestätigte in seinem Urteil die Entscheidung des FG. Unabhängig davon, ob im Streitfall die Voraussetzungen eines Termingeschäfts vorgelegen hätten, seien die in Höhe der Anschaffungskosten angefallenen Verluste steuerlich zu berücksichtigen.

Entscheidungsgründe

Die Frage, ob die Knock-out-Zertifikate im Streitfall als Termingeschäft i. S. d. § 20 Abs. 2 Satz 1 Nr. 3 Buchst. a EStG oder als sonstige Kapitalforderung i. S. d. § 20 Abs. 1 Satz 1 Nr. 7 EStG einzustufen seien, ließ der BFH offen. Allerdings seien die Verluste im Ergebnis auf Grundlage einer alternativen Betrachtung steuerlich zu berücksichtigen.

Liege ein Termingeschäft vor, folge dies aus dem neuen § 20 Abs. 2 Satz 1 Nr. 3 Buchst. a EStG, der jeden Ausgang eines Termingeschäfts erfasse. Liege kein Termingeschäft vor, so handele es sich bei den Knock-out-Zertifikaten um sonstige Kapitalforderungen i. S. d. § 20 Abs. 1 Satz 1 Nr. 7 EStG. Der automatische Verfall der Knock-out-Zertifikate stelle eine „Einlösung" i. S. d. § 20 Abs. 2 Satz 2 EStG dar.

Folgerungen: Nach der Auffassung des BFH sind Verluste aus Knock-Out-Zertifikaten bei den Einkünften aus Kapitalvermögen anzuerkennen, ohne dass es auf die Einstufung als Termingeschäft ankommt.

Der BFH setzt in seinem Urteil seine bisherige Rechtsprechung fort, dass seit Einführung der Abgeltungsteuer sämtliche Wertveränderungen im Zusammenhang mit Kapitalanlagen zu erfassen seien.

9. Aufteilung von Finanzierungskosten auf Einkünfte aus Kapitalvermögen und sonstige Einkünfte

BFH v. 11.12.2018 – VIII R 7/15, BStBl 2019 II S. 231, NWB BAAAH-10786

(Kimberly Kutac)

Zusammenfassung der Entscheidung

Ein Ehepaar hat sog. Sicherheits-Kompakt-Renten (SKR) abgeschlossen, welche als sog. Versorgungskomponente den Abschluss einer Rentenversicherung mit sofort beginnenden, lebenslangen Rentenzahlungen und als sog. Tilgungskomponente den Abschluss einer fondsgebundenen Kapitallebensversicherung oder Rentenversicherung mit Kapitalwahlrecht jeweils gegen Zahlung von Einmalbeträgen beinhalteten. Zur Finanzierung der Einmalbeträge wurden endfällige Darlehen aufgenommen. Der BFH entschied, dass die Finanzierungskosten aufzuteilen sind in Werbungskosten, die anteilig auf die Einkünfte aus Kapitalvermögen i. S. d. § 20 Abs. 1 Nr. 6 EStG und den sonstigen Einkünften i. S. d. § 22 Nr. 1 EStG entfallen.

Entscheidungsgründe

Die Kläger hätten aus den Lebensversicherungen Einkünfte aus Kapitalvermögen i. S. d. § 20 Abs. 1 Nr. 6 EStG und aus den Rentenversicherungen Sonstige Einkünfte i. S. d. § 22 Nr. 1 EStG erzielt.

Das Finanzamt habe die Werbungskosten rechtsfehlerhaft ausschließlich den Renteneinkünften zugeordnet. In diesem Zusammenhang nennt der BFH die Definition von Werbungskosten des § 9 Abs. 1 Satz 1 EStG und führt aus, dass Werbungskosten nach ständiger Rechtsprechung dann vorlägen, wenn zwischen den Aufwendungen und den steuerpflichtigen Einnahmen ein Veranlassungszusammenhang bestehe, sie also objektiv mit der steuerlich relevanten Tätigkeit zusammenhingen und subjektiv zu ihrer Förderung beitragen würden (BFH, Urteile v. 17.12.1996 – VIII R 39/95, BFH/NV 1997 S. 644, NWB MAAAB-38411, und v. 27.8.2013 – VIII R 3/11, BStBl 2014 II S. 560, Rz. 18, sowie BFH, Urteil v. 17.5.2017 – VI R 1/16, BStBl 2017 II S. 1073, Rz. 25). Entstünden Aufwendungen, bevor Einnahmen erzielt würden, könnten diese bei einem gegebenen Veranlassungszusammenhang auch als bereits vorab entstandene Werbungskosten berücksichtigt werden. Bei der Behandlung von Schuldzinsen als Werbungskosten sei die tatsächliche Verwendung der Darlehensmittel und nicht ein bloßer Willensakt des Steuerpflichtigen ausschlaggebend (BFH, Urteil v. 28.2.2018 – VIII R 53/14, BStBl 2018 II S. 687, Rz. 16). Außerdem verweist der BFH auf § 9 Abs. 1 Satz 2 EStG, nach dem Werbungskosten bei der Einkunftsart abzuziehen sind, bei der sie auch erwachsen sind. Bestehe ein wirtschaftlicher Zusammenhang der Aufwendungen zu mehreren Einkunftsarten, so gelte nach ständiger BFH-Rechtsprechung der „engere und vorrangige Veranlassungszusammenhang" und der zweitrangige Veranlassungszusammenhang würde verdrängt (BFH, Urteile v. 5.4.2006 – IX R 111/00, BStBl 2006 II S. 654, unter II.2., und v. 10.4.2014 – VI R 57/13, BStBl 2014 II S. 850, sowie BFH, Urteil v. 17.5.2017 – VI R 1/16, BStBl 2017 II S. 1073, Rz 27, jeweils m.w.N.). Maßgebend bei der Beurteilung des vorrangigen Veranlassungszusammenhangs seien die Gesamtumstände des Einzelfalls. Die im vorliegenden Fall entstandenen Schuldzinsen stünden wegen der anteiligen tatsächlichen Verwendung der Darlehensmittel für die Lebensversicherung als auch für die Rentenversicherung mit beiden Einkunftsarten (Einkünfte aus Kapitalvermögen und Sonstige Einkünfte) in wirtschaftlichem Zusammenhang. Der BFH verwarf die Ausführungen der Kläger, dass sie die Lebensversicherung nicht abgeschlossen haben, um daraus Einkünfte aus Kapitalvermögen zu erzielen, sondern allein um die Rentenversicherung zu finanzieren und führte stattdessen aus, dass die Erzielung von Einnahmen aus den Lebensversicherungen zumindest als notwendiges Zwischenziel zu deuten sei. Dass die Einnahmen aus den Lebensversicherungen dann wieder zur Finanzierung der Rentenversicherung genutzt werden sollte, sei steuerlich unbeachtlich (vgl. Musil in Herrmann/Heuer/Raupach, EStG, § 2 Rz. 59). Keiner der beiden Veranlassungszusammenhänge sei daher vorrangig und verdränge daher den anderen, stattdessen seien die Schuldzinsen entsprechend der tatsächlichen Verwendung der Darlehensmittel aufzuteilen (vgl. BFH, Urteil v. 24.3.1991 – VIII R 12/89, BStBl 1993 II S. 18, unter 3.b).

Dass eine ausschließliche Zuordnung der Schuldzinsen zu den Sonstigen Einkünften aufgrund des zum 1.1.2009 geltenden Werbungskostenabzugsverbots nach § 20 Abs. 9 Satz 1 2. Halbsatz EStG gerechtfertigt sei, verneint der BFH, da diese Regelung keine Bestimmung enthalte, ob es sich bei den Schuldzinsen konkret um Werbungskosten bei den Einkünften aus Kapitalvermögen handele.

Folgerungen: Sollten Werbungskosten zu mehreren Einkunftsarten in wirtschaftlichem Zusammenhang stehen, ist zunächst zu prüfen, ob einer der Veranlassungszusammenhänge vernachlässigt werden kann. Als Folge wären die gesamten Werbungskosten ausschließlich den Einkünften mit dem vorrangigen Veranlassungszusammenhang zuzurechnen. Sind die Veranlassungszusammenhänge jedoch getrennt zu betrachten, so ist in der Regel eine Aufteilung der Werbungskosten vorzunehmen.

Abwandlung des Falls: Wenn die Kläger aus den Lebensversicherungen Einnahmen erhalten hätten, die sie ausschließlich zur Finanzierung der Rentenversicherung genutzt hätten, so wäre der wirtschaftliche Zusammenhang zu den Rentenversicherungen, also zu den Sonstigen Einkünften, vorrangig gewesen und hätte den wirtschaftlichen Zusammenhang zu den Lebensversicherungen, also zu den Einkünften aus Kapitalvermögen, verdrängt. Die Schuldzinsen wären folglich in voller Höhe als Werbungskosten bei den Sonstigen Einkünften zu berücksichtigen gewesen.

10. Spendenabzug bei Schenkung unter Ehegatten mit Spendenauflage

BFH v. 15.1.2019 – X R 6/17, BStBl 2019 II S. 318, NWB EAAAH-10195

(Michael Pospischil)

Zusammenfassung der Entscheidung

Die Klägerin wurde mit Ihrem im Streitjahr 2007 verstorbenen Ehemann (E) zur Einkommensteuer veranlagt. Anfang 2007 überwies E schenkweise einen Betrag über 400.000 € auf das Bankkonto der Klägerin. Dem lag weder ein notariell beurkundetes Schenkungsversprechen zu Grunde noch eine Vereinbarung in privatschriftlicher Form. Anfang Februar 2007 überwies die Klägerin hiervon 100.000 € bzw. 30.000 € an zwei gemeinnützige Vereine. Die beiden Vereine stellten hierfür Zuwendungsbestätigungen aus, die auf den Namen der Klägerin lauten.

Die Klägerin zeigte die von E erhaltene Schenkung dem für die Festsetzung der Schenkungsteuer zuständigen Finanzamt an. Es wurde dabei die Auffassung vertreten, dass die Bemessungsgrundlage für die Schenkungsteuer von 400.000 € um den Betrag der getätigten Spenden auf

270.000 € zu mindern ist. Die Klägerin habe nur über den verbleibenden Betrag von 270.000 € frei verfügen können sollen und sei daher nur insoweit bereichert gewesen. Das Schenkungsteuer-Finanzamt folgte dieser Ansicht.

Das für die Einkommensbesteuerung zuständige Finanzamt versagte hingegen den Spendenabzug. Zur Begründung führte es aus, die Klägerin habe die Zahlungen an die beiden Vereine nicht freiwillig vorgenommen, sondern aufgrund einer Verpflichtung, die ihr von E auferlegt worden sei. Der Einspruch hatte keinen Erfolg.

Hiergegen legte die Klägerin Klage beim Finanzgericht ein, welche jedoch abgewiesen wurde. Zur Begründung führte das Finanzgericht aus, falls es sich bei den 130.000 € um einen durchlaufenden Posten gehandelt haben sollte, wäre die Klägerin nicht selbst als Zuwendende, sondern nur als Treuhänderin des E anzusehen. Ein Spendenabzug unter dem Gesichtspunkt, dass E Zuwendender gewesen sein könnte, scheitere aber jedenfalls daran, dass für ihn keine Zuwendungsbestätigung ausgestellt worden sei.

Darüber fehlt es laut dem Finanzgericht – falls es sich um eine Schenkung unter Auflage gehandelt haben sollte – an drei erforderlichen Voraussetzungen für einen Spendenabzug.

Zum einen habe die Klägerin nicht freiwillig gehandelt, weil sie gegenüber E aufgrund der wirksam gewordenen Auflage rechtlich zur Zahlung verpflichtet gewesen sei. Ferner habe die Klägerin eine – den Spendenabzug ausschließende – Gegenleistung erhalten. Schließlich sei die Klägerin auch nicht wirtschaftlich belastet gewesen. Hiergegen ging die Klägerin in Revision, welche durch den BFH für begründet befunden wurde.

Entscheidungsgründe

Das Finanzgericht hat sich für seine Entscheidung letztlich nicht auf einen bestimmten Sachverhalt festgelegt, sondern den Fall alternativ gelöst. Für die Sachverhaltsvariante „Treuhand/durchlaufender Posten" hat es zutreffend einen Sonderausgabenabzug verneint. Hingegen wären bei der Annahme der Sachverhaltsvariante „Schenkung unter Auflage" die Voraussetzungen des § 10b EStG erfüllt.

Unterstellt man revisionsrechtlich, dass in dem zwischen der Klägerin und E bestehenden Innenverhältnis E als Spender anzusehen sein sollte, dieser die Klägerin nicht bereichern wollte und die letztlich getätigten Spenden bei der Klägerin nur durchlaufende Posten darstellen sollten, dann erweise sich das angefochtene Urteil des Finanzgerichts als zutreffen.

Eine Zuwendung von Vermögen, mit dem Zweck, es zu Gunsten anderer zu verwenden, spricht bereits zivilrechtlich nicht für die Einordnung als Schenkung, sondern vielmehr für ein Auftragsverhältnis mit treuhänderischem Einschlag (Palandt/Weidenkaff, BGB, § 516 Rz. 6).

Unterstellt man revisionsrechtlich hingegen die Sachverhaltsvariante, wonach es zwischen E und der Klägerin zu einem mündlichen Schenkungsvertrag gekommen ist, nach dessen Inhalt E der Klägerin 400.000 € zuzuwenden hatte, wobei er ihr zur Auflage gemacht hatte, Teilbeträge von 100.000 € bzw. 30.000 € an zwei von E näher bestimmte Vereine weiterzuleiten, wären bei der Klägerin entgegen der Auffassung des FG alle Voraussetzungen des § 10b EStG erfüllt.

Eine solche Auflage wäre durch den tatsächlichen Vollzug des Schenkungsversprechens zivilrechtlich wirksam geworden. Anders als das FG meint, wäre auch die Freiwilligkeit sowie das Fehlen einer Gegenleistung zu bejahen; die fehlende wirtschaftliche Belastung der Klägerin würde gem. § 26b EStG durch die wirtschaftliche Belastung des mit ihr zusammenveranlagten E ersetzt.

Der in § 10b Abs. 1 Satz 1 EStG – wiederum als Unterbegriff der „Zuwendung" – verwendete Begriff der „Spende" setzt unter anderem ein freiwilliges Handeln des Steuerpflichtigen voraus. Hierunter wird in erster Linie ein Handeln verstanden, zu dem man rechtlich nicht verpflichtet ist. Daneben wird aber auch ein Handeln aufgrund einer freiwillig eingegangenen rechtlichen Verpflichtung als ausreichend angesehen (BFH v. 25.11.1987 – I R 126/85, BStBl 1988 II S. 220).

Sofern – entsprechend dem revisionsrechtlich in dieser Variante zugrunde zu legenden, im zweiten Rechtsgang aber ggf. noch zu beweisenden – Vorbringen der Kläger ein mündlicher Vertrag über eine Auflagenschenkung zwischen E und der Klägerin abgeschlossen worden sein sollte, hätte die Klägerin aufgrund einer freiwillig eingegangenen rechtlichen Verpflichtung gehandelt. Dies wäre nach dem vorstehend Dargelegten in Bezug auf den Spendenabzug noch als hinreichend freiwilliges Handeln anzusehen.

Die Kläger weisen insoweit zu Recht darauf hin, dass der Inhalt eines Vertrags grundsätzlich verhandelbar ist und daher eine aus dem Vertrag folgende rechtliche Verpflichtung – hier das Handeln zur Erfüllung der Auflage – freiwillig eingegangen wird. Dies gilt erst recht, wenn der Vertrag – wie hier für die Klägerin – für eine Seite eindeutig rechtlich vorteilhaft ist.

Dem steht nicht entgegen, dass der Senat entschieden hat, Zahlungen eines Erben an eine gemeinnützige Körperschaft, zu denen er aufgrund eines testamentarischen Vermächtnisses verpflichtet ist, seien nicht als freiwillig anzusehen und eröffneten daher keinen Spendenabzug Der entscheidende Unterschied zwischen diesen Fällen und dem Streitfall liegt darin, dass der Erbe auf den Inhalt des Testaments keinen Einfluss hat, so dass eine Bewertung der ihn treffenden Rechtspflicht als „freiwillig übernommen" nicht möglich ist. Demgegenüber hat eine vertragschließende Partei im Regelfall sowohl Einfluss darauf, ob überhaupt eine bindende vertragliche Vereinbarung zustande kommt, als auch auf den Inhalt dieser Vereinbarung.

Dem Spendenbegriff ist neben der erforderlichen Freiwilligkeit immanent, dass der Steuerpflichtige unentgeltlich handeln muss, d. h. ohne eine Gegenleistung des Empfängers bzw. ohne unmittelbaren wirtschaftlichen Zusammenhang zwischen der Leistung und einer Gegenleistung.

Vorliegend haben weder die Zuwendungsempfänger der Klägerin eine Gegenleistung gewährt – was zwischen den Beteiligten auch nicht streitig ist – noch hängen die Zuwendungen der Klägerin an die Vereine mit einem ihr von E gewährten wirtschaftlichen oder nichtwirtschaftlichen Vorteil zusammen.

Der Erhalt und das Behaltendürfen des Saldobetrags der Schenkung kann nicht als Gegenleistung des E dafür angesehen werden, dass die Klägerin die Verpflichtungen aus der Auflage übernommen hat. Die Klägerin hat aufgrund der Auflagenschenkung von vornherein nur das mit der Auflage belastete Vermögen – also den Saldobetrag – erworben. Dann wäre es aber – wie die Kläger in ihrer Revisionsbegründung zu Recht ausführen – widersprüchlich, wenn der Schenkungsbetrag zugleich als Gegenleistung für ein Handeln der Klägerin angesehen würde. Auch zivilrechtlich wird in Fällen der Schenkung unter Auflage – soweit ersichtlich – nicht vertreten, die „Nettoschenkung" sei als Gegenleistung für die Hinnahme der Auflage anzusehen. Vielmehr spricht § 527 Abs. 1 BGB, wonach der Schenker bei Nichtvollziehung der Auflage die Herausgabe des Geschenks – nur – insoweit fordern kann, als das Geschenk zur Vollziehung der Auflage hätte verwendet werden müssen, deutlich für das gegenteilige Ergebnis.

Bei wertender Betrachtung geht es daher im vorliegend zu beurteilendem Sachverhalt nicht um eine Gegenleistung oder einen Vorteil. Stattdessen weist die Fallkonstellation eine wesentlich größere Nähe zu Sachverhalten auf, für die die Rechtsprechung entschieden hat, dass es für den Sonderausgaben- bzw. Spendenabzug auf die Herkunft der vom Steuerpflichtigen eingesetzten Mittel nicht ankommt (vgl. zu Spenden BFH, Urteil v. 23.5.1989 – X R 17/85, BStBl 1989 II S. 879).

Die Sache ist noch nicht entscheidungsreif, weil noch Feststellungen zu dem von E und der Klägerin tatsächlich verwirklichten Sachverhalt erforderlich sind, die dem Finanzgericht als Tatsacheninstanz obliegen.

Das Finanzgericht muss nun im zweiten Rechtsgang klären, ob E der Klägerin den Geldbetrag mit der Auflage geschenkt hat, einen Teilbetrag an die Vereine weiterzugeben. Dann wäre der Klägerin der Spendenabzug zu gewähren.

In seinem Urteil äußert sich der BFH grundsätzlich zu den Merkmalen des Spendenbegriffs wie etwa der Unentgeltlichkeit, der Freiwilligkeit und der wirtschaftlichen Belastung. Die Entscheidung wird daher die weitere Rechtsprechung maßgeblich beeinflussen.

11. Steuerfreiheit einer vor dem 1.1.2005 abgeschlossenen Kapitalversicherung bei „laufenden Beitragszahlungen"

BFH v. 6.9.2018 – X R 21/16, BStBl 2019 II S. 157, NWB SAAAH-06911

(Michael Pospischil)

Zusammenfassung der Entscheidung

Der Kläger war als Generalagent (GA) für die Versicherung AG (V) tätig. Anlässlich der Beendigung seiner Tätigkeit wurden ihm u. a. zwei Lebensversicherungen von der konzernangehörigen L-Versicherung (L) ausgezahlt. In den zugrunde liegenden Versicherungsverträgen war eine sog. Aufbauversicherung gegen „laufenden Einmalbetrag in variabler Höhe" vereinbart worden. Die jährlichen Beiträge, die für diese Aufbauversicherung zu zahlen waren und von dem Kläger und/oder der V getragen wurden, betrugen – je nach Betriebszugehörigkeit – 5 % bis 10 % des durchschnittlichen Bestandszuwachses in den vorangegangenen fünf Kalenderjahren. Damit erhöhte sich die Versicherungssumme der Aufbauversicherungen. Bei jeder Beitragszahlung wurde von L ein Nachtrag zum Versicherungsschein ausgestellt.

Die bei Vertragsende überwiesenen Leistungen sah das Finanzamt zum Teil als einkommensteuerpflichtig an, da weder die Erhöhungen der Beiträge noch der Versicherungssummen bei Vertragsschluss vereinbart gewesen seien und somit nicht als laufende Beitragszahlungen angesehen werden könnten.

Einspruch und Klage, mit denen der Kläger die Steuerfreiheit der Leistungen gem. § 22 Nr. 5 EStG i.V.m. § 20 Abs. 1 Nr. 6 Satz 2 EStG geltend machte, blieben erfolglos (FG München, Urteil

v. 19.4.2016 – 6 K 1471/14, EFG 2017 S. 135). Der Kläger ging in Revision, welche durch den BFH für begründet befunden wurde.

Entscheidungsgründe

Die Zahlungen aus den beiden Aufbauversicherungen sind Leistungen aus Direktversicherungen und damit nach § 22 Nr. 5 Satz 1 EStG steuerbar.

Da die Beiträge nicht auf den in § 22 Nr. 5 Satz 2 EStG abschließend aufgezählten geförderten Beiträgen beruhen, ist auf die Leistungen der streitgegenständlichen Aufbauversicherungen, bei denen es sich nicht um Renten i. S. d. § 22 Nr. 5 Satz 2 Buchst. a EStG (Berufsunfähigkeits-, Erwerbsminderungs- und Hinterbliebenenrenten) handelt, § 20 Abs. 1 Nr. 6 EStG in der jeweils für den Vertrag geltenden Fassung entsprechend anzuwenden (§ 22 Nr. 5 Satz 2 Buchst. b EStG).

Die Auszahlungsbeträge aus den Direktversicherungsverträgen bleiben, da sie auf laufenden Beiträgen für eine Kapitallebensversicherung nach § 10 Abs. 1 Nr. 2 Buchst. b Doppelbuchst. dd EStG beruhen, nach § 20 Abs. 1 Nr. 6 Satz 2 EStG i. V. m. § 52 Abs. 36 Satz 5 EStG in der im Streitjahr geltenden Fassung (heute § 52 Abs. 28 Satz 5 EStG) steuerfrei.

Laufende Beitragsleistungen in diesem Sinne sind von Einmalbeiträgen abzugrenzen. § 10 Abs. 1 Nr. 2 Buchst. b EStG unterscheidet im Hinblick auf die begünstigten Versicherungen ausdrücklich zwischen solchen, bei denen Einmalbeiträge möglich sind und solchen, bei denen sie ausdrücklich nicht vorgesehen sind, weil „laufende Beitragsleistungen" verlangt werden. Der Gesetzgeber führte in seiner Gesetzesbegründung (BT-Drucks. 7/1470 S. 287) ausdrücklich aus, die in § 10 Abs. 1 Nr. 2 Buchst. b EStG a. F. vorgenommene abschließende Aufzählung führe dazu, dass bei den folgenden Versicherungen mangels Vorsorgezwecks die Begünstigung ausscheide:

- Versicherungen gegen einmalige Beitragsleistung mit Ausnahme von Rentenversicherungen ohne Kapitalwahlrecht,
- Kapitalversicherungen gegen laufende Beitragsleistungen, die Sparanteile enthalten, mit einer Vertragsdauer von weniger als zwölf Jahren,
- Rentenversicherungen mit Kapitalwahlrecht gegen laufende Beitragsleistungen, bei denen das Kapitalwahlrecht vor Ablauf von zwölf Jahren nach Vertragsabschluss ausgeübt werden kann.

Im Umkehrschluss zeigt diese Aufzählung, dass Kapitallebensversicherungen, die nicht nur einmalige Beitragsleistungen verlangen und deren Vertragsdauer wenigstens zwölf Jahre beträgt, dem Versorgungszweck dienen sollen und folglich steuerlich zu fördern sind. Auf einen bestimmten Beitragszahlungszeitraum stellt das Gesetz dabei nicht ab. Die Zahlungen müssen hiernach weder in regelmäßigen Zeitabständen getätigt werden noch betragsmäßig gleichmäßig sein. Allerdings dürfen die Zahlungen wirtschaftlich betrachtet nicht Beitragsleistungen gegen Einmalzahlungen gleichkommen (so auch BMF v. 22.8.2002 – IV C 4 - S 2221 - 211/02, BStBl 2002 I S. 827).

Im Streitfall ist der Wortlaut der Vereinbarung zur GA-Versorgung hinsichtlich der Art der Zahlungen nicht eindeutig. Zwar scheint er, wenn er hinsichtlich der Aufbauversicherung von einem „laufenden Einmalbeitrag in variabler Höhe" spricht, eine Vielzahl von Einmalbeiträgen und eben keine laufenden Beitragsleistungen zu meinen. Doch lässt die Erweiterung des Begriffs des Einmalbetrags auf einen laufenden Betrag in variabler Höhe auch den Schluss zu, es seien gerade keine (typischen) Einmalbeiträge vereinbart worden.

Entscheidendes Gewicht kommt deshalb der tatsächlichen Art und Weise der Beitragsberechnung und -zahlung zu. Tatsächlich sind die Versicherungsbeiträge mehrfach und auch laufend geleistet worden. Im Zeitraum von 29 Jahren sind in die Aufbauversicherung der Stufe 2 insgesamt 22 Beiträge und im Zeitraum von 24 Jahren in die Aufbauversicherung der Stufe 3 insgesamt 17 Beiträge eingezahlt worden. Lediglich in sieben Jahren sind in beiden Versicherungen keine Beiträge entrichtet worden. Solche laufenden Beitragszahlungen sind einer Kapitallebensversicherung gegen Einmalbeitrag fremd. Schließlich wird bei der Vereinbarung einer Einmalprämie die Prämie für die gesamte Laufzeit der Lebensversicherung in einer Summe entrichtet.

Auch die sonstigen Beitragsmodalitäten sprechen dafür, dass die Vertragsparteien hier nicht eine Vielzahl von Einmalzahlungen, sondern laufende Beiträge, in der Höhe variabel, vereinbart hatten. Dabei stand von Anfang an die Berechnungsweise der Beiträge fest. Es ist nicht erkennbar, dass jede Neuberechnung zum Abschluss eines neuen Versicherungsvertrags (Novation) führen sollte. Vielmehr erhielt der Kläger – wie auch ein Arbeitnehmer, für den einkommensabhängige Beiträge zur gesetzlichen Rentenversicherung entrichtet werden – die Möglichkeit, seine Altersversorgung entsprechend seinem wirtschaftlichen Erfolg aufzubauen.

Auch die Mindestvertragsdauer von zwölf Jahren wurde eingehalten, weil bereits bei Vertragsabschluss die Berechnungsmethode für alle Jahre festgelegt wurde.

Die variablen Beiträge führten zwar zu einer Erhöhung der Versicherungssumme, der wirtschaftliche Gehalt der Vereinbarungen blieb aber unverändert. Die gewählte Vertragsgestaltung diente der Altersvorsoge des GA, so wie es die gesetzliche Befreiungsvorschrift bezweckt.

PRAXISTIPP:

Trotz des anzuwendenden Übergangsrechts hat das Urteil auch eine Breitenwirkung, da derartige „Aufbauversicherungen" in der Vergangenheit häufiger abgeschlossen wurden, die sehr viel später erfolgenden Auszahlungen aber die Frage nach der Steuerfreiheit aufwerfen, die für Einmalzahlungen ausgeschlossen war.

Darüber hinaus hat der BFH schon früher entschieden, die Anrechnung von Versicherungsleistungen auf den Ausgleichsanspruch als Handelsvertreter führe nicht dazu, dass diese Zahlungen den Einkünften aus Gewerbebetrieb zuzurechnen seien.

12. Preisdifferenzierungen wegen betrieblicher Besonderheiten bleiben beim Listenpreis i. S. d. § 6 Abs. 1 Nr. 4 Satz 2 EStG unberücksichtigt

BFH v. 8.11.2018 – III R 13/16, BStBl 2019 II S. 229, NWB NAAAH-08900

(Michael Pospischil)

Zusammenfassung der Entscheidung

Der Kläger betreibt ein Taxiunternehmen. Einen in 2009 erworbenen Pkw nutzte er nicht nur für sein Gewerbe, sondern auch privat.

Anlässlich einer durchgeführten Außenprüfung wurde dem Prüfer auf seine Nachfrage von einer Niederlassung der Firma A ein Listenpreis von 48.165,25 € mitgeteilt.

Dabei handelte es sich um den Listenpreis des nach den allgemeinen Preisvorgaben konfigurierten Fahrzeugs, der mit Hilfe der Fahrzeug-Identifikationsnummer abgefragt wurde. Ausgehend hiervon bewertete der Prüfer die Fahrzeugnutzung anhand der sog. 1 %-Regelung aufgrund eines abgerundeten Bruttolistenpreises von 48.100 €.

Im anschließenden Einspruchsverfahren machte der Kläger geltend, der vom Finanzamt angesetzte Bruttolistenpreis sei zu hoch. Entgegen der Auskunft der Niederlassung der Firma A betrage der Bruttolistenpreis 37.508,80 €, abgerundet 37.500 €. Dieser ergebe sich aus der Preisliste „Taxi und Mietwagen" der Firma A (Stand 2.2.2009).

Das Einspruchsverfahren hatte keinen Erfolg. Das Finanzgericht gab der anschließend erhobenen Klage statt. Es war der Auffassung, dass es sich bei der Preisliste „Taxi und Mietwagen" um eine Preisliste i. S. d. § 6 Abs. 1 Nr. 4 Satz 2 EStG in der für die Streitjahre geltenden Fassung handele. Diese Preisliste sei vorrangig, da diese die Bemessungsgrundlage für den individuellen Vorteil realitätsnäher wiedergebe. Hiergegen ging das Finanzamt in Revision, welche durch den BFH für begründet befunden wurde.

Entscheidungsgründe

Nach § 6 Abs. 1 Nr. 4 Satz 2 EStG ist die private Nutzung eines Kraftfahrzeugs, das zu mehr als 50 % betrieblich genutzt wird, für jeden Kalendermonat mit 1 % des inländischen Listenpreises im Zeitpunkt der Erstzulassung zuzüglich der Kosten für Sonderausstattung einschließlich Umsatzsteuer anzusetzen.

§ 6 Abs. 1 Nr. 4 Satz 2 EStG bezweckt die vereinfachte Bewertung der privaten Nutzung betrieblicher Kraftfahrzeuge und enthält deshalb mit der darin statuierten 1 %-Methode eine grundsätzlich zwingende, grob typisierende und pauschalierende Bewertungsregelung.

Auch Taxen unterfallen dem Anwendungsbereich des § 6 Abs. 1 Nr. 4 Satz 2 EStG. Denn bei Taxen handelt es sich typischerweise um Fahrzeuge, die für den Transport von Personen nebst einer gewissen Menge Gepäck und damit für private Zwecke verschiedenster Art geeignet sind. Es handelt sich somit um Fahrzeuge, die typischerweise auch für private Zwecke genutzt werden können (BFH v. 18.4.2013 – X B 18/12, BFH/NV 2013 S. 1401, NWB PAAAE-40069).

Unter dem inländischen Listenpreis im Zeitpunkt der Erstzulassung ist die an diesem Stichtag maßgebliche Preisempfehlung des Herstellers zu verstehen, die für den Endverkauf des tatsächlich genutzten Fahrzeugmodells auf dem inländischen Neuwagenmarkt gilt.

Bestehen mehrere Preisempfehlungen des Herstellers für ein Fahrzeug, müssen die betrieblichen Besonderheiten auf Käuferseite unberücksichtigt bleiben. Preisliste i. S. d. § 6 Abs. 1 Nr. 4 Satz 2 EStG ist nur derjenige, die einen Preis ausweise, zu dem der Steuerpflichtige das Fahrzeug auch als Privatkunde erwerben könnte.

Als Privatperson hätte der Kläger das Fahrzeug, den Pkw der Marke A, nicht aufgrund der Preisliste „Taxi und Mietwagen" beziehen können. Grundlage für den Kaufpreis wäre vielmehr die allgemeine Preisempfehlung des Herstellers gewesen, wie sie im Streitfall von der Firma A Niederlassung mitgeteilt worden ist. Daher ist auch diese für die Bewertung des privaten Nutzenvorteils i. S. d. § 6 Abs. 1 Nr. 4 S. 2 EStG maßgeblich. Nur diese allgemeine Preisempfehlung ist Listenpreis i. S. d. § 6 Abs. 1 Nr. 4 Satz 2 EStG. Dieser maßgebliche Bruttolistenneupreis betrug im vorliegenden Fall nach den Feststellungen des FG 48.165,25 €.

Folgerungen: Das Urteil ist nicht nur für Taxifahrer relevant. Da auch für die Bewertung des geldwerten Vorteils aus der Überlassung von Pkw an Mitarbeiter der Listenpreis i. S. d. § 6 Abs. 1 Nr. 4 Satz 2 EStG maßgebend ist, hat diese Rechtsprechung auch Auswirkung auf Fälle, in denen bestimmte Sonderausstattungspakete nur Firmenkunden angeboten werden. Die Finanzverwaltung vertritt teilweise heute bereits die Auffassung, dass in diesen Fällen die jeweilige Sonderausstattung mit ihrem Einzelpreis lt. allgemeiner Preisempfehlung angesetzt werden muss. Das obige BFH-Urteil bestätigt diese Auffassung nun.

13. Besuch einer Missionsschule als Berufsausbildung

BFH v. 13.12.2018 – III R 25/18, BStBl 2019 II S. 256, NWB NAAAH-08482

(Michael Pospischil)

Zusammenfassung der Entscheidung

Die Klägerin beantragte Kindergeld für ihren volljährigen Sohn (S), der für zehn Monate eine Missionsschule besuchte, die von einer Freikirche als Internatsschule eingerichtet wurde und den Status einer Körperschaft des öffentlichen Rechts hat. Die Familienkasse lehnte den Antrag ab. Die Voraussetzungen des § 32 Abs. 4 EStG für den Bezug von Kindergeld für ein Kind, welches das 18. Lebensjahr vollendet habe, seien nicht erfüllt. S habe sich insbes. nicht in einer Berufsausbildung i. S. v. § 32 Abs. 4 Satz 1 Nr. 2 Buchst. a EStG befunden. Die Ausbildung an der X-Missionsschule sei keine Ausbildung im Sinne dieser Vorschrift.

Im Klageverfahren machte die Klägerin geltend, ihr Sohn strebe eine berufliche Tätigkeit im sozialen, theologischen oder gesundheitlichen Bereich an. Durch den Besuch der Schule würden auf einen Beruf in diesem Bereich vorbereitende Kenntnisse und Erfahrungen vermittelt.

Das FG wies die Klage ab. Es vertrat die Ansicht, der Schulbesuch diene nicht der Vorbereitung auf einen konkret angestrebten Beruf. Unter Berücksichtigung der Lernziele und des Studienplans stehe die Persönlichkeits- und Charakterbildung i. S. d. Leitbilds der Schule im Vordergrund. Die vermittelten Inhalte zielten darauf ab, die Studierenden zu aktiven und wertvollen Mitgliedern der Gemeinde auszubilden. Der Unterricht stehe auch nicht in einem Bezug zu einer vom Sohn angestrebten beruflichen Tätigkeit. Die Klägerin ging in Revision, welche durch den BFH für unbegründet befunden wurde.

Entscheidungsgründe

In Berufsausbildung befindet sich, wer „sein Berufsziel" noch nicht erreicht hat, sich aber ernsthaft und nachhaltig darauf vorbereitet. Dieser Vorbereitung dienen alle Maßnahmen, bei denen Kenntnisse, Fähigkeiten und Erfahrungen erworben werden, die als Grundlagen für die Ausübung des „angestrebten" Berufs geeignet sind, und zwar unabhängig davon, ob die Ausbildungsmaßnahmen in einer Ausbildungs- oder Studienordnung vorgeschrieben sind.

Dieser weite Berufsausbildungsbegriff bedeutet aber nicht, dass jedweder Erwerb von Fertigkeiten jeglicher Art als Berufsausbildung anzusehen ist. Denn das Tatbestandsmerkmal „für einen

Beruf ausgebildet wird" i. S. d. § 32 Abs. 4 Satz 1 Nr. 2 Buchst. a EStG erfordert, dass der Erwerb der Kenntnisse regelmäßig einen konkreten Bezug zu dem angestrebten Beruf aufweisen muss.

Der konkrete Bezug zu einem angestrebten Beruf erlangt indessen in den Fällen, in denen der Ausbildungscharakter der Maßnahmen zweifelhaft ist, entscheidende Bedeutung. Entscheidend ist der hinreichende inhaltliche Zusammenhang zu einem von dem Kind angestrebten Beruf. Auf dieser Grundlage grenzen sich die zu beurteilenden Maßnahmen von den kindergeldrechtlich nicht förderungsfähigen Tätigkeiten zur Erlangung allgemeiner Erfahrungswerte ab.

Eine Abgrenzung nach Maßgabe des konkreten Bezugs zu einem angestrebten Beruf ist insbesondere bei der Vermittlung oder dem Erwerb von Fähigkeiten erforderlich, die beispielsweise (auch) der Erlangung sozialer oder religiöser Erfahrungen, der Persönlichkeits- und Charakterbildung oder der Stärkung des Verantwortungsbewusstseins für das Gemeinwohl dienen. In diesen Fällen reicht es für die Annahme einer Berufsausbildung i. S. d. § 32 Abs. 4 Satz 1 Nr. 2 Buchst. a EStG nicht aus, wenn die Maßnahmen einen gewissen zeitlichen Mindestaufwand und eine ausreichende theoretische Systematisierung aufweisen, einen inhaltlich hinreichenden Zusammenhang zu einem von dem Kind angestrebten Beruf aber nicht erkennen lassen.

So werden Freiwilligendienste unabhängig von ihrer Ausgestaltung nicht als Berufsausbildung angesehen, da sie i. d. R. nicht der Vorbereitung auf einen konkret angestrebten Beruf, sondern der Erlangung sozialer Erfahrungen und der Stärkung des Verantwortungsbewusstseins für das Gemeinwohl dienen. Dementsprechend ist eine abweichende Beurteilung nicht ausgeschlossen, wenn der Freiwilligendienst, der von einer nicht von § 32 Abs. 4 Satz 1 Nr. 2 Buchst. d EStG erfassten Organisation angeboten wird, einen so engen Bezug zu einem späteren Studium oder einer betrieblichen Ausbildung hat, dass er als Bestandteil einer Berufsausbildung angesehen werden kann.

Das Finanzgericht hat zu Recht darauf abgestellt, dass der Schulbesuch keinen Abschluss vermittelt, der für eine spätere Tätigkeit innerhalb der Freikirche qualifiziert. Die Gesamtwürdigung des Finanzgerichts, dass der Schulbesuch nicht der Vorbereitung auf einen konkret angestrebten Beruf diente, bindet den Senat auch dann, wenn sie nicht zwingend, sondern nur möglich ist.

Folgerungen: Das Urteil bestärkt die Voraussetzung, dass ein Bezug zu einem zu ergreifenden Beruf zwingend bestehen muss, Persönlichkeitsbildung genügt nicht.

14. Erbauseinandersetzung bei zivilrechtlicher Nachlassspaltung: Realteilung vs. Anschaffungskosten

BFH v. 10.10.2018 – IX R 1/17, BStBl 2019 II S. 170, NWB VAAAH-06320

(Hannah Gladitsch)

Zusammenfassung der Entscheidung

Der Kläger hatte zusammen mit seiner Mutter und seinen drei Schwestern A, B und C vom im Mai 1990 verstorbenen Vater drei in den „alten" Bundesländern gelegene Grundstücke X, Y und Z sowie ein Grundstück W, das zum Zeitpunkt des Erbfalls in der ehemaligen DDR lag, geerbt. Über diesen Nachlass hatte sich die Erbengemeinschaft 2008 auseinander gesetzt. Dabei bestanden allerdings zwei Erbengemeinschaften: Erbengemeinschaft 1, die sich über die in den alten Bundesländer gelegenen Grundstücke X, Y und Z auseinandersetzte (Mutter des Klägers erbte zu 1/2, der Kläger und seine drei Schwestern zu je 1/8) sowie Erbengemeinschaft 2 hinsichtlich des in der ehemaligen DDR gelegenen Grundstücks W (Mutter des Klägers erbte zu 1/4, der Kläger und seine drei Schwester zu je 3/16). Der Mutter des Klägers war an allen vier Grundstücken ein Nießbrauch eingeräumt worden. Für die Modernisierung des Grundstücks W nahm die Klägerin insgesamt vier Darlehen auf.

Der Kläger erhielt im Rahmen der Erbauseinandersetzung das Grundstück W, übernahm zwei der darauf lastenden Verbindlichkeiten der Mutter des Klägers sofort und verpflichtete sich, die verbleibenden zwei Verbindlichkeiten später ebenfalls zu übernehmen. Zusätzlich erhielt der Kläger Grundstück X zum Alleineigentum und zahlte dafür eine Abfindung an seine Schwester C. Grundstück Y erhielt seine Mutter und seine Schwester A, welche auch die darauf lastende Verbindlichkeit übernahmen, und für das die Schwester A des Klägers eine Ausgleichszahlung an ihre Schwester B leistete. Grundstück Z erhielt die Mutter des Klägers zum Alleineigentum.

Der Kläger machte im Streitjahr 2012 Absetzung für Abnutzung für das Grundstück W geltend, welche das Finanzamt nicht berücksichtige. Das Finanzgericht akzeptierte dagegen eine AfA, wenn auch in geringerer Höhe.

Dagegen legte das Finanzamt Revision ein und beantragte, das Urteil des Finanzgerichts aufzuheben und die Klage abzuweisen. Das BFH befand die Revision des Finanzamts für begründet, welche zur Aufhebung der Vorentscheidung und zur Zurückverweisung der Sache an das Finanzgericht führte.

Entscheidungsgründe

Das Finanzgericht hatte zwar richtigerweise eine zivilrechtliche Nachlassspaltung angenommen, die jedoch für die ertragsteuerliche Beurteilung der Auseinandersetzung der Erbengemeinschaft nicht maßgebend ist. Es ist vielmehr zu prüfen, wie genau sich die Miterben im Zuge der Auflösung der beiden Erbengemeinschaften auseinandergesetzt haben und inwieweit dabei Anschaffungs- und Veräußerungsvorgänge verwirklicht wurden.

Sofern es durch den Erwerb von Erbanteilen anderer Miterben zu Anschaffungskosten i. S. d. § 255 Abs. 1 HGB eines Erben kommt, können diese gem. § 7 Abs. 4 EStG im Rahmen der AfA abgeschrieben werden. Verteilen die Miterben das Gemeinschaftsvermögen jedoch unter sich zur Auflösung der Erbengemeinschaft, liegt darin keine Anschaffung bzw. Veräußerung. Der Erbe hat dann die AfA der des Rechtsvorgängers gem. § 11d Abs. 1 Satz 1 EStG fortzuführen. Auch die Übernahme von Verbindlichkeiten steht nicht zwingend einem Entgelt gleich, soweit der Wert des von ihm Erlangten insgesamt nicht den ihm zustehenden Erbanteil übersteigt. Muss der Erbe aufgrund eines übersteigenden zugewiesenen Werts Ausgleichszahlungen an Miterben leisten, bilden diese für ihn Anschaffungskosten (BFH v. 5.7.1990 – GrS 2/89, BStBl 1990 II S. 837).

Im vorliegenden Fall kam es aufgrund der Belegenheit der Grundstücke zum einen in den alten Bundesländer und zum anderen in der ehemaligen DDR aufgrund der damals unterschiedlichen Rechtsanwendung in den jeweiligen Gebieten zur Entstehung zweier personengleicher Erbengemeinschaften, die aus drei bzw. einem Grundstück bestanden.

Die Erbengemeinschaften können sich entweder der zivilrechtlichen Nachlassspaltung folgend getrennt auseinandersetzen oder in einem einheitlichen Vorgang in der Weise, dass sämtliche Nachlassgegenständig gleichzeitig vollständig untereinander aufgeteilt werden. Für die ertragsteuerliche Behandlung ist in letzterem Fall für die Frage, ob es sich um eine neutrale Realteilung oder Anschaffungs-/Veräußerungsvorgänge handelt, auf diesen einheitlichen Vorgang und den gesamten Nachlass abzustellen.

Vorliegend war das Finanzgericht von der Bindung an die zivilrechtliche Nachlassspaltung ausgegangen, weshalb sein Urteil keinen Bestand haben konnte. Deshalb muss es im zweiten Rechtsgang die Feststellungen über die Auseinandersetzung der Miterben der beiden Erbengemeinschaften nachholen.

Folgerungen: Sofern es in einem Fall, in dem die zivilrechtliche Nachlassspaltung von der ertragsteuerlichen Auseinandersetzung der Erbengemeinschaft in der Art abweicht, dass zwei personenidentische Erbengemeinschaften entstehen und diese in einem einheitlichen Vorgang auseinandergesetzt werden, bei dem sowohl Verbindlichkeiten übernommen als auch Abfindungszahlungen geleistet werden, ist wie folgt vorzugehen. Zunächst ist zu prüfen, ob die übernommenen Verbindlichkeiten solche der Erbengemeinschaft sind oder nur die eines Erben. Sofern es sich um Verbindlichkeiten der Erbengemeinschaft handelt, führt eine Übernahme dieser zu einer steuerneutralen Aufteilung. Nur die Abfindungszahlungen wären Entgelt. Andernfalls wäre auch die Übernahme der Verbindlichkeiten als Entgelt zu werten. Außerdem wäre die Entgeltlichkeitsquote nicht nur im Verhältnis zu dem Verkehrswert des Vermögens aus einer Erbengemeinschaft, sondern zum Verkehrswert des gesamten Vermögens zu bestimmen, da es sich um einen einheitlichen Auseinandersetzungsvorgang handelt.

PRAXISTIPP:

Realteilungen bezeichnen grundsätzlich die Auseinandersetzung von Betriebsvermögen. Hier hat der BFH die Grundsätze der Realteilung auch auf Privatvermögen angewandt.

15. Gesellschaftsvertragliche Ergebniszuweisung einer vermögensverwaltenden GbR bei Gesellschafterwechsel während des Geschäftsjahres

BFH v. 25.9.2018 – IX R 35/17, BStBl 2019 II S. 167, NWB MAAAH-05124

(Michael Pospischil)

Zusammenfassung der Entscheidung

Der Kläger erwarb u. a. von A dessen Anteil (1/3) an der ABC-GbR, die ein ehemaliges Hotelgrundstück vermietete. Der Anteil sollte bei Kaufpreiszahlung übergehen. Der Kaufpreis war am 1.12.1997 fällig. Gewinn und Verlust des Geschäftsjahres 1997 sollten dem Erwerber zustehen. Für den Fall des Zahlungsverzugs war ein Rücktrittsrecht vereinbart. Tatsächlich wurde der Kaufpreis erst am 1.7.1998 gezahlt. Bis zum 30.6.1998 war unstreitig A Gesellschafter. Das FA rechnete dem Kläger deshalb nur 1/6 des Ergebnisses von 1998 zu.

Das Finanzgericht hat der Klage stattgegeben. Die Vertragsparteien hätten eine Vereinbarung über die Ergebniszuweisung für den Fall des Zahlungsverzugs zwar nicht getroffen. Der das Jahr 1997 betreffenden Regelung sei jedoch im Wege ergänzender Vertragsauslegung zu entnehmen, dass dem Kläger „erst recht" der volle Ergebnisanteil für 1998 zustehen sollte. Hiergegen ging das Finanzamt in Revision, welche durch den BFH für unbegründet befunden wurde.

Entscheidungsgründe

Für die Verteilung des Einnahmen- und des Werbungskostenüberschusses der GbR, d. h. für die Bestimmung des Teilbetrags vom Einnahmen- oder Werbungskostenüberschuss der Gesellschaft, der dem einzelnen Gesellschafter einkommensteuerrechtlich als Ergebnisanteil zuzurechnen ist, ist grundsätzlich der zivilrechtliche Verteilungsschlüssel maßgeblich, so wie sich dieser für den Einzelfall aus den Bestimmungen des Gesellschaftsvertrages der GbR ergibt. Die Ermittlung des Einnahmen- oder Werbungskostenüberschusses erfolgt danach regelmäßig für das Geschäftsjahr, das im Zweifel das Kalenderjahr darstellt. Dementsprechend ist bei den Einkünften aus Vermietung und Verpachtung die Ermittlung des Überschusses aus der Zusammenstellung der Einnahmen und der Werbungskosten für das Kalenderjahr vorzunehmen. Der dem einzelnen Gesellschafter einer Immobilien-GbR zuzurechnende Anteil am Überschuss steht daher erst mit Ablauf des Veranlagungszeitraums fest.

Eine Änderung des bisher gültigen Ergebnisverteilungsschlüssels der GbR mit der Maßgabe, dass dem während des Geschäftsjahres der GbR eintretenden Gesellschafter der auf den Geschäftsanteil fallende Einnahmen- oder Werbungskostenüberschuss für das gesamte Geschäftsjahr, d. h. ohne eine zeitanteilige Berücksichtigung des Anteils des ausgeschiedenen Gesellschafters zugerechnet wird, ist danach steuerrechtlich anzuerkennen, wenn diese vom Beteiligungsverhältnis abweichende Ergebnisverteilung für die Zukunft getroffen worden ist und wenn ihr alle Gesellschafter zustimmen. Die abweichende Ergebnisverteilung muss ihren Grund im Gesellschaftsverhältnis haben und darf nicht rechtsmissbräuchlich sein.

Die Würdigung des FG ist revisionsrechtlich nicht zu beanstanden. Es folgert diese Zurechnung aus einem Vergleich der Rechtspositionen in den Fällen des vertragsgerechten Verhaltens des Klägers, d. h. der Kaufpreiszahlung im Jahr 1997 und damit einem Übergang des Gesellschaftsanteils auf den Kläger in diesem Jahr, und des im Streitfall gegebenen vertragswidrigen Verhaltens des Klägers. Bei vertragsgerechtem Verhalten wäre nur dem Kläger und nicht A für das Streitjahr ein Einnahme- oder Werbungskostenüberschuss zuzuweisen gewesen. Für den Fall des vertragsgerechten Verhaltens mussten die Vertragsparteien im Vertrag v. 22.10.1997 somit keine ausdrückliche Regelung dahin gehend treffen, dass der Einnahme- bzw. Werbungskostenüberschuss des Jahres 1998 dem Kläger zuzurechnen sei. Bei vertragswidrigem Verhalten des Klägers sollte die vorgenannte Ergebnisverteilung nach dem Willen der Vertragsparteien gelten, wenn sich der Kläger zwar vertragswidrig verhalten und erst verspätet zahlen würde, der Vertrag aber dennoch mangels Rücktritts des A vollzogen werden würde. Die Vertragsbeteiligten haben für den Fall der verspäteten Kaufpreiszahlung keine abweichende Regelung für die Ergebnisverteilung getroffen. Dieser Umstand lässt darauf schließen, dass die Ergebnisverteilung wie bei vertragsgerechtem Verhalten erfolgen sollte. Ohne diese Ergebnisverteilung wäre der Kläger nicht bereit gewesen, den vereinbarten Kaufpreis zu zahlen.

Anders als das FA und A meinen, ist die am 22.10.1997 vereinbarte Ergebnisverteilung auch steuerrechtlich anzuerkennen, weil diese mit Zustimmung aller Gesellschafter für die Zukunft getroffen worden ist und ihren Grund im Gesellschaftsverhältnis hat. Es liegt im Interesse der vermögensverwaltenden Gesellschaft, dass Altgesellschafter auf Verlustzuweisungen zugunsten neuer Gesellschafter verzichten, um hierdurch einen Anreiz für den Beitritt neuer Gesellschafter und damit einen Anreiz zur Zuführung neuen Kapitals zu schaffen (vgl. BFH v. 17.3.1987 – VIII R 293/82, BStBl 1987 II S. 558).

Folgerungen: Der entschiedene Fall hat nichts mit der Frage danach zu tun, ob eine zivilrechtlich rückwirkende Änderung der Ergebnisverteilung auch steuerlich anzuerkennen ist. Die Abrede über die Ergebnisverteilung war bereits 1997 getroffen worden und der BFH hatte ausschließlich über das Jahr 1998 zu entscheiden. Der BFH erkannte die Verteilungsabrede ausdrücklich deshalb an, weil sie „für die Zukunft" vereinbart worden war.

Hätte der BFH über das Jahr 1997 entscheiden müssen, wäre es darauf angekommen, ob eine Änderung der Ergebnisverteilung während des Geschäftsjahres mit zivilrechtlicher Rückbeziehung auf den Beginn des Geschäftsjahres steuerlich anzuerkennen ist. Der BFH spricht die Frage in seinem Urteil an, lässt sie aber mangels Entscheidungserheblichkeit für den Streitfall, der eine vermögensverwaltende Gesellschaft betrifft, ausdrücklich offen. Nach dem Grundsatz, dass Steuersachverhalte nur mit Wirkung für die Zukunft gestaltet werden können und zivilrechtlich vereinbarte Rückwirkungen steuerlich grundsätzlich unbeachtlich sind, dürfte die Frage zu verneinen sein. Für eine gewerblich tätige Personengesellschaft hat der BFH eine Änderung der Ergebnisverteilung während des Geschäftsjahres mit schuldrechtlicher Rückbeziehung auf den Beginn des Geschäftsjahres in seinem Urteil v. 7.7.1983 – IV R 209/80 (BStBl 1984 II S. 53) als steuerlich unbeachtlich beurteilt.

16. Betrieb eines Blockheizkraftwerks – Wohnungseigentümergemeinschaft als gewerbliche Mitunternehmerschaft

BFH v. 20.9.2018 – IV R 6/16, BStBl 2019 II S. 160, NWB QAAAH-04518

(Michael Pospischil)

Zusammenfassung der Entscheidung

Zu einer Wohnungseigentumsanlage von Reihenhäusern gehörte auch ein Blockheizkraftwerk (BHKW), mit dem in erster Linie der eigene Wärmebedarf gedeckt werden sollte. Der zugleich erzeugte und nicht von den Eigentümern verbrauchte Strom wurde gegen eine Vergütung in das Netz eines Energieversorgers eingespeist. Der Verwalter hatte die Verträge für die WEG geschlossen und ging ebenso wie das Finanzamt davon aus, dass die WEG als Mitunternehmerschaft gewerbliche Einkünfte erziele. Dabei wurde zunächst ein Teil von 30 % des BHKW als Betriebsvermögen behandelt.

Gegen den auf dieser Grundlage erklärungsgemäß erlassenen und an die WEG gerichteten Gewinnfeststellungsbescheid legten die klagenden Wohnungseigentümer Einspruch ein, der nach Erlass eines geänderten Feststellungsbescheids zurückgewiesen wurde. Mit der Klage machten die Kläger u. a. geltend, eine WEG könne nicht Betreiber eines BHKW sein. Dazu bedürfe es einer von den Wohnungseigentümern zumindest konkludent errichteten GbR, an der es im Streitfall aber fehle. Außerdem habe das BHKW zu 100 % als Betriebsvermögen behandelt werden müssen. Der Gewinn müsse durch Betriebsvermögensvergleich ermittelt werden.

Das FG hielt die Kläger zunächst nicht für klagebefugt und wies die Klage als unzulässig ab. Die dagegen erhobene Nichtzulassungsbeschwerde führte zur Aufhebung des Urteils und zur Zurückverweisung an das FG. Im zweiten Rechtsgang wies das FG die Klage dann als unbegründet ab. Die Kläger gingen in Revision.

Entscheidungsgründe

Die Wohnungseigentümergemeinschaft kann ein dem Gesellschaftsverhältnis wirtschaftlich vergleichbares Gemeinschaftsverhältnis i. S. d. § 15 Abs. 1 Satz 1 Nr. 2 EStG sein, welches den Wohnungseigentümern (Mitgliedern) nach dem gesetzlichen Regelstatut eine Mitunternehmerstellung einräumt, soweit sie innerhalb ihres Verbandszwecks tätig wird.

Die Mitglieder einer Wohnungseigentümergemeinschaft, die gemeinschaftlich unternehmerisch tätig werden, sind nach dem gesetzlichen Regelstatut als Mitunternehmer i. S. d. § 15 Abs. 1 Satz 1 Nr. 2 EStG anzusehen. Sie entfalten kumulativ Mitunternehmerinitiative und tragen Mitunternehmerrisiko (zu diesen beiden Merkmalen z. B. BFH v. 13.7.2017 – IV R 41/14, BStBl 2017 II S. 1133, NWB RAAAG-58245, Rz. 20 m. w. N.).

Die Lieferung von Strom halte sich jedenfalls dann innerhalb des Verbandszwecks, wenn der Strom von einem eigenen BHKW erzeugt werde, das vornehmlich der Erzeugung von Wärme für das Wohnungseigentum diene.

Das Feststellungsverfahren ist für diejenige Mitunternehmerschaft durchzuführen, die zivilrechtlich errichtet wurde, um die entsprechende gewerbliche Tätigkeit i. S. d. § 15 Abs. 2 EStG auszuüben. Im Streitfall ist dies die WEG als mitunternehmerische Personenmehrheit selbst und kein daneben bestehender Zusammenschluss der Wohnungseigentümer zu einer GbR. Auf dieses Feststellungsverfahren kann nicht nach § 180 Abs. 3 Satz 1 Nr. 2 AO verzichtet werden. Die betreffende Steuererklärung habe der Hausverwalter abzugeben.

Gleichwohl ist die Vorentscheidung aufzuheben und an das FG zurückzuverweisen. Das FG habe zwar zu Recht entschieden, dass die WEG selbst als Mitunternehmerschaft das BHKW betrieben habe. Zur Ermittlung der Herstellungskosten des BHKW müsse aber noch geklärt werden, in welcher Höhe die in Rechnung gestellte Umsatzsteuer als Vorsteuer abzugsfähig gewesen sei.

Folgerungen: Die Ermittlung der Anschaffungs- und Herstellungskosten des BHKW erfordert wegen § 9b Abs. 1 EStG auch ertragsteuerlich die Klärung der Frage, inwieweit in Rechnung gestellte Vorsteuer nach § 15 UStG abgezogen werden kann.

Hier stellen sich schwierige und wohl zum Teil auch noch nicht geklärte umsatzsteuerrechtliche Fragen. Auf diese Fragen musste der BFH im hiesigen Verfahren nicht eingehen. Sie werden aber das FG im dritten Rechtsgang beschäftigen und müssen im Übrigen von allen Verwaltern betroffener WEG sorgfältig geprüft werden, um nicht ggf. sogar den gesamten Vorsteuerabzug zu verlieren.

17. Objektbezogene Prüfung der Überschusserzielungsabsicht bei Ferienwohnungen; Wechsel von dauerhafter Vermietung zu Ferienwohnvermietung

BFH v. 8.1.2019 – IX R 37/17, BFH/NV 2019 S. 390, NWB UAAAH-10194

(Christian Kappelmann)

Zusammenfassung der Entscheidung

Der Kläger war in den Streitjahren 2003 bis 2011 Eigentümer eines Bungalows sowie eines Zweifamilienhauses, welche jeweils seit dem 1.11.1993 in dessen Eigentum standen. In den Streitjahren erklärte der Kläger Werbungskostenüberschüsse aus den Vermietungsobjekten. Nach einer zunächst gem. § 165 Abs. 2 Satz 1 AO vorläufig ergangenen Einkommensteuerveranlagung in der die Werbungskostenüberschüsse antragsgemäß der Besteuerung zugrunde gelegt wurden, änderte das Finanzamt im Jahr 2012 im Rahmen einer Außenprüfung die Bescheide, da eine Überschussprognose für diese Objekte negativ ausgefallen sei. Das Finanzgericht bestätigte, dass für die beiden Objekte eine Überschussprognose zu erstellen sei und wies die Klagen ab.

Die im Zweifamilienhaus gelegene Erdgeschosswohnung war zunächst unbefristet bis zum Jahr 2002 vermietet. Nach dem Auszug des Mieters wurde die Wohnung zunächst renoviert und ab dem Jahr 2004 ausschließlich als Ferienwohnung vermietet. Die Obergeschosswohnung war zunächst ebenfalls unbefristet vermietet und wurde ab dem Jahr 1999 Feriengästen angeboten. Zwischenzeitlich wurden für die Wohnung auch Zeitmietverträge über mehrere Monate abgeschlossen.

Die Wohnungen des Bungalows wurden in den Streitjahren durchgehend an Feriengäste vermietet. Eine der Wohnungen diente den Eigentümern auch selbst regelmäßig als Ferienwohnung und wurde bei Bedarf für Renovierungsarbeiten und die Betreuung von Urlauberwechseln genutzt.

Entscheidungsgründe

Der BFH hob das Urteil des FG auf, da die Überschussprognosen objektbezogen durchzuführen seien. Im Streitfall wurden mehrere Ferienwohnungen einzeln an Gäste vermietet. Deshalb sei für jede Ferienwohnung jeweils eine eigene Überschussprognose zu erstellen. Dies gilt auch dann, wenn die verschiedenen Objekte auf einem Grundstück bzw. in einem Gebäude liegen. Die Klage wurde an das Finanzgericht zurückverwiesen, das im zweiten Rechtszug der Fragen nachzugehen hat, ob die ortsüblichen Leerstandszeiten eingehalten werden bzw. die Überschussprognose für die einzelnen Objekte positiv ausfällt.

Folgerungen: Bei einer Ferienwohnung ist die Prüfung, ob eine auf Dauer angelegte Vermietung vorliegt, anhand der ortsüblichen Leerstandszeiten zu ermitteln. Dies gilt auch, wenn ergänzend zu der Vermietung an Feriengäste, die Wohnung an andere „Kurzzeitmieter" Wochen oder monatsweise vermietet werden.

Konsequenzen für die Praxis

Positiv für die Steuerpflichtigen ist, dass die Prüfung, ob die Vermietung mit einer auf Dauer angelegten Vermietung vergleichbar ist, zukünftig für jede einzelne Wohnung separat durchzuführen ist. Wird aus einem Gebäude regelmäßig nur eine Wohnung für private Zwecke oder Renovierungsarbeiten genutzt, wirken sich diese Zeiten nicht bei der Überprüfung der anderen Wohnungen aus. Die Überschussprognosen sind zukünftig ebenfalls für jede Ferienwohnung einzeln zu prüfen. Bei der gelegentlichen Nutzung einer Wohnung für private Urlaube des Eigentümers, wirken sich die Selbstnutzungszeiten somit nur bei der Prüfung der einzelnen Wohnung und nicht für die weiteren Vermietungsobjekte oder das Gesamtobjekt aus.

18. Keine vorab entstandenen Werbungskosten aus Finanzierung eines nießbrauchsbelasteten Grundstücks

BFH v. 19.2.2019 – IX R 20/17, BFH/NV 2019 S. 540, NWB PAAAH-12909

(Hannah Gladitsch)

Zusammenfassung der Entscheidung

Der Kläger erwarb 1995 im Wege der vorweggenommenen Erbfolge zusammen mit seiner Schwester ein mit einem lebenslänglichen Nießbrauch durch die Mutter den Vater und die Tante des Klägers belastetes bebautes Grundstück. Nach dem Tod des Vaters in 2011 standen der Mutter und der Tante des Klägers die Nießbrauchsrechte zu je 50 % zu, das Grundstück wurde gemeinschaftlich vermietet. Im gleichen Jahr erwarb der Kläger den hälftigen Miteigentumsanteil seiner Schwester.

In seiner Einkommensteuererklärung für 2012 machte der Kläger bei den Einkünften aus Vermietung und Verpachtung Absetzung für Abnutzung sowie Schuldzinsen als vorab entstandene Werbungskosten für den in 2011 erworbenen Grundstücksteil geltend. Der Beklagte (das Finanzamt) veranlagte den Kläger erklärungsgemäß. In 2013 hingegen berücksichtigte das Finanzamt die als vorab entstanden erklärten Werbungskosten nicht mehr. Der Einspruch hatte keinen Erfolg.

Hiergegen legte der Kläger Klage beim Finanzgericht ein, welches ihm die Schuldzinsen als Werbungskosten anerkannte, die Berücksichtigung der Absetzung für Abnutzung jedoch verneinte.

Das Finanzamt ist daher in Revision gegangen und beantragt die Aufhebung des Urteils und die Abweisung der Klage, der Kläger beantragt die Rückweisung der Revision des Finanzamts, die Aufhebung des Urteils des FG und eine volle Anerkennung der von ihm erklärten Aufwendungen als vorab entstandene Werbungskosten.

Das BFH befand die Revision des Finanzamts für begründet, welche zur Aufhebung der Vorentscheidung und zur Abweisung der Klage führt.

Entscheidungsgründe

Das Finanzgericht hatte zu Unrecht entschieden, dass der Kläger die Schuldzinsen als vorab entstandene Werbungskosten geltend machen könne. Der notwendige wirtschaftliche Zusammenhang war insoweit noch nicht gegeben.

Voraussetzung für die Berücksichtigung vorab entstandener Werbungskosten ist, dass anhand objektiver Umstände feststellbarer, ausreichend bestimmter wirtschaftlicher Zusammenhang zwischen den Aufwendungen und der entsprechenden Einkunftsart besteht. Nach Rechtsprechung des IX. Senats kann der Eigentümer Aufwendungen für sein mit einem lebenslänglichen Nutzungsrecht eines Dritten belastetes Grundstück regelmäßig nicht als vorab entstandene Werbungskosten bei den Einkünften aus Vermietung und Verpachtung abziehen, solange ein Ende der Nutzung durch den Dritten nicht absehbar ist (BFH v. 14.11.2007 – IX R 51/06, NWB IAAAC-86056 sowie v. 10.6.1998 – IX B 47/98, NWB GAAAA-97388). Gründe, die eine unterschiedliche Behandlung von Erhaltungsaufwand und Schuldzinsen im Rahmen des Werbungskostenabzugs rechtfertigen könnten, bestehen insoweit nicht.

Folgerungen: Aufwendungen für zukünftige Einnahmen können lediglich in engem Rahmen als vorab entstandene Werbungskosten geltend gemacht werden, und zwar nur, wenn der Steuerpflichtige den endgültigen Entschluss zur Einkünfteerzielung gefasst hat und diesen Entschluss auch durch seine Handlungen hinreichend konkretisiert, was im Einzelfall zu prüfen ist (Krüger in Schmidt, § 9 EStG, Rz. 95 bis 98; Sterzinger, EStB 2019 S. 146; Paus, EStB 2019 S. 288).

19. Zur Abziehbarkeit von Aufwendungen für Einrichtungsgegenstände und Hausrat im Rahmen einer doppelten Haushaltsführung

BFH v. 4.4.2019 – VI R 18/17, BStBl 2019 II S. 449, NWB VAAAH-16588

(Volker Küpper)

Zusammenfassung der Entscheidung

Im Streitfall unterhielt der steuerpflichtige Kläger an seinem Lebensmittelpunkt eine Wohnung mit eigenem Hausstand sowie am Ort seiner ersten Tätigkeitsstätte eine zweite Wohnung. Aufwendungen für die Miete nebst Nebenkosten sowie Anschaffungskosten für die Einrichtung machte er als Werbungskosten geltend. Das Finanzamt erkannte jedoch nur Aufwendungen i. H. v. 1.000 € monatlich an und verwies hinsichtlich der Abzugsfähigkeit der Kosten für die Unterkunft auf § 9 Abs. 1 Satz 3 Nr. 5 EStG. Ab dem VZ 2014 sind diese auf den Höchstbetrag i. H. v. 1.000 € monatlich begrenzt. Dagegen wandte sich der Steuerpflichtige und beantragte die vollständige Berücksichtigung der Aufwendungen. Nach erfolglosem Einspruchsverfahren bestätigten sowohl das zuständige FG als auch der in Revision angerufene BFH die Sichtweise des Steuerpflichtigen. Aufwendungen für Haushaltsartikel und Einrichtungsgegenstände sind nicht von der Begrenzung auf 1.000 € umfasst.

Entscheidungsgründe

Grundsätzlich sind nach § 9 Abs. 1 Satz 3 Nr. 5 EStG notwendige Mehraufwendungen, die einem Arbeitnehmer wegen einer beruflich veranlassten doppelten Haushaltsführung entstehen als Werbungskosten abziehbar. Eine doppelte Haushaltsführung liegt dann vor, wenn der Arbeitnehmer außerhalb des Orts seiner ersten Tätigkeitsstätte einen eigenen Hausstand unterhält und auch am Ort der ersten Tätigkeitsstätte wohnt.

Tatsächlichen Unterkunftskosten für eine doppelte Haushaltsführung können im Inland die für die Nutzung dieser Unterkunft angesetzt werden, jedoch 1.000 € im Monat. Ferner können nach der ständigen Rechtsprechung des BFH auch sonstige notwendige Mehraufwendungen, wie beispielsweise die Anschaffungskosten für die erforderliche Wohnungseinrichtung, als Werbungskosten abgezogen werden. Durch die Änderung von § 9 Abs. 1 Satz 3 Nr. 5 EStG hat der Gesetzgeber ab dem VZ 2014 jedoch den Ansatz der Unterkunftskosten für die Nutzung der Unterkunft im Rahmen einer doppelten Haushaltsführung im Inland auf höchstens 1.000 € im Monat begrenzt. Nach Auffassung der Finanzverwaltung galt diese Begrenzung für sämtliche entstehenden Aufwendungen wie Miete, Betriebskosten, Reinigungskosten, AfA für notwendige Einrichtungsgegenstände und weitere Aufwendungen für die Zweitwohnung.

Der BFH hat mit diesem Urteil entschieden, dass Aufwendungen für Haushaltsartikel und Einrichtungsgegenstände nicht von der Begrenzung auf 1.000 € umfasst, da diese nur für deren Nutzung und nicht für die Nutzung der Unterkunft selbst getätigt werden. Dementsprechend sind solche Aufwendungen, soweit sie notwendig sind, ohne Begrenzung der Höhe nach abzugsfähig.

PRAXISTIPP:

Der BFH bestätigt mit diesem Urteil die Auffassung des FG und widerspricht der Ansicht der Finanzverwaltung. Aufwendungen für die Möblierung der Wohnung oder Unterkunft sowie für den Hausrat sind nicht den beschränkt abziehbaren Unterkunftskosten zuzurechnen. Diese können, soweit notwendig, unbegrenzt in Abzug gebracht werden.

II. Verwaltungsanweisungen

1. Investmenterträge aus Madoff-Fonds

BMF v. 20.12.2018 – IV C 1 – S 1980-1/18/10009, BStBl 2019 I S. 14, NWB VAAAH-04525

(Kimberly Kutac)

Zusammenfassung der Verwaltungsanweisung

Das BMF-Schreiben v. 20.12.2018 thematisiert Investmenterträge aus den folgenden sog. „Madoff-Fonds":

▶ Heradl (Lux) – US Absolute Return Fund (WKN: A0NFHW, ISIN: LU0350637061 (Euro) und LU0350636923 (US-Dollar))

▶ Primeo Fund Primeo Select Fund (WKN: 576058, ISIN: KYG7243U1085)

▶ Thema Fund (WKN 541942, ISIN: IE0030487957)

▶ Herald Fund SPC (WKN AoCATF, ISIN: KYG441091090 (Euro) und KYG441091173 (US-Dollar)).

Die genannten Investmentfonds wurden vom namensgebenden Finanz- und Börsenmakler Bernhard L. Madoff mit dem Ziel initiiert, anhand eines betrügerischen Schneeballsystems Geld zu sammeln. Seit Ende 2008 werden diese Fonds nicht mehr an offiziellen Marktplätzen gehandelt und seit 2009 oder 2010 liquidiert.

Ausschüttungen aus Madoff-Fonds

Grundsätzlich sind Ausschüttungen aus Investmentfonds in voller Höhe gem. § 16 Abs. 1 Nr. 1 InvStG steuerpflichtig. Hiervon können unter den Voraussetzungen des § 17 InvStG Kapitalrückzahlungen ausgenommen sein. Da bei den Madoff-Fonds jedoch keine Rücknahmepreise festgesetzt worden sind, scheidet sowohl die Steuerbefreiung gem. § 17 InvStG als auch eine Teilfreistellung aus.

Darüber hinaus sind Ausschüttungen aus bestandsgeschützten Alt-Anteilen (Anschaffung vor dem 1.1.2009), die nicht im Betriebsvermögen gehalten werden, nicht zu besteuern. Sollte fälschlicherweise Kapitalertragsteuer einbehalten worden sein, kann diese spätestens im Rahmen des Veranlagungsverfahrens erstattet werden. Für die Erstattung muss eine Bescheinigung vorgelegt werden, die die folgenden Angaben enthält:

- ▶ Name und Anschrift des Steuerpflichtigen
- ▶ Identifikationsnummer des Steuerpflichtigen (§ 139b AO)
- ▶ ISIN und Name des Investmentfonds
- ▶ Anzahl der Investmentanteile
- ▶ Datum der Ausschüttung
- ▶ Höhe der Ausschüttung
- ▶ Anschaffungsdaten der Investmentanteile
- ▶ Tatsächliche Anschaffungskosten der Investmentanteile
- ▶ Erklärung des Entrichtungspflichtigen, das keine Erstattung der Kapitalertragsteuer, des Solidaritätszuschlags sowie der Kirchensteuer und keine Korrektur bei der Verlustverrechnung vorgenommen wurde und nicht vorgenommen wird.

PRAXISTIPP:

Enthält eine Steuerbescheinigung nach § 45a Abs. 2 EStG Ausschüttungen aus Madoff-Fonds und die darauf entfallende einbehaltene Kapitalertragsteuer, den Solidaritätszuschlag sowie die Kirchensteuer, sind diese für die Anlage KAP von der Höhe der Kapitalerträge abzuziehen.

Vorabpauschale

Eine Vorabpauschale ist bei bestandsgeschützten Alt-Anteilen nicht zu berücksichtigen.

Veräußerungsgewinne

Bei bestandsgeschützten Alt-Anteilen sind Veräußerungsgewinne/-verluste steuerlich unbeachtlich. Sollte Kapitalertragsteuer fälschlicherweise einbehalten worden sein, ist diese, wie bei den Ausschüttungen, spätestens im Veranlagungsverfahren zu erstatten.

Für andere als bestandsgeschützte Alt-Anteile sind im Steuerabzugsverfahren mangels eines Rücknahme-, Börsen- oder Marktpreises zum 31.12.2017 grundsätzlich 30 % des Veräußerungserlöses als Ersatzbemessungsgrundlage bei ab dem 1.1.2018 vorgenommenen Veräußerungen anzusetzen.

HINWEISE:

Steuerpflichtige sollten ihren Depotbestand darauf überprüfen, ob diese einen Madoff-Investmentfonds enthalten. Sollte dies der Fall sein, sollte in den Depotauszügen kontrolliert werden, ob Ausschüttungen aus diesen Fonds in den Kapitalerträgen enthalten sind, um eine ggf. erforderliche Korrektur (s. o.) im Rahmen der Veranlagung vornehmen zu können.

2. Vermietung eines Arbeitszimmers oder einer als Homeoffice genutzten Wohnung an den Arbeitgeber

BMF v. 18.4.2019 – IV C 1 - S 2211/16/10003:005, BStBl 2019 I S. 461, NWB MAAAH-15447

(Hannah Gladitsch)

Zusammenfassung der Verwaltungsanweisung

Bereits in der letzten Ausgabe hatten wir über das BFH-Urteil v. 17.4.2018 – IX R 9/17 (BStBl 2019 II S. 219, NWB DAAAG-92060) berichtet, in welchem die Kläger bei einer als Homeoffice an den Arbeitgeber vermieteten Einliegerwohnung in einem ansonsten zu eigenen Wohnzwecken genutzten Haus das Badezimmer behindertengerecht hatten renovieren lassen und diese Kosten als Werbungskosten bei den Einkünften aus Vermietung und Verpachtung nach § 21 EStG geltend gemacht hatten.

Zur einkommensteuerrechtlichen Beurteilung der Vermietung eines Arbeitszimmers bzw. einer als Homeoffice genutzten Wohnung durch den Arbeitnehmer an seinen Arbeitgeber hat das BMF nun Grundsätze ermittelt, nach welchen sich die Beurteilung als Arbeitslohn einerseits und Einnahmen aus Vermietung und Verpachtung andererseits richtet.

Dabei ist in erster Linie entscheidend, in wessen vorrangigem Interesse die Nutzung erfolgt.

Es handelt sich um ein vorrangiges Interesse des Arbeitnehmers und damit eine Zurechnung zu Einkünften aus nichtselbständiger Arbeit nach § 19 Abs. 1 Satz 1 Nr. 1 EStG, wenn die Leistung des Arbeitgebers als Gegenleistung für die Zurverfügungstellung der Arbeitskraft des Arbeitnehmers erfolgt. Davon ist insbesondere auszugehen, wenn der Arbeitnehmer im Betrieb des Arbeitgebers über einen weiteren Arbeitsplatz verfügt oder die Nutzung als Homeoffice durch den Arbeitgeber lediglich geduldet wird.

Sofern eine Nutzung des Arbeitszimmers oder der als Homeoffice genutzten Wohnung überwiegend im betrieblichen Interesses des Arbeitgebers vorliegt und dieses Interesse über die Erbringung der Arbeitsleistung durch den Arbeitnehmer hinausgeht, handelt es sich um Einkünfte aus Vermietung und Verpachtung nach § 21 Abs. 1 Satz 1 Nr. 1 EStG. Dies ist der Fall, wenn kein geeigneter Arbeitsplatz im Unternehmen des Arbeitgebers vorhanden ist, der Arbeitgeber für andere Arbeitnehmer von fremden Dritten Räumlichkeiten anmietet, sofern diese nicht über ein eigenes Arbeitszimmer verfügen, und ferner eine ausdrückliche, schriftliche Vereinbarung über die Bedingungen der Nutzung der Räumlichkeiten abgeschlossen wurde. Das vorrangige betriebliche Interesse des Arbeitsgebers hat der Steuerpflichtige nachzuweisen.

Ist der Nachweis erfolgt, ist die Einkünfteerzielungsabsicht i. S. d. § 21 Abs. 1 Satz 1 Nr. 1 EStG durch objektbezogene Überschussprognose (vgl. BFH v. 17.4.2018 – IX R 9/17, NWB DAAAG-92060) festzustellen. Bei einer negativen Überschussprognose sind Einkünfte aus Vermietung und Verpachtung zu verneinen, stattdessen liegt ein privater, steuerlich unbeachtlicher Vorgang vor.

Handelt es sich um Einkünfte aus Vermietung und Verpachtung, sind die Aufwendungen als Werbungskosten unbeachtet des § 4 Abs. 5 Satz 1 Nr. 6b EStG in vollem Umfang zu berücksichtigen. Bei der Zuordnung zum Arbeitslohn fallen die Werbungskosten ggf. unter die Abzugsbeschränkung des § 4 Abs. 5 Satz 1 Nr. 6b EStG.

3. Steuerliche Behandlung der Überlassung von (Elektro-)Fahrrädern

OFD Frankfurt/M. v. 26.3.2019 – S 2334 A - 121 - St 211, NWB LAAAH-12543

(Christian Kappelmann)

Zusammenfassung der Verwaltungsanweisung

Mit Schreiben v. 26.3.2019 und 25.6.2019 hat die OFD Frankfurt zu der steuerlichen Überlassung von Dienstfahrrädern und der Anwendung des neu eingeführten § 3 Nr. 37 EStG Stellung genommen.

Die Überlassung eines Dienstfahrrades ist seit 2012 grundsätzlich steuerlich so zu behandeln wie die Überlassung eines Kraftfahrzeugs. Für die Versteuerung war monatlich nach § 8 Abs. 2 Satz 8 EStG jeweils 1 % der auf volle 100 € abgerundeten Bruttopreisempfehlung des Herstellers anzusetzen. Im Gegensatz zu der Überlassung eines Kfz an die Arbeitnehmer werden jedoch die Entfernungskilometer zur Arbeitsstätte nicht zusätzlich besteuert.

Sollte das Fahrrad jedoch erstmals nach dem 31.12.2018 überlassen werden, so sind nun jedoch nur noch 0,5 % der auf volle 100 € abgerundeten Bruttopreisempfehlung als Bemessungsgrundlage für die Berechnung der Lohnsteuer anzusetzen. Gehört es zu den regulären Geschäftsfeldern des Unternehmens Fahrräder oder Elektrofahrräder auch an fremde Dritte zu überlassen, so kann der Wert der Nutzungsüberlassung nach § 8 Abs. 3 EStG ermittelt werden und der Rabattfreibetrag gem. § 8 Abs. 3 Satz 2 EStG abgezogen werden.

Elektrofahrräder, deren Motoren auf mehr als 25 km/h beschleunigen, sind jedoch als Kraftfahrzeug zu qualifizieren. Für die Überlassung derartiger Fahrräder ist gem. § 8 Abs. 2 Satz 2 bis 5 i. V. m. § 6 Abs. 1 Nr. 4 Satz 2 EStG ebenfalls für jeden Entfernungskilometer 0,03 % der Bruttopreisempfehlung monatlich als geldwerter Vorteil anzusetzen.

HINWEIS:

Seit dem 1.1.2019 ist die Überlassung eines Dienstfahrrades, sollte Sie zusätzlich zum bisher geschuldeten Arbeitslohn erfolgen, nach § 3 Nr. 37 EStG steuerbefreit.

4. Auslegungsfragen zu § 20 Abs. 1 Nr. 10 EStG bei Betrieben gewerblicher Art als Schuldner der Kapitalerträge

BMF v. 28.1.2019 – IV C 2 - S 2706-a/15/10001, BStBl 2019 I S. 97, NWB AAAAH-06917

(Michael Pospischil)

Zusammenfassung der Verwaltungsanweisung

Das BMF hat sich in diesem Schreiben ausführlich zur Auslegung der Einkommensteuertatbestände in § 20 Abs. 1 Nr. 10 EStG geäußert, die für juristische Personen des öffentlichen Rechts gelten.

Zu Kapitaleinkünften der Trägerkörperschaft werden qualifiziert

nach Buchstabe a der Vorschrift:

- Leistungen eines nicht von der Körperschaftsteuer befreiten BgA mit eigener Rechtspersönlichkeit (z. B. Sparkassen)

und nach Buchstabe b der Vorschrift:

- der durch Betriebsvermögensvergleich ermittelte Gewinn eines nicht von der Körperschaftsteuer befreiten BgA ohne eigene Rechtspersönlichkeit (soweit der Gewinn nicht den Rücklagen zugeführt wird),
- der nicht den Rücklagen zugeführte Gewinn eines nicht bilanzierenden nicht von der Körperschaftsteuer befreiten BgA ohne eigene Rechtspersönlichkeit, der in die § 20 Abs. 1 Nr. 10 Buchst. b EStG genannte Umsatz- oder Gewinngrenzen überschreitet,
- verdeckte Gewinnausschüttungen,
- die Auflösung von Rücklagen des BgA zu Zwecken außerhalb des BgA,
- die Gewinne i. S. d. § 22 Abs. 4 UmwStG und
- die Gewinne aus Werbesendungen durch inländische öffentlich-rechtliche Rundfunkanstalten.

Die Einkunftstatbestände führen zu einer beschränkten Steuerpflicht mit einer Kapitalertragsteuerbelastung von 15 %. Die Körperschaftsteuer für diese Einkünfte ist in der Regel nach § 32 Abs. 1 Nr. 2 KStG durch den Steuerabzug abgegolten. Die Kapitalertragsteuer von 15 % ist somit nicht anrechenbar.

In dem o. g. BMF-Schreiben äußert sich das BMF detailliert zu den bereits erwähnten Einkunftstatbeständen. Nachfolgend einige Aussagen im Überblick:

- **Leistungen eines BgA mit eigener Rechtspersönlichkeit (§ 20 Abs. 1 Nr. 10 Buchst. a EStG):** Die Leistungen (Kapitalerträge) müssen von einem nicht von der Körperschaftsteuer befreiten BgA (vgl. § 1 Abs. 1 Nr. 6 i. V. m. § 4 KStG) stammen, der eine eigene Rechtspersönlichkeit besitzt. Er muss alle Merkmale einer juristischen Person des öffentlichen Rechts erfüllen, insbesondere im vollen Umfang rechtfähig sein. Teilrechtsfähigkeit, wie sie bei öffentlich-rechtlichen Sondervermögen oder bei Landesbetrieben bzw. Eigenbetrieben die Regel ist, reicht nicht aus.
- Von den Regelungen erfasst werden BgA mit eigener Rechtspersönlichkeit (z. B. in der Rechtsform des Zweckverbandes oder einer nach Landes- oder Kommunalrecht errichteten Anstalt

- des öffentlichen Rechts), die bspw. der Versorgung der Bevölkerung mit Wasser, Gas, Elektrizität oder Wärme, dem öffentlichen Verkehr oder dem Hafenbetrieb dienen.
- ▶ Der sachliche Anwendungsbereich der Vorschrift erstreckt sich auf Leistungen, die zu Einnahmen führen, die mit Gewinnausschüttungen i. S. d. § 20 Abs. 1 Nr. 1 EStG wirtschaftlich vergleichbar sind. Dazu gehören auch verdeckte Gewinnausschüttungen sowie Gewinnübertragungen, die aus steuerfreien Zuflüssen stammen.
- ▶ Die Kapitalertragsteuer entsteht in dem Zeitpunkt, in dem die Kapitalerträge (= Leistungen i. S. d. § 20 Abs. 1 Nr. 10 Buchst. a EStG) dem Gläubiger (= Trägerkörperschaft des BgA) zufließen. Der Schuldner der Kapitalertragsteuer ist der Gläubiger der Kapitalerträge. Im Zeitpunkt des Zuflusses der Kapitalerträge hat der Schuldner der Kapitalerträge (BgA) den Steuerabzug für Rechnung des Gläubigers der Kapitalerträge (= der Trägerkörperschaft des BgA) vorzunehmen.
- ▶ Auf Leistungen des BgA, die in der Rückgewähr von Einlagen bestehen, ist § 20 Abs. 1 Nr. 10 Buchst. a EStG nicht anzuwenden. Um eine Trennung der Einlagen von den übrigen Eigenkapitalteilen (z. B. Gewinnrücklagen, Gewinnvortrag) des BgA vornehmen zu können, hat auch der BgA mit eigener Rechtspersönlichkeit das steuerliche Einlagekonto i. S. d. § 27 KStG zu führen (§ 27 Abs. 7 KStG).
- ▶ **Gewinne von BgA ohne eigene Rechtspersönlichkeit:** Unter die Vorschrift des § 20 Abs. 1 Nr. 10 Buchst. b EStG fallen – jeweils in Abhängigkeit von den unterschiedlichen Kapitalerträgen – drei Gruppen von BgA ohne eigene Rechtspersönlichkeit:
- ▶ **Gruppe 1** (Betriebsvermögensvergleich): Zu dieser Gruppe gehören die nicht von der Körperschaftsteuer befreiten BgA, die ihren Gewinn aufgrund einer gesetzlichen Verpflichtung oder freiwillig durch Betriebsvermögensvergleich (§ 4 Abs. 1 und § 5 EStG) ermitteln. Zu dieser Gruppe gehören auch BgA, die – unabhängig von der Gewinnermittlungsart – Umsätze von mehr als 350.000 € im Kalenderjahr (ausgenommen Umsätze nach § 4 Nr. 8 bis 10 UStG) oder einen Gewinn von mehr als 30.000 € im Wirtschaftsjahr erzielen. Ferner gehören zur Gruppe 1 auch BgA, die (nach § 140 oder § 141 AO) zur Buchführung und damit zur Gewinnermittlung durch Betriebsvermögensvergleich verpflichtet sind, dieser Verpflichtung aber nicht nachkommen. Gegenstand der Besteuerung sind der Gewinn und verdeckte Gewinnausschüttungen.
- ▶ **Gruppe 2** (Besteuerung von Einbringungsgewinnen und Anteilsveräußerungsgewinnen): Zu dieser Gruppe gehören BgA i. S. d. § 22 Abs. 4 Nr. 1 UmwStG ohne eigene Rechtspersönlichkeit – unabhängig von den Voraussetzungen der Gruppe 1.
- ▶ **Gruppe 3** (Rundfunkanstalten): Zu dieser Gruppe gehören – unabhängig von den Voraussetzungen der Gruppe 1 – die BgA „Veranstaltung von Werbesendungen" der inländischen öffentlich-rechtlichen Rundfunkanstalten.
- ▶ **Rücklagen bei Regiebetrieben:** Über die Gewinne eines Regiebetriebs kann die Trägerkörperschaft unmittelbar verfügen – für eine Rücklagenbildung ist damit kommunalrechtlich kein Raum. Gleichwohl ist bei einem Regiebetrieb für Zwecke des § 20 Abs. 1 Nr. 10 Buchst. b EStG die Rücklagenbildung anzuerkennen, soweit anhand objektiver Umstände nachvollzogen und überprüft werden kann, dass der handelsrechtliche Gewinn durch Stehenlassen dem Regiebetrieb als Eigenkapital zur Verfügung stehen soll (vgl. BFH, Urteile v. 30.1.2018 – VIII R 42/15 und VIII R 15/16, BStBl 2019 II S. 96 und S. 101). Als objektiver Umstand wird insbeson-

dere ein förmlicher Beschluss der zuständigen Gremien der Trägerkörperschaft anerkannt, der spätestens acht Monate nach Ablauf des Wirtschaftsjahrs des BgA gefasst sein muss.

- Die übrigen Aussagen zum sachlichen Anwendungsbereich des § 20 Abs. 1 Nr. 10 Buchst. b EStG, zur Entstehung der Kapitalertragsteuer, zur Durchführung der Besteuerung und zum zeitlichen Anwendungsbereich, werden hier aus Gründen des Umfangs nicht dargestellt – insofern wird auf die Ausführungen in den Rz. 16 bis 69 des BMF-Schreibens verwiesen.

- **Anwendung des Schreibens:** Seine Grundsätze sind in allen offenen Fällen anzuwenden. Sind Rücklagen bei Regiebetrieben in Veranlagungszeiträumen vor 2018 nach den Grundsätzen der bisherigen BMF-Schreiben anerkannt worden, richten sich die Tatbestände für deren Fortbestand ab VZ 2018 nach den Grundsätzen dieses Schreibens – ohne dass es hierfür einer Beschlussfassung (nach Rz. 35 des Schreibens) bedarf.

III. Gesetzesänderungen

1. § 4g Abs. 6 EStG – Bildung eines Ausgleichspostens bei Entnahme nach § 4 Abs. 1 Satz 3 EStG – Änderungen im Zusammenhang mit dem BREXIT

Wenn ein Steuerpflichtiger ein Wirtschaftsgut des Anlagevermögens einer ihm auch gehörenden anderen Betriebsstätte zuordnet, die sich in einem anderen EU-Staat befindet, gilt dieses steuerverstrickte Wirtschaftsgut grundsätzlich als entnommen und die stillen Reserven sind aufzudecken. § 4g EStG ermöglicht dem Steuerpflichtigen auf Antrag in EU-Sachverhalten statt der Aufdeckung der gesamten stillen Reserven auf einmal die Bildung eines Ausgleichspostens. Dieser Ausgleichsposten ist gem. § 4g Abs. 2 Satz 1 EStG im Wirtschaftsjahr der Bildung und in den vier folgenden Wirtschaftsjahren zu jeweils 1/5 aufzudecken. Die aufgedeckten stillen Reserven werden somit nicht komplett im ersten Jahr, sondern verteilt auf fünf Jahre, der Besteuerung unterworfen.

Gemäß § 4g Abs. 2 Satz 2 EStG ist der Ausgleichsposten jedoch in vollem Umfang aufzulösen, wenn unter anderem das als entnommen geltende Wirtschaftsgut aus der Besteuerungshoheit der Mitgliedstaaten der Europäischen Union ausscheidet.

Diese Ausnahme kommt zur Anwendung, wenn ein Steuerpflichtiger ein Wirtschaftsgut des Anlagevermögens einer ihm gehörigen großbritannischen Betriebsstätte zuordnet und für die aufgedeckten stillen Reserven einen Ausgleichsposten bildet. Da Großbritannien aufgrund des BREXITs kein EU-Staat mehr ist, hätte der Steuerpflichtige den Ausgleichsposten in vollem Umfang aufzulösen. Zur Vermeidung unbilliger Härten soll § 4g EStG um einen Absatz 6 ergänzt werden, der dafür sorgt, dass der BREXIT allein nicht zu einer sofortigen Auflösung des Ausgleichspostens führt. Auch die Rückführung des Wirtschaftsgutes aus Großbritannien in das inländische Betriebsvermögen soll durch den Absatz 6 weiterhin steuerneutral möglich sein.

2. § 6b Abs. 2a EStG – Übertragung stiller Reserven bei der Veräußerung bestimmter Anlagegüter – Änderungen im Zusammenhang mit dem BREXIT

Die Vorschrift des § 6b EStG ermöglich Steuerpflichtigen generell die Übertragung stiller Reserven bei der Veräußerung bestimmter Anlagegüter. Die übertragenen stillen Reserven können unter bestimmten Voraussetzungen von den Anschaffungskosten bestimmter Wirtschaftsgüter abgezogen werden. Dieser steuerlich wirksame Abzug steht den stillen Reserven gegenüber, so dass nur ein die Anschaffungskosten übersteigender Gewinn versteuert werden müsste.

§ 6b Abs. 2a EStG sieht eine Ratenzahlung von fünf Jahren der Steuer vor, die durch die Veräußerung bestimmter Wirtschaftsgüter entstanden ist, wenn die Steuerpflichtigen Wirtschaftsgüter angeschafft oder hergestellt haben, die zu einem ihm gehörigen Betriebsvermögens in einem EU-/EWR-Staat gehören (bei neu hergestellten Gebäuden verlängert sich die Frist auf sechs Jahre). Gemäß § 6b Abs. 2a Satz 6 EStG kann der Antrag ausdrücklich auch gestellt werden, wenn die angeschafften oder hergestellten Wirtschaftsgüter des Steuerpflichtigen zu seinem Betriebsvermögen in Großbritannien oder Nordirland gehören, soweit der Antrag vor Inkrafttreten des BREXIT gestellt wird. Unterbleibt jedoch der Nachweis der Anschaffung oder Herstellung bestimmter Wirtschaftsgüter, so werden gem. § 6b Abs. 2a Satz 4 EStG für die Dauer des durch die Ratenzahlung gewährten Zahlungsaufschubs Zinsen unter Anwendung des § 234 AO erhoben.

B. Körperschaftsteuerrecht

I. Rechtsprechung

1. Verdeckte Gewinnausschüttung bei Rückstellung für drohende Haftungsinanspruchnahme einer Organgesellschaft nach § 73 AO

BFH, Urteil v. 24.10.2018 – I R 78/16, BFH/NV 2019 S. 648, NWB KAAAH-11888

(Tobias Fischer)

Zusammenfassung der Entscheidung

Zwischen der Klägerin und Revisionsklägerin (Klägerin) – einer GmbH als Organgesellschaft – und der B-AG – Organträgerin – bestand seit 1990 eine körperschaftsteuerrechtliche Organschaft. Das für die B-AG zuständige Finanzamt teilte der Klägerin (GmbH-Organgesellschaft) mit, sie für Körperschaftsteuerschulden der B-AG nach § 73 AO in Haftung zu nehmen. In ihrem Jahresabschluss zum 31.12.2009 bildete die Klägerin aufgrund der drohenden Haftungsinanspruchnahme deshalb gem. § 73 AO eine Rückstellung in Höhe von …€. Die Klägerin behandelte den Aufwand in ihrer Körperschaftsteuererklärung als abzugsfähig. Das Finanzamt vertrat im Anschluss an eine Außenprüfung die Auffassung, dass der Aufwand unter das Abzugsverbot des § 10 Nr. 2 KStG falle und rechnete den zurückgestellten Betrag außerbilanziell dem Gewinn der Klägerin wieder hinzu. Die dagegen nach erfolglosem Einspruch erhobene Klage hat das FG Münster mit Urteil v. 4.8.2016 – 9 K 3999/13 K, G (EFG 2017 S. 149) als unbegründet abgewiesen. Das FG hat zwar angenommen, dass die vom FA vorgenommene außerbilanzielle Gewinnerhöhung nicht auf § 10 Nr. 2 KStG gestützt werden könne, nahm aber in Bezug auf die Passivierung einer Rückstellung für die drohende Haftungsinanspruchnahme der Klägerin als Organgesellschaft nach § 73 AO für Körperschaftsteuerschulden des Organträgers eine verdeckte Gewinnausschüttung (vGA) an. Hiergegen richtet sich die Revision der Klägerin.

Entscheidungsgründe

Der I. Senat des BFH hat die Revision der Klägerin zurückgewiesen und die Auffassung des FG Münster bestätigt.

Die Klägerin hätte zunächst für die drohende Haftungsinanspruchnahme materiell richtig eine Rückstellung für ungewisse Verbindlichkeiten gem. § 8 Abs. 1 KStG i. V. m. § 5 Abs. 1 Satz 1 1. Halbsatz EStG i. V. m. § 249 Abs. 1 Satz 1 Alt. 1 HGB gebildet.

Die hiernach zu passivierende Rückstellung würde nicht dadurch neutralisiert, dass dem Jahresergebnis der Klägerin der entsprechende Betrag außerbilanziell nach § 10 Nr. 2 KStG wieder hinzuzurechnen wäre. Gemäß § 10 Nr. 2 KStG sind u. a. die Steuern vom Einkommen und sonstige Personensteuern nicht abziehbar; das gilt gleichermaßen für die auf diese Steuern entfallenden Nebenleistungen. Nach dem Wortlaut der Norm greife das Abzugsverbot des § 10 Nr. 2 KStG für „Steuern" vom Einkommen oder andere Personen-„steuern". Dazu zähle u. a. die Körperschaftsteuer (Senatsurteil v. 23.11.1988 – I R 180/85, BStBl 1989 II S. 116 = NWB SAAAA-92731). Nicht erfasst würden hingegen Haftungsschulden, da die AO sowohl nach ihrem Wortlaut als auch nach ihrer Systematik eindeutig zwischen Steueransprüchen (Steuerschulden) einerseits und Haftungsansprüchen (Haftungsschulden) als gesonderten Ansprüchen (Verpflichtungen) aus dem Steuerschuldverhältnis andererseits unterscheidet (§ 37 Abs. 1 AO). Die von der AO vorgenommene Differenzierung zwischen Steuerschulden und Haftungsschulden sei hiernach auch der Auslegung des § 10 Nr. 2 KStG zugrunde zu legen.

Die mit der Rückstellung verbundene Gewinnminderung würde jedoch dadurch neutralisiert, dass dem Jahresergebnis der Klägerin der entsprechende Betrag außerbilanziell als vGA gem. § 8 Abs. 3 Satz 2 KStG wieder hinzugerechnet wird. Unter einer vGA i. S. d. § 8 Abs. 3 Satz 2 KStG ist bei einer Kapitalgesellschaft eine Vermögensminderung (verhinderte Vermögensmehrung) zu verstehen, die durch das Gesellschaftsverhältnis veranlasst ist, sich auf die Höhe des Unterschiedsbetrages gem. § 4 Abs. 1 Satz 1 EStG i. V. m. § 8 Abs. 1 KStG (für die Gewerbesteuer i. V. m. § 7 GewStG) auswirkt und in keinem Zusammenhang zu einer offenen Ausschüttung steht. Die Passivierung einer Rückstellung mindere den Gewinn der Klägerin. Eine Veranlassung durch das Gesellschaftsverhältnis sei dadurch gegeben, dass die Klägerin mit der B-AG einen Gewinnabführungsvertrag geschlossen hat, der zur Begründung des Organschaftsverhältnisses und damit auch zur Übernahme des organschaftsrechtlichen Haftungsrisikos nach § 73 AO geführt hat. Der Abschluss eines Gewinnabführungsvertrags mit dem beherrschenden Gesellschafter ist stets durch das Gesellschaftsverhältnis veranlasst. Denn ein ordentlicher und gewissenhafter Geschäftsleiter einer Kapitalgesellschaft würde die Gesellschaft nicht gegenüber einem gesellschaftsfremden Dritten verpflichten, ihren gesamten Gewinn an diesen abzuführen und zusätzlich das Risiko zu übernehmen, für dessen Steuerschulden zu haften. Die Eingehung einer solchen Verpflichtung durch die Organgesellschaft sei wirtschaftlich nur mit dem vorrangigen Konzerninteresse zu erklären und rühre folglich aus dem Gesellschaftsverhältnis her.

PRAXISTIPP:

Die Bildung einer Rückstellung für die drohende Haftungsinanspruchnahme nach § 73 AO führt zu einer Minderung des steuerbilanziellen Eigenkapitals, welches durch die außerbilanzielle Hinzurechnung nach § 8 Abs. 3 Satz 2 KStG nicht berührt wird.

2. Verdeckte Gewinnausschüttung und das Bestimmtheitserfordernis bei Beratungsverträgen

BFH v. 12.9.2018 – I R 77/16, BFH/NV 2019 S. 266, NWB QAAAH-07927

(Yannic Lebfromm)

Zusammenfassung der Entscheidung

Der Streitfall betrifft das Jahr 1995, die Klägerin war in der Rechtsform einer GmbH bis zum Jahr 2005 unternehmerisch tätig. Die Anteile hielt zu 50 % die natürliche Person A, die weiteren 50 % der Anteile hielt A treuhänderisch für die natürliche Person B. Geschäftsführer der GmbH war bis Dezember 1995 die natürliche Person C. Anschließend wurde A, die zuvor Prokuristin der Klägerin war, zur Geschäftsführerin bestellt.

Im Streitjahr leistete die Klägerin für Beratungshonorare und Reisekosten einen Betrag i. H. v. insgesamt 249.957 DM an A und 9.120 DM an B. Den Zahlungen lagen Beraterverträge v. 15.3.1991 bzw. v. 30.11.1991 zugrunde, welchen entnommen werden konnte, dass A kaufmännische und betriebswirtschaftliche und B technische Beratungen zu einem Stundensatz von 96 DM auszuführen haben. Die Reisekosten sollten jeweils zusätzlich in Rechnung gestellt werden. Die Abrechnungen erfolgten mtl. mit entsprechendem Stundennachweis. Weitere Vereinbarungen enthielten die Verträge nicht. A konnte außerdem einen Pkw auch privat nutzen. Von den anfallenden Kosten wurden Ihr 30 % in Rechnung gestellt.

Nach einer Außenprüfung erließ das zuständige Finanzamt am 17.2.1998 einen geänderten Körperschaftsteuerbescheid für das Jahr 1995. Die Änderung erfolgte aufgrund der Feststellungen, insbesondere handelte es sich lt. den Prüfern bei den an A und B gezahlten Beratungshonoraren um verdeckte Gewinnausschüttungen (vGA). Selbiges solle für die A nicht in Rechnung gestellten Pkw-Kosten i. H. v. 23.006 DM gelten. A und B waren im Streitjahr zwar noch nicht verheiratet, hatten nach den Erkenntnissen der Betriebsprüfung dieselbe Wohnanschrift. Nach der Beurteilung des FG waren A und B als einander nahestehend anzusehen, da sie bereits zu diesem Zeitpunkt in häuslicher Lebensgemeinschaft zusammenlebten.

Nach erfolglosem Einspruch wehrte sich die Klägerin im Klageverfahren gegen den Ansatz der vGA. Im Klageverfahren wurden weitere Beraterverträge mit A und B v. 10.9.1990 vorgelegt, nach denen sich „die Beratung… auf die Einrichtung eines Rechnungswesens mit Lohn- und Finanzbuchhaltung, Kostenrechnung und einer DV-gestützten Materialwirtschaft" (A) sowie „auf die Änderung der Arbeitsabläufe, Aufbau einer technischen Abteilung für Planung und Ausführung von …" (B) erstreckte. Die erhobene Klage wurde vom FG Sachsen-Anhalt mit Urteil v. 13.7.2016 – 3 K 467/16 (NWB AAAAG-45982) abgewiesen.

Die Klägerin beantragte beim BFH das Urteil der Vorinstanz aufzuheben und den belastenden Steuerbescheid über Körperschaftsteuer für das Streitjahr dahingehend zu ändern, dass der Gesamtbetrag der Einkünfte um 282.083 DM gemindert wird. Das FA beantragte sinngemäß die Revision zurückzuweisen.

Entscheidungsgründe

Mit Beschluss v. 12.9.2018 entschied der I. Senat des BFH in der Sache selbst. Das FG habe zu Recht entschieden, dass die im Streitjahr aufgrund der Beraterverträge geleisteten Zahlungen, sowie die Überlassung des betrieblichen Pkw an A als vGA anzusehen sind.

Eine vGA i. S. d. § 8 Abs. 3 Satz 2 KStG ist anzunehmen, wenn bei einer Kapitalgesellschaft eine Vermögensminderung bzw. verhinderte Vermögensmehrung vorliegt, welche durch das Gesellschaftsverhältnis veranlasst ist, sich auf die Höhe des Unterschiedsbetrags i. S. d. § 4 Abs. 1 Satz 1 EStG i. V. m. § 8 Abs. 1 Satz 1 KStG auswirkt und in keinem Zusammenhang zu einer offenen Gewinnausschüttung steht. Außerdem müsse der Vorgang geeignet sein bei dem begünstigten Gesellschafter einen Bezug i. S. d. § 20 Abs. 1 Nr. 1 Satz 2 EStG auszulösen.

Die Veranlassung durch das Gesellschaftsverhältnis sei insbesondere dann gegeben, wenn die Kapitalgesellschaft ihrem Gesellschafter einen Vermögensvorteil zuwendet, den sie bei Anwendung der Sorgfalt eines ordentlichen und gewissenhaften Geschäftsleiters einem Nichtgesellschafter nicht gewährt hätte.

Ausgehend davon habe das FG die an A geleisteten Zahlungen aufgrund der o. g. Beraterverträgen zu Recht als vGA angesehen, da die vertraglichen Vereinbarungen einem Fremdvergleich nicht standhalten.

Insbesondere sei den vertraglichen Vereinbarungen zwischen der Klägerin und A nicht zu entnehmen, zu welchem Zeitpunkt der vertraglich vereinbarte Erfolg der Dienstleistung eingetreten sein sollte. A sei damit freigestellt gewesen „ob" und wenn ja „wie bzw. wann" sie ihre vertraglich vereinbarten Pflichten erfülle. Diese unkonkrete Vereinbarung, durch welche sich beträchtliche finanzielle Verpflichtungen ergeben, halte einem Fremdvergleich nicht stat. Zumindest eine zeitliche Grenze bzgl. der Einrichtung des Rechnungswesens mit Lohn- und Finanzbuchhaltung […] hätte für einen positiven Fremdvergleich in die Vereinbarung aufgenommen werden müssen.

Der BFH folgt im Ergebnis der vom FG gefundenen Beurteilung. Unabhängig davon, ob die Beraterverträge zivilrechtlich wirksam sind (sog. formeller Fremdvergleich), seien die Vereinbarungen derart unbestimmt, dass weder das „ob", noch das „wie bzw. wann", der vertraglichen Leistungserbringung durch A bestimmbar war. Ein ordentlicher und gewissenhafter Geschäftsleiter hätte zumindest angesichts der unbestimmten Beschreibung der von A und B zu erbringenden Leistungen darauf hingewirkt, Art und Umfang der Leistung, sowie den Zeitpunkt, zu dem diese erbracht werden mussten, zu konkretisieren. Auf die Angemessenheit der vereinbarten Stundenhonorare von 96 DM komme es als einzelnes Element nicht an, vielmehr sei eine Gesamtbetrachtung vorzunehmen. In Bezug auf die Leistungserbringung durch B führt der BFH ergänzend aus, dass es für den Fremdvergleich nicht darauf ankomme, dass die finanziellen Belastungen der GmbH überschaubar gewesen seien. Bereits die Unbestimmtheit der vertraglichen Verpflichtung löst die verdeckte Gewinnausschüttung aus.

HINWEISE:

Die Entscheidung zeigt, dass insbesondere einzelne subjektive Erwägungen wie beispielsweise die Argumentation einer, wie an B erfolgt, „überschaubaren" Zahlung, oder der angemessene Stundensatz von 96 DM, die Annahme einer vGA i. S. d. § 8 Abs. 3 Satz 2 KStG nicht verhindern. Vielmehr komme es bei der Prüfung des Fremdvergleichs auf eine objektive Gesamtbetrachtung an.

Der Fremdvergleich fällt hier, insbesondere aufgrund der fehlenden klaren Regelungen im Vertrag zum „ob", „wie" und „wann" der Leistung des Gesellschafters/nahen Angehörigen an die Kapitalgesellschaft, m. E. zutreffend negativ aus.

Konsequenzen für die Praxis

Für die Praxis bedeuten die Ausführungen des BFH, dass bei der Gestaltung und Erstellung von Beraterverträgen zwischen Gesellschafter/nahen Angehörigen und Kapitalgesellschaft eine erhöhte steuerliche Aufmerksamkeit geboten ist. Zur Vermeidung einer vGA sollten daher im Rahmen der Vertragserstellung insbesondere auf die vom BFH genannten Punkte „ob", „wie" und „wann" bzgl. der Leistungserbringung eingegangen werden. Wichtiger Bestandteil der Vertragsgestaltung ist mithin die „Bestimmtheit" („ob", „wie" und „wann") der geschuldeten Leistung. Um im Rahmen einer Überprüfung nicht auf reine Erinnerungen angewiesen zu sein, empfiehlt es sich, die Leistungserbringung folgerichtig bei der Durchführung auch zeitnah schriftlich zu dokumentieren.

(Der Beitrag gibt die persönliche Auffassung des Verfassers wieder und ist nicht in dienstlicher Eigenschaft verfasst.)

3. Erträge aus der Aufzinsung des Körperschaftsteuerguthabens nach Formwechsel in einer Personengesellschaft

BFH v. 28.11.2018 – I R 56/16, BStBl 2019 II S. 493, NWB NAAAH-16582

(Gustav Liedgens)

Zusammenfassung der Entscheidung

Die H-GmbH war über eine GbR zu 100 % an der A-GmbH beteiligt. Die A-GmbH wurde in 2008 in eine GmbH & Co. KG formgewechselt. Mit Bescheid v. 2.10.2008 wurde bei der A-GmbH ein Körperschaftsteuerguthaben i. H. v. ca. 1,59 Mio. € festgestellt. Der Abzinsungsertrag wurde bei der A-GmbH gem. § 37 Abs. 7 KStG erfolgsneutral behandelt.

Im Streitjahr 2009 berücksichtigte das FA bei der KG im Bescheid über die gesonderte und einheitliche Feststellung von Besteuerungsgrundlagen i. S. d. § 179 AO einen Ertrag aus der Aufzinsung des Körperschaftsteuerguthabens i. H. v. 130.000 € des Rechtsvorgängers, der A-GmbH, da § 37 Abs. 2 KStG auf die KG keine Anwendung fände. Die KG erhob gegen den erfolglosen Einspruch Klage beim FG Köln, welches den Aufzinsungsertrag als steuerfrei behandelte. Die dagegen eingelegte Revision des FA wies der BFH als unbegründet zurück.

Entscheidungsgründe

Nach dem Urteil des BFH hatte das FG Köln den Aufzinsungsertrag aus dem KSt-Guthaben der formgewechselten KG zutreffend nicht gewinnerhöhend berücksichtigt.

Da die A-GmbH ihren Gewinn nach § 8 Abs. 1 Satz 1 KStG i. V. m. §§ 4 Abs. 1 und 5 Abs. 1 EStG durch Betriebsvermögensvergleich ermittelte, musste sie das Betriebsvermögen und Beachtung der steuerrechtlichen Bewertungsnormen des § 5 Abs. 6 i. V. m. § 6 EStG bewerten. Davon war auch das zugunsten der A-GmbH festgestellte Körperschaftsteuerguthaben betroffen, welches sowohl in Handels- und Steuerbilanz zutreffend als WG aktiviert wurde.

Dabei gilt für die Bewertung der streitbehafteten Forderung das Anschaffungskostenprinzip des § 6 Abs. 1 Nr. 2 Satz 1 EStG. Grundsätzlich sind die Anschaffungskosten auch bei unverzinslichen Forderungen der Nominalbetrag (s. BFH v. 24.10.2006 – I R 2/06, BStBl 2007 II S. 469 = NWB AAAAC-39303). Der Anspruch auf die Auszahlung des Körperschaftsteuerguthabens nach § 37 Abs. 4 KStG ist allerdings unverzinslich. Daher ist der Anspruch mit dem Barwert zu aktivieren, da andernfalls ein Ausweis eines noch nicht realisierten Zinsertrags gegen das Realisationsprinzip des § 252 Abs. 1 Nr. 4 2. Halbsatz HGB i. V. m. § 5 Abs. 1 Satz 1 1. Halbsatz EStG verstoßen würde.

Der Barwert des Körperschaftsteuerguthabens betrug im Streitfall ca. 1,25 Mio. €. Die KG hatte aufgrund des Formwechsels auch die Forderung mit diesem Wert zu übernehmen. Dabei soll laut BFH bei der KG eine Berichtigung der Forderung durch Aufzinsung im Streitjahr erfolgen, welches im gesetzlich definierten Auszahlungszeitraum des § 37 Abs. 5 KStG liegt.

Nach § 37 Abs. 7 KStG stellen Erträge und Gewinnminderung der Körperschaft aus der Anwendung von § 37 Abs. 5 KStG keine Einkünfte i. S. d. EStG dar. Sowohl die Aktivierung des Steuererstattungsanspruchs als auch die damit verbundene Wertberichtigung, die im vorgeschriebenen Auszahlungszeitraum erfolgen, seien daher bei der Einkommensermittlung zu neutralisieren (s. auch BMF, Schreiben v. 14.1.2008, BStBl 2008 I S. 280 sowie BFH v. 15.7.2008 – I B 16/08, BStBl 2008 II S. 886). Dies sei materiell-rechtlich dadurch zu begründen, dass die Rückzahlung von Körperschaftsteuer bereits ursprünglich das Einkommen nicht gemindert hat, sondern außerbilanziell gem. § 10 Nr. 2 KStG dem Gewinn hinzugerechnet wurde. Somit sind sowohl Gewinnminderungen, die aufgrund der Abwertung der Forderung entstehen, aber auch Gewinnerhöhungen, die aus einer Aufzinsung im Auszahlungszeitraum entstehen, bei der Einkommensermittlung zu neutralisieren.

Klärungsbedürftig war allerdings, ob § 37 Abs. 7 KStG auf eine Personengesellschaft angewendet werden kann und dies auf die Rechtsnachfolge der übernehmenden KG nach § 4 Abs. 2 UmwStG 2006 gestützt werden kann. Nach Auffassung des FA und des BFH führt der Eintritt in die steuerliche Rechtsstellung des übertragenden Rechtsträgers nach § 4 Abs. 2 Satz 1 UmwStG 2006 allerdings lediglich dazu, das die Forderung auf Auszahlung des Körperschaftsteuerguthabens übergeht. Etwaige Regelungen des KStG bzgl. der Behandlung des steuerbilanziellen Aufzinsungsertrags kommen daher bei der KG als Personengesellschaft nicht zur Anwendung.

Gleichwohl komme es nach Auffassung des BFH und dem Wortlaut des § 37 Abs. 7 KStG nicht darauf an, dass der Aufzinsungsertrag von einer Körperschaft erzielt wird. Vielmehr stelle der Wortlaut des § 37 Abs. 7 KStG darauf ab, dass es sich bei dem Aufzinsungsertrag um einen Ertrag einer (!) Körperschaft handeln muss. Daraus schlussfolgert der BFH, dass § 37 Abs. 7 KStG auf Aufzinsungserträge einer Personengesellschaft jedenfalls dann anzuwenden ist, wenn an dieser Personengesellschaft entweder unmittelbar oder über eine Personengesellschaft mittelbar ausschließlich Körperschaften beteiligt sind.

Dies sei laut BFH auch aus der Gesetzesbegründung abzuleiten. Der Gesetzgeber wollte mit der in § 37 Abs. 7 KStG gewählten Formulierung „Erträge der Körperschaft" erreichen, dass Rückzahlungen von Körperschaftsteuerguthaben nicht zu Einkünften i. S. d. EStG führen, wenn sie der Körperschaft zufließen gegenüber der bei Umstellung des Systems die Festsetzung des Guthabens erfolgt ist. Dadurch wurde auch sichergestellt, dass im Falle von Abtretungen der Forderung, der Empfänger der Abtretung nicht von der Steuerbefreiung des § 37 Abs. 7 KStG profitiert. Eine Ausnahme des Gesamtrechtsnachfolgers von der Regelung soll dadurch nicht erfolgen. Zwar fallen die Erträge aus der Aufzinsung im Auszahlungszeitraum bei dem Gesamtrechtsnachfolger an. Allerdings sind sie als Erträge der übertragenden Körperschaft anzusehen. Demnach sei es folgerichtig § 37 Abs. 7 KStG auch auf Personengesellschaften als Gesamtrechtsnachfolgerin anzuwenden, wenn an ihr ausschließlich Körperschaften beteiligt sind.

HINWEISE:

Im Falle der Gesamtrechtsnachfolge wurden bzgl. der Steuerneutralität des § 37 Abs. 7 KStG unterschiedliche Auffassungen vertreten. Nach Auffassung der Finanzverwaltung war § 37 Abs. 7 KStG nur für den Fall anwendbar, als dass der Rechtsnachfolger ebenfalls eine Körperschaft ist. Die Finanzverwaltung schloss damit eine Anwendung von § 37 Abs. 7 KStG aus, wenn der Rechtsnachfolger eine Personengesellschaft war (so auch BMF, Schreiben v. 14.1.2008, BStBl 2008 I S. 280). Das FG Köln hatte in der Vorinstanz mit Verweis auf die Fußstapfentheorie des § 4 Abs. 2 Satz 1 UmwStG 2006 die Auffassung vertreten, § 37 Abs. 7 KStG sei auch auf Personengesellschaften anwendbar. Zwar hat sich der BFH im vorliegenden Urteil der Auffassung der Finanzverwaltung angeschlossen, diese aber mithin erweitert. Somit ist § 37 Abs. 7 KStG auf Personengesellschaften anwendbar, wenn an ihnen unmittelbar oder mittelbar ausschließlich Kapitalgesellschaften beteiligt sind.

Der BFH hat dabei offengelassen, inwieweit § 37 Abs. 7 KStG Anwendung findet, wenn Gesellschafter der übernehmenden Personengesellschaften ganz oder teilweise natürliche Personen sind. Gleichwohl kann der Hinweis des BFH, dass für die Fallkonstellationen die insgesamt in das Besteuerungsregime des § 8b KStG unterliegen, die Aufzinsungserträge nach § 37 Abs. 7 KStG steuerfrei sind. Demnach könnte dies so verstanden werden, als dass § 37 Abs. 7 KStG in den Konstellationen, in denen auch natürliche Personen Gesellschafter der übernehmenden Personengesellschaft sind, nur insoweit Anwendung findet, als die Gesellschafter der Personengesellschaft dem Besteuerungsregime des § 8b KStG unterliegen.

Konsequenzen für die Praxis

Zuletzt wurde das Körperschaftsteuerguthaben auf den 31.12.2006 festgestellt. Dennoch ist die Systemumstellung vom Anrechnungs- auf das Halbeinkünfteverfahren immer noch ein praxisrelevantes Thema. Das Körperschaftsteuerguthaben war bis einschließlich 2017 auszuzahlen. Die damit zusammenhängenden steuerlichen Folgen müssen daher genau betrachtet werden. Bei einer Körperschaft ist es zutreffend, dass, im Hinblick auf die außerbilanzielle Hinzurechnung nach § 10 Nr. 2 KStG sowohl die Aktivierung der Forderung auf Rückzahlung des KSt-Guthabens (§ 37 Abs. 5 Satz 1 KStG), die Wertberichtigung und der Ertrag aus der Aufzinsung (§ 37 Abs. 7 Satz 1 KStG) steuerfrei bleiben und daher beim Einkommen außer Ansatz bleiben.

Beim Formwechsel in einer Personengesellschaft, versagte die Finanzverwaltung die Steuerfreiheit des Aufzinsungsertrags bei der übernehmenden Personengesellschaft. Der BFH argumentiert mittels des gesetzgeberischen Willens der Regelung. Gleichwohl dies zu einem zutreffenden Ergebnis führt, bedarf es dieser Auslegung nicht. Die Personengesellschaft erzielt als selbständiges Gewinnermittlungs- und Gewerbesteuerobjekt die Einkünfte aus der Aufzinsung, die dann den Mitunternehmern, also auch Kapitalgesellschaften zugerechnet werden. Zumindest soweit an der Personengesellschaft Kapitalgesellschaften beteiligt sind, ist die Begründung des BFH nur eine Bestätigung des ertragsteuerlichen Transparenzprinzips.

Bei derartigen Umwandlungskonstellationen ist in der Praxis, jedenfalls bis zur vollständigen Auszahlung des KSt-Guthabens, durch das Urteil Rechtsunsicherheit entstanden. Die Argumentation des FG Köln, dass über die ertragsteuerliche Rechtsfolge des § 4 Abs. 2 UmwStG die Kürzung des Aufzinsungsertrags bereits auf Ebene der Personengesellschaft als Gewinnermittlungssubjekt Anwendung finden würde, ist ebenfalls nicht abwegig. Allerdings wäre der Aufzinsungsertrag jedenfalls dann steuerfrei, wenn an der Personengesellschaft nicht ausschließlich Körperschaften beteiligt sind. Im Ergebnis ist in der Folge der Ansicht des BFH zuzustimmen.

4. Steuerfreistellung nach § 8b Abs. 2 KStG bei gewinn- und umsatzabhängigen Kaufpreisforderungen

BFH v. 19.12.2018 – I R 71/16, BFH/NV 2019 S. 883 = NWB LAAAH-21359

(Gustav Liedgens)

Zusammenfassung der Entscheidung

Dem Urteil des BFH v. 19.12.2018 lag folgender Sachverhalt zugrunde: Die Klägerin, eine GmbH, wies in Ihrer Bilanz zum 31.12.1998 eine Beteiligung an der A-GmbH aus. Im Jahr 1999 wurden 75 % der insgesamt 75,2 % hohen Beteiligung an die B-GmbH veräußert, wobei die B-GmbH in diesem Zusammenhang diverse Nutzungsrechte an, durch die A-GmbH entwickelten, Produkten erhielt.

Der Kaufpreis setzte sich aus einem sofort zahlbaren fixen Kaufpreis und einem variablen Kaufpreis zusammen. Die variable Komponente bestimmte sich nach der Anzahl der Verkäufe eines bestimmten Produkttyps in den Folgejahren durch den Erwerber. Begründet wurde der variable Kaufpreis damit, dass die Klägerin auch in den Jahren nach der Veräußerung an dem wirtschaftlichen Erfolg der A-GmbH teilnahm. Der Zeithorizont für die Bemessung der variablen Komponente wurde bis einschließlich 2025 festgelegt. Die Abrechnung sollte monatlich erfolgen. Somit erfolgte die Zahlung der variablen Komponente monatlich und damit zeitlich gestreckt bis zum Jahr 2025.

In dem Streitjahr 2009 erfasste die Klägerin den variablen Teil des Veräußerungsgewinns, der 2009 gezahlt wurde, nicht in der Steuererklärung und behandelte den Betrag nach § 8b Abs. 2 KStG steuerfrei. Das FA teilte die Auffassung der Klägerin nicht. Nach Ansicht des FA handelte es sich um Zahlungen der Anteilsveräußerung des Jahres 1999. § 8b KStG findet keine Anwendung, da § 8b KStG im Jahre 1999 noch nicht in Kraft getreten sei.

Die Klägerin hatte mit der Klage beim FG Hamburg Erfolg. Das FA beantragte in der Revision des BFH das Urteil des FG Hamburg aufzuheben. Der BFH wies die Revision des FA als unbegründet zurück.

Entscheidungsgründe

Die außerbilanzielle Kürzung des Veräußerungsgewinns nach § 8b Abs. 2 KStG war, unter Berücksichtigung der fiktiven nicht abzugsfähigen Betriebsausgaben nach § 8b Abs. 3 Satz 1 KStG, rechtmäßig und wurde zu Unrecht nicht vom FA anerkannt.

Gemäß § 8b Abs. 2 Satz 1 KStG bleiben bei der Ermittlung von Einkünften einer unbeschränkt körperschaftsteuerpflichtigen Kapitalgesellschaft i. S. d. § 1 Abs. 1 Nr. 1 KStG Gewinne aus einer Veräußerung eines Anteils an einer Körperschaft, deren Leistungen bei Empfänger zu Einnahmen i. S. d. § 20 Abs. 1 Nr. 1, 2, 9 und 10a EStG führt, außer Ansatz. Im Streitfall ist dies erfüllt.

Eine Veräußerung i. S. d. § 8b Abs. 2 Satz 1 KStG ist dann gegeben, wenn zumindest das wirtschaftliche Eigentum an einem Anteil an einer Körperschaft auf den Erwerber übergeht. Mit dem Kaufvertrag aus dem Jahre 1999 hatte die Klägerin das zivilrechtliche und wirtschaftliche Eigentum an den Anteilen übertragen. Für die Eigentumsübertragung des Anteils im Jahre 1999 sind die Zahlungsmodalitäten unbeachtlich und wirken sich nicht auf den zugrundeliegenden Tatbestand aus.

Nach Rechtsprechung des BFH entsteht ein Veräußerungsgewinn im Zeitpunkt der Übertragung des wirtschaftlichen Eigentums. Dies gilt unabhängig davon, ob der Kaufpreis in einer Summe sofort fällig wird oder gestundet oder in Raten gezahlt wird. Auch der Zufluss des Veräußerungsgewinns ist für die Entstehung unbeachtlich (s. BFH v. 19.7.1993 – GrS 2/92, BStBl 1993 II S. 897 = NWB IAAAA-94697). Dabei findet das Urteil, welches ursprünglich zu § 16 EStG ergangen ist, auch in Bezug auf § 8b Abs. 2 KStG Anwendung. Daraus wird geschlussfolgert, dass der im Streitjahr 2009 erhaltene variable Kaufpreis Teil des Veräußerungserlöses und Teil des Veräußerungsgewinns i. S. d. § 8b Abs. 2 KStG ist.

Die Einwendungen des FA, dass, aufgrund der Übertragung der Nutzungsrechte an den Produkten der A-GmbH auf die B-GmbH, zwei Veräußerungsvorgänge stattgefunden haben und deshalb eine Aufteilung der vertraglichen Zahlungen vorzunehmen sei, teilte der BFH nicht. Auch das FG kam in der Vorinstanz zu dem Schluss, dass alleiniger Gegenstand des Vertrages die Gesellschaftsanteile an der A-GmbH seien. Zumal der Kaufvertrag keine Regelungen zur Übertragung der Nutzungsrechte enthielt. Somit entfiel der Kaufpreis, mit dem fixen als auch mit dem variablen Anteil, auf die Übertragung der Gesellschaftsanteile.

Unabhängig davon, dass der Veräußerungsgewinn im Veräußerungszeitpunkt entsteht und somit regelmäßig stichtagsbezogen auf den Veräußerungszeitpunkt zu ermitteln ist, ist im Fall von gewinn- oder umsatzabhängigen Kaufpreisvergütungen auf die Realisation des Veräußerungsentgelts abzustellen. Erst mit Zufluss erzielt der Veräußerer einen Gewinn (vgl. dazu die Rechtsprechung zu Veräußerungsgewinnen i. S. d. §§ 16, 17 EStG, die ebenso für Veräußerungsgewinne i. S. d. § 8b Abs. 2 KStG gilt; BFH v. 27.10.2015 – VIII R 47/12, BStBl 2016 II S. 600 = NWB VAAAF-66189; BFH v. 14.5.2002 – VIII R 8/01, BStBl 2002 II S. 532 = NWB OAAAA-89281 und BFH v. 17.7.2913 – X R 40/10, BStBl 2013 II S. 883 = NWB KAAAE-44670).

§ 8b Abs. 2 KStG geht allerdings typisierend davon aus, dass es sich bei dem Veräußerungsgewinn um thesaurierte Gewinne handelt. Gesetzgeberische Intention der Steuerfreistellung des § 8b Abs. 2 KStG ist es, die vorausgegangene körperschaftsteuerliche Vorbelastung beim Anteilseigner zu neutralisieren. Dies gelinge laut dem BFH allerdings nur, wenn man den Veräußerungsvorgang (analog zu §§ 16 Abs. 2 und 17 Abs. 2 EStG) als einmaligen Vorgang begreife und diesen von der laufenden Besteuerung des Anteilseigners abgrenze. Dies müsse dann auch für variable Kaufpreiszahlungen gelten, die gewinn- oder umsatzabhängig vereinbart werden.

Daraus folgt nach Ansicht des BFH, dass die variablen Kaufpreiszahlungen zwar grundsätzlich Teil des Veräußerungsgewinns seien, die allerdings erst im Zeitpunkt des Zuflusses realisiert werden und demnach gem. § 8b Abs. 2 und 3 KStG im Streitjahr außer Ansatz bleiben. Dass § 8b KStG gem. § 34 Abs. 7 Satz 1 Nr. 2 KStG erst auf Gewinne ab dem 1.1.2002 anzuwenden ist, steht der Würdigung des BFH nicht entgegen, da die Gewinne mit Zufluss, d. h. in 2009 realisiert werden.

HINWEISE:

Im vorliegenden Urteil des BFH stehen sich Stichtags- und Zuflussprinzip unvereinbar gegenüber. Grundsätzlich entstehen Veräußerungsgewinne, die sich aus variablen Beträgen zusammensetzen, im Zeitpunkt der Veräußerung, also dem Übergang des wirtschaftlichen Eigentums.

Es ist unbeachtlich, wann der Veräußerungsgewinn zufließt, da auch eine Stundung oder Ratenzahlung den Entstehungszeitpunkt nicht tangiert.

Allerdings ist es bei gewinn- und umsatzabhängigen Kaufpreisforderungen schlichtweg nicht möglich den endgültigen Kaufpreis bereits im Zeitpunkt der Übertragung des wirtschaftlichen Eigentums, also des zugrundeliegenden Rechtsgeschäfts, zu bestimmen. Liegen variable Kaufpreisbestandteile vor, ist für die Bestimmung des Veräußerungsgewinns auf den Zufluss als konkrete Realisation des Kaufpreises abzustellen. Unabhängig der Bilanzierung der Kaufpreisforderung entsteht der Veräußerungsgewinn daher erst im Zeitpunkt des Zuflusses.

Nach der Abschnittsbesteuerung ist für die Besteuerung des im jeweiligen Jahr zugeflossenen variablen Kaufpreises das geltende Recht des jeweiligen Besteuerungszeitraums maßgebend. Somit kam, obwohl das ursprüngliche Rechtsgeschäft im Jahre 1999 abgeschlossen wurde und § 8b KStG noch nicht in Kraft getreten war, § 8b KStG zur Anwendung, da der variable Veräußerungserlös der Klägerin erst im Jahr 2009 zufloss und dadurch realisiert wurde. In diesem Zeitpunkt war § 8b KStG bereits eingetreten.

Konsequenzen für die Praxis

Das Urteil des BFH ist begrüßenswert und entfaltet gerade für junge Unternehmen mit großen Wachstumsraten bzw. -chancen weitreichende Praxisrelevanz. Bei Start-Up-Unternehmen werden in Unternehmenskaufverträgen oftmals Kaufpreise bestehend aus einem fixen und einem variablen Anteil vereinbart. Dies deshalb, da der Veräußerer oftmals noch an den zukünftigen wirtschaftlichen Entwicklungen teilnehmen möchte, obwohl der Erfolg noch nicht eingetreten ist.

Gleichwohl ist bei der Gestaltung solcher variabler Kaufpreisbestandteile und Vertragsklauseln eine äußerst hohe Präzision notwendig. Es ist genau festzulegen, nach welcher Erfolgskennzahl (bspw. Umsatz oder Jahresüberschuss) der variable Kaufpreis berechnet wird. Darüber hinaus empfiehlt es sich, die Berechnungsformel im Kaufpreis exakt anzugeben und ggf. mit Beispielrechnungen verschiedenste Szenarien abzudecken um Streitigkeiten zu vermeiden.

Negativ von dem vorliegenden Urteil abzugrenzen sind sog. „Earn-Out-Klauseln" auf welche das vorliegende Urteil keine Anwendung findet. „Earn-Out-Klauseln" sind vertragliche Bestandteile, mit denen ein Teil des Veräußerungspreises vom Eintritt bestimmter Bedingungen abhängig gemacht wird. Der Erwerber zahlt bspw. im Rahmen einer Earn-Out-Klausel i. d. R. nur dann einen überhöhten Kaufpreis, wenn die Bedingung eintritt und seine Erwartungen erfüllt werden. Tritt das Ereignis der „Earn-Out-Klausel" ein, wirkt dies als rückwirkendes Ereignis i. S. d. § 175 Abs. 1 Satz 1 Nr. 2 AO auf den Zeitpunkt der Entstehung des Veräußerungsgewinns zurück (vgl. BFH v. 19.7.1993 – GrS 2/92, BStBl 1993 II S. 897 = NWB IAAAA-94697).

5. BFH, Beschluss v. 16.1.2019 – I R 72/16 (NWB BAAAH-07932) – Beitrittsaufforderung zur Anwendbarkeit des § 8b Abs. 5 KStG bei grenzüberschreitender Betriebsaufspaltung

FG Köln v. 31.8.2016 – 10 K 3550/14, EFG 2016 S. 1997, NWB LAAAF-86085

(Tobias Fischer)

Zusammenfassung der Entscheidung

Im Urteil des FG Köln war die Anwendbarkeit des § 8b Abs. 5 KStG im Rahmen einer vom Beklagten und Revisionsbeklagten (FA) angenommenen sog. grenzüberschreitenden Betriebsaufspaltung streitig. Die Klägerin und Revisionsklägerin (Klägerin), eine gemeinnützige rechtsfähige Stiftung mit Sitz im Inland, ist Alleingesellschafterin der A-BV, einer niederländischen Kapitalgesellschaft mit Sitz in X (Niederlande). Die Klägerin verpachtet ein in den Niederlanden belegenes Grundstück an die A-BV, das diese zur Ausübung ihrer operativen Geschäftstätigkeit als Betriebsgrundstück nutzt.

Im Streitjahr (2012) schüttete die A-BV eine Dividende i. H. v. insgesamt … € an die Klägerin aus. Das FA stellte die Gewinnausschüttung bei der Klägerin von der Besteuerung frei, rechnete jedoch 5 % hiervon (… €) gem. § 8b Abs. 5 KStG als nicht abzugsfähige Betriebsausgaben dem Gewinn wieder hinzu. Hiergegen wendet sich die Klägerin.

Entscheidungsgründe

Der BFH führt dazu in seinem Beschluss zur Beitrittsaufforderung des BMF aus, dass es in grenzüberschreitenden Sachverhalten umstritten sei, ob die Grundsätze der Betriebsaufspaltung überhaupt anzuwenden wären. Nach überwiegender Ansicht sei dies zwar uneingeschränkt zu bejahen. Nach anderer Ansicht solle hingegen von einer grenzüberschreitenden Betriebsaufspaltung nur dann auszugehen sein, wenn sie sich auf das inländische Steueraufkommen auswirkt. Eine weitere Ansicht vertrete die Auffassung eine Betriebsaufspaltung generell abzulehnen, weil es den Regelungen der DBA widerspräche, wenn ausländische Vermietungseinkünfte zu gewerblichen umqualifiziert würden.

Nach Ansicht des BFH komme es darauf an, ob die Grundsätze der Betriebsaufspaltung nur in Fällen der „Missbrauchsvermeidung" und damit nur dann einschlägig sind, wenn ansonsten das (inländische) Steueraufkommen geschmälert würde, oder ob die Rechtsgrundlage der Betriebsaufspaltung durch die Rechtsprechung über den Gesichtspunkt der Missbrauchsvermeidung hinaus fortentwickelt worden sei.

Für Anwendung der Betriebsaufspaltung nur in Fällen der „Missbrauchsvermeidung" spreche, dass der RFH das verpachtende Besitzunternehmen ursprünglich nicht als Gewerbebetrieb angesehen und hierin auch dann keine Umgehung der Einkommensteuer erkannt hatte, wenn die Konstruktion „zur Ersparung der Einkommensteuer" gewählt wurde (z. B. RFH, Urteile v. 3.12.1924 – VIe A 188/24, RFHE 16 S. 15; v. 14.3.1933 – VI A 1638/32, RStBl 1933 S. 1292). Die Reichsfinanzverwaltung habe die Bildung von Pachtgesellschaften als „beliebtes Mittel der Steuerersparnis" beurteilt, bei dem der Vorteil darin liege, dass der „hohe Steuertarif für Einzelunternehmer vermieden" und die „Gewerbesteuer geschmälert" werde. Eine solche Steuerschmälerung würde daher „künftig nicht mehr geduldet" und sei durch Auslegung des jeweiligen gesetzlichen Tatbestands zu vermeiden. Dieser Ansicht habe sich der RFH unter Änderung seiner Rechtsprechung angeschlossen und das verpachtete Betriebsgrundstück fortan als Betriebsvermögen qualifiziert. Dabei habe er die „Einheitlichkeit" von Besitz- und Betriebsunternehmen betont, die dann vorliegen solle, wenn das Besitzunternehmen „in engem wirtschaftlichen Zusammenhang" mit dem Betriebsunternehmen steht bzw. „wirtschaftlich wesensgleich" ist.

Für eine über den Gesichtspunkt der Missbrauchsvermeidung hinausgehende Fortentwicklung spreche, dass der Große Senat in seinem Beschluss v. 8.11.1972 – GrS 2/71, BStBl 1972 II S. 63, nunmehr von zwei selbständigen Unternehmen ausgeht (vgl. auch Senatsurteil v. 28.7.1982 – I R 196/79, BStBl 1983 II S. 77 = NWB BAAAA-91876), bei denen die hinter den beiden Unternehmen stehenden Personen einen „einheitlichen geschäftlichen Betätigungswillen" entfalten.

Der BFH möchte die Folgerungen einer über die Missbrauchsvermeidung hinausgehende Fortentwicklung fallgruppenbezogen prüfen und fordert dazu das BMF zum Beitritt im Verfahren auf.

Fallgruppe 1:

Nicht DBA-Fälle (zwischen Ansässigkeitsstaat Besitzunternehmen und Ansässigkeitsstaat Betriebsunternehmen besteht kein DBA). Innerhalb dieser Fallgruppe unterscheidet der BFH zwei Varianten. In Variante 1 (Outbound) ist die Besitzgesellschaft (bzw. der Besitzunternehmer) im Inland und die Betriebsgesellschaft im Ausland ansässig. Überlassen werden (jedenfalls z. T. als wesentliche Betriebsgrundlage) ein unbewegliches Wirtschaftsgut (WG) im Inland und/oder ein unbewegliches WG im Ausland und/oder ein bewegliches WG und/oder ein immaterielles WG (z. B. Lizenzen). In Variante 2 (Inbound) ist die Besitzgesellschaft (bzw. der Besitzunternehmer) im Ausland und die Betriebsgesellschaft im Inland ansässig. Überlassen werden wiederum die zu Variante 1 genannten WG.

Fallgruppe 2:

DBA-Fälle (zwischen Ansässigkeitsstaat Besitzunternehmen und Ansässigkeitsstaat Betriebsunternehmen besteht ein DBA). Auch hier unterscheidet der BFH zwischen den zwei Varianten 1 (Outbound), d. h. die Besitzgesellschaft (bzw. der Besitzunternehmer) ist im Inland und die Betriebsgesellschaft im Ausland ansässig – sowie deren Umkehrung nach Variante 2 (Inbound).

HINWEIS:

Das FG Köln hatte in seinem Urteil v. 31.8.2016 – 10 K 3550/14 entschieden, dass eine grenzüberschreitende Betriebsaufspaltung auch vorliege, wenn das im Inland ansässige Besitzunternehmen ein im Ausland belegenes Grundstück an das im Ausland ansässige Betriebsunternehmen vermietet. Darüber hinaus hatte das FG Köln auch bzgl. des Schachtelprivilegs in Art. 13 Abs. 4 i.V. m. Art. 20 Abs. 2 Satz 3 DBA-Niederlande 1959 entschieden, dass die Besteuerung von 5 % der Dividende als nichtabziehbare Betriebsausgabe gem. § 8b Abs. 5 Satz 1 KStG nicht abkommenswidrig sei. Es bleibt abzuwarten, wie der BFH entscheiden wird.

6. Fortführungsgebundener Verlustvortrag i. S. d. § 8d KStG

Thüringer FG v. 5.10.2018 – 1 K 348/18, EFG 2018 S. 1907, NWB PAAAH-11817

(Gustav Liedgens)

Zusammenfassung der Entscheidung

An der Klägerin, einer GmbH, erfolgte zum 1.1.2016 ein schädlicher Beteiligungserwerb i. H. v. 50 %. Nach § 8c Abs. 1 Satz 1 KStG a. F. hatte dies zur Folge, dass 50 % des Verlustvortrags untergingen. Die Klägerin hatte in ihrer am 8.9.2017 übermittelten Körperschaftsteuererklärung 2016 keine Angabe in Zeile 27 der Anlage WA gemacht, ob sie einen Antrag nach § 8d Abs. 1 KStG stellen möchte. Daraufhin erließ das Finanzamt am 17.11.2017 einen Steuerbescheid unter Vorbehalt der Nachprüfung (§ 164 AO) in dem der Verlustvortrag zu 50 % unberücksichtigt blieb.

Die GmbH begehrte mit Änderungsantrag v. 27.11.2017 eine Änderung des Körperschaftsteuerbescheides nach § 164 Abs. 2 AO sowie eine Feststellung des fortführungsgebundenen Verlustvortrages i. S. d. § 8d Abs. 1 KStG. Die Klägerin begründete die Zulässigkeit der Antragstellung damit, dass durch Abgabe einer berichtigten Steuererklärung bis zur bestandskräftigen Steuerfestsetzung noch ein Antrag nach § 8d Abs. 1 KStG rechtswirksam gestellt werden könne. Das Finanzamt lehnte den Änderungsantrag ab und verwies auf den Gesetzeswortlaut des § 8d Abs. 1 Satz 5 KStG, wonach dadurch eine Ausschlussfrist gesetzt werde.

Nach erfolglosem Vorverfahren hatte das Thüringer FG im vorliegenden Fall zu entscheiden, ob es sich bei § 8d Abs. 1 Satz 5 KStG um eine Ausschlussfrist handele. Sofern diese in der Literatur umstrittene Auffassung zutreffen würde macht die Klägerin geltend, dass ihr dennoch Wiedereinsetzung in den vorherigen Stand nach § 110 AO zu gewähren sein, da ihr steuerlicher Vertreter in der am 17.11. abgegebenen Erklärung übersehen hatte das „Kästchen" in Zeile 27 auf Feststellung eines fortführungsgebundenen Verlustvortrags anzukreuzen und dies mit Abgabe einer berichtigten Erklärung innerhalb der Antragsfrist nach § 110 Abs. 2 AO nachgeholt hätte.

Das FG gab der Klage statt und wies an die Steuerbescheide antragsgemäß zu ändern, da die Klägerin fristgerecht bzw. rechtzeitig einen Antrag i. S. d. § 8d Abs. 1 Satz 5 KStG gestellt hat. Zwar wurde gegen das Urteil Revision eingelegt (Az. I R 40/18), diese wurde allerdings zurückgenommen und das Verfahren damit eingestellt.

Entscheidungsgründe

Wird nach einem schädlichen Beteiligungserwerb ein Antrag i. S. d. § 8d Abs. 1 KStG gestellt, ist § 8c KStG nicht anzuwenden. Voraussetzung ist, dass die Körperschaft seit ihrer Gründung oder zumindest seit dem Beginn des dritten Veranlagungszeitraumes, der dem Veranlagungszeitraum in dem der Antrag i. S. d. § 8d Abs. 1 Satz 5 KStG gestellt wird vorausgeht, ausschließlich denselben Geschäftsbetrieb unterhält und in diesem Zeitraum kein schädliches Ereignis i. S. d. § 8d Abs. 2 KStG stattgefunden hat. Nach § 8d Abs. 1 Satz 5 KStG ist der Antrag in der Steuererklärung für die Veranlagung des Veranlagungszeitraums zu stellen, in den der schädliche Beteiligungserwerb fällt.

Zwar hat die Klägerin in der ursprünglichen Steuererklärung vom 8.9. keinen Antrag gestellt, dies aber mit dem Änderungsantrag vom 27.11. rechtswirksam nachgeholt, da zu diesem Zeitpunkt der Steuerbescheid unter dem Vorbehalt der Nachprüfung (§ 164 AO) stand. Nach § 164

Abs. 2 AO kann eine Steuerfestsetzung geändert werden, solange der Vorbehalt wirksam ist. Nach Rechtsprechung des BFH geht damit auch das Recht einher, ein Wahlrecht erstmals auszuüben (vgl. BFH v. 9.12.2015 – X R 56/13, BStBl 2016 II S. 967).

Im Schrifttum wird z. T. die Auffassung vertreten, der Antrag i. S. d. § 8d Abs. 1 Satz 5 KStG stelle eine nicht verlängerbare Ausschlussfrist dar und kann somit nicht nachgeholt werden. Gleichwohl soll dem Steuerpflichtigen „zumindest dann" die Möglichkeit gegeben werden einen Antrag nach § 8d KStG zu stellen, wenn aufgrund der Abgabe der Steuererklärung erstmals ein Verlustuntergang i. S. d. § 8c KStG entsteht (Frotscher in Frotscher/Drüen, KStG, § 8d KStG Rz. 148, Erg.-Lfg. 5/2017).

Allerdings lässt sich aus dem Gesetzeswortlaut des § 8d Abs. 1 Satz 5 KStG, dass der *„Antrag in der Steuererklärung für die Veranlagung des Veranlagungszeitraums zu stellen ist"* nicht erkennen, dass ein Antrag nach § 8d KStG ausschließlich in der ersten Körperschaftsteuererklärung zu stellen ist.

Neben dem formal-rechtlichen bestehen auch materiell-rechtlich keine ersichtlichen Gründe einen Antrag nach § 8d KStG auf die Erst-Körperschaftsteuererklärung zu beschränken. Mit einem Antrag auf Anwendung von § 8d Abs. 1 KStG „rettet" der Steuerpflichtige zwar den vom Untergang bedrohten Verlust oder Verlustvortrag vor der Anwendung des § 8c KStG, transferiert ihn allerdings in eine andere Variante der Verlustnutzung. Die Nutzung des fortführungsgebundenen Verlustvortrags stehen unter dem Vorbehalt, dass kein schädliches Ereignis i. S. d. § 8d Abs. 2 KStG eintritt. Nach Auffassung des Senats vermeidet die Möglichkeit einen Antrag nach § 8d Abs. 1 Satz 5 KStG bis zur materiellen Bestandskraft des Körperschaftsteuerbescheides zu gewähren einen Wertungswiderspruch für den Fall von nachträglich entstehenden Verlusten. Ein Antrag nach § 8d Abs. 1 KStG wäre bspw. bei einem während einer Betriebsprüfung entdeckten § 8c-Fall schlichtweg nicht mehr möglich, würde § 8d Abs. 1 Satz 5 KStG eine Ausschlussfrist darstellen. Eine Beschränkung, dass ein späterer Antrag i. S. d. § 8d Abs. 1 Satz 5 KStG jedenfalls für die nachträgliche Entstehung einer Verlustabzugsbeschränkung nach § 8c KStG möglich ist, überzeugt den Senat nicht.

HINWEISE:

Die vom FG Thüringen vorgenommene Würdigung des Gesetzeswortlauts ist zutreffend und überzeugend. § 8d Abs. 1 Satz 5 KStG bringt lediglich ein Formerfordernis zum Ausdruck, dass der Antrag „in der Steuererklärung" gestellt werden muss (s. auch Suchanek/Rüsch, GmbHR 2018 S. 57, 61). Eine spezielle Frist, wie in § 27 Abs. 5 Satz 2 KStG, enthält § 8d Abs. 1 Satz 5 KStG nicht. Auch die Gesetzesbegründung lässt keinen anderen Schluss zu. Nach der Gesetzesbegründung (BR-Drucks. 544/16 S. 8) ist der Antrag *„[..] schriftlich, gemeinsam mit der Steuererklärung für den Veranlagungszeitraum einzureichen, für den erstmals die Verlustnutzungsregelung des § 8d KStG gelten soll"*. Auf eine Frist wird darin kein Bezug genommen. Der Terminus „erstmals" stellt hier nicht auf die Steuererklärung ab, sondern lediglich auf den Veranlagungszeitraum in dem der Antragsteller die Rechtsfolgen des § 8d KStG erstmalig anwendet.

Darüber hinaus wäre eine Ausschlussfrist unvereinbar mit der Rechtsnatur des Antrags i. S. d. § 8d Abs. 1 Satz 5 KStG, da dieser ein gesondertes Verwaltungsverfahren auslöst. Denn gem. § 8d Abs. 1 Satz 7 KStG wird der fortführungsgebundene Verlustvortrag gesondert festgestellt.

Das Verwaltungsverfahren endet somit mit Eintritt der materiellen Bestandskraft. Wäre der Antrag bereits vor Abschluss des Verwaltungsverfahrens aufgrund einer Ausschlussfrist nicht mehr möglich, würde der Zweck des Verwaltungsverfahrens ins Leere laufen.

Konsequenzen für die Praxis

Durch das vorstehende Urteil ist es möglich eine Stellung des Antrags nach § 8d KStG nachzuholen, wenn dieser in der Erstabgabe der Steuererklärung für den Veranlagungszeitraum des schädlichen Beteiligungserwerbs vergessen wurde. Damit wären ggf. missachtete Formvorschriften auch durch eine erneute Antragstellung, welche den Formvorschriften entspricht, heilbar (so bspw. Heerdt, DStR 2019 S. 198). Zudem stellt das Thüringer FG klar, dass ein Antrag auf Feststellung eines fortführungsgebundenen Verlustvortrags nach § 8d Abs. 1 KStG auch dann gestellt werden kann, wenn ein schädlicher Beteiligungserwerb erst in einer Außenprüfung entdeckt bzw. festgestellt wird. Allerdings ist die nachträgliche Antragstellung nicht auf diese Fallkonstellation beschränkt.

Eine formkonforme nachträgliche Antragstellung nach § 8d Abs. 1 KStG kann nach der Rechtsprechung des FG Thüringen jederzeit bis zum Eintritt der materiellen Bestandskraft erfolgen. Dies gilt auch dann, wenn bereits im Zeitpunkt der Abgabe der Erst-Körperschaftsteuererklärung ein schädlicher Beteiligungserwerb zweifelsfrei vorlag.

7. Mittelbare Organschaft

BFH v. 26.9.2019 – I R 16/16, BFH/NV 2019 S. 495, NWB TAAAH-10780

(Gustav Liedgens)

Zusammenfassung der Entscheidung

Die Klägerin, die A-AG, war im Streitjahr 2006 Konzernmutter und körperschaftsteuerliche Organträgerin des A-Konzerns und hielt die gesamten Anteile an der C-GmbH. Zwischen der A-AG und der C-GmbH bestand eine unmittelbare Organschaft. Die C-GmbH wiederrum war zu mehr als 90 % an der D-GmbH beteiligt, welche zu mehr als 90 % an der E-GmbH beteiligt war. Die E-GmbH war an der ausländischen F beteiligt. Die C-GmbH hatte sowohl mit der D-GmbH als auch mit der E-GmbH einen Gewinnabführungsvertrag abgeschlossen. Folglich bestand zwischen der C-GmbH und der D-GmbH eine unmittelbare und zwischen der C-GmbH und der E-GmbH eine mittelbare Organschaft. Die E-GmbH wurde im Jahr 2007 mit steuerlicher Rückwirkung auf den 31.12.2006 auf die D-GmbH verschmolzen (Upstream-Merger). Aufgrund einer handelsbilanziellen Wertberichtigung zum 31.12.2005 und zum 31.12.2006 der E-GmbH auf die Beteiligung an der F, die steuerlich nicht zu berücksichtigen war, kam es zu einer Minderabführung an die C-GmbH als Organträgerin. Diese bildete zum 31.12.2005 und zum 31.12.2006 jeweils einen besonderen aktiven Ausgleichsposten nach § 14 Abs. 4 Satz 1 KStG.

Die folgende Abbildung stellt den Urteilssachverhalt vereinfacht dar:

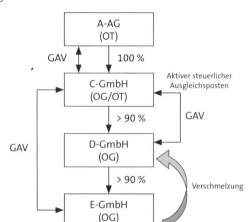

Streitfrage war, ob der aktive Ausgleichsposten bei der C-GmbH aufgrund der Aufwärtsverschmelzung der E-GmbH auf die D-GmbH aufzulösen ist und demnach bei der Ermittlung des Übernahmeergebnisses zu berücksichtigen wäre. Die Klägerin vertrat, dass der aktive Ausgleichsposten bei der C-GmbH aufzulösen sei, da es aufgrund der handelsbilanziell höheren Buchwerte ohne Berücksichtigung des aktiven Ausgleichspostens zu einem höheren steuerlichen Übernahmegewinn bei der D-GmbH als übernehmende Körperschaft käme, der aufgrund der Eigenschaft der D-GmbH als Organgesellschaft der C-GmbH bei dieser auch zu versteuern wäre. Die Finanzverwaltung vertrat die Auffassung, der aktive organschaftliche Ausgleichsposten sei bei der C-GmbH nicht aufzulösen. Vielmehr würde sich dieser Ausgleichsposten in einen Ausgleichsposten zu der Beteiligung an der D-GmbH (Zwischengesellschaft) umwandeln.

Somit war der vom FA angesetzte Übernahmegewinn höher und wurde nach § 8b Abs. 2 Satz 1 KStG nicht berücksichtigt. Korrespondierend setzte das FA bei A-AG als Organträgerin des Konzerns unter Anwendung von § 8b Abs. 3 Satz 1 KStG pauschal 5 % des Übernahmegewinns als fiktive nicht abzugsfähige Betriebsausgabe an. Das FA wandte somit die Bruttomethode an (s. Tz. 12.07 UmwStE 2011) und setzte die Körperschaftsteuer 2006 auf Null fest (Nullbescheid).

Die Klägerin erhob Klage gegen die entsprechenden Steuerbescheide zur Körperschaftsteuer 2006 sowie gegen die Feststellungsbescheide zur gesonderten Feststellung des Verlustvortrags auf den 31.12.2006. Das FG Münster (Az. 9 K 3400/13 K, F) wies die Klage bzgl. der Körperschaftsteuer 2006 als unbegründet zurück, da die Klägerin wegen des Nullbescheides nicht in ihren Rechten verletzt sei.

Das FA legte gegen das Urteil des FG Münster Revision ein.

Entscheidungsgründe

Der BFH entschied, dass keine Entscheidung darüber zu treffen sei, ob ein im Rahmen einer mittelbaren Organschaft (zwischen der C-GmbH und der E-GmbH) der bei der Organträgerin (C-GmbH) gebildete aktive steuerliche Ausgleichsposten (§ 14 Abs. 4 Satz 1 KStG) in die Ermittlung des Übernahmegewinns einzubeziehen ist. Der Übertragungsgewinn würde daher weder auf Ebene der Einkommensermittlung der D-GmbH noch auf Ebene der C-GmbH der pauschalen Hinzurechnung der 5 %-igen Betriebsausgaben unterliegen.

In Bezug auf die Entscheidung des BFH über die Anwendung der von der Finanzverwaltung vertretenen Bruttomethode oder die Berücksichtigung der 5 % an fiktiven Betriebsausgaben nach § 12 Abs. 2 Satz 2 UmwStG auf Ebene der Organgesellschaft, s. folgenden Hinweis.

HINWEISE:

Der Gesetzgeber plant diese Regelungslücke mit einer Neufassung des § 15 Nr. 2 Satz 1 und 2 KStG im Rahmen des JStG 2019 zu schließen.

Demnach soll § 15 Nr. 2 Satz 1 und 2 KStG wie folgt gefasst werden: „§ 8b Abs. 1 bis 6 dieses Gesetzes sowie § 4 Abs. 6 und § 12 Abs. 2 Satz 1 des UmwStG sind bei der Organgesellschaft nicht anzuwenden. Sind in dem dem Organträger zugerechneten Einkommen Bezüge, Gewinne oder Gewinnminderungen im Sinne des § 8b Abs. 1 bis 3 dieses Gesetzes oder mit solchen Beträgen zusammenhängende Ausgaben im Sinne des § 3c Abs. 2 des EStG, ein Übernahmeverlust im Sinne des § 4 Abs. 6 des UmwStG oder ein Gewinn oder Verlust im Sinne des § 12 Abs. 2 Satz 1 des UmwStG enthalten, sind § 8b dieses Gesetzes, § 4 Abs. 6 und § 12 Abs. 2 des UmwStG sowie § 3 Nr. 40 und § 3c Abs. 2 des EStG bei der Ermittlung des Einkommens des Organträgers anzuwenden; in den Fällen des § 12 Abs. 2 Satz 2 des UmwStG sind neben § 8b dieses Gesetzes auch § 3 Nr. 40 und § 3c Abs. 2 des EStG.

Konsequenzen für die Praxis

Der BFH hat eine Aussage zu der komplexen Rechtsfrage bzgl. der Auflösung des steuerlichen Ausgleichspostens vermieden und musste in der o. g. Entscheidung darüber nicht entscheiden. Die Bildung und Auflösung steuerlicher Ausgleichsposten bei mittelbarer Organschaft ist daher ungeklärt und in der Literatur werden unterschiedliche Auffassungen vertreten. Im Folgenden sollen die Grundzüge und unterschiedlichen Auffassungen im Wesentlichen dargestellt werden (s. dazu auch von Freeden/Joisten, DB 2016 S. 1099).

Bildung eines steuerlichen Ausgleichspostens im Rahmen einer Organschaft

Gemäß § 14 Abs. 4 Satz 1 KStG ist in der Steuerbilanz des Organträgers ein aktiver Ausgleichsposten zu bilden, sofern eine **Minder**abführung vorliegt (d. h. Handelsbilanzgewinn < Steuerbilanzgewinn), welche ihre Ursache in organschaftlicher Zeit hat. Liegt eine organschaftlich verursachte **Mehr**abführung vor (d. h. Handelsbilanzgewinn > Steuerbilanzgewinn), ist in der Steuerbilanz des Organträgers ein passiver Ausgleichsposten zu bilden. Die Bildung erfolgt in der Höhe, in dem der Organträger am Stammkapital der Organgesellschaft beteiligt ist.

Bilanzieller Charakter

Der bilanzielle Charakter des steuerlichen Ausgleichspostens ist umstritten. Der BFH sieht den steuerlichen Ausgleichsposten als eine Bilanzierungshilfe an (vgl. BFH v. 29.8.2012 – I R 65/11, BStBl 2013 II S. 555 = NWB YAAAE-22191), so dass sich weder die Bildung noch die Auflösung auf das steuerbilanzielle Eigenkapital oder den Steuerbilanzgewinn des Organträgers auswirkt. Gleichwohl ist die Rechtsprechung des BFH lediglich auf die Wirkung des Ausgleichspostens zur Auswirkung auf das steuerbilanzielle Eigenkapital i. S. d. § 10 UmwStG a. F. ergangen. Eine generelle Aussage zum bilanziellen Charakter des Ausgleichspostens wurde nicht getroffen (s. Rödder/Joisten in Rödder/Herlinghaus/Neumann, 1. Aufl. 2015, § 14 KStG Rz. 687).

In dem oben genannten Urteil verweist der BFH allerdings auf den Zweck der Bildung des Ausgleichspostens. Die Ausgleichsposten i. S. d. § 14 Abs. 4 KStG werden gebildet, um eine Doppelbesteuerung (aktive Ausgleichsposten) bzw. Nichtbesteuerung (passive Ausgleichsposten) zu verhindern. Dies gibt auch die Finanzverwaltung in den Körperschaftsteuerrichtlinien zum Ausdruck. Nach R 14.8 Abs. 1 Satz 3 KStR dient die Bildung eines aktiven Ausgleichspostens in der Steuerbilanz des Organträgers dem Zweck, dass eine bei der Organgesellschaft gebildete Rücklage nicht noch einmal beim Organträger steuerlich erfasst wird, wenn der Organträger die Beteiligung an der Organgesellschaft veräußert. Somit kann auch im steuerlichen Ausgleichsposten ein Korrekturposten zum Beteiligungsbuchwert an der Organgesellschaft gesehen werden. Dafür spricht sich insbes. das Schrifttum aus (vgl. u. a. von Freeden in Herrmann/Heuer/Raupach, § 14 KStG Anm. 352; Reiß, DK 2008 S. 9).

Allerdings kann die rechtliche Einordnung der besonderen organschaftlichen Ausgleichsposten insoweit dahinstehen, als dass sie im Ergebnis wie zusätzliche Anschaffungskosten (aktive Ausgleichsposten) bzw. als Minderung der Anschaffungskosten (passive Ausgleichsposten) des Beteiligungsbuchwertes wirken (s. FG Münster v. 19.11.2015 – 9 K 3400/13 K, F, EFG 2016 S. 594, Rz. 88 und Neumann in Gosch, 3. Aufl. 2015, § 14 KStG Rz. 448).

Auflösung des steuerlichen Ausgleichspostens

Unabhängig davon, wie der steuerliche Ausgleichsposten bilanziell einzuordnen ist, ist der steuerliche organschaftliche Ausgleichsposten im Zeitpunkt der Veräußerung der Beteiligung an der Organgesellschaft aufzulösen (§ 14 Abs. 4 Satz 2 KStG). Dabei ist es unerheblich, ob vorher bereits die Organschaft endet (R 14.8 Abs. 3 Satz 1 KStR). Die Auflösung des steuerlichen Ausgleichspostens erhöht bzw. verringert dabei das Einkommen des Organträgers. Dies ist auch im Falle der unmittelbaren Organschaft unumstritten.

Besonderheit bei mittelbarer Organschaft

Eine mittelbare Organschaft (oder auch Klammerorganschaft) liegt dann vor, wenn der Organträger an der Organgesellschaft über eine vermittelnde Kapital- oder Personengesellschaft mittelbar beteiligt ist (§ 14 Abs. 1 Nr. 1 Satz 2 i. V. m. Nr. 2 Sätze 4 und 5 KStG). Die Rechtsform der vermittelnden Gesellschaft (nachfolgend Zwischengesellschaft) ist unerheblich (BFH v. 2.11.1997 – I R 143/75, BStBl 1978 II S. 74 = NWB EAAAA-91366). Der Gewinn wird daher an der Zwischengesellschaft „vorbei" direkt an den Organträger abgeführt, wobei die Zwischengesellschaft vollständig unberücksichtigt bleibt.

Bildung des Ausgleichspostens bei mittelbarer Organschaft

Die Bildung des besonderen steuerlichen Ausgleichspostens i. S. d. § 14 Abs. 4 Satz 1 KStG ist nach dem Wortlaut des Gesetzes unabhängig davon, ob eine unmittelbare oder mittelbare Organschaft besteht, in der Steuerbilanz des Organträgers zu bilden. Die Bildung eines steuerlichen Ausgleichspostens in der Steuerbilanz der vermittelnden Zwischengesellschaft ist nicht zulässig und kommt nicht in Betracht (vgl. FinMin Schleswig-Holstein Erlass v. 8.12.2011 – VI

3011 – S 2770 – 054, DStR 2012 S. 1607). Es ist allerdings zu beachten, dass der Ausgleichsposten in Höhe des Betrags gebildet werden muss, der dem Verhältnis der Beteiligung des Organträgers am Nennkapital der Organgesellschaft entspricht. Bei einer mittelbaren Organschaft ist somit auf die durchgerechnete Beteiligung abzustellen (vgl. Brink in Schnitger/Fehrenbacher, 2. Aufl. 2018, § 14 KStG Rz. 1174a).

Gleichwohl besteht auch die Auffassung, dass der Ausgleichsposten in dem Umfang der Beteiligung des Organträgers am Nennkapital der Zwischengesellschaft zu bilden ist. Dies deshalb, weil der Organträger auch nur in diesem prozentualen Umfang einen Veräußerungsgewinn realisiert (so jedenfalls die Auffassung von Breier, DK 2011 S. 11, 13).

Auflösung des Ausgleichspostens bei mittelbarer Organschaft

Sofern eine mittelbare Organschaft besteht, ist es fraglich, zu welchem Zeitpunkt, der in der Steuerbilanz des Organträgers gebildete Ausgleichsposten aufzulösen ist.

Die Finanzverwaltung vertritt die Auffassung, dass der Ausgleichsposten ausschließlich in dem Fall aufzulösen ist, wenn der Organträger die Beteiligung an der Zwischengesellschaft veräußert (vgl. FinMin Schleswig-Holstein Erlass v. 8.12.2011 – VI 3011 – S 2770 – 054, DStR 2012 S. 1607 sowie R 14.8 (3) Satz 7 KStR). Diese Auffassung begründet die Finanzverwaltung damit, dass der Aufwand oder der Ertrag aus der Auflösung des Ausgleichspostens den Gewinn des Organträgers aus der Veräußerung der Beteiligung an der Zwischengesellschaft vermindert bzw. erhöht. Veräußert die Zwischengesellschaft die Beteiligung an der Organgesellschaft führt dies – nach Auffassung der Finanzverwaltung – nicht zur Auflösung des Ausgleichspostens. Wenn die Zwischengesellschaft die Beteiligung an der Organgesellschaft veräußert, verlagern sich die stillen Reserven oder Lasten der Organgesellschaft, die ursächlich für die Bildung des Ausgleichspostens waren, auf die Zwischengesellschaft. Denn die Zwischengesellschaft realisiert einen höheren bzw. einen niedrigeren Veräußerungsgewinn in Folge der vorangegangenen Mehr- bzw. Minderabführung. Die stillen Reserven bzw. Lasten sind nach dieser Auffassung aus Sicht des Organträgers weiterhin in der Beteiligungskette vorhanden. Somit ist es nach Auffassung der Finanzverwaltung nicht notwendig, den steuerlichen Ausgleichsposten in der Steuerbilanz des Organträgers aufzulösen.

Nach dem Wortlaut des § 14 Abs. 4 Satz 2 KStG ist ein steuerlicher Ausgleichsposten i. S. d. § 14 Abs. 4 Satz 1 KStG auch (!) im Fall der Veräußerung der Organbeteiligung durch die Zwischengesellschaft aufzulösen. Die Vorschrift fordert keine „unmittelbare" Veräußerung durch den Organträger. Es kommt somit lediglich darauf an, dass die Beteiligung an der Organgesellschaft veräußert wird. Veräußert die Zwischengesellschaft die Beteiligung an der Organgesellschaft liegt aus Sicht des Organträgers eine mittelbare Veräußerung vor. Insofern wäre der Ausgleichsposten aufzulösen. Dies muss erst recht gelten, wenn die Zwischengesellschaft ihre Beteiligung an der Organgesellschaft veräußert und die Zwischengesellschaft selbst Organgesellschaft des Organträgers ist (so auch der Urteilsfall des o. g. BFH-Urteils, in der Vorinstanz vom FG Münster als „Sonderfall" bezeichnet). Dies muss dann auch dann gelten, wenn die Zwischengesellschaft eine Personengesellschaft ist, die ertragsteuerlich transparent ist.

Festzuhalten ist, dass der steuerliche Ausgleichsposten bei einer mittelbaren Organschaft in der Steuerbilanz des Organträgers in folgenden Fällen aufzulösen ist:
▶ der Organträger veräußert die Beteiligung an der Zwischengesellschaft,
▶ die Zwischengesellschaft veräußert die Beteiligung an der Organgesellschaft.

Konsequenzen für die Praxis

Die nach dem Urteil des FG Münster lang erwartete Entscheidung des BFH hat im Hinblick auf die Problematik der Ausgleichsposten bei mittelbaren Organschaften nicht zu der erhofften Klärung der komplexen Thematik geführt. Insoweit besteht weiter eine gewisse Rechtsunsicherheit bei Sachverhalten mit einer mittelbaren Organschaft. Gerade sofern mittelbare Beteiligungen innerhalb eines Kapitalgesellschaftskonzerns veräußert werden, sind – sofern eine körperschaftsteuerliche Organschaft besteht – die Konsequenzen und Rechtsfolgen genau zu betrachten und zu analysieren.

II. Verwaltungsanweisungen

1. Zuordnung von Leistungen aus dem steuerlichen Einlagekonto

OFD Frankfurt/M., RdVfg. v. 10.12.2018 – S 2244 A - 41 - St 215, NWB RAAAH-05131

(Tobias Fischer)

Zusammenfassung der Verwaltungsanweisung

Die OFD-Verfügung stellt zunächst die allgemeinen steuerrechtlichen Grundsätze bei Leistungen aus dem steuerlichen Einlagekonto dar und erläutert danach im Detail das Verhältnis zwischen Leistungen aus dem Einlagekonto und Anschaffungskosten von Anteilen, die zu unterschiedlichen Zeitpunkten erworben wurden.

Werden bei einer Gewinnausschüttung Leistungen aus dem steuerlichen Einlagekonto bezogen, sind diese Gewinnausschüttungen nicht als Einkünfte aus Kapitalvermögen zu versteuern (vgl. § 20 Abs. 1 Nr. 1 Satz 3 EStG), sie mindern aber die Anschaffungskosten der Anteile, auf die diese Ausschüttungen entfallen. Bei einer späteren Veräußerung der Anteile oder Auflösung der Gesellschaft sind entsprechend geminderte Anschaffungskosten zu berücksichtigen. Übersteigen die Leistungen aus dem steuerlichen Einlagekonto die Anschaffungskosten der Anteile, entsteht bereits bei der Gewinnausschüttung ein steuerpflichtiger fiktiver Veräußerungsgewinn nach § 17 Abs. 4 EStG.

Bei Erwerb von Anteilen an derselben Kapitalgesellschaft zu verschiedenen Zeitpunkten seien die Anschaffungskosten jeweils gesondert zu ermitteln und festzuhalten, weil die Anteile ihre rechtliche Selbständigkeit sowohl gesellschaftsrechtlich (§ 15 Abs. 2 GmbHG) als auch nach § 17 Abs. 1 EStG behalten würden. Bei einer Veräußerung seien für die Ermittlung des Veräußerungsgewinns bzw. -verlusts die tatsächlichen Anschaffungskosten des einzelnen Anteils maßgebend (BFH v. 10.10.1978 – VIII R 126/75, BStBl 1979 II S. 77).

Demzufolge müssten die Anschaffungskosten bei Leistungen aus dem steuerlichen Einlagekonto pro Anteil fortentwickelt werden. Dies könne dazu führen, dass bei einzelnen Anteilen die Anschaffungskosten durch Leistungen aus dem steuerlichen Einlagekonto bereits verbraucht sind und ein fiktiver Veräußerungsgewinn nach § 17 Abs. 4 EStG entsteht, während bei weiteren Anteilen an derselben Kapitalgesellschaft noch Anschaffungskosten vorhanden sind.

Die OFD erläutert ihre Rechtsauffassung anhand von zwei Beispielen:

BEISPIEL 1: ▶ Anteilserwerb 1.9.2010: 10 % für 35.000 € (Anteil 1)

Anteilserwerb 1.9.2011: 10 % für 10.000 € (Anteil 2)

Gewinnausschüttung mit Leistungen aus dem steuerlichen Einlagekonto im VZ 2012 i. H.v. 25.000 €.

Die Anschaffungskosten mindern sich pro Anteil um 12.500 €. Damit verbleiben bei Anteil 1 noch 22.500 € Anschaffungskosten. Bei Anteil 2 werden die Anschaffungskosten vollständig verbraucht und es entsteht in Höhe des übersteigenden Betrags nach Anwendung des Teileinkünfteverfahrens ein steuerpflichtiger fiktiver Veräußerungsgewinn nach § 17 Abs. 4 EStG i. H.v 1.500 € (60 % von 2.500 €).

BEISPIEL 2: ▶ Anteilserwerb 1.9.2010: 10 % für 35.000 € (Anteil 1)

Im VZ 2015 Gewinnausschüttung mit Leistungen aus dem steuerlichen Einlagekonto i. H.v 100.000 €.

Anteilserwerb 1.1.2017: weitere 15 % für 125.000 € (Anteil 2)

Im VZ 2017 Gewinnausschüttung mit Leistungen aus dem steuerlichen Einlagekonto i. H.v. 60.000 €.

Mit der Gewinnausschüttung im VZ 2015 mindern sich die Anschaffungskosten des Anteils 1 auf 0 €. In Höhe des übersteigenden Betrags entsteht nach Anwendung des Teileinkünfteverfahrens ein steuerpflichtiger fiktiver Veräußerungsgewinn nach § 17 Abs. 4 EStG i. H.v. 39.000 € (60 % von 65.000 €).

Die Gewinnausschüttung im VZ 2017 entfällt zu 40 % auf den Anteil 1 (24.000 €) und zu 60 % (36.000 €) auf den Anteil 2. Da die Anschaffungskosten von Anteil 1 bereits verbraucht sind, entsteht im VZ 2017 nach Anwendung des Teileinkünfteverfahrens ein steuerpflichtiger fiktiver Veräußerungsgewinn nach § 17 Abs. 4 EStG i. H.v. 14.400 € (60 % von 24.000 €). Für Anteil 2 mindern sich die Anschaffungskosten um 36.000 € und es verbleiben Anschaffungskosten i. H.v. 89.000 €.

Eine vollständige Verrechnung der Ausschüttung 2017 nur mit den ausreichend hohen Anschaffungskosten der neu erworbenen Anteile und damit ein außer Acht lassen der Altanteile scheide nach Verwaltungsauffassung aus. Dies ergäbe sich daraus, dass sich der jeweilige Ausschüttungsbetrag der einzelnen Anteilseigner i. d. R. aufgrund seiner individuellen prozentualen (Gesamt-)Beteiligung ergibt und damit auf alle in seinem Eigentum befindlichen Anteile entfällt (§ 20 Abs. 5 EStG). Eine Auswahl bestimmter Anteile – wie bei der Veräußerung von Teilanteilen – sei hier nicht möglich. Bei der Berechnung eines etwaigen (Veräußerungs-)Gewinns nach § 17 Abs. 4 EStG wären somit die Leistungen aus dem steuerlichen Einlagekonto prozentual den einzelnen Anteilen zuzuordnen (Verhältnis der einzelnen Anteile in Bezug zur Gesamtbeteiligung des Anteilseigners am Stammkapital der Kapitalgesellschaft).

2. Definitiveffekt bei Anwendung der Mindestbesteuerung in Liquidationsfällen – Hinweis auf anhängiges Revisionsverfahren BFH I R 36/18

OFD Frankfurt/M., Verfügung v. 27.12.2018 – S 2225 A – 013 – St 213, NWB NAAAH-07377

(Yannic Leßfromm)

Regelungsinhalt des § 10d Abs. 2 EStG i.V. m. § 8 Abs. 1 KStG

Gemäß § 10d Abs. 2 EStG i.V. m. § 8 Abs. 1 KStG kommt es zu einer Begrenzung der Nutzung des gesondert festgestellten Verlustvortrages. Die Vorschrift soll zur Sicherung und zum Erhalt des Ertragsteueraufkommens zu einer Mindestbesteuerung beim Zusammentreffen von hohen Verlustvorträgen mit nicht unbeachtlichen steuerlichen Gewinnen führen. Ein Abzug bis zu 1 Mio. € ist unbeschränkt möglich, darüber hinaus bis zu 60 % des 1 Mio. € übersteigenden Gesamtbetrags der Einkünfte. Der verbleibende Verlustvortrag ist gem. § 10d Abs. 4 EStG gesondert festzustellen.

Mithilfe des § 10d Abs. 2 EStG wird die Verlustnutzung ggf. auf mehrere Jahre gestreckt. Bei einer totalperiodischen Betrachtungsweise ergeben sich grds. insbesondere mit Berücksichtigung auf einen einheitlichen Steuersatz von 15 % gem. § 23 Abs. 1 KStG nach Ansicht der Rechtsprechung nur rechtfertigungsfähige Verstöße gegen das objektive Nettoprinzip. Abzugrenzen von der Mindestbesteuerung gem. § 10d Abs. 2 EStG ist ein endgültiger Verlustuntergang wie bspw. nach § 8c KStG.

Die Anwendung der Mindestbesteuerung gem. § 10d Abs. 2 EStG in Liquidationsfällen kann zu einem sog. Definitiveffekt führen, d. h. aufgrund der Auflösung der Körperschaft kommt es zu einem endgültigen Untergang von Verlusten, welche bisher nicht abgezogen werden konnten. Auf die nachfolgende Entscheidung mit anhängigem Revisionsverfahren folgte o. g. Verwaltungsanweisung.

Anhängiges Revisionsverfahren BFH I R 36/18

Vor dem FG Düsseldorf (v. 18.9.2018 – 6 K 454/15 K, EFG 2018 S. 2058) war streitig, ob nach Abschluss eines Insolvenzverfahrens sog. Zwischenveranlagungen, welche im Rahmen einer Liquidation gem. § 11 KStG durchgeführt wurden, aufzuheben sind und eine Verrechnung von Gewinnen und Verlusten des gesamten Liquidationszeitraumes ohne Berücksichtigung der Verlustverrechnungsbeschränkung des § 10d Abs. 2 Satz 1 EStG i. V. m. § 8 Abs. 1 Satz 1 KStG möglich ist. Die Klage betraf die Streitjahre 2003 bis 2015.

Mit Urteil v. 18.9.2018 entschied der 6. Senat des FG Düsseldorf dahingehend, dass das FA die Zwischenveranlagungsbescheide für die Jahre 2003 bis 2015 aufzuheben hat und für den Zeitraum der Abwicklung von 2003 bis 2015 einen einheitlichen Körperschaftsteuerbescheid, ohne Anwendung der Mindestbesteuerung gem. § 10d Abs. 2 EStG i. V. m. § 8 Abs. 1 Satz 1 KStG, zu erlassen hat. Die Revision wurde eingelegt, der Fall ist unter dem Aktenzeichen I R 36/18 beim I. Senat des BFH anhängig.

Nachfolgende Aspekte der Entscheidung sind besonders hervorzuheben:

Nach Beendigung der Abwicklung einer (insolventen) Kapitalgesellschaft sind die Gewinne und Verluste für den gesamten Abwicklungszeitraum miteinander zu verrechnen und erfolgte Zwischenveranlagungen aufzuheben, ohne dass es zu einer Verlustabzugsbeschränkung gem. § 10d Abs. 2 Satz 1 EStG kommt. Dies gilt auch dann, wenn der Besteuerungszeitraum entgegen § 11 Abs. 1 Satz 2 KStG drei Jahre übersteigt. Nach Auffassung des Senats ist das Ende der Abwicklung in dem Zeitpunkt anzunehmen, in dem das zur Verteilung kommende Vermögen i. S. d. § 11 Abs. 3 KStG feststeht.

Der Senat führt unter Berufung auf seine bisherige Rechtsprechung (Urteil des FG Düsseldorf v. 12.3.2012 – 6 K 2199/09 K, NWB PAAAE-10708) an, dass im Wege der verfassungskonformen Auslegung der § 10d Abs. 2 Satz 1 EStG um ein ungeschriebenes Tatbestandsmerkmal ergänzt werden kann. Die Mindestbesteuerung greift nur ein, soweit sie keine definitive Besteuerung auslöst. Dieser Auffassung steht jedoch der Vorlagebeschluss des BFH v. 26.2.2014 (I R 59/12, BStBl 2014 II S. 1016 = NWB JAAAE-72209) entgegen. Demzufolge sei gerade eine verfassungskonforme Auslegung der Mindestbesteuerung in der Situation, sog. Definitiveffekt, ausgeschlossen. Vor diesem Hintergrund erfolgte bereits die Anrufung des BVerfG zur Frage der Verfassungsmäßigkeit der sog. Mindestbesteuerung bei Definitiveffekten.

Kernaussagen der Verwaltungsanweisung OFD Frankfurt/M. v. 27.12.2018

Mit Blick auf das Urteil des FG Düsseldorf v. 18.9.2018 – 6 K 454/15 K, EFG 2018 S. 2058, erläutert die Verwaltungsanweisung den Sinn und Zweck der Liquidationsbesteuerung gem. § 11 KStG und geht insbesondere auf die nicht vorhandene gesetzliche Regelung zur Länge des Besteuerungszeitraums (vgl. § 11 Abs. 1 Satz 2 KStG) ein. Insbesondere wird klargestellt, dass durch die Mindestbesteuerung zwar eine Streckung des Verlustvortrags zur erhöhten Kalkulierbarkeit des Steueraufkommens auf Seiten der öffentlichen Haushalte erfolgen soll, der BFH allerdings mehrfach entschieden habe, dass die Abzugsfähigkeit von Verlusten nicht in ihrem Kernbereich betroffen und gänzlich ausgeschlossen werden dürfe.

Weiter bezieht sich die Verwaltungsanweisung auf die Ausführungen des FG Düsseldorf, wonach dieses die Mindestbesteuerung nach § 10d Abs. 2 EStG nicht generell für verfassungswidrig hält, allerdings eine verfassungskonforme Auslegung in der Weise für möglich und auch erforderlich halte, dass die Mindestbesteuerung nur eingreift, soweit sie keine definitive Besteuerung auslöst.

Weitere Schlussfolgerungen zieht die Finanzverwaltung aus dem oben genannten Urteil nicht. Die Entscheidung des BFH wird abgewartet. Bis zur Klärung durch die höchstrichterliche Finanzrechtsprechung ruhen alle Einsprüche, die sich auf das anhängige Verfahren stützen. Eine Aussetzung der Vollziehung wird nicht gewährt.

Konsequenzen für die Praxis

Der Gesetzesbegründung (vgl. BT-Drucks. 15/1518 S. 13) ist zu entnehmen, dass durch die Mindestbesteuerung i. S. d. § 10d Abs. 2 EStG lediglich eine „Streckung des Verlustabzugs" erfolgt, jedoch keine Verluste „endgültig verloren" gehen. In der Literatur wird diesbezüglich regelmäßig darauf hingewiesen, dass im Rahmen einer Billigkeitsmaßnahme eine Verrechnung des Abwicklungsgewinns mit dem Verlustvortrag ohne Berücksichtigung der Mindestbesteuerung gem. § 10d Abs. 2 EStG vorgenommen werden könnte. Dies führt im Ergebnis zur selbigen Festsetzung von Körperschaftsteuer der Höhe nach, wie die vom FG Düsseldorf vorgenommene verfassungskonforme Auslegung des § 10d Abs. 2 EStG. Die Rechtsfrage betrifft vermutlich eine nicht unbeachtliche Anzahl von Fällen. Da zwischen dem Steueranspruch als Hauptanspruch und dem Haftungsanspruch grds. eine Akzessorietät besteht, dürfte insbesondere in derartig gelagerten Fällen die Entscheidung des BFH mit Spannung zu erwarten sein. Zugleich steht auch noch die Entscheidung aus Karlsruhe aus.

(Der Beitrag gibt die persönliche Auffassung des Verfassers wieder und ist nicht in dienstlicher Eigenschaft verfasst.)

3. Ertragsteuerliche Beurteilung von Darlehensverbindlichkeiten im Abwicklungsendvermögen einer Tochtergesellschaft

OFD Frankfurt/M., Verfügung v. 3.8.2018 – S 2743 A - 12 - St 525, NWB AAAAG-95940

(Gustav Liedgens)

Die OFD Frankfurt/M. hat mit ihrer Verfügung v. 3.8.2018 über die ertragsteuerliche Behandlung der Liquidation einer Tochtergesellschaft informiert, in deren Abwicklungsendvermögen sich eine Darlehensverbindlichkeit gegenüber der Muttergesellschaft befindet. Diese Verfügung aktualisiert die bisherige Verfügung v. 7.7.2017.

Zusammenfassung der Entscheidung

Eine Mutterkapitalgesellschaft gibt ihrer Tochterkapitalgesellschaft ein Darlehen. Die Muttergesellschaft beschließt daraufhin die Auflösung und Liquidation der Tochtergesellschaft ohne einen ausdrücklichen Forderungsverzicht gegenüber ihrer Tochtergesellschaft zu erklären.

Dabei ist es fraglich, ob bereits die Beantragung oder Zustimmung zur Liquidation der Tochtergesellschaft als konkludenter Forderungsverzicht der Muttergesellschaft anzusehen ist und daher bei der Tochtergesellschaft aufgrund des Wegfalls der wirtschaftlichen Belastung die Verbindlichkeit als steuerpflichtiger Ertrag auszubuchen ist.

Beschluss der obersten Finanzbehörden

Nach Auffassung der Finanzbehörden des Bundes und der Länder führt die Beantragung oder Zustimmung des Gläubigers (Muttergesellschaft) zur Liquidation der Tochtergesellschaft nicht zu einem konkludenten Forderungsverzicht und damit zu keinem steuerpflichtigen Ertrag. Es ist davon auszugehen, dass die Tochtergesellschaft als Schuldner weiterhin einer wirtschaftlichen Belastung ausgesetzt ist. Die wirtschaftliche Belastung ist erst dann nicht mehr gegeben, wenn nach den objektiven Verhältnissen angenommen werden kann, dass der Gläubiger seine Forderung nicht mehr geltend machen wird.

HINWEISE:

Allgemeines

Die Vermögenslosigkeit des Schuldners (Tochtergesellschaft) hat keinen Einfluss auf das Passivierungsgebot der Verbindlichkeit in Handels- und Steuerbilanz (BFH v. 10.8.2016 – I R 25/15, BStBl 2017 II S. 670, unter II.2.b,aa). Dadurch wird auch ein Ansatz eines unter dem Nennwert liegenden Wertes nicht begründet. Eine wirtschaftliche Belastung des Schuldners entfällt erst dann, wenn bei Berücksichtigung aller objektiven Verhältnisse davon auszugehen ist, dass der Gläubiger seine Forderung nicht mehr geltend machen wird (BFH v. 26.2.2003 – II R 19/01, BStBl 2003 II S. 561).

Sofern die Verbindlichkeit bis zum Abschluss der Liquidation zivilrechtlich fortbesteht, ist eine einzelfallbezogene Prüfung vorzunehmen, wie die Verbindlichkeit in der Abwicklungsschlussbilanz i. S. d. § 11 KStG zu bewerten ist. Dabei beeinflussen weder die Vermögenslosigkeit der Tochterkapitalgesellschaft noch die bevorstehende Existenzbeendigung den Wertansatz im Rahmen der Liquidationsbesteuerung. Verbindlichkeiten bleiben zivilrechtlich über die Liquidation hinaus bestehen und können im Rahmen der Nachtragsliquidation bei festgestelltem Vermögen befriedigt werden.

Rangrücktrittsvereinbarungen

Erklärt die Muttergesellschaft für ihre Forderungen einen qualifizierten Rangrücktritt und tritt die Forderung der Muttergesellschaft hinter sämtliche Forderungen anderer und zukünftiger Gläubiger zurück, ist der vereinbarte Rangrücktritt für die Rechtsfrage unmaßgeblich, wenn die Vereinbarung eine Tilgung aus sonstigem freiem Vermögen vorsieht. Fehlt diese Möglichkeit ist die Verpflichtung unabhängig von den obigen Ausführungen gem. § 5 Abs. 2a EStG nicht mehr zu passivieren. Es mangelt daher bereits mit Erklärung des Rangrücktritts an einer maßgeblichen wirtschaftlichen Belastung (s. BMF-Schreiben v. 8.9.2006, BStBl 2006 I S. 497).

Sofern die Muttergesellschaft den qualifizierten Rangrücktritt zur Vermeidung einer insolvenzrechtlichen Überschuldung der Tochtergesellschaft erklärt hat, gelten keine abweichenden Regelungen. Unter Beachtung der neuen Rechtsprechung des BGH ist die Voraussetzung für eine insolvenzvermeidende Wirkung des Rangrücktritts, dass ein vereinbartes Zahlungsverbot dann eingreift, wenn durch eine gedachte Zahlung eine Überschuldung oder Zahlungsunfähigkeit mindestens droht einzutreffen (vgl. BGH v. 5.3.2015 – IX ZR 133/14, NWB RAAAE-87071). Mit anderen Worten wird geprüft, ob eine Tilgung der Verbindlichkeit gegenüber der Mutter zu einer drohenden Überschuldung oder Zahlungsunfähigkeit führt. Sofern dies der Fall ist, entfaltet nach der neueren Rechtsprechung des BGH der von der Muttergesellschaft qualifizierte Rangrücktritt eine insolvenzvermeidende Wirkung.

Gleichwohl entfaltet der insolvenzrechtliche Anspruch keine Auswirkung auf die handels- und steuerbilanzielle Behandlung, da die Feststellung des Überschuldungsstatus lediglich der Entscheidung darüber dient, ob ein Insolvenzverfahren zu beantragen ist.

Insolvenz

Sofern die Tochtergesellschaft sich im Insolvenzverfahren befindet oder die Insolvenz aufgehoben wurde, ist weiterhin grundsätzlich von einer wirtschaftlichen Belastung und einem damit verbundenen Passivierungsgebot auszugehen.

4. Ablösung von Gesellschafterdarlehen oder -sicherheiten durch Gesellschaftereinlagen als nachträgliche Anschaffungskosten

OFD Frankfurt/M., Verfügung v. 10.4.2019 – S 2244 A – 61 – St 215, NWB FAAAH-27216

(Tobias Fischer)

Zusammenfassung der Verwaltungsanweisung

Die OFD Frankfurt/M. teilt den Ausfall von Darlehen, die der Gesellschafter einer Kapitalgesellschaft gewährt hat zunächst in zwei Fallvarianten ein. Handele es sich bei dem Darlehen um ein Finanzplandarlehen, krisenbestimmtes Darlehen oder Krisendarlehen, so lägen bei Ausfall nachträgliche Anschaffungskosten in Höhe des Nennwerts vor. Der Ausfall eines in der Krise stehen gelassenen Darlehens führe nur in Höhe des Teilwerts im Zeitpunkt des Eintritts der Krise zu Anschaffungskosten (regelmäßig 0 €). Einlagen eines Gesellschafters in die Kapitalgesellschaft würden immer zu Anschaffungskosten der Beteiligung führen.

Die ODF-Verfügung geht genauer auf zwei Gestaltungsvarianten bei der Fallgruppe der in einer Krise stehen gelassenen Darlehen ein.

In der ersten Gestaltungsvariante leistet der Gesellschafter eine Einlage in die Kapitalgesellschaft, die er ggf. bei einer Bank refinanziert hat. Die Kapitalgesellschaft tilgt mit diesen Finanzmitteln das Darlehen des Gesellschafters. Hat der Gesellschafter die Einlage refinanziert, zahlt er das Refinanzierungsdarlehen bei der Bank zurück. Steuerlich wird ein Darlehensausfall, der nicht zu Anschaffungskosten führt, durch eine anschaffungskostenerhöhende Einlage ersetzt.

In der zweiten Gestaltungsvariante gewährt der Gesellschafter seiner Gesellschaft ein neues Darlehen, mit dem die Gesellschaft das alte Darlehen tilgt. Da sich die Kapitalgesellschaft in der Krise befindet, wäre das neue Darlehen als Krisendarlehen zu beurteilen und bei Ausfall in voller Höhe als Anschaffungskosten zu berücksichtigen.

Das FG Niedersachsen habe in seinem Urteil v. 26.9.2012 – 2 K 13510/10, NWB BAAAE-31450 und das FG Düsseldorf in seinen Urteilen v. 18.12.2014 – 11 K 3614/13 E, NWB PAAAF-75759; 11 K 3615/13 E, NWB SAAAF-07928; 11 K 3617/13 E, NWB CAAAF-07929 für beide Fälle einen Gestaltungsmissbrauch i. S. d. § 42 AO angenommen. Das FG Düsseldorf argumentierte, dass wirtschaftlich betrachtet die Zuführung in die Kapitalrücklage und anschließende Weiterleitung dieser Zahlung an die Bank zur Ablösung der von den Gesellschaftern gewährten Sicherheiten diente. Dies führe nicht generell zu nachträglichen Anschaffungskosten, sondern der Aufwand teile die steuerliche Beurteilung der abgelösten Sicherheit. Für die Frage der nachträglichen Anschaffungskosten ist demnach die Bürgschaft zu würdigen

Entscheidungsgründe

Der BFH hat mit Urteilen v.20.7.2018 – IX R 5/15, IX R 6/15, NWB DAAAH-00043 und IX R 7/15, NWB NAAAH-00044 die Entscheidungen des FG Düsseldorf zurückgewiesen. Die – freiwillige und ohne Gewährung von Vorzügen seitens der Kapitalgesellschaft erbrachte – Einzahlung eines Gesellschafters in die Kapitalrücklage sei handelsbilanziell als Zuzahlung i. S. d. § 272 Abs. 2 Nr. 4 HGB zu qualifizieren. Steuerrechtlich handele es sich um eine Einlage des Gesellschafters in das Gesellschaftsvermögen; hierdurch erhöhten sich auch die Anschaffungskosten des Gesellschafters für seine Beteiligung. Es liege auch kein Missbrauch von Gestaltungsmöglichkeiten des Rechts i. S. d. § 42 Abs. 1 Satz 1 AO vor, denn mit der Einzahlung in das Gesellschaftsvermögen haben es die Gesellschafter der Kapitalgesellschaft ermöglicht, ihre betrieblichen Verbindlichkeiten abzulösen.

Das Grundsatzurteil v. 20.7.2018 – IX R 5/15 ist zwischenzeitlich im BStBl 2019 II S. 194 = NWB HAAAH-00046. veröffentlicht und ist daher über den entschiedenen Einzelfall hinaus anzuwenden.

C. Gewerbesteuer

I. Rechtsprechung

1. Erweiterte Kürzung nach § 9 Nr. 1 Satz 2 ff. GewStG

BFH v. 25.9.2018 – GrS 2/16, BStBl 2019 II S. 262, NWB LAAAH-10787

(Dr. Martin Weiss)

Zusammenfassung der Entscheidung

Die Kürzung nach § 9 Nr. 1 GewStG soll das Zusammentreffen der beiden Realsteuern „Grundsteuer" und „Gewerbesteuer" (§ 3 Abs. 2 AO) mildern. Durch die einfache Kürzung des § 9 Nr. 1 Satz 1 GewStG wird eine pauschalierte Milderung dieser Doppelbelastung erreicht. Die erweiterte Kürzung nach § 9 Nr. 1 Satz 2 ff. GewStG hingegen vermeidet die Doppelbelastung ganz, indem sie den Gewerbeertrag um die Vermietungseinkünfte kürzt.

Dieses Ziel der Steuerpflichtigen ist allerdings nur bei genauester Einhaltung der Bedingungen des § 9 Nr. 1 Satz 2 ff. GewStG erreichbar. Satz 2 der Regelung fordert dabei, dass das Unternehmen „ausschließlich eigenen Grundbesitz" verwaltet und nutzt. Diese „Ausschließlichkeit" hat mehrere Dimensionen (Gosch in Blümich, GewStG, 147. Erg.-Lfg. 5/2019, § 9 Rz. 69), nämlich bezüglich

- der Tätigkeit, die ohne schädliche Nebentätigkeiten auszuüben ist,
- des Besteuerungszeitraums, während dessen vollumfänglich die begünstigte Vermietungstätigkeit ausgeübt werden muss,
- des Grundbesitzes, der nur „eigener" sein darf.

Die Frage des „eigenen" Grundbesitzes war dabei zwischen den Senaten des BFH seit einiger Zeit streitig, so dass eine Entscheidung des Großen Senats (§ 11 Abs. 2 FGO) eingeholt wurde. Der IV. Senat des BFH hatte mit seinem Vorlagebeschluss an den Großen Senat v. 21.7.2016 (IV R 26/14, BStBl 2017 II S. 202) ausgeführt, die Beteiligung an einer grundstücksverwaltenden, nicht gewerblich geprägten Personengesellschaft schließe die erweiterte Kürzung für die Gesellschafterin nach § 9 Nr. 1 Satz 2 ff. GewStG nicht generell aus. An einer solchen Entscheidung in seinem Revisionsverfahren zugunsten der Klägerin und damit einer Zurückweisung der Revision des FA sah sich der IV. Senat jedoch durch die Entscheidung des I. Senats v. 19.10.2010 (I R 67/09, BStBl 2011 II S. 367) gehindert.

Entscheidungsgründe

Der Große Senat des BFH hat sich der Auffassung des IV. Senats angeschlossen, wonach einer grundstücksverwaltenden, nur kraft ihrer Rechtsform der Gewerbesteuer unterliegenden Gesellschaft die sog. erweiterte Kürzung nach § 9 Nr. 1 Satz 2 GewStG nicht deshalb zu verwehren ist, weil sie an einer rein grundstücksverwaltenden, nicht gewerblich geprägten Personengesellschaft beteiligt ist. Auch bei einer Beteiligung an einer grundstücksverwaltenden, nicht gewerblich geprägten Personengesellschaft sei die Verwaltung und Nutzung ausschließlich eigenen Grundbesitzes für Zwecke des § 9 Nr. 1 Satz 2 GewStG zu bejahen.

Der im Eigentum der vermögensverwaltenden Personengesellschaft stehende Grundbesitz sei der gewerblich geprägten Personengesellschaft als deren Betriebsvermögen zuzurechnen

(§ 39 Abs. 2 Nr. 2 AO), da dieser Begriff nach steuerlichen Maßstäben auszulegen sei. Durch die Verwaltung der Beteiligung an der vermögensverwaltenden Personengesellschaft werde auch keine schädliche Nebentätigkeit ausgeübt. Zudem müsse § 9 Nr. 1 GewStG in sich widerspruchsfrei bleiben. Dazu dürfe das Tatbestandsmerkmal des „eigenen" Grundbesitzes nicht anders als das Tatbestandsmerkmal „zum Betriebsvermögen des Unternehmers gehörenden ... Grundbesitzes" in § 9 Nr. 1 Satz 1 GewStG verstanden werden.

Folgerungen: Auch wenn somit eine Entscheidung des Großen Senats des BFH zu dieser Frage vorliegt, bleibt die Frage umstritten (Gosch in Blümich, GewStG, 147. Erg.-Lfg. 5/2019, § 9 Rz. 65a m. w. N.). Dennoch kann aufgrund der verfahrensrechtlichen Besonderheiten – der Antrag nach § 9 Nr. 1 Satz 2 ff. GewStG ist nicht fristgebunden und kann bis zum Eintritt der formellen Bestandskraft des Gewerbesteuermessbescheids gestellt werden – auch in vielen Altfällen eine erweiterte Kürzung noch geltend gemacht werden.

Andere mögliche „Störungen" der Ausschließlichkeit – wie etwa in zeitlicher Hinsicht – müssen allerdings weiterhin genau beobachtet werden (zur zeitlichen Dimension BFH v. 26.2.2014 – I R 6/13, BFH/NV 2014 S. 1400; zum Fall des abgekürzten Erhebungszeitraums BFH v. 18.5.2017 – IV R 30/15, BFH/NV 2017 S. 1191). Die von der Finanzverwaltung aufgeworfenen Fragen bei den schädlichen Nebentätigkeiten sind zudem für die Praxis häufig beunruhigend. Die Überlassung eines betrieblichen Pkw an Gesellschafter und Mitunternehmer zu privaten Zwecken hatte die Finanzverwaltung beispielsweise als schädliche Nebentätigkeit in den Raum gestellt (OFD NRW, Kurzinformation GewSt Nr. 05/18 v. 28.9.2018, DB 2018 S. 2537), um dann wenige Monate später diese Idee selbst wieder zu verwerfen (siehe dazu die Besprechung auf S. 97).

PRAXISTIPP:

Die Beteiligung an einer gewerblich geprägten Personengesellschaft ist hingegen schädlich für die erweiterte Kürzung bei der Gesellschafterin. Der BFH hat in einem neueren Urteil (erneut) entschieden, dass das Halten einer solchen Beteiligung eine schädliche Nebentätigkeit darstellt (BFH v. 27.6.2019 – IV R 44/16, NWB MAAAH-30555). Dies soll nach der Rechtsprechung der FG auch gelten, wenn die Tochterpersonengesellschaften inaktiv geblieben sind (FG Hamburg v. 25.6.2019 – 2 K 235/16, NWB PAAAH-30285).

Der BFH sieht zudem für die Einhaltung der Vorschriften zur Ausschließlichkeit bei § 9 Nr. 1 Satz 2 ff. GewStG keine Bagatellgrenzen (siehe dazu im Gegensatz die Besprechung des Urteils IV R 30/16 zu § 15 Abs. 3 Nr. 1 EStG unten). Die Rechtsprechung zu § 9 Nr. 1 Satz 2 GewStG ist in diesem Punkt gefestigt (BFH v. 17.5.2006 – VIII R 39/05, BStBl 2006 II S. 659), so dass etwa Betriebsvorrichtungen penibel aus dem Betriebsvermögen des Gewerbebetriebs, der die erweiterte Kürzung begehrt, entfernt werden müssen (§ 68 BewG).

Auch der Zeitbezug bei der Kürzung nach § 9 Nr. 1 GewStG ist in der Praxis zu beachten. Bei der einfachen Kürzung nach § 9 Nr. 1 Satz 1 GewStG ist nach § 20 Abs. 1 Satz 2 GewStDV der Stand zu Beginn des Kalenderjahrs – *nicht* des gewerbesteuerlichen Erhebungszeitraums (§ 14 Satz 2 f. GewStG) – maßgebend (R 9.1 Abs. 1 Satz 10 GewStR). Bei Beginn der sachlichen Gewerbesteuerpflicht während des Kalenderjahrs kann somit im ersten Erhebungszeitraum keine einfache Kürzung in Anspruch genommen werden (R 9.1 Abs. 1 Satz 11 GewStR). Bei der erweiterten Kürzung gibt es nach Auffassung der Finanzverwaltung hingegen keinen solchen strikten Zeitbezug

(R 9.2 Abs. 1 Satz 4 GewStR; a. A. jedoch FG Berlin-Brandenburg v. 11.12.2018 – 8 K 8131/17, juris; Rev. BFH: III R 7/19, NWB QAAAH-10272).

2. Kein Gewerbebetrieb für Gewerbesteuerzwecke bei Aufwärtsinfektion

BFH v. 6.6.2019 – IV R 30/16, NWB HAAAH-24029

(Dr. Martin Weiss)

Zusammenfassung der Entscheidung

Durch § 15 Abs. 3 EStG gibt das Einkommensteuergesetz Fiktionen von Gewerbebetrieben vor. Diese zerfallen in die Nummer 1 – Abfärbungen – und die Nummer 2 – die gewerbliche Prägung. Bezüglich der Nummer 1 ist eine weitere Unterscheidung in deren

▶ erste Alternative: „Seitwärtsinfektion"
▶ zweite Alternative: „Aufwärtsinfektion"

festzustellen. Im ersteren Fall wird durch die *teilweise* Ausübung einer originär gewerblichen Tätigkeit i. S. d. § 15 Abs. 1 Satz 1 Nr. 1 EStG im selben Rechtsträger die Personengesellschaft insgesamt gewerblich gefärbt (Weiss, NWB 2016 S. 3148 m. w. N.). Bei der zweiten Alternative hingegen wird durch den Bezug gewerblicher Einkünfte nach § 15 Abs. 1 Satz 1 Nr. 2 EStG die Gewerblichkeit der Oberpersonengesellschaft induziert (zu doppelstöckigen Personengesellschaften Heß, NWB 2019 S. 3016).

Ob bei diesen beiden Arten der Abfärbung Geringfügigkeitsgrenzen anzuerkennen sind, ist seit Langem umstritten (Weiss, NWB 2019 S. 1018 m. w. N.). Für die Seitwärtsinfektion hat der VIII. Senat mit seinen Urteilen v. 27.8.2014 (VIII R 16/11, VIII R 41/11 und VIII R 6/12, BStBl 2015 II S. 996, 999 und 1002) für die Abfärbung auf freiberufliche Einkünfte eine solche Grenze judiziert. Danach soll die Abfärbung nicht eintreten, wenn die Nettoumsatzerlöse der Personengesellschaft aus der gewerblichen Tätigkeit

▶ 3 % der Gesamtnettoumsatzerlöse der Gesellschaft und
▶ den Betrag von 24.500 €

im Veranlagungszeitraum nicht übersteigen. Die Finanzverwaltung hat diese Urteile des VIII. Senats im BStBl. veröffentlicht und in ihre Einkommensteuerhinweise als für sie bindend aufgenommen (H 15.8 Abs. 5 „Bagatellgrenze" EStH). Ob diese Grenze auch für die Seitwärtsabfärbung auf vermögensverwaltende Einkünfte (§§ 20, 21 EStG) gelten sollte, hatte der IV. Senat in einem „obiter dictum" in seinem Urteil v. 12.4.2018 (IV R 5/15, BFH/NV 2018 S. 881) bewusst offen gelassen.

Im Besprechungsurteil musste der IV. Senat nun zur möglichen Geringfügigkeitsgrenze bei der Aufwärtsinfektion des § 15 Abs. 3 Nr. 1 2. Alt. EStG Stellung nehmen. Die klagende (Familien-)Personengesellschaft erzielte im Wesentlichen Einkünfte aus Kapitalvermögen und Vermietung und Verpachtung. Durch die Übertragung geringer (ca. 2,5 % und 7 %) Beteiligungen an zwei Flugzeugleasingfonds in ihr Gesamthandsvermögen war sie im Jahr 2008 gewerblich (aufwärts-) infiziert worden (§ 15 Abs. 3 Nr. 1 2. Alt. EStG).

Gegen diese – an sich unstreitige – Infektionswirkung war sie dann jedoch im Streitjahr 2011 vorgegangen. Die beiden Flugzeugleasingfonds befanden sich in diesem Jahr bereits in Abwicklung. Aus ihnen wurden der klagenden Personengesellschaft nur noch sehr geringe *Verluste* zugewiesen. Dass es sich dabei um gewerbliche Verluste handelte, war bestandskräftig durch die Betriebsstättenfinanzämter der Unterpersonengesellschaften festgestellt worden (zur Wirkung der gesonderten und einheitlichen Feststellung z. B. BFH v. 17.4.2019 – IV R 12/16, NWB XAAAH-28208). Allerdings war umstritten, ob eine Geringfügigkeitsgrenze für die Aufwärtsabfärbung anzuerkennen sei und wie diese ausgestaltet werden könnte (Weiss, Ubg 2017 S. 95 m. w. N.). Das FG Baden-Württemberg hatte eine solche als Vorinstanz in seinem Urteil v. 22.4.2016 (13 K 3651/13, NWB AAAAF-77400; Weiss, DB 2016 S. 2133) nicht anerkannt.

Entscheidungsgründe

Der IV. Senat, der die Antwort auf diese Frage noch aufgrund des fehlenden „Bezugs" der gewerblichen Einkünfte in seinem Urteil v. 26.6.2014 (IV R 5/11, BStBl 2014 II S. 972; Wendt, FR 2014 S. 978) offen lassen konnte, hat sich nun für eine bislang nicht gekannte Unterscheidung der Fragestellung ausgesprochen. Bei der Einkommensteuer sei für die Aufwärtsabfärbung keine Bagatellgrenze anzuerkennen. Damit liege bei einem Bezug gewerblicher Einkünfte nach § 15 Abs. 1 Satz 1 Nr. 2 EStG in jedem Fall bei der Oberpersonengesellschaft ein Gewerbebetrieb vor.

Für gewerbesteuerliche Zwecke sei der so definierte Gewerbebetrieb hingegen nicht anzuerkennen. Die bei der ersten Alternative des § 15 Abs. 3 Nr. 1 EStG geltenden Argumente für eine solche Bagatellgrenze seien nicht auf die zweiten Alternative zu übertragen. Insbesondere die Gefahr, dass Einkünfte der Gewerbesteuer entzogen werden könnten, sei nicht gegeben, da bei der infizierten Obergesellschaft ohnehin eine Kürzung der Beteiligungserträge der Untergesellschaft für Zwecke der Gewerbesteuer (§ 9 Nr. 2 Satz 1 GewStG) greife.

Aus verfassungsrechtlichen Gründen sei § 2 Abs. 1 Satz 2 GewStG – der die einkommensteuerlichen Gewerbebetriebe auch gewerbesteuerlich aufgreift – teleologisch zu reduzieren. Ein gewerbliches Unternehmen i. S. d. § 15 Abs. 3 Nr. 1 2. Alt. EStG dürfe nicht als nach § 2 Abs. 1 Satz 1 GewStG der Gewerbesteuer unterliegender Gewerbebetrieb gelten.

Folgerungen: Die Abfärbewirkung des § 15 Abs. 3 EStG trifft nur Personengesellschaften. Bei Einzelunternehmern hingegen ist eine simultane Erzielung freiberuflicher und gewerblicher Einkünfte aus steuerlicher Sicht unproblematisch, da hier keine Abfärbung vom Gesetz vorgegeben wird (BFH v. 12.4.2018 – IV R 5/15, NWB AAAAG-87921, Rz. 35; Weiss, NWB 2019 S. 1018, 1020). Insoweit muss bei Personengesellschaften strikt darauf geachtet werden, dass diese weder gewerblichen Tätigkeiten größeren Umfangs nachgehen noch gewerbliche Einkünfte beziehen, wenn ihre Einkünfte nicht solche aus Gewerbebetrieb sein sollen.

Andererseits ist die Umqualifikation gerade vermögensverwaltender Einkünfte in solche aus Gewerbebetrieb nicht nur mit Nachteilen verbunden. Der IV. Senat selbst weist auf mögliche steuerliche Vorteile hin (Rz. 37 des Besprechungsurteils), etwa

▶ die steuerliche Berücksichtigungsfähigkeit von Veräußerungsverlusten,

▶ das Recht zur Vornahme von Teilwertabschreibungen (§ 6 Abs. 1 Nr. 1, 2 EStG),

▶ das Recht zur Bildung steuermindernder Rücklagen nach § 6b EStG (nach mindestens sechsjähriger Zugehörigkeit zum Anlagevermögen einer inländischen Betriebsstätte),

▶ die Fähigkeit zur Geltendmachung von Investitionsabzugsbeträgen nach § 7g EStG,

▶ mögliche erbschaft- und schenkungsteuerliche Freibeträge und Bewertungsabschläge.

Soll die Abfärbung verhindert werden, muss auch verfahrensrechtlich der richtige Weg eingeschlagen werden. Bei der Aufwärtsabfärbung ist dann der Grundlagenbescheid auf Ebene der Unterpersonengesellschaft anzufechten, wenn deren Qualifikation als Gewerbebetrieb streitig gestellt werden soll (§ 351 Abs. 2 AO; § 42 FGO).

Die derzeitigen Unsicherheiten bezüglich der Bagatellgrenzen gehen allerdings weiter. Ob die Finanzverwaltung die vom IV. Senat nun ausgeurteilten Grundsätze akzeptieren wird, ist noch nicht klar. Insbesondere der fehlende gewerbesteuerliche Aufgriff bei der Aufwärtsinfektion könnte ihr ein Dorn im Auge sein.

Der Gesetzgeber überlegt derzeit, die Regelung des § 15 Abs. 3 Nr. 1 EStG um einen zweiten Satz zu ergänzen. Im Regierungsentwurf des Jahressteuergesetzes 2019 vom 31.7.2019 wird eine solche Ergänzung mit dem Ziel vorgeschlagen, die Rechtsprechung des IV. Senats aus seinem Urteil v. 12.4.2018 (IV R 5/15, BFH/NV 2018 S. 881) zu brechen. Dieser hatte bei Verlusten aus der abfärbenden gewerblichen Tätigkeit eine Abfärbung auf weitere Einkünfte der Personengesellschaft verneint.

Diese Rechtsprechung soll durch einen Satz 2 in § 15 Abs. 3 Nr. 1 EStG überschrieben werden. Dieser soll lauten:

„Dies gilt unabhängig davon, ob aus der Tätigkeit i. S. d. Absatzes 1 Satz 1 Nr. 1 ein Gewinn oder Verlust erzielt wird oder ob die gewerblichen Einkünfte i. S. d. Absatzes 1 Satz 1 Nr. 2 positiv oder negativ sind". Die Gesetzesbegründung streicht dabei heraus, die bisherige Rechtsprechung und Verwaltungsauffassung solle wiederhergestellt und gesetzlich abgesichert werden. Das BFH-Urteil v. 12.4.2018 stehe „nicht im Einklang mit dem (bisherigen) Gesetzeswortlaut". Die geplante Änderung soll nach § 52 Abs. 23 Satz 1 EStG-E „auch für Veranlagungszeiträume vor 2019 anzuwenden" sein (ausführlich zur gesamten Problematik auch Weiss, DB 2019 S. 2316).

3. Übergang eines Gewerbeverlustes von einer Kapitalgesellschaft bei Einbringung nach § 24 UmwStG

BFH v. 17.1.2019 – III R 35/17, BStBl 2019 II S. 407, NWB LAAAH-16587

(Dr. Martin Weiss)

Zusammenfassung der Entscheidung

Der Einbringungsteil des Umwandlungssteuergesetzes (§ 1 Abs. 3, 4 UmwStG, §§ 20 ff. UmwStG) enthält nur wenige Vorgaben bezüglich der gewerbesteuerlichen Folgen der dort geregelten Umwandlungen (Beutel in Lenski/Steinberg, GewStG, Stand: 8/2018, Anhang Gewerbesteuer und Umwandlungen nach dem UmwStG, Rz. 257; Weiss, StuB 2019 S. 616 m. w. N.). Daher ist der gewerbesteuerliche Aufgriff im Wesentlichen durch § 7 Satz 1 GewStG bestimmt, der die einkommen- oder körperschaftsteuerlichen Bemessungsgrundlagen auch auf die Gewerbesteuer überträgt. Durch §§ 8, 9 GewStG wird die Bemessungsgrundlage „Gewerbeertrag" (§ 6 GewStG) dann ermittelt.

Für die Behandlung gewerbesteuerlicher Fehlbeträge existiert insoweit im Einbringungsteil nur die Spezialvorschrift des § 23 Abs. 5 UmwStG, die allerdings nicht für die Einbringungen in Personengesellschaften nach § 24 UmwStG gilt (§ 24 Abs. 4 1. Halbsatz UmwStG). Damit ist § 23 Abs. 5 UmwStG nur für das Schicksal gewerbesteuerlicher Fehlbeträge im Bereich des § 20 UmwStG, der Einbringung von Betriebsvermögen in Kapitalgesellschaft, bestimmend. Über § 25 Satz 1 UmwStG gilt die Vorschrift auch für den heterogenen Formwechsel in die Kapitalgesellschaft.

Aufgrund der nach § 24 Abs. 4 1. Halbsatz UmwStG – im Umkehrschluss – fehlenden Anwendbarkeit der Regelung für die praktisch wichtigen Einbringungen in Personengesellschaften ist das Schicksal gewerbesteuerlicher Fehlbeträge dort besonders umstritten. Es ergibt sich nur aus der Regelung des § 10a GewStG selbst. Auf Seiten der Finanzverwaltung wird für die im Besprechungsurteil gegebene Einbringung einer Kapitalgesellschaft in eine nachgeschaltete Personengesellschaft eine spezielle Rechtsauffassung vertreten (FinMin Nordrhein-Westfalen v. 27.1.2012 – G 1427 - 26 - V B 4, NWB FAAAE-01836 = DStR 2012 S. 908; Kupfer/Göller/Leibner, Ubg 2014 S. 361): Bei Einbringung eines Betriebs durch eine Kapitalgesellschaft soll – im Gegensatz zu der Situation bei anderen Einbringenden - der Gewerbeverlust des eingebrachten Betriebs auf Ebene der Kapitalgesellschaft verbleiben und dort weiterhin vorgetragen werden. Ein Übergang auf die Personengesellschaft komme nicht in Betracht.

Eine solche Einbringung lag auch im Besprechungsurteil vor. Eine AG hatte ihren gesamten Geschäftsbetrieb in eine Kommanditgesellschaft eingebracht. Lediglich einige Beteiligungen an Kapitalgesellschaften waren zurückgeblieben. Die übernehmende KG wollte mit ihrer Erklärung zur gesonderten Feststellung des Gewerbeverlustes für das Streitjahr 2009 die Feststellung eines vortragsfähigen Gewerbeverlustes zum 31.12.2009 von 9.048.896 € erreichen. Diesen Verlust hatte die ausgliedernde Kapitalgesellschaft bis zum Übertragungsstichtag (§ 24 Abs. 4 2. Halbsatz i. V. m. § 20 Abs. 5, 6 UmwStG) erlitten. Das FA verweigerte unter Verweis auf den oben genannten Erlass des Finanzministeriums des Landes Nordrhein-Westfalen v. 27.1.2012 diesen Übergang des Verlustes. Auch ein entsprechender Billigkeitsantrag auf abweichende Verlustfeststellung (§ 163 AO) wurde abgelehnt.

Entscheidungsgründe

Das FG hatte der Klage stattgegeben (FG Baden-Württemberg v. 30.1.2017 – 10 K 3703/14, EFG 2017 S. 1604). Der BFH hat jedoch in der Revision dem FA Recht gegeben. Der Gewerbeverlust könne nur bei Unternehmensidentität (R 10a.2 GewStR) und Unternehmeridentität (R 10a.3 GewStR) genutzt werden. Sonderregelungen wie § 18 UmwStG seien nicht ersichtlich. Die übertragende Kapitalgesellschaft habe auch nach der Ausgliederung (§ 123 Abs. 3 UmwG) ihres ganzen Betriebs nach § 2 Abs. 2 Satz 1 GewStG vollumfänglich weiter existiert und sich nach der Umwandlung auf Holding-Funktionen beschränkt. Ihr Betrieb habe sich insoweit nicht verändert. Ein Übergang des Verlustes komme nicht in Betracht.

Der Verlustübergang könne möglicherweise anders zu beurteilen sein, wenn ein Gewerbebetrieb im Ganzen im Wege der Ausgliederung von einer Kapitalgesellschaft auf eine Personengesellschaft übergehe und die Kapitalgesellschaft sich fortan auf die Verwaltung ihrer Mitunternehmerstellung bei der übernehmenden Personengesellschaft beschränke. Dies sei aber nicht der Fall gewesen: Die übertragende Körperschaft habe noch drei Beteiligungen an Tochter-Kapitalgesellschaften im Betriebsvermögen zurückbehalten, so dass kein Übergang im Ganzen vorgelegen habe.

Folgerungen: Die bei einer Ausgliederung auf eine Personengesellschaft nach § 24 UmwStG (zu den davon umfassten Fällen Tz. 01.47 UmwStE) aufgeworfenen gewerbesteuerlichen Fragen werden durch das Besprechungsurteil nur teilweise beantwortet (Suchanek, FR 2019 S. 645). Das Schicksal gewerbesteuerlicher Verluste in Fällen der Ausgliederung auf eine Personengesellschaft ist wichtig, weil die beiden Ebenen des Einbringenden (hier der AG) und der übernehmenden Gesellschaft (hier der KG) gewerbesteuerlich strikt getrennt sind, während körperschaftsteuerlich die transparente Besteuerung des § 15 Abs. 1 Satz 1 Nr. 2 EStG angewendet wird.

Durch § 8 Nr. 8 GewStG werden Verluste der KG bei der AG dem Gewerbeertrag hinzugerechnet. Gewinne aus dem Gewerbeertrag der Muttergesellschaft werden nach § 9 Nr. 2 GewStG gekürzt. Damit bilden sich jeweils gewerbesteuerliche „Inseln". Durch eine Trennung des gewerbesteuerlichen Verlustvortrags vom Betrieb – wie sie aus dem Besprechungsurteil resultiert – wird damit der zukünftige Gewerbeertrag des Betriebs bei der KG erfasst (§ 5 Abs. 1 Satz 3 GewStG), während der gewerbesteuerliche Verlustvortrag bei der AG ohne Nutzungsmöglichkeit verbleibt. Nach dem Besprechungsurteil muss diese Situation in der Praxis konsequent vermieden werden.

Bei der Begründung einer atypisch stillen Gesellschaft ist ebenfalls ein Fall des § 24 UmwStG gegeben (BFH v. 8.12.2016 – IV R 8/14 BStBl 2017 II S. 538). Bei einer atypisch stillen Gesellschaft am gesamten Handelsgewerbe einer GmbH („Einmann GmbH & Atypisch Still") sollte dabei nach Auffassung der Finanzverwaltung (OFD Frankfurt v. 19.7.2011 – G 1427 A - 13 - St 55, DStR 2011 S. 2154) „der für die GmbH festgestellte gewerbesteuerliche Verlustvortrag auf die atypisch stille Gesellschaft" übergehen.

Damit stehen diese Verwaltungsanweisungen in einem Kontrast zu der Entscheidung des BFH und zu der Auffassung der Finanzverwaltung bei einer Ausgliederung des ganzen Betriebs aus einer Kapitalgesellschaft. Die Verfügungen sind allerdings durch Rundverfügung v. 31.10.2018 inzwischen aufgehoben worden. Als Grund wird in einem Zusatz in juris angegeben, „dass – wenn an einer Kapitalgesellschaft eine atypisch stille Beteiligung begründet wird – die bis zur Begründung der atypisch stillen Beteiligung entstandenen gewerbesteuerlichen Verlustvorträge bei der Festsetzung des Gewerbesteuermessbetrags der atypisch stillen Gesellschaft nicht berücksichtigt werden können" (Weiss, StuB 2019 S. 616, 620).

PRAXISTIPP:

Zudem sind gewerbesteuerliche Verluste, die nicht alsbald genutzt werden, von § 8c KStG bedroht, der über § 10a Satz 10 1. Halbsatz GewStG auch bei der Gewerbesteuer anwendbar ist. Durch § 10a Satz 10 2. Halbsatz GewStG hat der Gesetzgeber bezüglich der gewerbesteuerlichen Verlustverrechnung bei der nachgeschalteten Personengesellschaft ebenfalls vorgesorgt: Diese wird von einem 8c-Ereignis auf der vorgeschalteten Ebene hinsichtlich ihrer gewerbesteuerlichen Fehlbeträge ebenfalls betroffen (siehe auch § 8a Abs. 1 Satz 3 KStG und § 4h Abs. 5 Satz 3 EStG hinsichtlich des Zinsvortrags bei der Zinsschranke gem. § 4h EStG).

4. Beginn der Gewerblichkeit bei rückwirkender Einbringung

FG des Landes Sachsen-Anhalt v. 30.5.2018 – 2 K 1235/14, NWB OAAAH-11625

(*Dr. Martin Weiss*)

Zusammenfassung der Entscheidung

Das Umwandlungssteuerrecht weist zahlreiche Besonderheiten auf, die insbesondere in den

- zahlreichen Sperrfristen und
- Rückwirkungsfiktionen

bestehen. Durch die Rückwirkungsfiktionen des Umwandlungssteuerrechts werden die Handlungen eines Steuerpflichtigen (des übertragenden Rechtsträgers) während eines gewissen Rückwirkungszeitraums einem anderen Steuerpflichtigen (dem übernehmenden Rechtsträger) steuerlich zugerechnet. Die Wirkungen der Fiktionen ist dabei auf die vom Umwandlungssteuergesetz geregelten Einkommen-, Körperschaft- und Gewerbesteuer sowie Zuschlagsteuern begrenzt (Weiss, GmbHR 2019 S. 745).

Dabei ist die Anwendung der zentralen Rückwirkungsnorm des § 2 UmwStG zwingend. Im Einbringungsteil (§§ 20 ff. UmwStG) hingegen ist mit § 20 Abs. 5 UmwStG eine Rückwirkungsmöglichkeit gegeben, deren Anwendung jedoch optional ist (Tz. 02.03 UmwStE, BMF v. 11.11.2011, BStBl 2011 IS. 1314; zum entsprechenden Antragsrecht siehe auch die Besprechung zu BFH v. 19.12.2018 – I R 1/17 unten). Die oben genannte Einschränkung auf gewisse Steuerarten findet ihre Entsprechung in einer persönlichen Einschränkung auf gewisse Beteiligte.

Im Fall des vor dem FG des Landes Sachsen-Anhalt streitigen § 20 Abs. 5 UmwStG (lex specialis gegenüber § 2 UmwStG, BFH v. 10.5.2017 – I R 19/15, BStBl 2019 II S. 81, Rz. 23) sind der „Einbringende" und die „übernehmende Gesellschaft" vom persönlichen Anwendungsbereich umfasst. Nur für diese Beteiligten ist das Einkommen und das Vermögen „auf Antrag so zu ermitteln, als ob das eingebrachte Betriebsvermögen mit Ablauf des steuerlichen Übertragungsstichtags ... auf die Übernehmerin übergegangen wäre". Die Wirkungen auch für die gewerbesteuerlichen Bemessungsgrundlagen dieser Beteiligten bringt hier sogar das Gesetz selbst durch seinen § 20 Abs. 5 Satz 2 UmwStG zum Ausdruck. Dass Dritte von der Rückwirkung ausgeschlossen sind, ist im Umkehrschluss aus dem oben Gesagten zu folgern (Dürrschmidt in Dürrschmidt/Mückl/Weggenmann, BeckOK UmwStG, 13. Edition, § 20, Stand: 15.7.2019, Rz. 2600).

Im Besprechungsurteil hatte ein Mitunternehmer einer Steuerberatungsgesellschaft in Form einer oHG seinen Anteil in eine GmbH eingebracht (§ 20 UmwStG). Die zivilrechtlichen Wirkungen der Einbringungen traten am 18.7.2012 ein, während steuerlich gem. § 20 Abs. 6 UmwStG eine Rückbeziehung auf den 2.1.2012 beantragt worden war. Streitig war nun die bei der – bislang freiberufliche Einkünfte erzielenden – oHG eintretende Umqualifikation in gewerbliche Einkünfte. Aufgrund der Beteiligung einer GmbH an der Personengesellschaft war es nach der Rechtsprechung nicht mehr möglich, Einkünfte nach § 18 Abs. 1 EStG zu erzielen (BFH v. 28.10.2008 – VIII R 69/06, BStBl 2009 II S. 642). Fraglich war insoweit, zu welchem Zeitpunkt diese Umqualifikation der auf Ebene der Personengesellschaft erzielten Einkünfte einsetzen würde. Das FA wollte die sachliche Gewerbesteuerpflicht, die mit der Erzielung von Einkünften aus Gewerbebetrieb verbunden war (§ 2 Abs. 1 Satz 2 GewStG), bereits am 2.1.2012 beginnen lassen.

Entscheidungsgründe

Das FG hat hingegen der Klage gegen den Gewerbesteuermessbescheid 2012 (§ 351 Abs. 2 AO; § 42 FGO) stattgegeben. Tatsächlich sei erst am 18.7.2012 die GmbH in die Gesellschaft eingetreten und habe damit die Umqualifikation der Einkünfte („Durchsäuerung") in gewerbliche ausgelöst. Damit beginne auch die sachliche Gewerbesteuerpflicht (§ 2 Abs. 1 Satz 2 GewStG) erst zu diesem Zeitpunkt.

Die Rückwirkung der Einbringung des Mitunternehmeranteils nach § 20 Abs. 6 UmwStG könne dies nicht ändern. Diese Regelung habe keine Auswirkungen auf die gewerbesteuerliche Beurteilung desjenigen Unternehmens, dessen Anteile übertragen werden. Auch die explizite Einbeziehung der Gewerbesteuer nach § 20 Abs. 5 Satz 2 UmwStG betreffe gerade nur diejenige des Einbringenden und der übernehmenden Gesellschaft. Eine Drittwirkung auch auf den Einbringungsgegenstand „Mitunternehmerschaft" sei nicht vorgesehen.

Folgerungen: Entscheidungen zur Reichweite des § 20 Abs. 5, 6 UmwStG bei einer Einbringung eines Mitunternehmeranteils sind selten. Im Gegensatz zu den anderen Einbringungsgegenständen des § 20 Abs. 1 UmwStG „Betrieb" und „Teilbetrieb" ist beim Mitunternehmeranteil ein Rechtsträger betroffen, der nach § 5 Abs. 1 Satz 3 GewStG die Gewerbesteuer auf seinen Gewerbeertrag (§ 6 GewStG) auch selbst schuldet (BFH v. 14.1.2016 – IV R 5/14, BStBl 2016 II S. 875). Damit ergibt sich die Grundlage für die Entscheidung des FG aus dieser Besonderheit des dritten Einbringungsgegenstands des § 20 Abs. 1 UmwStG.

Dass auf diesen keine „Drittwirkung" der Rückbeziehung nach § 20 Abs. 5, 6 UmwStG anzunehmen ist, hat die Finanzverwaltung für Fälle des § 2 UmwStG bereits in Tz. 02.13, dort im zweiten Absatz, des UmwStE klargestellt. Danach „bleibt die steuerrechtliche Behandlung Dritter, z. B. der Anteilseigner, mit ihren von der übertragenden Körperschaft bezogenen Einkünften von der Rückwirkungsfiktion unberührt", soweit nicht § 2 Abs. 2 UmwStG etwas anderes gebietet. Dieser Grundsatz ist bei § 20 Abs. 5, 6 UmwStG durch das Besprechungsurteil ebenfalls gestärkt worden.

Durch die Entscheidung des FG ergibt sich bis zum 18.7.2012 bezüglich der übernehmenden GmbH eine „Zebra"-Konstellation, da die GmbH in jedem Fall und vollumfänglich einen Gewerbebetrieb darstellt (§ 2 Abs. 2 Satz 1 GewStG). Sie schuldete damit auf ihre Einkünfte aus der eingebrachten KG in jedem Fall Gewerbesteuer. Allerdings wird diese nach den Verhältnissen auf ihrer Ebene – etwa ohne Anwendung eines gewerbesteuerlichen Freibetrags (§ 11 Abs. 1 Satz 3 GewStG) – und nach den Hebesätzen der Gemeinden, in denen sie Betriebsstätten im Erhebungszeitraum unterhalten hat, erhoben (ausführlich Weiss, GmbHR 2019 S. 745).

PRAXISTIPP:

Bei der Klägerin liegt damit ein „abgekürzter Erhebungszeitraum" (§ 14 Satz 3 GewStG; ab 18.7.2012) vor, da nach Auffassung des FG die sachliche Gewerbesteuerpflicht erst in diesem Moment durch die Beteiligung der berufsfremden GmbH einsetzte. Für eine ganze Reihe weiterer Vorschriften des Gewerbesteuergesetzes ist dies von großer Bedeutung. Dazu gehören insbesondere die Vorschriften zur gewerbesteuerlichen Behandlung von Beteiligungserträgen, die der Gewerbebetrieb bezieht. Diese sind nach § 8 Nr. 5 Satz 1 GewStG i.V. m. § 9 Nr. 2a GewStG und § 9 Nr. 7 GewStG an Beteiligungshöhen gebunden, die zum bzw. ab dem Beginn des Erhebungszeitraums zu messen sind. In anderen Vorschriften, wie etwa bei der einfachen Kürzung für Grundbesitz (§ 9 Nr. 1 Satz 1 GewStG), knüpft das Gesetz hingegen starr an den „Beginn des Kalenderjahres" an (§ 20 Abs. 1 Satz 2 GewStDV).

II. Gesetzesänderungen

Der „Austritt des Vereinigten Königreichs Großbritannien und Nordirland aus der Europäischen Union", umgangssprachlich „Brexit" genannt, beschäftigt derzeit die steuerliche Beraterschaft (ausführlich Schneider/Stoffels, Ubg 2019 S. 1). Großbritannien wird dabei den Übergang eines EU-Mitgliedsstaates zum Drittstaat vollziehen, wodurch Normen, die an die EU-Mitgliedschaft anknüpfen, verändert werden (siehe dazu auch die Erläuterungen zum „Brexit-Steuerbegleitgesetz" im UmwSt- und ESt-Teil).

Für das Gewerbesteuerrecht kündigt sich durch das Jahressteuergesetz 2019, das derzeit im Regierungsentwurf v. 31.7.2019 vorliegt, eine Änderung bei § 9 Nr. 7 GewStG an (ausführlich Weiss, Ubg 2019 S. 487). Diese Änderung soll – im Gefolge des Urteils des EuGH v. 20.9.2018 in der Rs. C-685/16 – die Anwendung des § 9 Nr. 7 GewStG für Dividenden von EU- oder Drittstaaten-Kapitalgesellschaften vereinheitlichen (siehe dazu auch die Besprechung der Verwaltungsanweisung der Oberste Finanzbehörden der Länder v. 25.1.2019 unten).

Danach soll einheitlich für leistende Gesellschaften in der EU oder in Drittstaaten als Bedingung für eine Freistellung bei der Gewerbesteuer eine Beteiligungsquote von 15 % – gemessen „zu Beginn des Erhebungszeitraums" (§ 14 Satz 2 f. GewStG) – eingeführt werden. Gegenüber der heutigen Regelung für EU-Kapitalgesellschaften (§ 9 Nr. 7 Satz 1 2. Halbsatz GewStG) wäre damit eine Schlechterstellung durch die erhöhte Beteiligungsquote verbunden. Damit werden allerdings auch gleichzeitig die Dividenden britischer Kapitalgesellschaften gewerbesteuerlich gleichbehandelt, unabhängig davon, ob sie noch während der EU-Mitgliedschaft Großbritanniens oder danach bezogen werden.

Zudem schützt im Verhältnis zu Großbritannien ein relativ neues Doppelbesteuerungsabkommen aus dem Jahr 2010 vor Gewerbesteuer auf Dividenden. Das DBA gilt – wie alle deutschen DBA – sachlich für die Gewerbesteuer (Art. 2 Abs. 3 Buchst. a Doppelbuchst. cc DBA-GB), so dass eine Freistellung der Dividenden bei der Gewerbesteuer für *Kapitalgesellschaften* als Empfänger auch so erreicht werden kann (Art. 23 Abs. 1 Buchst. a. DBA-GB; Weiss, GmbHR 2019, R176). Alle anderen Gewerbebetriebe müssen für eine Kürzung und damit gewerbesteuerliche Freistellung allerdings auf die Neuregelung des § 9 Nr. 7 GewStG vertrauen. Bis dahin ergibt sich durch das Schreiben der Obersten Finanzbehörden der Länder v. 25.1.2019 die Möglichkeit, eine Kürzung unter erleichterten Bedingungen zu erreichen (siehe dazu unten die Besprechung des Schreibens; zum Ganzen auch Weiss, Ubg 2019 S. 487).

III. Verwaltungsanweisungen

1. Steuerermäßigung nach § 35 EStG bei Einkünften aus Gewerbebetrieb

BMF v. 17.4.2019 – IV C 6 - S 2296-a/17/10004, BStBl 2019 I S. 459, NWB EAAAH-12917

(Dr. Martin Weiss)

Zusammenfassung der Verwaltungsanweisung

Die Steuerermäßigung nach § 35 EStG ist die einzige verbliebene Milderungsmöglichkeit für das Zusammentreffen von Einkommensteuer und Gewerbesteuer. Die Abziehbarkeit der Gewerbesteuer wird durch § 4 Abs. 5b EStG, der ihr den Charakter als Betriebsausgabe abspricht, ausgeschlossen (zur technischen Umsetzung R 5.7 Abs. 1 EStR). Zwischen „tariflicher Einkommensteuer" und „festzusetzender Einkommensteuer" (§ 2 Abs. 6 Satz 1 EStG; R 2 Abs. 2 Zeile 7 EStR) sind alle Einkommensteuerpflichtigen berechtigt, die Milderungsmöglichkeit des § 35 EStG zu nutzen.

Allerdings ist diese über die Jahre mit mehreren Beschränkungen versehen worden, insbesondere bezüglich der Höhe des pauschaliert anzuwendenden Hebesatzes von 380 % (§ 35 Abs. 1 Satz 1 EStG). Daneben ist § 35 Abs. 1 Satz 1, 2 EStG („Ermäßigungshöchstbetrag") sowie die Beschränkung auf die „tatsächlich zu zahlende Gewerbesteuer" nach § 35 Abs. 1 Satz 5 EStG zu beachten. Durch die kumulierte Wirkung dieser Beschränkungen ergibt sich eine starke Reduktion der Wirksamkeit der Steuerermäßigung (Weiss, StuB 2019 S. 507).

Durch das vorliegende Schreiben des BMF v. 17.4.2019 werden nun weitere Restriktionen deutlich. Problematisch war die Steuermäßigung besonders, wenn der Steuerpflichtige mehrere gewerbliche Betriebe betrieb oder an mehreren Mitunternehmerschaften oder an einer oder mehreren doppel- oder mehrstöckigen Mitunternehmerschaft(en) beteiligt war. Die Anwendung der Steuerermäßigung in diesen Fällen war bislang umstritten („unternehmerbezogenene" und „betriebsbezogene" Anwendung des § 35 EStG; Dressler, DStR 2019 S. 1078; Beispiel bei Weiss, StuB 2019 S. 507).

Nachdem sich der BFH in seinem Urteil v. 20.3.2017 (X R 62/14, NWB XAAAG-62860) für die Begrenzung des Steuerermäßigungsbetrags gem. § 35 Abs. 1 Satz 5 EStG nach der betriebsbezogenen Methode entschieden hatte, hat die Finanzverwaltung insoweit ihr Anwendungsschreiben zu § 35 EStG v. 3.11.2016 (IV C 6 - S 2296-a/08/10002:003, BStBl 2016 I S. 1187) geändert. Neu gefasst werden dabei die von der betriebsbezogenen Betrachtungsweise betroffenen Rz. 9, 25 und 26 des BMF-Schreibens. Eine neue Randziffer 25a wird zudem eingefügt.

Nach dieser Randziffer 25a ist die „Beschränkung des Steuerermäßigungsbetrags auf die tatsächlich zu zahlende Gewerbesteuer (§ 35 Abs. 1 Satz 5 EStG; Vergleich zwischen dem mit dem Faktor 3,8 vervielfältigten anteiligen Gewerbesteuermessbetrag und der anteiligen tatsächlich zu zahlenden Gewerbesteuer) ... bei mehrstöckigen Mitunternehmerschaften betriebsbezogen jeweils getrennt für Obergesellschaft und Untergesellschaft(en) zu ermitteln". Für die Steuerpflichtigen wird damit auf jeder Stufe der Ermittlungen bei § 35 EStG der niedrigere der Begünstigungsbeträge weiter gemeldet - statt eines Vergleichs nur auf der obersten Ebene.

Mit Bezug zum (komplexen) Verfahrensrecht des § 35 EStG sollen der „auf die tatsächlich zu zahlende Gewerbesteuer begrenzte Steuerermäßigungsbetrag nach § 35 Abs. 1 Satz 5 EStG sowie die gewerblichen Einkünfte i. S. d. § 35 EStG ... im Verfahren der gesonderten und einheitlichen Feststellung (§ 35 Abs. 2 EStG) stets nachrichtlich mitzuteilen" sein. In einem Beispiel wird dieses Vorgehen illustriert. Zeitlich soll das Schreiben v. 17.4.2019 ab dem VZ 2020 anzuwenden sein. Ein Antrag zur Anwendung des Schreibens auch für Veranlagungszeiträume vor 2020 ist möglich (dazu Dressler, DStR 2019 S. 1078, 1082).

2. Unionsrechtskonforme Anwendung des § 9 Nr. 7 GewStG nach dem EuGH-Urteil vom 20.9.2018 in der Rechtssache C-685/16

Oberste Finanzbehörden der Länder v. 25.1.2019, BStBl 2019 I S. 91, NWB BAAAH-06921

(Dr. Martin Weiss)

Zusammenfassung der Verwaltungsanweisung

Im Gefolge des EuGH-Urteils v. 20.9.2018 in der Rechtssache C-685/16, die sich mit den Bedingungen für eine gewerbesteuerliche Kürzung nach § 9 Nr. 7 Satz 1 1. Halbsatz GewStG beschäftigte, hat die Finanzverwaltung kurzfristig ein Anwendungsschreiben herausgegeben. Mit diesem wird „in allen offenen Fällen und bis zur Anwendung einer gesetzlichen Neuregelung des § 9 Nr. 7 GewStG" (zur geplanten Neuregelung im JStG 2019 siehe bereits oben) die Anwendung der betroffenen Vorschriften geregelt.

Der EuGH hatte mit seinem Urteil ausgesprochen, dass die Regelung des § 9 Nr. 7 GewStG 2002 nicht mit den Vorschriften des AEUV zur (auch in Bezug zu Drittstaaten anwendbaren) Kapitalverkehrsfreiheit (Art. 63 bis 65 AEUV) vereinbar sei. Es sei nicht zulässig, dass die Norm für Gewinne aus Anteilen an einer Kapitalgesellschaft mit Geschäftsführung und Sitz in einem Drittstaat strengere Bedingungen vorsehe als für die Kürzung um die Gewinne aus Anteilen an einer nicht steuerbefreiten inländischen Kapitalgesellschaft.

Genau diese vom EuGH angemahnte Unterscheidung hat die Finanzverwaltung jetzt angepackt (Weiss, Ubg 2019 S. 487, 492). Sie hat dabei eine für die Gewerbebetriebe relativ günstige Regelung getroffen. Bei der Anwendung des § 9 Nr. 7 GewStG auf „Drittstaatensachverhalte" ist danach Folgendes zu beachten:

- ▶ Die Beteiligung von mindestens 15 % an der Tochtergesellschaft muss – statt bisher „seit Beginn des Erhebungszeitraums ununterbrochen" – nur zu Beginn des Erhebungszeitraums bestehen, wenn die gesetzliche Fassung des § 9 Nr. 7 GewStG ansonsten eine Kürzung ausschließen würde.
- ▶ Die besonderen Voraussetzungen für die Bruttoerträge, die von der Tochtergesellschaft bezogen werden, nach § 9 Nr. 7 Satz 1 1. Halbsatz GewStG müssen nicht erfüllt sein.
- ▶ Die besonderen Voraussetzungen für Gewinne aus Enkelgesellschaften, die über die Tochtergesellschaft bezogen werden, nach § 9 Nr. 7 Satz 4 bis 6 GewStG und die Nachweisvorschriften des § 9 Nr. 7 Satz 7 GewStG hierzu sind nicht anzuwenden.

Damit sind die Befürchtungen des Schrifttums, dass eine deutliche Verschlechterung der gesamten Rechtslage bei der gewerbesteuerlichen Kürzung nach § 9 Nr. 7 GewStG drohen könnte, nicht eingetreten. Allerdings wird die oben dargestellte geplante gesetzliche Neuregelung im JStG 2019 wohl bald die Anwendung des Schreibens stark einschränken.

3. Schädliche Tätigkeiten bei der erweiterten Kürzung nach § 9 Nr. 1 Satz 2 ff. GewStG

OFD Nordrhein-Westfalen v. 8.3.2019 – Kurzinfo GewSt 05/2018, NWB QAAAH-16516

(Dr. Martin Weiss)

Zusammenfassung der Verwaltungsanweisung

Die erweiterte Kürzung bei der Gewerbesteuer (§ 9 Nr. 1 Satz 2 ff. GewStG) soll – wie die einfache Kürzung nach § 9 Nr. 1 Satz 1 GewStG – die Akkumulation der beiden Realsteuern Grundsteuer und Gewerbesteuer (§ 3 Abs. 2 AO) mildern bzw. ausschließen. Durch die erweiterte Kürzung wird zudem eine Gleichstellung mit nicht gewerbesteuerpflichtigen Vermietern von Grundvermögen angestrebt: Soweit das Grundvermögen außerhalb eines sachlich gewerbesteuerpflichtigen Gewerbebetriebs (§ 2 GewStG) vermietet wird, fällt bereits dem Grunde nach keine Gewerbesteuer an.

Auch bei sachlich gewerbesteuerpflichtigen Unternehmen kann unter den Bedingungen der erweiterten Kürzung eine vollständige Gewerbesteuerfreiheit der Erträge aus der Vermietung erreicht werden. Dementsprechend ist ein Antrag auf diese Kürzung an sehr enge Tatbestandsvoraussetzungen geknüpft. Das „Unternehmen" darf „ausschließlich eigenen Grundbesitz" verwalten und nutzen. Daneben sind sehr eng begrenzte Nebentätigkeiten zulässig (siehe bereits oben die Besprechung zu Beschluss GrS 2/16). Deren Erträge werden allerdings selbst nicht gekürzt.

Bezüglich dieser unschädlichen Nebentätigkeiten gibt es immer wieder Meinungsverschiedenheiten zwischen der Finanzverwaltung und den steuerpflichtigen Gewerbebetrieben. Diese sind auch durch die vorliegende – bundesweit abgestimmte – Anweisung der OFD Nordrhein-Westfalen erneut deutlich geworden. Insoweit hatte dieselbe OFD durch ihre „Kurzinformation Gewerbesteuer Nr. 05/2018" v. 28.9.2018 (DB 2018 S. 2537) für Unruhe gesorgt. In dieser hatte sie in den Raum gestellt, dass „... die Überlassung eines betrieblichen Pkw an Gesellschafter und Mitunternehmer zu privaten Zwecken eine schädliche (Vermietungs-)Tätigkeit i. S. d. § 9 Nr. 1 Satz 2 GewStG" darstellen und die erweiterte Kürzung deshalb versagt werden könnte. Dies sei höchstrichterlich bisher nicht entschieden und auch in der Literatur bislang nicht problematisiert worden (dazu Dorn/Hauf/Schmitt, NWB Beilage 4/2018 S. 5, 14).

Durch die vorliegende Kurzinformation wird dieser Zweifel am Umfang zulässiger Nebentätigkeiten ausgeräumt. Nach einer Abstimmung mit den Vertretern der obersten Finanzbehörden des Bundes und der Länder sei insoweit beschlossen worden, dass die „reine Kfz-Überlassung an Gesellschafter und Mitunternehmer zu privaten Zwecken ... keine schädliche Tätigkeit i. S. d. § 9 Nr. 1 Satz 2 GewStG" sei. Das bedeute, „dass allein durch die Überlassung eines betrieblichen Kfz an Gesellschafter bzw. Arbeitnehmer zu privaten Zwecken das Grundstücksunternehmen den Anspruch auf die erweiterte Kürzung nicht verliert".

Weiterhin droht jedoch Gefahr durch die bekannten schädlichen Nebentätigkeiten (Brühl, GmbHR 2019 S. 496 m. w. N.; siehe auch oben zur Entscheidung des GrS 2/16). Das Halten einer Beteiligung an einer gewerblich geprägten Personengesellschaft ist jedenfalls schädlich für die erweiterte Kürzung des § 9 Nr. 1 Satz 2 GewStG (zuletzt BFH v. 27.6.2019 – IV R 44/16, NWB MAAAH-30555). Auch die Mitvermietung von Betriebsvorrichtungen stellt ein hohes Risiko dar, da hier keine Geringfügigkeitsgrenze anerkannt ist (zuletzt BFH v. 11.4.2019 – III R 36/15, NWB BAAAH-29637).

D. Internationales und Europäisches Steuerrecht

I. Rechtsprechung zum internationalen Steuerrecht

1. Hinzurechnungsbesteuerung und Gewerbesteuer

FG Köln v. 8.11.2018 – 13 K 552/17, NWB GAAAH-11162

(Dr. Christian Kahlenberg)

Zusammenfassung der Entscheidung

Hinzurechnungsbeträge gem. § 10 AStG unterliegen in Altfällen (hier: bis 31.12.2016) der Kürzungsvorschrift nach § 9 Nr. 3 GewStG und sind somit nicht gewerbesteuerpflichtig.

Die Klägerin, eine inländische GmbH, war an verschiedenen schweizerischen Aktiengesellschaften beteiligt, die passive Einkünfte mit Kapitalanlagecharakter i. S. d. § 7 Abs. 1, Abs. 6, Abs. 6a und des § 8 Abs. 1 Nr. 7 AStG erzielten. Entsprechend wurden diese Gewinne bei der inländischen GmbH der Hinzurechnungsbesteuerung unterworfen, wobei das Finanzamt davon ausging, dass die Hinzurechnungsbeträge auch der Gewerbesteuer zu unterwerfen seien.

Entscheidungsgründe

Im Ergebnis folgte das FG Köln, wie bereits zuvor das FG Baden-Württemberg (Urteile v. 8.5.2018 – 6 K 1775/16, EFG 2019 S. 242 und 6 K 2814/16, EFG 2019 S. 240; dazu bereits Weiss in Kahlenberg/Weiss, Steuerrecht aktuell 1/2019, S. 107 ff.), der Auffassung des BFH (Urteil v. 11.3.2015 – I R 10/14 , BStBl 2015 II S. 1049), wonach der Hinzurechnungsbetrag gem. § 10 Abs. 1 AStG gewerbesteuerlich nach § 9 Nr. 3 GewStG gekürzt werden könne. Entscheidend dafür sei der strukturelle Inlandsbezug der Gewerbesteuer. Die Neuregelungen durch das sog. BEPS-Umsetzungsgesetz (§ 7 Satz 7 GewStG i.V.m. § 9 Nr. 3 GewStG) seien – anders als vom FA angeführt – nicht deklaratorisch, sondern konstitutiv. Eine rückwirkende Gesetzesanwendung wäre unzulässig; vielmehr sei die Neuregelung erst ab Erhebungszeitraum 2017 anzuwenden. Ob eine Kürzung auch nach § 9 Nr. 7 GewStG erfolgen könne, sei unerheblich, da vorliegend die Kürzung bereits nach § 9 Nr. 3 GewStG erfolgen könne. Die Rechtslage könne daher als geklärt betrachtet werden, weshalb auch keine Revision zugelassen werden müsse.

Folgerungen: Anders als in den zuvor gefällten Parallelentscheidungen des FG Baden-Württemberg erachtet das FG Köln die vorliegende Streitfrage, ob der Hinzurechnungsbetrag (§ 10 Abs. 1 AStG) für Streitfälle vor den Gewerbesteueränderungen im Rahmen des BEPS-Umsetzungsgesetzes (BGBl 2016 I S. 3000) auch der Gewerbesteuer zu unterwerfen ist, als durch den BFH bereits geklärt an. In logischer Konsequenz wurde die Revision nicht zugelassen, wogegen sich das beklagte FA aber wehrte (NZB eingelegt: Az. BFH: I B 4/19).

Die Entscheidung betrifft altes Recht. Danach scheidet eine Gewerbesteuerbelastung des Hinzurechnungsbetrags aus, weil es sich insoweit um ausländische Betriebsstätteneinkünfte handelt, die gem. § 9 Nr. 3 GewStG zu kürzen sind. Dabei musste es sich nicht um die eigene Betriebsstätte des Steuerpflichtigen handeln, der den Hinzurechnungsbetrag versteuern muss.

Ab dem Erhebungszeitraum 2016 bzw. 2017 (zur zeitlichen Anwendung ausführlich Adrian/Rautenstrauch/Sterner, DStR 2017 S. 1458 [1460]) ist die im Rahmen des BEPS-Umsetzungsgesetzes I erfolgte Ergänzung des § 7 GewStG relevant: Nach § 7 Satz 7 GewStG fällt der Hinzurechnungsbetrag nunmehr im inländischen Gewerbebetrieb an, sofern ein solcher unterhalten wird (Kahlenberg, NWB 2018 S. 181 [185]). Flankiert wird diese Zurechnungsfiktion von punktuellen Anpassungen in § 9 Nr. 2 bzw. Nr. 3 GewStG. Nach § 9 Nr. 2 GewStG wird eine Kürzung für Beträge i. S. d. § 7 Satz 8 GewStG (niedrigbesteuerte passive Betriebsstättengewinne) ausgeschlossen. Eine Kürzung nach § 9 Nr. 3 GewStG ist zukünftig nur dann möglich, wenn es sich um eine ausländische Betriebsstätte *dieses* Unternehmens handelt. Mit dieser „Präzisierung" wird ein entscheidendes Argument des BFH entkräftet, wonach die Kürzung nicht auf eine Auslandsbetriebsstätte des inländischen Gewerbetreibenden abstellt.

Geht man also davon aus, dass der Hinzurechnungsbetrag zukünftig nicht mehr nach § 9 Nr. 3 GewStG gekürzt werden kann, kommt einer Kürzungsmöglichkeit gem. § 9 Nr. 7 GewStG ganz besondere Bedeutung zu, weil die dort (noch) enthaltenen Aktivitätskriterien, die eine Kürzung in der Vergangenheit gerade zunichte gemacht hätten, durch den EuGH für EU-rechtswidrig befunden wurden (EuGH v. 20.9.2018 – C-685/16, EV, ECLI:EU:C:2018:743, BStBl 2019 II S. 111). Ob der Hinzurechnungsbetrag aber als Gewinnanteil i. S. d. § 9 Nr. 7 GewStG verstanden werden kann, ist umstritten (dafür z. B. Cloer/Hagemann/Vogel, BB 2018 S. 2839, 2843 f.; Kahlenberg/Weiss, IStR 2019 S. 81, 88 f.; a. A. Gosch in Blümich, EStG/KStG/GewStG, § 9 GewStG Rz. 221b).

PRAXISTIPP:

Unabhängig von einer möglichen Kürzung nach § 9 Nr. 7 GewStG könnte die Gewerbesteuerbelastung des Hinzurechnungsbetrags derzeit durch die Einschaltung einer ausländischen Personengesellschaft vermieden werden, weil deren Gewinnanteile jedenfalls nach § 9 Nr. 3 GewStG kürzbar wären (Kahlenberg, NWB 2018 S. 181 [187 f.]).

Darüber hinaus sei das EuGH-Judikat in der Rs. X-GmbH erwähnt (EuGH v. 26.2.2019 – C-135/17, ECLI:EU:C:2019:136, NWB NWB BAAAH-11035; dazu auch Schumann/Jahn, IWB 2019 S. 410). Darin ließ der EuGH durchblicken, dass die Möglichkeit zur Gegenbeweisführung auch in Drittstaatenkonstellationen zwingend sein kann. Voraussetzung dafür ist, dass die Regelungen der Hinzurechnungsbesteuerung zunächst einmal nicht unter die sog. Stillhalteverpflichtung des Art. 64 Abs. 1 AEUV fallen (dazu Kahlenberg, DB 2019 S. 1590; Köhler, ISR 2019 S. 175; Müller, ISR 2019 S. 170). Ferner muss in der betreffenden Länderkonstellation im Einzelfall der Informationsaustausch zwischen den Finanzbehörden gewährleistet sein (Böhmer/Schewe, FR 2019 S. 313). Andernfalls kann (Wahlrecht) der betreffende Mitgliedstaat (hier: Deutschland) die Gegenbeweismöglichkeit versagen. Es bleibt abzuwarten, wie der deutsche Steuergesetzgeber diese Vorgaben im Rahmen der bevorstehenden AStG-Reform beherzigt.

2. Buchführungspflicht einer ausländischen Immobilienkapitalgesellschaft nach § 140 AO

BFH v. 14.11.2018 – I R 81/16, BStBl 2019 II S. 390, NWB PAAAH-12520

(Dr. Noemi Strotkemper)

Zusammenfassung der Entscheidung

Die Klägerin ist eine Aktiengesellschaft liechtensteinischen Rechts, wobei die Vermietung von Grundstücken in dem Streitjahr 2010 ihren Geschäftsgegenstand ausmacht. Auf Grundlage des liechtensteinischen Rechts besteht für die Klägerin dort eine Buchführungspflicht.

Ausweislich der Feststellungen der Vorinstanz verfügt die Klägerin im Inland über keinen ständigen Vertreter. Die Klägerin ging bezüglich ihrer Einkünfte aus der Vermietung in Deutschland belegener und vermieteter Grundstücke von beschränkt körperschaftsteuerpflichtigen Einkünften aus (§§ 2 Nr. 1, 8 Abs. 1 Satz 1 KStG, § 49 Abs. 1 Nr. 2 Buchst. f) EStG). In Deutschland erklärte die Klägerin im Rahmen der auch für beschränkt Körperschaftsteuerpflichtige abzugebenden Steuererklärung für das Jahr 2010 aus ihrer inländischen Vermietungstätigkeit gewerbliche Einkünfte i. H. v. 133.131,82 €. Der von § 141 Abs. 2 Satz 1 AO für gewerbliche Einkünfte vorgesehene Schwellenwert von 50.000 € (heute 60.000 €) wurde im streitigen Wirtschaftsjahr überschritten. Der Beklagte teilte der Klägerin daher im weiteren Verlauf per Bescheid den Beginn der Buchführungspflicht für ihren Gewerbebetrieb „Vermietung und Verwaltung von Grundbesitz" und ihre nunmehrige Verpflichtung, aufgrund jährlicher Bestandsaufnahmen Abschlüsse zu machen, mit.

Die dagegen seitens der Klägerin verfolgten Einspruchs- und erstinstanzliche Klageverfahren blieben ohne Erfolg (vgl. FG Dessau-Roßlau, Urteil v. 25.5.2016 – 3 K 1521/11, EFG 2016 S. 2024). Die Verfahren betrafen jeweils die Rechtsfrage, ob die vom Beklagten auf Grundlage von § 141 Abs. 2 Satz 1 AO erlassene Mitteilung über den Beginn der Buchführungspflicht für den inländischen Gewerbebetrieb der Klägerin rechtmäßig war. Vorausgegangen war zudem ein einstweiliges Rechtsschutzverfahren. Insoweit war die Beschwerde der Klägerin begründet. Nach dem diesbezüglichen BFH-Beschluss war die ablehnende AdV-Entscheidung der Vorinstanz aufzuheben und die Vollziehung der Mitteilung in Gestalt der Einspruchsentscheidung bis zum Abschluss des finanzgerichtlichen Hauptsacheverfahrens nach § 69 FGO auszusetzen (vgl. BFH, Beschluss v. 15.10.2015 – I B 93/15, BStBl 2016 II S. 66).

Entscheidungsgründe

Die Revision war begründet. Der BFH hob sowohl die Entscheidung der Vorinstanz als auch die die Buchführungspflicht nach § 141 Abs. 2 Satz 1 AO begründende Mitteilung auf. In der Sache sprach sich der BFH im vorliegenden Fall wegen der hier einschlägigen – und vorrangigen – derivativen Buchführungspflicht nach § 140 AO gegen eine originär steuerrechtliche Buchführungspflicht i. S. d. § 141 AO aus. Im Ergebnis ist der BFH damit ebenfalls von einer Buchführungspflicht ausgegangen, stützte diese jedoch mit § 140 AO auf eine andere Rechtsgrundlage.

Hiermit hat sich der BFH der Rechtsauffassung angeschlossen, nach der die derivative Buchführungspflicht nach § 140 AO auch dann tatbestandlich erfüllt ist, wenn sich eine Buchführungspflicht aus dem ausländischen Recht ergibt. Insofern hat der BFH in seiner jüngsten Entscheidung zu der Thematik klargestellt, dass nicht nur deutsche Rechtsgrundlagen *„andere Gesetze als Steuergesetze"*, nach denen eine Pflicht zur Führung von Büchern und Aufzeichnungen, die für die Besteuerung von Bedeutung sind, besteht, darstellen können. Seine Sicht, die hierzu auch auf ausländische Buchführungspflichten abstellt und ausländische Buchführungspflichten zu deutschen steuerrechtlichen Pflichten transformiert, begründet der BFH unter Berufung auf Auslegungsgrundsätze folgendermaßen:

Zunächst sei der Wortlaut des § 140 AO offen und enthalte keine Beschränkung auf deutsche Rechtsgrundlagen. Diese Interpretation nach dem Wortlaut sei auch mit dem Sinn und Zweck des § 140 AO zu vereinbaren, der darauf abziele, möglichst viele außersteuerliche Pflichten für das Steuerrecht und insbesondere für die Verifikation steuerlicher Erklärungen nutzbar zu machen. Hinsichtlich einer etwaigen (Un-)verhältnismäßigkeit trägt der BFH etwaigen rechtsstaatlichen Bedenken – Bestimmtheitsgebot, Gleichbehandlungsgebot und Demokratieprinzip (siehe etwa Gläser/Birk, IStR 2011 S. 762; Richter/John, ISR 2014 S. 37, 38; Drüen, ISR 2014 S. 265, 269) – dadurch Rechnung, dass der in Art. 6 EGHGB niedergelegte *„ordre public"*-Vorbehalt anzuwenden sei, wenn eine ausländische Rechtsnorm mit wesentlichen Grundsätzen des deutschen Rechts – insbesondere den Grundrechten – nicht vereinbar sei. Unter Heranziehung des *„ordre public"-Vorbehaltes* sei erforderlichenfalls, die Anwendung einer gegen diese Grundsätze verstoßenden ausländischen Rechtsnorm zu untersagen. Diese Auffassung flankierend verweist der BFH auf in anderen Bereichen erfolgende – und anerkannte – *„Einstrahlungen"* ausländischer Rechtsnormen auf das inländische Steuerrecht (wie etwa bei einer (zulässigen) Qualifikationsverkettung oder durch das Korrespondenzprinzip des § 8b Abs. 1 Satz 2 KStG) und nicht bestehende Einflussnahmemöglichkeiten durch deutsche Rechtsanwender.

Auch unter Berücksichtigung des Regelungsgehaltes des § 146 Abs. 2 Satz 3 AO ist der BFH zu keinem anderen Ergebnis gelangt. Obwohl die deutsche Finanzverwaltung nach § 146 Abs. 2 Satz 3 AO ausdrücklich die Übernahme der Ergebnisse der ausländischen Buchführung anordnen kann, geht der BFH nicht davon aus, dass diese Anordnung *„logisch"* voraussetze, dass nicht bereits über § 140 AO eine inländische Buchführungspflicht durch ausländische Buchführungsvorschriften begründet werden könnte. Denn die Vorschrift beziehe sich auf Fälle i. S. d. § 146 Abs. 2 Satz 2 AO und vermeide lediglich eine Pflichtenkollision zwischen inländischen und ausländischen Buchführungs- und Aufzeichnungspflichten.

Folgerungen: Im besprochenen Urteil hat der BFH entschieden, dass ausländische Rechtsnormen ebenfalls *„andere Gesetze als Steuergesetze"* sind und dementsprechend die Buchführungspflicht nach § 140 AO und §§ 238 ff. HGB begründen können. Die Aufhebung der Mitteilung des Beklagten auf Grundlage von § 141 AO erweist sich daher als zutreffend und konsequent (so schon BMF, Schreiben v. 16.5.2011 – IV C 3 – S 2300/08/10014, BStBl 2011 I S. 530; so auch schon zuvor Drüen in Tipke/Kruse, AO/FGO, 157. Erg.-Lfg. 2019, § 140 AO, Rz. 7).

Im Ergebnis wird die vom BFH gefundene weite Auslegung des in § 140 AO gewählten Terminus *„andere Gesetze"* sowohl von dem Wortlaut als auch dem Sinn und Zweck der Norm gedeckt. Nach dem Wortlaut hat der Steuerpflichtige *„lediglich"* die Verpflichtungen, die ihm auf Basis ebendieser Vorschriften ohnehin schon obliegen, auch für die Besteuerung (im Inland) zu erfüllen.

Damit der gesetz- und gleichmäßige Steuervollzug (§ 85 AO) in grenzüberschreitenden Fällen nicht an der formellen Territorialität der fehlenden Hoheitsbefugnis nationaler Finanzbehörden im Ausland scheitert, ist es nur konsequent, der deutschen Finanzverwaltung zur Verifikation der universalen Besteuerungsgrundlagen auch ausländische Buchführungs- und Aufzeichnungsunterlagen mittels § 140 AO zwingend zur Verfügung zu stellen. Nur so können möglichst viele außersteuerliche Pflichten für das deutsche Steuerrecht nutzbar gemacht werden und der Steuergesetzgeber kann entlastet werden. Durch die umfassende Auslegung von § 140 AO werden im Ergebnis keine Aufzeichnungs- und Buchführungspflichten neu begründet, sondern nur für Zwecke der Verifikation verlängert bzw. ins deutsche Recht transformiert (sog. *„derivative Buchführungspflicht"*). Ob im Ergebnis der *„ordre-public"-Vorbehalt* ein verlässliches Korrektiv ist, um erforderlichenfalls im Falle einer nicht hinreichend erfüllten Rechtsstaatlichkeit der ausländischen Norm deren Unanwendbarkeit durchzusetzen, mag bezweifelt werden (zweifelnd etwa Haverkamp/Meinert, DStRK 2019 S. 189). Dass ein Korrektiv erforderlich ist, um den deutschen rechtsstaatlichen Verfassungsprinzipien (etwa Demokratieprinzip, Bestimmtheitsgebot, Gleichheitsgebot) hinreichend Rechnung zu tragen, steht jedoch außer Fragen.

HINWEIS:

Reichweite des *„ordre-public"-Vorbehaltes* ausländischer Buchführungspflichten:

Ausgehend von den vorstehend dargestellten Grundsätzen ist es trotz der höchstrichterlich bestätigten Anerkennung von ausländischen Buchführungspflichten als „andere Gesetze", die nach § 140 AO zu einer inländischen Buchführungspflicht führen, also weiterhin unerlässlich, im Einzelfall zu prüfen, ob und inwieweit diese ausländischen Vorschriften für die deutsche Besteuerung von Bedeutung sind und ob diese Vorschriften im Einklang mit den wesentlichen Grundsätzen des deutschen (Verfassungs-)Rechts stehen.

Im vorangehenden einstweiligen Rechtsschutzverfahren (vgl. BFH, Beschluss v. 15.10.2015 – I B 93/15, BStBl 2016 II S. 66) hatte sich noch die Frage gestellt, ob eine Buchführungspflicht nach § 141 AO auch dann bestehen kann, wenn die Klägerin selbst nicht originär gewerblich i. S. d. § 15 Abs. 2 EStG tätig ist und (gewerblich fingierte) inländische Einkünfte i. S. d. § 49 Abs. 1 Nr. 2 Buchst. f) EStG erzielt. Ausgehend von der schon nach § 140 AO gegebenen Buchführungspflicht kam es im vorliegenden Verfahren daher auf eben diese Frage, im Ergebnis nicht mehr an (m. w. N. zu dem einstweiligen Rechtsschutzverfahren etwa Maetz, HFR 2019 S. 451).

Mangels Entscheidungserheblichkeit blieb zum anderen ebenfalls die Frage dazu offen, ob bzw. welche materiell-rechtlichen Konsequenzen sich daraus ergeben, dass ausländische Buchführungspflichten über § 140 AO zugleich für Zwecke des deutschen Besteuerungsverfahrens zu erfüllen sind, insbesondere welche materiell-rechtlichen Folgen dies für die Gewinnermittlung nach Maßgabe der §§ 4 ff. EStG, § 8 Abs. 1 KStG hat (so ausdrücklich auch Pfirrmann, BFH/PR 2019 S. 163, 164; grundlegend zu dieser gebotenen Differenzierung Drüen in Tipke/Kruse, AO/FGO, 157. Erg.-Lfg. 2019, § 140 AO, Rz. 7a). Weil sich die Ermittlung der von der deutschen Steuer auszunehmenden Einkünfte – auch bei Zugrundelegung eines etwaigen DBA (vgl. Art. 3 Abs. 2 OECD-MA) – nach dem heranzuziehenden innerstaatlichen Recht bestimmt, kann und darf eine ausländische Buchführungspflicht nach dem anzuwendenden nationalen Recht materiell-rechtlich nicht automatisch als Surrogat einer inländischen Gewinnermittlung durch Bestandsvergleich nach deutschem Steuerrecht verstanden werden (so etwa Drüen, ISR 2014 S. 265).

Insoweit mag zwar in Rechtsprechung und Schrifttum vielfach unter Berufung auf die zu sog. *„Goldfingerfällen"* ergangene Richtentscheidung des BFH zu § 4 Abs. 3 EStG angenommen werden, dass kein Wahlrecht für die Einnahmen-Überschuss-Rechnung nach § 4 Abs. 3 EStG mehr bestehe, wenn zuvor ausländische Buchführungspflichten erfüllt wurden. Diese These kann jedoch nur dann zutreffend sein, wenn eine ausländische Mitunternehmerschaft de facto auch auf Grundlage deutschen Rechts dazu verpflichtet ist, im Inland Bücher zu führen sowie Abschlüsse zu erstellen oder wenn sie sich ausdrücklich (oder jedenfalls konkludent) für die Zugrundelegung der §§ 4 Abs. 1 und 5 Abs. 1 EStG – und gegen das Wahlrecht nach § 4 Abs. 3 EStG – entschieden hat (vgl. zur Richtentscheidung, in der sich die ausländische Mitunternehmerschaft auch in Deutschland zur Buchführung entschieden hatte BFH, Urteil v. 25.6.2014 – I R 24/13, BStBl 2015 II S. 141). Umgekehrt besteht ein Wahlrecht nach § 4 Abs. 3 EStG dann, wenn für die Mitunternehmerschaft keine Pflicht besteht, aufgrund gesetzlicher Vorschriften Bücher zu führen und regelmäßig Abschlüsse zu machen und sie auch tatsächlich keine Bücher führt (zu diesen kumulativen Voraussetzungen siehe auch Hessisches FG, Urteil v. 30.8.2017 – 7 K 1095/15).

Welche materiell-rechtlichen Folgen sich für die Art der Gewinnermittlung ergeben, wenn eine ausländische Mitunternehmerschaft ihre ausländischen Buchführungspflichten über § 140 AO auch für Zwecke der Verifikation der inländischen Besteuerungsgrundlagen zu erfüllen hat, ist insofern nach wie vor höchstrichterlich nicht abschließend geklärt. Der BFH hat sich diesbezüglich weder unmittelbar noch mittelbar positioniert. Daher erscheint es noch völlig offen, ob der BFH ausweislich einer auf ausländische Buchführungspflichten gestützten verfahrensrechtlichen derivativen Pflicht zur Vorlage bestimmter außersteuerrechtlicher Bücher für Zwecke des § 140 AO dazu tendiert, von einer Sperrwirkung für die Wahlrechtsausübung nach § 4 Abs. 3 EStG auszugehen oder ob er diese Fragen vielmehr abschichtend beantworten möchte. Eine Entscheidung dazu ist also noch abzuwarten (so Pfirrmann, BFH/PR 2019 S. 163, 164; auch Maetz, HFR 2019 S. 451 prognostiziert, dass sich deshalb mit Blick auf die sog. *„Goldfingerfälle"* möglicherweise noch Weiterungen zu der bisherigen Rechtsprechungspraxis ergeben werden).

Nach der hier vertretenen Auffassung kann die Pflicht zur Vorlage außersteuerrechtlicher Bücher nach Maßgabe des Verifikationszwecken dienenden § 140 AO durchaus neben die Einnahmenüberschussrechnung des § 4 Abs. 3 EStG treten und diese nicht per se präkludieren (so schon ausdrücklich Drüen, ISR 2014 S. 265). Infolgedessen dürfte im Ergebnis nicht jede auf Basis ausländischer Buchführungspflichten erstellte Bilanz die Ausübung des Wahlrechts nach § 4 Abs. 3 EStG ausschließen. Von einem solchen Wahlrechtsausschluss dürfte vielmehr lediglich dann auszugehen sein, wenn ein im Ausland ermittelter Gewinn aus den ausländischen Büchern und Abschlüssen – entweder auf dem direkten Wege oder jedenfalls nach Anstellung einer entsprechenden Anpassungsrechnung – ohne nennenswerte Überleitungen nach Maßgabe von § 4 Abs. 1 Satz 1 EStG als Unterschiedsbetrag angesetzt werden kann. Die Identität des Totalgewinns ist dabei noch kein hinreichendes Kriterium. Auch das bloße Vorhalten und Dokumentieren aller Geschäftsvorfälle kann dafür nicht ausreichen (siehe Kuhfuß in Kühn/v. Wedelstädt, AO/FGO, 22. Aufl. 2018, § 140 AO, Rz. 2). Denn nur soweit die im Rahmen der ausländischen und der inländischen Buchführungspflicht anzustellenden Maßstäbe in struktureller Hinsicht eine hohe Deckungsgleichheit aufweisen und idealerweise keiner Überleitungsrechnung bedürfen, liegt es nahe, dass auch i. S. d. § 4 Abs. 3 Satz 1 EStG *„von einer gesetzlichen Pflicht Bücher zu führen"* auszugehen ist (vgl. dazu FG Berlin-Brandenburg, Urteil v. 13.9.2017 – 7 K 7270/14, EFG 2017 S. 1897; FG Münster, Urteil v. 24.1.2018 – 7 K 2399/15 E, NWB UAAAG-79366 (rkr.); siehe auch Richter/John, ISR 2018 S. 197). Anders gewendet bedeutet das:

Wenn die ausländischen Buchführungspflichten verglichen zu dem nach §§ 4 Abs. 1 bzw. 5 Abs. 1 EStG anzustellenden steuerlichen Vermögensvergleich Maßstäbe ansetzen, die deutlich von den deutschen Grundsätzen der ordnungsgemäßen Buchführung nach §§ 238 ff. HGB abweichen, erscheinen auf Grundlage von § 4 Abs. 3 Satz 1 EStG die deutsch-steuerrechtlichen Buchführungspflichten tatbestandlich nicht erfüllt. Dementsprechend sollte in solchen Fällen das Wahlrecht nach § 4 Abs. 3 EStG fortbestehen – und neben die Pflicht nach § 140 AO treten können (anders etwa Mann/Strahl, DStR 2015 S. 1425, 1429).

Im Ergebnis bleibt an dieser Stelle somit festzuhalten, dass der BFH im hier besprochenen Fall zwar zu Recht für die von § 140 AO verfolgten Verifikationszwecke von einer derivativen (aus dem ausländischen Recht abgeleiteten) Buchführungspflicht auch in Deutschland ausgegangen ist. Gleichwohl ist hiermit – entgegen teilweise offenbar vertretener Auffassung – noch nicht entschieden, ob diese Pflicht auch auf § 4 Abs. 3 EStG ausstrahlt und einen Wahlrechtsausschluss zur Folge haben kann. Im Ergebnis dürfte anzunehmen sein, dass lediglich im Falle homogener Buchführungspflichten, die keine nennenswerten Anpassungs- und Überleitungsrechnungen nach sich ziehen, auch nach § 4 Abs. 3 EStG von Buchführungspflichten auszugehen sein sollte. Im Übrigen sollte de lege lata auch weiterhin von einem fortbestehenden Wahlrecht auszugehen sein.

In der Praxis relevante Fallkonstellationen:

Die jüngsten Entwicklungen sollten daher im Ausland ansässige Personengesellschaften im Blick haben. Relevanz kommt dieser Unterscheidung in der Praxis nicht nur für sog. *„Goldfingerfälle"* zu, sondern bspw. auch für ausländische freiberufliche Personengesellschaften (wie etwa die britische Limited Liability Partnership (LLP)).

Die Frage, ob der im Ausland ermittelte Vermögensvergleich eine dahingehende Homogenität hat, dass er für Zwecke der deutschen Bilanzierung ohne nennenswerte Anpassungs- und Überleitungsrechnungen zugrunde gelegt werden kann, ist eine Tatsachenfrage und damit Teil der von Amts wegen bestehenden finanzrichterlichen Aufklärungspflicht nach § 155 Satz 1 FGO i. V. m. § 293 ZPO (s. BFH, Urteil v. 19.1.2017 – IV R 50/14, BStBl 2017 II S. 456; siehe auch Hendricks, IStR 2011 S. 711, 713 ff.).

Zur Bedeutung der diesbezüglichen finanzrichterlichen Aufklärungspflicht:

Betroffene Steuerpflichtige und ihre Berater sollten daher im erstinstanzlichen Finanzgerichtsverfahren darauf achten, dass die zuständigen Richter dieser von ihnen wahrzunehmenden Aufklärungspflicht nachkommen. Insoweit sind sie gut beraten, gegenüber dem Gericht auf eine entsprechende Anfrage bzw. erforderlichenfalls von sich aus, auf etwaige Unterschiede und das

Bedürfnis erheblicher Überleitungs- oder Anpassungsrechnungen hinzuweisen. Wenn sie sich dazu nicht erklären oder auf kein hinreichendes Modifikationsbedürfnis hinweisen, kann ihnen drohen, dass diese Frage aus prozessualen Gründen dahinstehen kann und sich – wie in den beiden hierzu schon entschiedenen Verfahren (vgl. FG Münster, Urteil v. 24.1.2018 – 7 K 2399/15 E, NWB UAAAG-79366 (rkr.) sowie FG Berlin-Brandenburg, Urteil v. 13.9.2017 – 7 K 7270/14, EFG 2017 S. 1897, Rev. am BFH anhängig unter IV R 20/17) im Ergebnis nicht länger als entscheidungserheblich erweist. Dies wäre fatal und könnte im Ergebnis einen Wahlrechtsausschluss i. S. d. § 4 Abs. 3 EStG nach sich ziehen.

Es ist allerdings – trotz der Umsetzung der europäischen Richtlinie zur Bilanzrechtsharmonisierung – selbst bezogen auf Europa ein Irrglaube automatisch von einer solchen Homogenität der entsprechenden Regelungen auszugehen (zu der Ausschöpfung von Spielräumen bei der Umsetzung der Richtlinie und grundlegenden Unterschieden siehe etwa Merkt in Baumbach/Hopt, HGB, 38. Aufl. 2018, Einl. v. § 238, Rz. 1 ff., 20; Schön, Steuerliche Maßgeblichkeit in Deutschland und Europa, 2005). Von einer bloßen Übernahme des im Ausland ausgewiesenen Gewinns für deutsche Bilanzierungspflichten kann daher selbst in Europa noch immer nicht die Rede sein. Dies betrifft eher Ausnahmefälle. Ebendiese Heterogenität dürfte im Ergebnis dazu führen, dass betroffenen Mitunternehmerschaften das Wahlrecht zur Vorlage einer Einnahmenüberschussrechnung auch dann erhalten bleibt, wenn sie im Ausland dortigen Buchführungspflichten unterliegen und diese Pflichten für die Verifikationszwecke des § 140 AO auch für Zwecke des deutschen Besteuerungsverfahrens erfüllt werden müssen.

HINWEIS:

Zur gegenwärtigen Vergleichbarkeit von Buchführungspflichten in Europa:

In der Praxis zeichnet sich nach wie vor das Gegenteil ab, d. h. die bei den jeweiligen Buchführungspflichten anzusetzenden Maßstäbe erweisen sich als heterogen und erfordern nicht unerhebliche Überleitungs- und Anpassungsrechnungen (so auch FG Sachsen-Anhalt, Urteil v. 25.5.2016 – 3 K 1521/11, EFG 2016 S. 2024; a. A. FG Berlin-Brandenburg, Urteil v. 13.9.2017 – 7 K 7270/14, EFG 2017 S. 1897, Rev. am BFH anhängig unter IV R 20/17; wie FG Sachsen-Anhalt auch Sandleben/Hörtnagl, DStR 2017 S. 2298, 2301).

3. Rechtsprechungsänderung zu § 1 Abs. 1 AStG und zum Konzernrückhalt

BFH v. 27.2.2019 – I R 73/16, BStBl 2019 II S. 394, NWB BAAAH-14765

(Dr. Lars Haverkamp/Sara Meinert)

Zusammenfassung der Entscheidung

Die Klägerin und Revisionsbeklagte (Klägerin), eine inländische GmbH, war in 2004 und 2005 mittelbar an einer belgischen N.V. beteiligt, für die ein Verrechnungskonto mit 6 % p. a. Verzinsung geführt wurde. Zum 30.9.2005 wurde ein Forderungsverzicht gegen Besserungsschein in Höhe des wertlosen Anteils der gegen die N.V. gerichteten Forderungen aus dem Verrechnungskonto vereinbart. Die Forderungen wurden gewinnmindernd ausgebucht, was die Finanzverwaltung mit Rücksicht auf die fehlende Forderungsbesicherung zur Einkünftekorrektur nach § 1 Abs. 1 AStG durch außerbilanzielle Hinzurechnung veranlasste.

In erster Instanz vor dem FG Düsseldorf (v. 10.11.2015 – 6 K 2095/13 K, EFG 2017 S. 553) obsiegte die Klägerin unter Hinweis auf die Rechtsprechung des BFH v. 17.12.2014 (I R 23/13, NWB XAAAE-85274) und v. 24.6.2015 (I R 29/14, NWB KAAAF-01626). Der BFH hat wiederholt festgestellt, dass eine Einkünftekorrektur nach § 1 AStG bzw. nach den Grundsätzen der verdeckten Gewinnausschüttung bei vergleichbaren Fällen durch die Schrankenwirkung der Art. 9 Abs. 1 OECD-MA nachgebildeten Abkommensvorschrift gesperrt wird.

Entscheidungsgründe

Die Revision des FA sei begründet. Bei verbundenen Unternehmen sei anhand einer Gesamtwürdigung der Umstände zu ermitteln, ob es sich bei der Kapitalüberlassung *a priori* um eine gesellschaftlich veranlasste Einlage von Kapital in die Tochtergesellschaft oder um eine Darlehensbeziehung handele. Entscheidend hierfür sei die Frage, ob die Konzerngesellschaften ernstlich vereinbart haben, dass das Kapital nur zeitlich vorübergehend überlassen wird und ob eine Rückzahlung im Zeitpunkt der Kapitalüberlassung zu erwarten war. Läge eine Einlage vor, sei die Abschreibung nach § 8b Abs. 3 Satz 3 KStG ausgeschlossen.

Die fehlende Besicherung stelle eine „Bedingung" i. S. v. § 1 Abs. 1 AStG dar. Unter Verweis auf die Allgemeinen Geschäftsbedingungen der Banken und Sparkassen in Deutschland sei die Besicherung eine im gewöhnlichen Geschäftsverkehr übliche Darlehensvereinbarung. Das Fehlen der Besicherung für das Darlehen zwischen der Klägerin und der N.V. verstoße deshalb gegen den Fremdvergleichsgrundsatz. Der BFH spricht hier von „*Banküblichkeit*". Der Konzernrückhalt sei – in Abweichung zur bisherigen Rechtsprechung (Urteil v. 24.6.2015 – I R 29/14, NWB KAAAF-01626) – keine ausreichende Sicherheit, weil er gerade keine aktive Einstandsverpflichtung der Konzernobergesellschaft darstelle, die eine Besicherung überflüssig mache.

Artikel 9 DBA-Belgien (entspricht Art. 9 Abs. 1 OECD-MA) stünde einer Einkünftekorrektur nicht entgegen. Der Senat habe zwar bei Darlehensverhältnissen bisher eine begrenzende Sperrwirkung von Art. 9 Abs. 1 OECD-MA nachgebildeten Abkommensvorschriften in der Weise angenommen, als diese nur Verrechnungspreiskorrekturen im Hinblick auf die Angemessenheit der vereinbarten Bedingungen „der Höhe nach" zulässt (sog. Preisberichtigung, BFH v. 11.10.2012 – I R 75/11, NWB GAAAE-25888). Diese Rechtsprechung gebe der Senat ausdrücklich auf. Gestützt auf den (vermeintlichen) Sinn und Zweck der einschlägigen Abkommensvorschrift beschränke sich der Abkommensbegriff „*vereinbarte Bedingungen*" nicht auf den vereinbarten Zinssatz, sondern umfasse nach seiner gewöhnlichen Bedeutung i. S. v. Art. 31 Abs. 1 WÜRV auch die Besicherung der Darlehensbeziehung.

Die EuGH-Entscheidung in der Rs. Hornbach (EuGH v. 31.5.2018 – C-382/16, Ubg 2018 S. 403, NWB PAAAG-86743) hält der BFH zwar grundsätzlich für anwendbar, entscheidet sich aufgrund der sachlichen Nähe der im Streit stehenden Geschäftsbeziehung zur Eigenkapitalüberlassung in der Abwägung allerdings gegen eine Rechtfertigung des nicht-fremdüblichen Verhaltens.

Folgerungen: Nach der bisherigen Rechtsprechung des BFH kam der Art. 9 Abs. 1 OECD-MA nachgebildeten Abkommensnorm eine begrenzende Sperrwirkung zu, so dass nur Verrechnungspreiskorrekturen „der Höhe nach" zulässig waren. Der Anwendungsbereich der nationalen Korrekturvorschriften sei insoweit eingeschränkt als eine Verrechnungspreiskorrektur nicht darauf gestützt werden dürfte, dass ein Geschäftsvorfall nicht fremdüblich ist. Zu den fremdüblichen Umständen eines Geschäftsvorfalls gehören neben beispielsweise einer Besicherung eines Darlehens auch formelle Kriterien, wie der Abschluss eines schriftlichen Vertrages (letzteres wird unter der Bezeichnung „Sonderbedingungslehre" gefasst).

Begrüßenswert ist, dass der BFH die Auslegung der EuGH-Entscheidung Hornbach weniger eng sieht als die Finanzverwaltung (BMF v. 6.12.2018 – IV B 5 - S 1341/11/10004-09, FR 2019 S. 44). Ein Wehmutstropfen bleibt, denn der EuGH stellt noch auf das wirtschaftliche Eigeninteresse und die Finanzierungsverantwortung der Muttergesellschaft an ihrer Tochter ab. Der BFH bezieht nunmehr in die Erwägung mit ein, ob eine Veränderung des Vermögens- und Liquiditätsstatus der betroffenen Gesellschaft zu erwarten sei. Der BFH zieht also eine Parallele zur Eigenkapitalüberlassung, die (anscheinend) zu Lasten der Position des Steuerpflichtigen Berücksichtigung finden soll. In welchen Fällen unter diesen Gesichtspunkten die EuGH-Entscheidung noch Anwendung finden soll, bleibt abzuwarten.

In der Aufregung um diese Rechtsprechungsänderung sollte nicht übersehen werden, dass der Senat weiterhin der Ansicht ist, dass die sog. Sonderbedingungslehre in Form einer *„klaren, im Voraus getroffenen* zivilrechtlich *wirksamen und tatsächlich durchgeführten Vereinbarung"* wie sie die Finanzverwaltung auch in grenzüberschreitenden Fällen zur Anwendung bringen will, keine Bedingung i. S. v. Art. 9 Abs. 1 OECD-MA darstellen. Insoweit hält der Senat an seinem Grundsatzurteil v. 11.10.2012 (I R 75/11, BStBl 2013 II S. 1046; Haverkamp, ISR 2013 S. 96 ff.; Ditz/Bärsch, IStR 2013 S. 411) auch in Zukunft fest. Das ist grundsätzlich begrüßenswert, liegt hier doch die tatsächliche praktische Bedeutung der Sperrwirkungsrechtsprechung.

PRAXISTIPP:

Vor dem Hintergrund dieses Urteils tun Steuerpflichtige gut daran, konzerninterne Darlehen zukünftig stets zu besichern. Eine faktische Besicherung durch den Konzernrückhalt wird die Finanzverwaltung nicht länger als „fremdübliche" Garantie akzeptieren. Dies sollte allerdings für beide Richtungen gelten: D. h. Fälle, in denen eine im Inland ansässige Gesellschaft eine Garantiezahlung für ein Darlehen an eine ausländische Gesellschaft geleistet hat, dürfte nunmehr kein Streitpunkt mehr in der Betriebsprüfung sein.

Soweit die Betriebsprüfung i. S. d. Sonderbedingungslehre einen schriftlich im Voraus abgeschlossenen Vertrag zur Anerkennung der konzerninternen Geschäftsbeziehung verlangt, sollten Steuerpflichtige auch in Zukunft auf die Sperrwirkung von Art. 9 Abs. 1 DBA-MA verweisen. Ein für die Praxis herausragender Anwendungsbereich sollten die Fälle periodengenauer wie periodenübergreifender Verrechnungspreisanpassungen sein (vgl. Ditz/Haverkamp, Ubg 2019 S. 101).

4. Anteilserwerb durch Briefkastengesellschaft als ein der Grunderwerbsteuer unterliegender Rechtsvorgang

BFH v. 8.1.2019 – II B 62/18, BFH/NV 2019 S. 293, NWB IAAAH-06910

(Dr. Lars Haverkamp/Sara Meinert)

Zusammenfassung der Entscheidung

Beschwerdeführerin ist eine GmbH & Co. KG (KG) mit Grundbesitz im Inland. X war anfangs alleiniger Kommanditist mit einer Einlage von 30.000 € und Wohnsitz im Inland. Im Jahr 2013 tritt S, eine Kapitalgesellschaft nach dem Recht von und mit Sitz auf den Seychellen, als Kommanditistin in die KG ein. Nach dem Eintritt der S setzt X seinen Anteil an der KG auf 2.500 € herab. S hingegen erhöht ihren Anteil in den nachfolgenden Jahren zwei Mal auf insgesamt 137.500 €. S wird zu 100 % von der C gehalten, eine Kapitalgesellschaft nach dem Recht von und mit Sitz auf den Britischen Jungferninseln. Zwischen C und X besteht ein Treuhandvertrag, wonach C den Anteil an S treuhänderisch für X hält. Die S soll laut IZA-Auskunft des BZSt eine Briefkastengesellschaft sein.

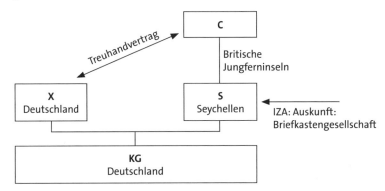

Das FA sah in dem Eintritt der S in die KG verbunden mit den Einlageerhöhungen einen grunderwerbssteuerpflichtigen Erwerb nach § 1 Abs. 2a GrEStG. Danach gilt der Übergang von mindestens 95 % der Anteile an einer Personengesellschaft auf neue Gesellschafter als grunderwerbsteuerliche Übereignung dieses Grundstücks, wenn zum Vermögen einer Personengesellschaft ein inländisches Grundstück gehört. Das Finanzamt erließ einen entsprechenden Feststellungsbescheid gegen die KG. Hiergegen erhob die KG Einspruch und beantragte Aussetzung der Vollziehung. Das Finanzamt und das FG lehnten den Antrag auf Aussetzung der Vollziehung ab.

Entscheidungsgründe

Der BFH gab der Beschwerde der KG statt, da an der Rechtmäßigkeit des angefochtenen grunderwerblichen Bescheids i. S. d. § 69 Abs. 3 Satz 1, Abs. 2 Satz 2 FGO ernstliche Zweifel bestünden.

Die Fiktion des § 1 Abs. 2a GrEStG setze einen Gesellschafterwechsel bei einer Personengesellschaft voraus. Zwar könne auch eine ausländische Kapitalgesellschaft Gesellschafter einer Personengesellschaft sein. Dies setze aber voraus, dass diese ausländische Gesellschaft tatsächlich rechtsfähig sei. Ein nicht-rechtsfähiges ausländisches Gebilde könne nicht Gesellschafter einer deutschen Personengesellschaft i. S. d. § 1 Abs. 2a GrEStG sein. Die S sei mit überwiegender

Wahrscheinlichkeit nicht tatsächlich rechtsfähig und könne deshalb keine Gesellschafterin einer Personengesellschaft i. S. d. § 1 Abs. 2a GrEStG sein.

Nach der hier einschlägigen sog. Sitztheorie beurteile sich die Rechtsfähigkeit der S nach dem Recht, das am Ort ihres tatsächlichen Verwaltungssitzes gelte. Nach der IZA-Auskunft des BZSt sei die S eine Briefkastengesellschaft. Der IZA-Auskunft wies der Senat Indizwirkung zu, da die Daten des BZSt über Briefkastengesellschaften *„regelmäßig auf belastbaren Informationen gründen"*. Deshalb komme es nicht auf den formellen Sitz der Gesellschaft an, sondern darauf, von wo aus die Geschäfte der S tatsächlich geführt werden. Die Geschäfte der S habe tatsächlich der in Deutschland ansässige X aufgrund der Treuhandvereinbarung mit der C geleitet, so dass die S ihren tatsächlichen Verwaltungssitz in Deutschland hatte. Demzufolge sei die Rechtsfähigkeit der S nach dem deutschen Recht zu beurteilen. Da bei der Gründung der S die deutschen Gründungsvorschriften nach dem GmbHG oder AktG nicht eingehalten worden seien, sei die S nicht als Kapitalgesellschaft rechtsfähig. Eine Rechtsfähigkeit als Personengesellschaft scheide ebenfalls aus, da die S mit der C nur eine Gesellschafterin gehabt hat und eine Ein-Mann-Personengesellschaft rechtlich unmöglich sei.

Scheide die S als Gesellschafterin der KG aus, müsse subsidiär auf die Gesellschafterebene der C abgestellt werden (Transparenzprinzip). Eine Übertragung von Anteilen an der KG i. S. d. § 1 Abs. 2a GrEStG auf die C setze ebenfalls voraus, dass C rechtsfähig sei. Dies habe der Senat nicht feststellen können, da insbesondere nähere Informationen zur genauen Ausgestaltung der Treuhandvereinbarung zwischen C und X fehlten.

Folgerungen: Der Sieg der KG ist vorläufig nur ein Teilsieg, da eine grunderwerbsteuerpflichtige Anteilsübertragung weiterhin festgestellt werden kann, wenn das Finanzamt die Rechtsfähigkeit der C nachweist.

Neben der Sitztheorie kann sich die Rechtsfähigkeit einer Gesellschaft auch nach der sog. Gründungstheorie beurteilen. Die Gründungstheorie ist anwendbar auf Gesellschaften mit Sitz im Gebiet der EU oder des EWR. Die Gesellschaft ist rechtsfähig, wenn sie nach den Vorschriften des Sitzstaates wirksam gegründet wurde.

Bedenklich ist u. E. die Indizwirkung, die der IZA-Auskunft zukommen soll. Dafür hätte das Gericht im Sinne des rechtlichen Gehörs die einzelne Auskunft einschließlich der ihr zugrunde liegenden Nachweise auf ihre Plausibilität hin prüfen müssen. In der Praxis zeigt sich regelmäßig, dass den Auskünften der IZA zum Teil veraltete Informationen zugrunde liegen, die durch einfache Recherchen widerlegt werden können. Ein pauschaler Anscheinsbeweis, wie ihn der BFH annimmt, scheint hier ungerechtfertigt.

PRAXISTIPP:

Die KG habe die Indizwirkung der IZA-Auskunft laut BFH erschüttern müssen, indem sie gegen die IZA-Auskunft substantiierte Einwände vorgetragen hätte. Dabei verkennt der BFH, dass das zuständige FG Köln zuletzt mit Urteil v. 15.5.2018 (2 K 438/15, EFG 2018 S. 1686, NWB BAAAG-97496) den Steuerpflichtigen den Anspruch auf Akteneinsicht und damit auf die Prüfung der Nachweise der IZA-Auskunft beim BZSt mit dem Argument versagt, anderenfalls sei die strafrechtliche Verfolgungsmöglichkeit gefährdet. Erfreulich ist in diesem Zusammenhang das Urteil des FG Saarland v. 3.4.2019 – 2 K 1002/16 (rkr), NWB VAAAH-21817, wonach der

Steuerpflichtige einen Anspruch auf Akteneinsicht aus der DSGVO i. V. m. dem Landes-Informationsfreiheitsgesetz habe. Das Urteil des FG Saarlandes liegt auf einer Linie mit dem BFH-Urteil v. 17.10.2001 (I R 103/00, NWB BAAAB-04904), in dem der BFH für interne Datenbanken der Finanzverwaltung entschieden hat, dass u. a. zu den Informationsquellen Rückfragen zulässig seien; könne die Finanzverwaltung die Fragen nicht beantworten, verringere sich der Beweiswert der Daten. Die gleichen Argumente sollten auch hier fruchtbar gemacht werden können. Aus Sicht der Waffengleichheit ist dies die richtige Entwicklung.

5. Ständige Rechtsprechung des FG Köln zu Simultanprüfungen und Joint Audits bestätigt

FG Köln v. 12.9.2018 – 2 K 814/18, NWB MAAAH-12171

(Dr. Lars Haverkamp/Sara Meinert)

Zusammenfassung der Entscheidung

Die A-GmbH klagte gegen die Einleitung und Durchführung einer koordinierten Betriebsprüfung innerhalb der A-Unternehmensgruppe durch die deutsche und österreichische Finanzverwaltung. Nach Ansicht der beiden Finanzverwaltungen bestand Grund für eine koordinierte Prüfung, da die ordnungsgemäße Versteuerung einer Vielzahl von grenzüberschreitenden Transaktionen auf dem Gebiet des Grundstückhandels und der Vermietung zwischen der A-GmbH und österreichischen Gruppengesellschaften in Frage stand. Außerdem vermuteten die Finanzbeamten, dass Unternehmensgelder auf den Privatkonten von Mitgliedern der A-Familie flossen, da einige Familienmitglieder als Gesellschafter oder Geschäftsführer eingesetzt waren. Aus Sicht der beiden Finanzverwaltungen waren ihre nationalen Ermittlungsmöglichkeiten jeweils erschöpft. Eine koordinierte Prüfung sollte die Aufklärung des steuerlich relevanten Sachverhalts ermöglichen. Die Finanzverwaltungen wollten insbesondere während der Prüfung Informationen über Verrechnungskonten und getätigte Bargeldgeschäfte austauschen.

Entscheidungsgründe

Die Klage der A-GmbH sei unbegründet. Ihr stehe kein Unterlassungsanspruch gegen die Einleitung und Durchführung einer koordinierten Prüfung aus § 1004 Abs. 1 Satz 1 BGB analog i. V. m. § 30 AO zu, weil die Voraussetzungen des § 12 Abs. 1 Satz 1 EUAHiG für eine solche Prüfung erfüllt seien.

Die koordinierte Prüfung sei auf den Austausch von Informationen gerichtet, die für die Besteuerung „voraussichtlich erheblich" seien. Prüfungsmaßstab sei nach dem EuGH-Urteil in der Rechtssache Berlioz (EuGH v. 16.5.2017 – C-682/15, ISR 2017 S. 336, NWB TAAAG-46323), ob die steuerliche Erheblichkeit der begehrten Informationen offenkundig fehle. Dies könne das FG verneinen, da die vernünftige Möglichkeit bestehe, dass die Verrechnungskonten Aufschluss über Betriebseinnahmen und -ausgaben der Unternehmen der A-Gruppe geben.

Der Subsidiaritätsgrundsatz (§ 4 Abs. 3 Nr. 2 EUAHiG) sei ebenfalls gewahrt. Das FG folgt der Darlegung der Finanzverwaltungen, dass grenzüberschreitende Transaktionen der A-Gruppe mit rein national zur Verfügung stehenden Ermittlungsmöglichkeiten nicht hinreichend verifiziert werden konnten.

Unbeachtlich sei der Einwand der A-GmbH, einer koordinierten Prüfung stehe entgegen, dass die jeweils nationalen Betriebsprüfungen unterschiedlich weit fortgeschritten seien. „Gleichzeitige" Prüfungen müssten, so das FG, nicht gleichzeitig beginnen und nicht gleichzeitig durchgeführt werden.

Folgerungen: Grenzüberschreitende koordinierte Betriebsprüfungen erfreuen sich in jüngster Zeit einer zunehmenden Beliebtheit und werden von der Finanzverwaltung als das „Mittel der Zukunft" zur Aufklärung grenzüberschreitender Sachverhalte beworben. Für den Steuerpflichtigen kann eine solche Betriebsprüfung ebenfalls von Vorteil sein, da die Chance besteht, von Anfang an eine Doppelbesteuerung zu vermeiden. Dies würde ein Verständigungsverfahren oder ein nationales Klageverfahren zur Beseitigung der Doppelbesteuerung überflüssig machen. Gleichwohl birgt eine koordinierte Betriebsprüfung auch Risiken für den Steuerpflichtigen, da er zwei Betriebsprüfungen koordinieren muss, sich zwei Finanzverwaltungen gegenübersieht, sprachliche Verständigungsprobleme oder Missverständnisse entstehen können und ein umfassender Informationsaustausch, auch gegenüber nicht beteiligten dritten Staaten, droht.

Rechtsschutzverfahren gegen die Einleitung und Durchführung einer koordinierten Betriebsprüfung blieben in der Rechtsprechungspraxis bisher ohne Erfolg. Das Besprechungsurteil bestätigt die bisher zur Thematik ergangenen Entscheidungen des FG Köln und ähnelt den bekannten Begründungen (FG Köln v. 23.5.2017 – 2 V 2498/16, EFG 2017 S. 1322 und v. 23.2.2018 – 2 V 814/17, EFG 2018 S. 852, NWB AAAAG-80799).

PRAXISTIPP:

Steuerpflichtige, die Teil einer koordinierten Prüfung sind oder werden sollen, sollten Folgendes berücksichtigen:

(1) Sollten sich Steuerpflichtige entscheiden, gegen die Einleitung und Durchführung einer koordinierten Prüfung Rechtsmittel einzulegen, so sollten sie den Schwerpunkt ihrer Verteidigung nicht auf die Erhebung von Einwendungen gegen die „voraussichtliche Erheblichkeit" der auszutauschenden Informationen oder gegen die Einhaltung des Subsidiaritätsgrundsatzes legen. Hier zeigen die bisherigen Entscheidungen, dass die tatbestandliche Hürde äußerst gering angesetzt werden.

Der Fokus der Verteidigung sollte auf die Überprüfung der Ermessensentscheidung der Finanzbehörde gelegt werden. Wenn die tatbestandliche Hürde einer Eingriffsermächtigung – wie hier – niedrig ist, so kann zumindest rechtsfolgenseitig durch die Verhältnismäßigkeitsprüfung die Einzelfallgerechtigkeit der Eingriffsmaßnahme sichergestellt werden. Regelmäßig dreht sich die Argumentation der Finanzverwaltung um die Frage, aus welchen Gründen eine koordinierte Prüfung eingeleitet werden müsse, um bestimmte Einzelinformationen zu erlangen, deren Übermittlung sie während der koordinierten Prüfung erhofft. Ein Einzelersuchen sollte hier das mildere aber gleich geeignete Mittel zur Erlangung der begehrten Information darstellen, die koordinierte Prüfung also nicht erforderlich sein. Daneben sollte der Steuerpflichtige darauf achten, dass Finanzverwaltung und FG als legitimes Ziel der Amtshilfemaßnahme auf die Sachverhalts**aufklärung** und nicht, wie es das FG in der Besprechungsentscheidung getan hat, auf die Sachverhalts**abstimmung** abstellen (§ 1 Abs. 1 Satz 1 EUAHiG; EU-AmtshilfeRL 2011/16/EU, Erwägungsgrund 7). Damit ändert sich die gesamte Verhältnismäßigkeitsprüfung; i. d. R. zugunsten des Steuerpflichtigen.

Im Wege einer alternativen Verteidigungsstrategie sollte der Steuerpflichtige darauf hinwirken, dass sich Finanzverwaltung (und das FG) auf eine Prüfungsart – gemeinsame oder gleichzeitige Prüfung – festlegen. Die Festlegung auf eine gleichzeitige Prüfung kann bereits einen „Sieg" darstellen, da mit ihr keine Anwesenheits- und Prüfungsrechte ausländischer Bediensteter im Inland verbunden sind.

(2) Sollten Steuerpflichtige grundsätzlich mit einer koordinierten Prüfung einverstanden sein, sollten sie aus eigenem Interesse die koordinierte Prüfung aktiv angehen. Die OECD schlägt in ihrem Joint Audit Report 2010 vor, einen Joint Audit Framework zwischen den betroffenen Behörden und Steuerpflichtigen auszuarbeiten, in dem die Eckpunkte des einzuhaltenden Verfahrens, der Zusammenarbeit und Kooperation einvernehmlich festgelegt werden. Da detaillierte verfahrensrechtliche Regelungen der Zusammenarbeit bisher fehlen, tut der Steuerpflichtige gut daran, auf diese Weise selbst für mehr Rechtssicherheit und Rechtsklarheit zu sorgen. Ein Joint Audit Framework könnte folgende Punkte enthalten:

- Festlegung der Art der Prüfung (gemeinsame oder gleichzeitige Betriebsprüfung),
- Ansprechpartner der beiden Prüfungsteams,
- Festlegung der Prüfungsfelder und Prüfungsjahre,
- Voraussichtlicher Zeitraum der Prüfung,
- geplante Anzahl von Treffen und Zusicherung der Teilnahme an gemeinsamen Treffen,
- Sprache der Prüferanfragen und Antworten sowie Zulässigkeit einer Doppelanfrage bereits in der nationalen Betriebsprüfung vorgelegter Dokumente und Informationen,
- Fortführung der rein nationalen Prüfung.

6. Anwendung von § 50d Abs. 8 Satz 1 EStG im Mehrstaatensachverhalt und Abzug ausländischer Steuern bei missbräuchlicher Gestaltung

BFH v. 10.10.2018 – I R 67/16, BFH/NV 2019 S. 394, NWB ZAAAH-10188

(Kimberly Kutac)

Zusammenfassung der Entscheidung

Der Kläger war schweizerischer Staatsbürger mit Wohnsitz in Deutschland und erzielte Einkünfte aus nichtselbständiger Tätigkeit. Die Tätigkeit übte er im Bereich des trinationalen Flughafens Basel-Mulhouse-Freiburg auf französischem Territorium für einen schweizerischen Arbeitgeber aus. Vor den Streitjahren hatte der Kläger in der Schweiz einen Familienwohnsitz, der aber in den Streitjahren bereits aufgegeben war. Dennoch legte er dem Finanzamt eine Bescheinigung über seinen schweizerischen Familienwohnsitz von der schweizerischen Eidgenössischen Steuerverwaltung vor. Er wurde in der Schweiz als unbeschränkt steuerpflichtig behandelt, seine Einkünfte unterlagen dort der Einkommensteuer. Nach Ermittlungen der Steuerfahndung sei der Kläger jedoch abkommensrechtlich in Deutschland ansässig und als Grenzgänger sei die von ihm nachgewiesene schweizerische Quellensteuer auf die deutsche Einkommensteuer anzurechnen.

Der BFH entschied, die Einkünfte unterfielen Art. 13 DBA Deutschland/Frankreich. Sollten die Voraussetzungen der Grenzgängerregelung i. S. d. Art. 13 Abs. 5 DBA Deutschland/Frankreich erfüllt sein, stünde Deutschland das Besteuerungsrecht an den Einkünften aus nichtselbständiger Tätigkeit zu. Andernfalls hätte Frankreich das Besteuerungsrecht für diese Einkünfte gem. Art. 13 Abs. 1 Satz 1 DBA Deutschland/Frankreich und Deutschland müsste die Einkünfte gem. Art. 20 Abs. 1a Satz 1 DBA Deutschland/Frankreich freistellen.

Abweichend davon seien die Einkünfte in Deutschland trotz eines französischen Besteuerungsrechts gem. § 50d Abs. 8 Satz 1 EStG zu besteuern, wenn der Steuerpflichtige nicht nachweist, dass Frankreich auf dieses Besteuerungsrecht verzichtet hat oder dass die Steuern in Frankreich tatsächlich entrichtet wurden. Außerdem entschied der BFH, dass die in der Schweiz aufgrund der Vortäuschung eines dort bestehenden Wohnsitzes erhobene und entrichtete Steuer nicht gem. § 34c Abs. 6 Satz 6 i. V. m. Abs. 3 EStG als Werbungskosten abgezogen werden könnte.

Entscheidungsgründe

Das FG habe ohne Rechtsfehler erkannt, dass der Kläger gem. § 1 Abs. 1 EStG im Inland unbeschränkt steuerpflichtig war, da er im Inland einen Wohnsitz i. S. d. § 8 AO innehatte, und dass er in der Schweiz keinen Wohnsitz mehr hatte. Dies wurde durch Zeugenbefragung und der Ermittlung der Steuerfahndung herausgefunden, der Senat sei gem. § 118 Abs. 2 AO an diese Feststellungen, die auf einer nachvollziehbaren Tatsachenwürdigung beruhten und nicht gegen die Verfahrensordnung, gegen Denkgesetze oder allgemeine Erfahrungssätze verstießen, gebunden.

Durch das sog. Welteinkommensprinzip i. S. d. § 1 Abs. 1, § 2 Abs. 1 Satz 1 EStG unterlägen sämtliche Einkünfte, auch die für die nichtselbständige Arbeit für den schweizerischen Arbeitgeber, im Inland zu versteuern. Da der Kläger abkommensrechtlich im Inland ansässig sei und sich dessen Arbeitsort auf dem Hoheitsgebiet der Französischen Republik befand, stehe das DBA Deutschland/Schweiz dem auch nicht entgegen. Das DBA zwischen Deutschland und Frankreich sei anzuwenden, da der Kläger in Deutschland ansässig sei und die Vortäuschung eines Wohnsitzes in der Schweiz daran nichts ändere. Gemäß Art. 13 Abs. 1 Satz 1 DBA Deutschland/Frankreich seien die Einkünfte grundsätzlich im Tätigkeitsstaat Frankreich zu versteuern und gem. Art. 20 Abs. 1a Satz 1 DBA Deutschland/Frankreich in Deutschland freizustellen.

HINWEIS:

Die Grenzgängerregelung des Art. 13 Abs. 5 DBA Deutschland/Frankreich bestimmt, dass Deutschland das Besteuerungsrecht für Einkünfte aus nichtselbständiger Tätigkeit hat, wenn Deutschland Wohnsitzstaat ist und sich in Frankreich der Arbeitsort befindet. Voraussetzung ist jedoch, dass sich Wohnsitz und Arbeitsort jeweils im Grenzgebiet befinden. Für den umgekehrten Fall (Wohnsitz im französischen Grenzgebiet und Arbeitsort im deutschen Grenzgebiet) hat Frankreich das Besteuerungsrecht.

Der Bereich des trinationalen Flughafens Basel-Mulhouse-Freiburg, wo sich der Arbeitsort des Klägers befindet, sei kein Grenzgebiet, daher komme die Grenzgängerregelung nicht zur Anwendung und das Besteuerungsrecht bliebe bei Frankreich.

Zu Recht seien die Einkünfte gem. § 50d Abs. 8 EStG trotz französischem Besteuerungsrechts in Deutschland versteuert worden, da der Kläger nicht nachgewiesen habe, dass Frankreich auf das Besteuerungsrecht verzichtet oder dass die auf die Einkünfte aus nichtselbständiger Tätigkeit festgesetzten Steuern tatsächlich entrichtet wurden. § 50d Abs. 8 EStG sei auch nicht verfassungswidrig (vgl. Senatsurteil v. 29.6.2016 – I R 66/09, BFH/NV 2016 S. 1688, NWB HAAAE-96103, m. w. N.).

Hinsichtlich des Abzugs der in der Schweiz entrichteten Abzugsteuern als Werbungskosten hat der BFH entschieden, dass dies gem. § 34c Abs. 6 Satz 4 EStG (nunmehr Satz 6) in Fällen missbräuchlicher Gestaltung nicht zulässig sei. Es liege ein Fall missbräuchlicher Gestaltung vor, da die schweizerische Steuer nicht nur durch die „Nichtdeklaration in Frankreich, sondern zugleich durch die bewusst fehlerhafte Deklaration der Einkünfte in der Schweiz verursacht wurde." Außerdem habe in der Schweiz ein Ermäßigungsanspruch in Höhe der gesamten schweizerischen Steuer bestanden, so dass der Abzug ohnehin gem. § 34c Abs. 3 EStG ausgeschlossen sei.

Folgerungen: Die Grenzgängerregelung des Art. 13 Abs. 5 DBA kommt lediglich in Betracht, wenn sich sowohl Wohnsitz als auch Arbeitsort im Grenzgebiet des jeweiligen Staates befinden. Durch missbräuchliche Gestaltungen erhobene Steuern können nicht nach § 34c Abs. 1 EStG angerechnet bzw. nach § 34c Abs. 3 EStG als Werbungskosten oder Betriebsausgaben abgezogen werden.

7. Steuerabzug nach § 50a Abs. 1 Nr. 3 EStG bei „total buy out"-Vertrag

BFH v. 24.10.2018 – I R 69/16, BStBl 2019 II S. 401, NWB SAAAH-12519

(Kimberly Kutac)

Zusammenfassung der Entscheidung

Eine GmbH, die zu einem Medienkonzern gehörte, plante, einen Roman sowohl für das Kino als auch für eine Fernsehfassung zu verfilmen. In diesem Zusammenhang schloss sie mit der in Großbritannien ansässigen Gesellschaft ohne Sitz und Geschäftsleitung in der BRD, der B-Ltd., einen Autorenvertrag zur Überarbeitung eines von einem Dritten verfassten Drehbuchs sowie weitere Verträge zur Fortentwicklung und Überarbeitung des Drehbuchs. Dabei wurde der GmbH von der B-Ltd. sowie von den Autoren unwiderruflich das ausschließliche, inhaltlich, zeitlich wie auch räumlich nicht beschränkte Recht zu Film-/Fernsehzwecken, zur weltweiten Verwertung des Werkes einschließlich aller von der Ltd. und den Autoren produzierten oder vorgelegten Materialien und für sämtliche Nutzungen eingeräumt, einschließlich der Bearbeitung und Veränderung. Die GmbH war außerdem berechtigt, das Urheberrecht sowie Urheberrechtsverlängerungen einzutragen, zu sichern und zu übertragen. Der Rücktritt, die Kündigung und ähnliche Formen der Rückabwicklung waren ausdrücklich ausgeschlossen, jedoch konnten die Autoren den Rückfall der Rechte beanspruchen, sofern innerhalb von fünf Jahren ab Vertragsabschluss nicht mit den Dreharbeiten für die Produktion begonnen würde. Der Vertrag wurde nach deutschem Recht geschlossen. Die GmbH zahlte der B.-Ltd. am 28.4.2011 zur Erfüllung ihrer Verpflichtung 20.000 €. Eine Freistellungsbescheinigung vom BZSt lag zu diesem Zeitpunkt noch nicht vor, sondern erst ab dem 20.5.2011. Im zweiten Kalendervierteljahr nahm die GmbH zunächst keinen Steuerabzug gem. § 50a EStG vor, jedoch gab sie eine korrigierte Steueranmeldung am 18.4.2012 ab, aus der sich einbehaltene Abzugssteuern i. H. v. 3.564 € zzgl. SolZ ergaben.

Der BFH entschied, dass im vorliegenden Fall, in dem der beschränkt steuerpflichtige Vergütungsgläubiger (die B-Ltd.) dem Vergütungsschuldner (der GmbH) ein umfassendes Nutzungsrecht an einem urheberrechtlich geschützten Werk i. S. eines sog. „total buy out" gegen eine einmalige Pauschalvergütung einräumt, eine Steuerabzugsverpflichtung gem. § 50a Abs. 1 Nr. 3 EStG bestehe.

HINWEIS:

Gemäß § 50a Abs. 1 Nr. 3 EStG wird die ESt bei beschränkt Steuerpflichtigen im Wege des Steuerabzugs für bestimmten Einkünfte (u. a. für Vergütungen für die Überlassung der Nutzung oder des Rechts auf Nutzung von Rechten, insb. Urheberrechten und gewerblichen Schutzrechten) erhoben. Die Steuer entsteht gem. § 50a Abs. 5 Satz 1 bis 3 EStG in dem Zeitpunkt, in dem die Vergütung dem Vergütungsgläubiger zufließt. In diesem Zeitpunkt hat der Vergütungsschuldner auch für den Vergütungsgläubiger, der zugleich Steuerschuldner ist, den Steuerabzug vorzunehmen und bis zum 10. des dem Kalendervierteljahres folgenden Monats an das für ihn zuständige Finanzamt abzuführen. Bis zu diesem Zeitpunkt hat er auch eine Steueranmeldung mit Angaben über den Vergütungsgläubiger, die Höhe der Vergütung i. S. d. § 50a Abs. 1 EStG, die Höhe und Art der von der Bemessungsgrundlage des Steuerabzugs abgezogenen Betriebsausgaben oder Werbungskosten und die Höhe des Steuerabzugszug zu übersenden.

Entscheidungsgründe

Die B-Ltd. sei beschränkt steuerpflichtig nach §§ 2 Nr. 1, 8 Abs. 1 Satz 1 KStG i. V. m. § 49 Abs. 1 Nr. 2 Buchst. f Doppelbuchst. aa EStG und die GmbH sei folglich im Zeitpunkt der Zahlung der Vergütung für ihre inländische Verwertung der urheberrechtlichen Schutzrechte zur Anmeldung und Abführung der Abzugsteuer nach § 50a Abs. 1 Nr. 3, Abs. 5 Satz 3 EStG, § 73e Satz 2 EStDV verpflichtet. Denn die B-Ltd., die nach dem sog. Typenvergleich mit einer inländischen Körperschaft vergleichbar sei, habe weder ihren Sitz noch ihren Ort der Geschäftsleitung im Inland und erfülle durch die Vergütung aus der Verwertung eines urheberrechtlichen Schutzrechts die Voraussetzungen der beschränkten Steuerpflicht i. S. d. § 2 Nr. 1 KStG i. V. m. § 49 Abs. 1 Nr. 2 Buchst. f Doppelbuchst. aa EStG. Die Verwertung habe auch im Inland stattgefunden, da sich der Ort der Geschäftsleitung des Vergütungsschuldners, also der GmbH, im Inland befand (vgl. Senatsurteil v. 20.7.1988 – I R 174/85, BStBl 1989 II S. 87, NWB AAAAA-92977; Senatsbeschluss v. 7.9.2011 – I B 157/10, BStBl 2012 II S. 590, NWB FAAAD-96902; s. a. z. B. Blümich/Reimer, § 49 EStG Rz. 206). Der Steuerabzug sei gem. § 50d Abs. 1 Satz 1 EStG auch ungeachtet der Regelungen eines geltenden Doppelbesteuerungsabkommens durchzuführen.

Zudem habe die B-Ltd. Einkünfte i. S. d. § 50a Abs. 1 Nr. 3 EStG für die Überlassung des Rechts auf Nutzung von Rechten erzielt und es handele sich im vorliegenden Fall trotz der Vereinbarung eines „total buy out" nicht um eine Veräußerung dieses Rechts. Eine zeitlich begrenzte Nutzung oder die Ungewissheit, ob und wann der Vertrag endet, stehe einer zeitlich begrenzten Nutzungsüberlassung nicht entgegen. Hiervon abweichend sei von einer Veräußerung eines Rechts auszugehen, wenn das Nutzungsrecht durch den Vertrag beim Berechtigten „mit Gewissheit endgültig verbleibt" (BFH, Urteil v. 27.2.1976 – III R 64/74, BStBl 1976 II S. 529; s. a. Maßbaum/Müller, BB 2015 S. 3031 f.) oder ein Rückfall kraft Vertrags nicht in Betracht käme (Senatsbeschluss v. 1.12.1982 – I B11/82, BStBl 1983 II S. 367). Anhand des Vertrags und nicht anhand der Verhältnisse beim Vertragsabschluss sei zu beurteilen, ob es sich um eine zeitlich begrenzte oder um eine endgültige Überlassung von Rechten handelte (Senatsurteil v. 7.12.1977 – I R 54/75, BStBl 1978 II S. 355; FG Münster, Urteil v. 2.4.2014 – 1 K 1807/10, NWB AAAAE-67628). Hierzu führte der BFH aus, dass der zugrundeliegende Vertrag nicht auf die Übertragung des Urheberrechts gerichtet gewesen sei, denn der Vertrag wurde ausdrücklich nach deutschem Recht abgeschlossen. Daher gelte auch § 29 Abs. 1 UrhG, nach welchem ein Urheberrecht bereits seiner Natur nach unveräußerlich sei.

Die fehlende zeitliche Beschränkung sowie die Einräumung eines unbeschränkten Verfügungsrechts stünden der vorliegenden Einräumung eines Nutzungsrechts i. S. d. § 31 UrhG auch nicht entgegen. Obwohl durch den „total buy out" die Rechte des Urhebers stark eingeschränkt würden, verbliebe dem Urheber ohnehin ein Eventualanspruch gem. § 32a UrhG auf weitere Erfolgsbeteiligung, welcher einen Vertragsänderungsanspruch im Falle einer Äquivalenzstörung begründet. Auch dies zeigt, dass keine Rechteübertragung vorliegen kann.

Folgerungen: Die Veräußerung von Urheberrechten ist gem. § 29 Abs. 1 UrhG nicht möglich. Gemäß § 29 Abs. 2 UrhG sind lediglich die Einräumung von Nutzungsrechten i. S. d. § 31 UrhG, die schuldrechtlichen Einwilligungen und Vereinbarungen zu Verwertungsrechten sowie die in § 39 UrhG geregelten Rechtsgeschäfte über Urheberpersönlichkeitsrechte zulässig. Dem Urheber verbleibt gem. § 32a UrhG ein Eventualanspruch auf weitere Erfolgsbeteiligung. Dies schließt eine Veräußerung eines Urheberrechts aus. Sollte in der Praxis ein Vertrag über die Überlassung von Rechten an Urheberrechten vorliegen, kann i. d. R. nie eine Veräußerung dieses Rechts vorliegen. Folglich ist in einem solchen Sachverhalt, in dem der Urheber, je nachdem ob er eine natürliche oder juristische Person ist, weder über einen Wohnsitz oder gewöhnlichen Aufenthalt bzw. Sitz oder Ort der Geschäftsleitung im Inland verfügt, i. d. R. vom Vergütungsschuldner der Steuerabzug i. S. d. § 50a EStG vorzunehmen.

8. Unbeschränkte Steuerpflicht bei inländischem Wohnsitz trotz Lebensmittelpunkts im Ausland

BFH v. 23.10.2018 – I R 74/16, BFH/NV 2019 S. 388, NWB JAAAH-10189

(Kimberly Kutac)

Zusammenfassung der Entscheidung

Der Kläger lebt seit 2002 in Rumänien, wo er Einkünfte aus Vermietungen sowie aus Kapitalvermögen erzielt. Einen weiteren Wohnsitz hat der Kläger im Inland. Im Inland erzielte er Einkünfte aus Gewerbebetrieb, aus Vermietung und Verpachtung mit in der BRD belegenen Objekten, mit denen er teilweise langfristig Verluste erzielt, sowie aus selbständiger Arbeit und erklärte diese Einkünfte seit 2003 im Rahmen von Einkommensteuererklärungen für beschränkt Steuerpflichtige.

Der BFH entschied, dass ein Steuerpflichtiger, der mindestens einen Wohnsitz im Inland hat, gem. § 1 Abs. 1 Satz 1 EStG unbeschränkt steuerpflichtig ist, unabhängig davon, dass er im Ausland weitere Wohnsitze hat.

Entscheidungsgründe

Nach § 1 Abs. 1 Satz 1 EStG sind natürliche Personen mit Wohnsitz oder gewöhnlichem Aufenthalt i. S. d. §§ 8, 9 AO mit ihrem Welteinkommen unbeschränkt einkommensteuerpflichtig. Ob eine Person einen inländischen Wohnsitz innehat, wird gem. § 8 AO beurteilt. Einen Wohnsitz hat jemand gem. § 8 AO dort, „wo er eine Wohnung unter Umständen innehat, die darauf schließen lässt, dass er die Wohnung beibehalten und benutzen wird." Merkmale eines Wohnsitzes sind, dass die Räume (1) zum Bewohnen geeignet sind und (2) der Steuerpflichtige die Wohnung innehat, d. h. sie muss ihm „jederzeit (wann immer er es wünscht) als Bleibe zur Verfügung stehen und zudem in subjektiver Hinsicht von ihm zu einer entsprechenden Nutzung, d. h. für einen jederzeitigen Wohnaufenthalt bestimmt sein." Das letztgenannte subjektive Merkmal ist ausschlaggebend für den Unterschied zwischen Wohnsitz und gewöhnlichem Aufenthalt (BFH, Urteile v. 26.2.1986 – II R 200/82, BFH/NV 1987 S. 301; v. 22.4.1994 – III R 22/92, BStBl 1994 II S. 887; v. 23.11.2000 – VI R 107/99, BStBl 2001 II S. 294; Senatsurteile v. 19.3.1997 – I R 69/96, BStBl 1997 II S. 447; v. 13.11.2013 – I R 38/13, BFH/NV 2014 S. 1046, NWB AAAAE-64994).

Für die Feststellung, ob ein inländischer Wohnsitz in den Streitjahren vorlag, hätte geprüft werden müssen, ob die Wohnung zum dauerhaften Wohnen geeignet gewesen und zumindest gelegentlich aufgesucht worden sei. In diesem Zusammenhang wären die Ausstattung, das Innehaben sowie die subjektive Bestimmung für einen jederzeitigen Aufenthalt zu berücksichtigen gewesen. Auch hätte bei der Beurteilung berücksichtigt werden müssen, wann der Kläger die Wohnung aufgesucht habe, da auch unregelmäßige Aufenthalte in einer Wohnung zur Aufrechterhaltung des inländischen Wohnsitzes führen könnten (BFH v. 24.7.2018 – I R 58/16, BFH/NV 2019 S. 104, NWB RAAAH-04000), und ob der Wohnsitz nicht aufgegeben wurde.

Der BFH führte zudem aus, dass die Annahme des ausländischen Lebensmittelpunktes die unbeschränkte Steuerpflicht nicht ausschließe (ebenso Kühnen, EFG 2017 S. 412; Hagemann, IStR 2017 S. 155, 156). Ein Steuerpflichtiger könne gleichzeitig mehrere (in- und ausländische) Wohnsitze haben (Senatsurteile v. 19.3.2002 – I R 15/01, BFH/NV 2002 S. 1411; v. 28.1.2004 – I R 56/02, BFH/NV 2004 S. 917; v. 24.7.2018 – I R 58/16, BFH/NV 2019 S. 104). Auch spräche die Vorschrift § 8 AO lediglich von „einem" Wohnsitz und setze keinen Hauptwohnsitz und die Vorschrift § 1 Abs. 1 Satz 1 EStG setze nicht den Mittelpunkt der Lebensinteressen voraus. Entscheidend sei alleine, dass der Steuerpflichtige die Wohnung für Zwecke des eigenen Wohnens beibehält. Ein Vergleich der Wohnungen nach ihrer Größe und Ausstattung sei daher obsolet (Senatsurteil v. 24.7.2018 – I R 58/16, BFH/NV 2019 S. 104, m. w. N.).

Ein inländischer Wohnsitz führe also auch dann zur unbeschränkten Steuerpflicht, wenn sich der Mittelpunkt der Lebensinteressen im Ausland befindet (Senatsurteile in BFH/NV 2002 S. 1411; v. 24.7.2018 – I R 58/16, BFH/NV 2019 S. 104). Auch an einem Grundsatz des internationalen Steuerrechts fehle es, der die unbeschränkte Steuerpflicht an den Mittelpunkt der Lebensinteressen bedingt (Senatsurteile v. 19.3.2002 – I R 15/01, BFH/NV 2002 S. 1411; in BFH/NV 2004 S. 917; in BFH/NV 2019 S. 104).

Die Frage der unbeschränkten Steuerpflicht i. S. d. § 1 Abs. 1 Satz 1 EStG sowie die der Ansässigkeit i. S. d. Doppelbesteuerungsabkommen sei strikt, auch nach dem Wortlaut des Art. 4 Abs. 2a DBA Deutschland/Rumänien, zu trennen (Senatsurteile v. 4.6.1975 – I R 250/73, BStBl 1975 II S. 708; v. 31.10.1990 – I R 24/89, BStBl 1991 II S. 562; v. 7.3.2007 – I R 17/06, BFH/NV 2007 S. 1638).

Folgerungen: Haben Steuerpflichtige gleichzeitig mehrere Wohnsitze in unterschiedlichen Steuerhoheitsgebieten, sind sie grundsätzlich in jedem der Staaten, vergleichbar zum § 1 Abs. 1 Satz 1 EStG, unbeschränkt einkommensteuerpflichtig. Die unbeschränkte Einkommensteuerpflicht führt grundsätzlich in jedem der Staaten dazu, dass sämtliche in- und ausländische Einkünfte, also das gesamte Welteinkommen, in jedem der Staaten steuerbar sind. Welcher Staat am Ende was besteuern darf, regeln die Doppelbesteuerungsabkommen zwischen den jeweiligen Staaten, damit Mehrfachbesteuerungen vermieden werden. Die Beurteilung, wo der Steuerpflichtige ansässig ist, bestimmt in der Regel, welches Abkommen zwischen welchen Vertragsstaaten anzuwenden ist.

9. Geschäftsführer einer Kapitalgesellschaft als ständiger Vertreter

BFH v. 23.10.2018 – I R 54/16, BStBl 2019 II S. 365, NWB IAAAH-12518

(Christina Storm)

Zusammenfassung der Entscheidung

In seinem Urteil v. 23.10.2018 hat der BFH die anhaltende Debatte in der Fachliteratur (siehe z. B. Druen in Tipke/ Kruse, AO/FGO, § 13 AO Rz. 3a [2017]) geklärt, ob ein Organ einer juristischen Person (im entschiedenen Fall der Geschäftsführer einer Kapitalgesellschaft) gleichzeitig auch als ständiger Vertreter i. S. d. § 13 AO fungieren kann. Der BFH bejahte dies im Falle einer luxemburgischen Aktiengesellschaft, deren Geschäftsführer sich zur Anbahnung, zum Abschluss und zur Abwicklung von Goldhandelsgeschäften regelmäßig in Deutschland aufhielt sowie auch über einen Wohnsitz verfügte und nahm folglich eine beschränkte Körperschaftsteuerpflicht der ausländischen Kapitalgesellschaft gem. § 2 Nr. 1 KStG i.V. m. § 49 Abs. 1 Nr. 2a EStG an. Die Vorinstanz (FG Rheinland-Pfalz v. 15.6.2016 – 1 K 1685/14, NWB FAAAF-78820) hatte im vorliegenden Fall noch zugunsten der Klägerin (die Steuerpflichtige) entschieden und ging davon aus, dass der Geschäftsführer der Gesellschaft als Organ einer Kapitalgesellschaft schon allein auf Grund dieser Eigenschaft nicht ständiger Vertreter sein könne (sog. Organtheorie, siehe Musil in Hübschmann/Hepp/Spitaler, AO/FGO, § 13 AO Rz. 5a (2018)). Mit seinem Urteil v. 23.10.2018 hob der erste Senat des BFH das Urteil des Finanzgerichts auf.

Entscheidungsgründe

Im Rahmen seiner Entscheidungsbegründung bezieht sich der BFH insbesondere auf die Auslegung nach dem Wortlaut und dem Sinn und Zweck des § 13 AO. Dabei geht das Gericht innerhalb seiner Urteilsbegründung zunächst auf die Legaldefinition des § 13 AO ein. Danach ist ständiger Vertreter im Sinne dieser Vorschrift eine Person,

▶ die nachhaltig
▶ die Geschäfte eines Unternehmens besorgt und
▶ dabei dessen Sachanweisungen unterliegt.

Ergänzend hierzu normiert § 13 Satz 2 AO den ständigen Vertreter als eine Person, die nachhaltig für ein Unternehmen Verträge abschließt, vermittelt oder Aufträge einholt bzw. einen Bestand von Gütern oder Waren unterhält und davon Auslieferungen vornimmt. Hierbei betont der BFH, dass für die tatbestandlichen Voraussetzungen der Anwendbarkeit des § 13 Satz 1 AO unerheblich ist, ob die Vertretung aufgrund einer rechtsgeschäftlichen Bevollmächtigung oder aufgrund der Eigenschaft als Organ einer juristischen Person erfolgt. Auch die in § 13 Satz 1 AO weiter vorausgesetzte Geschäftsbesorgung erfasse begrifflich die geschäftsführenden Tätigkeiten eines Organs und damit könne auch eine Person, die als Geschäftsführer einer Kapitalgesellschaft tätig wird, Aufträge ausführen oder Aufträge einholen und damit in diesem Sinne Geschäfte für die Gesellschaft erledigen.

Unstrittig ist für den I. Senat, dass es sich für die Anwendbarkeit des § 13 AO beim Unternehmen und Vertreter um zwei verschiedene Personen handeln muss. In diesem Zusammenhang nimmt der BFH Bezug zur Organtheorie und damit verbundener Rechtsprechung und stellt klar, dass nur aufgrund der Tätigkeit der Person als Organ für das Unternehmen nicht geschlussfolgert werden kann, dass in einem solchen Fall keine Personenverschiedenheit zwischen Vertreter und Unternehmen vorliegt. Für die weitere Entscheidungsfindung verweist der BFH auch auf das Zivilrecht sowie andere Vorschriften der AO, die auch im Falle des Organhandels die Anwendbarkeit der Vertretungsnormen des Zivilrechts (z. B. § 164 BGB) vorsehen oder auch auf die Vertretungsregelungen der AO (z. B. §§ 34, 79 AO), die von einem Organhandeln als Vertreterhandeln ausgehen.

Ferner stellt der I. Senat fest, dass es im zugrundeliegenden Fall auch nicht an einer fehlenden Weisungsgebundenheit des Geschäftsführer-Vertreters scheitern kann, da auch das Vertretungshandeln eines Geschäftsführers grundsätzlich durch den Willen und die Entscheidungen des Unternehmens gebunden ist, schon alleine aus dem Grund, dass eine Weisungsgebundenheit desselbigen gegenüber den Gesellschaftern besteht. Auch bei der Entstehungsgeschichte der Norm und den damit in Zusammenhang stehenden Regelungen der beschränkten Steuerpflicht sowie der teleologischen Auslegung der Norm sieht der BFH keinerlei Anhaltspunkte, dass die Erfüllung der Tatbestandsmerkmale für § 13 AO für Organe von Kapitalgesellschaften grundsätzlich nicht möglich sein könnten.

Im vorliegenden Fall stellte der BFH jedoch fest, dass weitere, für die Entscheidungsfindung maßgebliche tatsächliche Feststellungen einerseits über die Nachhaltigkeit der Geschäftsbesorgungen und folglich zur Höhe der beschränkt steuerpflichtigen Einkünfte noch fehlen und hat die Rechtssache daher zur weiteren Klärung an das Finanzgericht zurückverwiesen.

Folgerungen: Damit hat der BFH die bislang höchstrichterlich nicht entschiedene Frage, ob ein Organ einer juristischen Person ständiger Vertreter i. S. v. § 13 AO sein kann, positiv entschieden und keine generelle Nichtanwendbarkeit der Vertretung aufgrund der Organeigenschaft gelten lassen.

Auch bei Vorliegen der Tatbestandsvoraussetzungen des § 13 AO und der daraus resultierenden Begründung des (beschränkten) Besteuerungsrechtes, ist in einem weiteren Schritt zu prüfen, ob Deutschland auch gemäß des dann anwendbaren Doppelbesteuerungsabkommens im bilateralen Verhältnis mit dem Sitzstaat der ausländischen Gesellschaft das Besteuerungsrecht zugesprochen bekommt. Hierfür müssten durch die Geschäftsführertätigkeiten zugleich die Voraussetzungen des abhängigen Vertreters/einer Vertreterbetriebsstätte im abkommensrechtlichen Sinne erfüllt sein. Dies ist dann regelmäßig anzunehmen, wenn eine Person eine Vertragsabschlussvollmacht besitzt und diese Vollmacht gewöhnlich ausübt, ohne dass reine Hilfstätigkeiten vorliegen oder diese Person als sog. unabhängiger Vertreter agiert.

Dahingehend ist allerdings auch zu berücksichtigen, dass es im Zuge der OECD-BEPS Entwicklungen (insbesondere zu Aktionspunkt 7) und den damit verbundenen Erneuerungen im Rahmen des OECD-MA-2017 auch zu einer abkommensrechtlichen Erweiterung des Begriffs der Vertreterbetriebsstätte kam. Hiernach würde es gem. Art. 5 Abs. 5 OECD-MA-2017 für das Bestehen einer Vertreterbetriebsstätte ausreichen, wenn dem Vertreter eine wesentliche Rolle beim Vertragsschluss zukommt und diese routinemäßig ohne signifikante Änderungen durch das Unternehmen abgeschlossen werden. Einer rechtlichen und faktischen Abschlussvollmacht bedarf es dementsprechend nicht mehr. Obwohl die DBA-Verhandlungsgrundlage der Bundesrepublik Deutschland bisher keine Verschärfung in diesem Sinne vorsieht, könnte dennoch eine diesbezügliche Erweiterung der Tatbestandsmerkmale im Einzelfall auch bei neu-verhandelten DBA eingefügt werden.

Das Urteil wird weitere Unruhe in Fragestellungen rund um die grenzüberschreitende Zuweisung von Besteuerungsrechten mit sich bringen, da es im Ergebnis zu einer weiteren Absenkung der personellen Anknüpfungspunkte für die Annahme einer beschränkten Steuerpflicht und damit grundsätzlich unter Annahme einer (daneben bestehenden) unbeschränkten Steuerpflicht im Ausland zu einem Doppelbesteuerungsrisiko kommen kann.

PRAXISTIPP:

Aus der Entscheidung ergibt sich demzufolge eine grundsätzliche Ausweitung des Anwendungsbereichs für den ständigen Vertreter auch auf Geschäftsführertätigkeiten, ohne dass es noch auf das Vorliegen einer inländischen Betriebsstätte ankäme (z. B. aufgrund einer festen Geschäftseinrichtung). Gleichwohl hat das Urteil nicht zur Folge, dass alle Geschäftsführertätigkeiten ausländischer Gesellschaften zukünftig zur Begründung einer Vertreterbetriebsstätte führen werden. Es ist daneben auch notwendig, dass eine gewisse Intensität des Vertreterhandelns in Form der nachhaltigen Geschäftsbesorgung erfüllt ist. Dabei ist neben einer Plan- und Regelmäßigkeit der Geschäftsbesorgung mit Wiederholungsabsicht auch erforderlich, dass die Geschäftsbesorgung an sich einer den Hauptzweck des Unternehmens fördernden Absicht dient und sich nicht nur in reinen Kontroll- oder Überwachungstätigkeiten erschöpft. Weiterhin reichen auch gelegentliche, vorübergehende Tätigkeiten und Aufenthalte eines Geschäftsführers für die Annahme einer Vertreterbetriebsstätte nicht aus. Unternehmen in der Praxis ist daher geraten, die Tätigkeiten ihrer ausländischen Geschäftsführer im Inland sorgfältig zu überwachen und zu dokumentieren, um im Streitfall darlegen zu können, dass diese über vereinzelte Aufenthalte vorübergehender Zeit nicht hinausgehen.

II. Rechtsprechung zum Europäischen Steuerrecht

1. Missbrauchsabwehr im Unionsrecht

a) Anti-Treaty-/-Direktive Shopping

EuGH v. 26.2.2019 – C-116/16, C-117/16, ECLI:EU:C:2019:135, NWB AAAAH-12914 und C-115/16, C-118/16, C-119/16 und C-299/16, ECLI:EU:C:2019:134, NWB KAAAH-12915

(*Christian Kahlenberg*)

Zusammenfassung der Entscheidungen

In zwei Verfahren hat der EuGH entschieden, dass es zu den allgemeinen Grundsätzen des Unionsrechts gehört, dass missbräuchliche Gestaltungen zu bekämpfen sind. Mit anderen Worten dürfen (steuerliche) Vorteile, die das Unionsrecht ermöglicht bzw. vorgibt, nicht gewährt werden, wenn sich die zugrunde liegende Struktur bzw. Transaktion als künstlich bzw. missbräuchlich erweist. Bezogen auf Quellensteuerbefreiungen bzw. -erstattungen können z. B. sog. Durchleitungsgesellschaften als künstlich bzw. missbräuchlich erweisen.

Verfahren C-116/17, C-117/16: In beiden Fällen wurden dänische Unternehmen über verschiedene EU-Unternehmen gehalten. Kurz vor einer umfangreichen Gewinnausschüttung wurden zwischen die dänischen Gesellschaften und ihren in Drittstaaten ansässigen Anteilseignern die die Dividenden erzielenden EU-Gesellschaften zwischengeschoben und begehrten die Quellensteuerbefreiung auf Grundlage der MTR. Die dänische Steuerverwaltung versagte die Quellensteuerbefreiung mit der Begründung, dass N Lux 2 (C-116/16) bzw. Y Cyprus (C-117/16) nicht als Nutzungsberechtigte angesehen werden könnten; eine Anti-Missbrauchs-Regelung hatte Dänemark nicht implementiert.

C-116/16

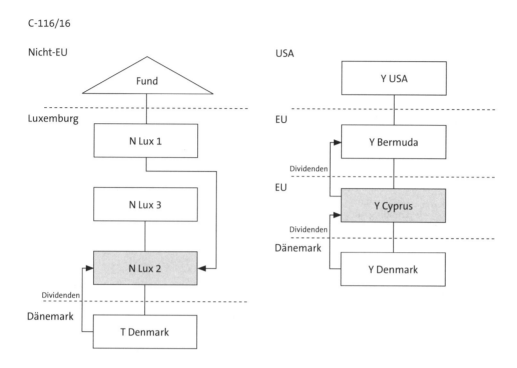

Verfahren C-115/16 (exemplarisch): Dänische Unternehmen waren jeweils Obergesellschaften des europäischen Teils eines Konzerns, dessen ultimative Anteilseigner in den USA ansässig waren. Die kurzfristig zwischengeschalteten schwedischen Gesellschaften reichten Darlehen an die dänischen Unternehmen aus. Das zugrunde liegende Kapital hatten die Drittstaatengesellschaftern als Einlage zur Verfügung gestellt, das anschließend als Darlehen der schwedischen Obergesellschaft überlassen wurde. Die schwedische Untergesellschaft reichte dieses dann zu nahezu identischen Konditionen und fast tagggleich weiter, so dass in Schweden äußerst geringe Margen verblieben. Auch hier verwehrte die dänische Steuerverwaltung die Quellensteuerfreiheit mit der Begründung, dass die dänische Untergesellschaft nicht Nutzungsberechtigte für die Darlehenszinsen sei.

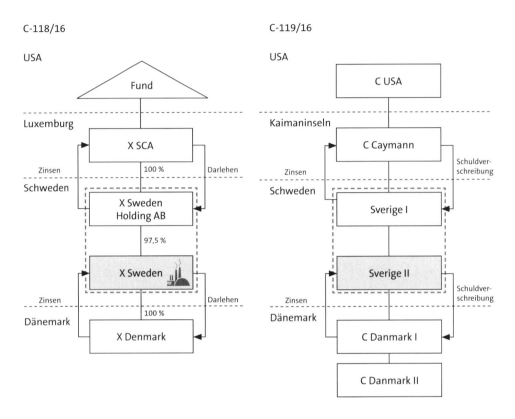

Dem EuGH wurden im Kern folgende Fragen vorgelegt:

(1) Ist eine mitgliedstaatliche Rechtsgrundlage für die Verwehrung der Steuervergünstigung der MTR bzw. ZLR (Quellensteuerbefreiung) erforderlich?

(2) Bejahendenfalls, was sind die Tatbestandskriterien für Rechtsmissbrauch und wie sind diese nachtzuweisen?

(3) Steht die Verwehrung der im nationalen Recht verankerten Quellensteuerbefreiung den in Art. 49 AEUV (Niederlassungsfreiheit) bzw. Art. 63 AEUV (Kapitalverkehrsfreiheit) garantierten Grundfreiheiten entgegen?

Entscheidungsgründe

Mit bemerkenswert klaren Ausführungen weist der EuGH darauf hin, dass eine missbräuchliche Berufung auf das Unionsrecht nicht möglich sei und auch den Richtlinienzielen widerstrebe. Steuerbegünstigende Vorschriften (hier: Quellensteuerbefreiung) dürften im Missbrauchsfall nicht angewandt werden, sofern nicht wirtschaftliche Gründe vorlägen. In diesem Fall (wirtschaftliche Gründe) könnte der Steuerpflichtige sich sehr wohl für das für ihn günstigste Steuersysteme entscheiden (EuGH v. 24.11.2016 – C-464/14, SECIL, ECLI:EU:2016:896, NWB EAAAG-96390, Rz. 60 m.w. N.).

Der Nutzungsberechtigte i. S. v. Art. 1 Abs. 1 ZLR sei der tatsächlichen Nutznießer, an den die betreffenden Zinsen gezahlt werden. Bei Auslegungsfragen könne auf den Nutzungsberechtigten i. S. v. Art. 11 OECD-MA abgestellt und auf Ausführungen im OECD-MK zurückgegriffen werden; denn ZLR und OECD-MA verfolgten dasselbe Ziel (Vermeidung von Doppelbesteuerung). Im Ergebnis sei damit eine dynamische Auslegungsmodus zulässig (EuGH v. 26.2.2019 – C-115/16 u. a., a. a. O., Rz. 90; s. a. Lampert, ISR 2019 S. 260 [263]). Im Anwendungsbereich der MTR könne der zulässige Rückgriff auf das OECD-MA dahinstehen, weil diese Frage vorliegend nicht relevant wäre (C-116/16, C-117/16).

Was die konkreten Anforderungen bzw. Nachweise für missbräuchliche Gestaltungen angehe, könne auf die beständige EuGH-Rechtsprechung zurückgegriffen werden (EuGH v. 12.9.2006 – C-196/04, Cadbury Schweppes, NWB NAAAC-09456). Danach setze sich eine missbräuchliche Gestaltung aus einem objektiven und einem subjektiven Element zusammen:

▶ In **objektiver Hinsicht** müsse das Ziel der fraglichen Regelung verletzt sein, weil nach Gesamtwürdigung der objektiven Umstände die Tatbestandsmerkmale lediglich formal, nicht aber faktisch (tatsächlich) erfüllt würden.

▶ In **subjektiver Hinsicht** müsse hinzutreten, dass die gewählte Gestaltung allein oder hauptsächlich dem Ziel diene, einen Steuervorteil zu erlangen.

Dabei sei der gesamte Sachverhalt danach zu untersuchen, ob eine künstliche Transaktion vorliegt, die hauptsächlich auf die Erlangung eines ungerechtfertigten (Steuer-)Vorteils abzielt, ohne wirtschaftlich gerechtfertigt zu sein (EuGH v. 14.4.2016 – C-131/14, Cervati und Malvi, ECLI:EU:C:2016:255, Rz. 47 m. w. N.). Eine künstliche Gestaltung könne etwa anhand folgender Indizien ausgemacht werden:

▶ Z. B. ein (künstlich) konstruierter Konzern, der nur eine Pro-forma-Struktur ohne wirtschaftliche Realität aufweist und dessen Hauptzweck in der Erlangung eines Steuervorteils liegt (EuGH v. 26.2.2019 – C-116/16 u. a., a. a. O., Rz. 100).

▶ Sog. Durchleitungsgesellschaften, die Einkünfte (z. B Zinsen oder Dividenden) nahezu vollumfänglich und kurz nach deren Erzielung an ihre ‚Gesellschafter weiterleiten, die wiederum bei Direkterzielung nicht vergleichbare Steuervorteile erhielten (EuGH v. 26.2.2019 – C-116/16 u. a., a. a. O., Rz. 100).

▶ Die betreffende Gesellschaft letztlich kein nennenswertes zu versteuerndes Einkommen aufweise.

Als weitere Indizien kämen in Betracht:

▶ Verschiedene Verträge zwischen an Finanztransaktionen beteiligten Rechtsträgern, die einen Geldtransfer bewirken (z. B. Darlehensverträge, Umstrukturierungen oder konzerninterne Veräußerungen, wenn diese auf eine Gewinnverlagerung abzielen),

▶ Modalitäten der Finanzierung einer Transaktion,

▶ die Bewertung des Eigenkapitals der Zwischengesellschaften und

▶ die fehlende Befugnis der wirtschaftlichen Verfügungsmacht über Erträge.

Der Missbrauchsverdacht könne aber durch wirtschaftliche Gründe widerlegt werden, die anhand folgender Merkmale zu evaluiert werden könnten: Geschäftsführung, Bilanz, Kostenstruktur, tatsächlichen Ausgaben, Beschäftigte, Geschäftsräume und Ausstattung der betreffenden Gesellschaft. Entscheidend dabei seien aber nicht nur die vertraglichen, sondern insbesondere die tatsächlichen Gegebenheiten. Mit anderen Worten könnte eine Durchleitungsgesellschaft auch ohne gesellschaftsvertragliche Verpflichtungen vorliegen, wenn diese ihre Einkünfte tatsächlich stets und umfangreich weiterleitet. Gestärkt würde die Missbrauchsvermutung bei einem zeitlichen Zusammenfallen von Steuerrechtsänderungen und komplexen Finanztransaktionen innerhalb eines Konzerns (EuGH v. 26.2.2019 – C-116/16 u. a., a. a. O., Rz. 106). Die Beweislast für missbräuchliche Gestaltungen werde in den Richtlinien nicht geregelt, obliege aber der zuständigen mitgliedstaatlichen Steuerbehörde, die die Steuervergünstigung (Quellensteuerbefreiung) verwehren möchte. Hierbei müssten jedwede relevanten Umstände des Einzelfalls mitberücksichtigt werden. Die Beweislast gehe indessen nicht soweit, dass auch der tatsächliche Nutzungsberechtigte mitbestimmt werden müsste; bei Abweichungen zum Zahlungsempfänger treffe insoweit den Steuerpflichtigen die Nachweispflicht (EuGH v. 26.2.2019 – C-116/16 u. a., a. a. O., Rz. 117 f.).

Abschließend weist der Gerichtshof darauf hin, dass im Falle einer missbräuchlichen Gestaltung die Nichtgewährung einer Quellensteuerbefreiung den in Art. 49 oder Art. 63 AEUV verankerten Grundfreiheiten nicht entgegenstehen kann. Denn in Fällen des Rechtsmissbrauchs kann sich der Steuerpflichtige nicht auf die garantierten Grundfreiheiten berufen (EuGH v. 26.2.2019 – C-116/16 u. a., a. a. O., Rz. 121).

Folgerungen: Mit den vorliegenden Urteilen hat der EuGH für den Bereich der direkten Steuern erstmals – soweit ersichtlich – klargestellt, dass die Bekämpfung von Missbrauch (Steuerhinterziehung und Steuervermeidung) als allgemeiner Grundsatz des Unionsrechts zu verstehen ist (s. a. Schnitger, IStR 2019 S. 304; Linn/Pignot, IWB 2019 S. 386; Lampert, ISR 2019 S. 260). Demnach sind Anti-Missbrauchs-Regelungen zumindest dort überflüssig, wo sie gegen ungerechtfertigte Vorteile gerichtet sind, die aus den EU-rechtlichen Vorgaben erwachsen (z. B. §§ 43b, 50g EStG). Vielmehr wäre ausreichend, die betreffende nationalen Vorschrift (z. B. § 43b EStG bzw. § 50g EStG) richtlinienkonform auszulegen; bei missbräuchlichen Gestaltungen besteht schon faktisch kein Anspruch auf Steuerentlastung (EuGH v. 26.2.2019 – C-116/16 u. a., a. a. O., Rz. 87). Vor dem Hintergrund der Rechtssicherheit sind Anti-Missbrauchs-Normen aber durchaus hilfreich, wenn sie zielgerichtet formuliert wären.

Bemerkenswert ist außerdem, dass der Gerichtshof ferner auch Indizien aufzählt, die auf eine missbräuchliche bzw. künstliche Gestaltung bzw. Transaktion hindeuten. Diese Indizien sind stets einzelfallbezogen – durch die Finanzverwaltung – zu prüfen, wobei dem Steuerpflichtigen grds. die Möglichkeit verbleibt, wirtschaftliche Gründe für die gewählte Struktur beizubringen. Als Beispiele für missbräuchliche bzw. künstliche Gestaltung hatte der Gerichtshof bereits Briefkasten- oder Strohfirmen genannt (EuGH v. 12.9.2006 – C-196/04, Cadbury Schweppes, NWB NAAAC-09456) und ergänzt diese nunmehr um sog. Durchleitungsgesellschaften, die zwar formal Einkünfte erzielen, hierüber aber in wirtschaftlicher Hinsicht überhaupt nicht verfügen können, weil sie nämlich unmittelbar weitergeleitet werden (müssen). Ob dies (Weiterleitung) aufgrund einer vertraglichen Grundlage oder nur tatsächlich so vollzogen wird, ist unerheblich.

PRAXISTIPP:

Übertragen auf den deutschen Rechtskreis ist die Entscheidung gerade für die Anwendung von § 50d Abs. 3 EStG relevant. Gegenwärtig ist aber vollkommen unklar, welche Anforderungen hier gelten. Nachdem der EuGH in den Rs. Deister/Juhler Holding (EuGH v. 20.12.2017 –

C-504/16, C-613/16, ECLI:EU:C:2017:1009, NWB CAAAG-69289) die Altfassung von § 50d EStG für EU-rechtswidrig erklärt hatte (dazu Kahlenberg, IWB 2018 S. 145), reagierte die deutsche Finanzverwaltung mit Schreiben v. 4.4.2018 (IV B 3 - S 2411/07/10016-14, BStBl 2018 I S. 589) und erklärte die Altfassung darin für nicht mehr anwendbar, wenn der Erstattungsanspruch auf § 43b EStG gestützt wird (Umsetzung der Mutter-Tochter-Richtlinie). In allen anderen Fällen (z. B. § 50g EStG, DBA oder § 44a EStG) möchte die Verwaltung § 50d Abs. 3 EStG a. F. also offenbar unverändert anwenden. Dies ist m. E. unzutreffend und rechtswidrig (ausführlich Kahlenberg, FR 2018 S. 499).

Darüber hinaus enthält das o. g. BMF-Schreiben auch Erläuterungen, wie die Finanzverwaltung – abweichend zum Schreiben v. 24.1.2012 (IV B 3 - S 2411/07/10016, BStBl 2012 I S. 171) – die aktuelle Regelung anwenden möchte, um einen weiteren EU-Rechtsverstoß vorzubeugen. Diese Erläuterungen sind aber durch das nachfolgende EuGH-Urteil in der Rs. GS (EuGH v. 14.6.2018 – C-440/17, ECLI:EU:C:2018:437, NWB NAAAG-87490) überholt. Es bleibt abzuwarten, ob das Schreiben daher aktualisiert wird oder stattdessen der Gesetzgeber selbst tätig wird und § 50d Abs. 3 EStG entsprechend adjustiert.

b) Keine Anwendung von § 50d Abs. 3 EStG bei grenzüberschreitenden Zinszahlungen

FG Köln v. 23.1.2019 – 2 K 1315/13, NWB BAAAH-30725

(Dr. Christian Kahlenberg)

Zusammenfassung der Entscheidung

Kürzlich hat das FG Köln die Übertragbarkeit der EuGH-Rechtsprechung zu § 50d Abs. 3 EStG im Kontext von Dividenden auf grenzüberschreitende Zinszahlung bestätigt. Danach ist § 50d Abs. 3 Satz 2 EStG geltungserhaltend EU-rechtskonform auszulegen.

Eine auf Zypern ansässige Ltd. hatte diverse Wandelschuldverschreibungen einer deutschen AG mit Sitz in Frankfurt/Main gezeichnet, die mit 5,5 % p. a. verzinst wurden. Geschäftszweck der zypriotischen Ltd. war das Halten strategischer Beteiligung, wobei im Streitjahr nur eine 15 %-Beteiligung an der deutschen AG bestand. Die Ltd. war selbst nicht geschäftsleitend tätig und verfügte selbst über keine physische Präsens. Die Managementleistungen wurden durch eine ebenfalls auf Zypern ansässige und nahestehende (Schwestergesellschaft) Management Co. Ltd. ausgelagert, die wiederum wirtschaftlich tätig war, über eigene Räume, Personal, erforderlichen Arbeitseinrichtungen und notwendigen Kommunikationsgeräte verfügte. Von den über die Wandelanleihen erzielten Kapitalerträgen behielt die AG Kapitalertragsteuer zzgl. SolZ ein. Den auf § 50d Abs. 1 EStG i. V. m. Art. 11 DBA-Zypern gestützten Antrag auf teilweise Erstattung der KESt lehnte das BZSt mit Verweis auf § 50d Abs. 3 EStG ab.

Entscheidungsgründe

Neben der Vorfrage der beschränkten Steuerpflicht aufgrund von Kapitalerträgen aus Wandelanleihen (dazu Haase, IStR 2019 S. 390 [395]) kam das FG Köln zum Schluss, dass § 50d Abs. 3 EStG geltungserhaltend und in EU-rechtskonformer Weise auszulegen sei. Dessen Voraussetzungen wären vorliegend erfüllt, wobei es ausschließlich auf die Verhältnisse der ausländischen Gesellschaft (zypriotische C Ltd.) ankäme (§ 50d Abs. 3 Satz 2 EStG); diese habe nämlich mit keinem für ihren Geschäftszweck angemessen eingerichteten Geschäftsbetrieb am allgemeinen wirtschaftlichen Verkehr teilgenommen, weil die Tätigkeit auf die ebenfalls in Zypern ansässige Management Ltd. ausgelagert worden sei. Die Vorschrift verstoße aber nach Rechtsprechung des EuGH gegen die Niederlassungs- und Kapitalverkehrsfreiheit (EuGH v. 20.12.2017 – C-504/16, C-613/16, Deister Holding u. a., ECLI:EU: C:2017:1009, NWB CAAAG-69289; v. 14.6.2018 – C-440/17, GS, ECLI:EU:C:2018:437, NWB NAAAG-87490). Bei den vorliegenden Kapitalerträgen aus Wandelschuldverschreibungen sei die Kapitalverkehrsfreiheit (Art. 63 AEUV) betroffen; eine gerechtfertigte Beschränkung sei nicht ersichtlich. Mithin müsse die beschränkende Norm (§ 50d Abs. 3 EStG) EU-rechtskonform ausgelegt werden. Die Tatsache, dass die zypriotische Ltd. vorliegend über keinen angemessen eingerichteten Geschäftsbetrieb verfüge, rechtfertige die Versagung des Erstattungsanspruchs nicht. Vorliegend habe nämlich eine andere Konzerngesellschaft auf Zypern über einen angemessen eingerichteten Geschäftsbetrieb verfügt und eine aktive Wirtschaftstätigkeit ausübt. Die nur vermögensverwaltende Ltd. könne vor diesem Hintergrund nicht als missbräuchlich angesehen werden.

Folgerungen: Mit vorliegender Entscheidung überträgt das FG Köln erstmals die EuGH-Grundsätze zur EU-rechtskonformen Auslegung von § 50d Abs. 3 EStG auch auf grenzüberschreitende Zinszahlungen. Dies ist deshalb bemerkenswert, weil die Finanzverwaltung diese Grundsätze bisher nur auf grenzüberschreitende Dividendenzahlungen und nur für Erstattungsanträge nach § 43b EStG, d. h. EU-Dividenden, anerkennen möchte. Auch wenn die Entscheidung noch nicht rechtskräftig ist – Revision zugelassen, aber noch nicht eingelegt – spricht viel dafür, dass der BFH diesen Ansatz grundsätzlich bestätigen wird.

Aus Sicht der Rechtspraxis ist entscheidend, wie eine EU-konforme Auslegung von § 50d Abs. 3 EStG auszusehen hat. Der Steuerpflichtige kann danach wirtschaftliche Gründe für die gewählte Struktur vorbringen. Dabei geht es im Regelfall um die wirtschaftliche Substanz der betreffenden Gesellschaft, die den Entlastungsantrag stellt. Gerade bei nur vermögensverwaltender Tätigkeit wird die Substanz von der Finanzverwaltung kritisch hinterfragt. Insofern ist aber bedeutsam, dass der EuGH stets eine Einzelfallprüfung der gesamten Struktur verlangt, so dass auch die wirtschaftliche Substanz einer anderen Konzerngesellschaft „ausgeliehen" werden kann. Mit anderen Worten dürfte der Missbrauchsverdacht dann entkräftet sein, wenn in dem betreffenden Staat weitere wirtschaftlich-aktive und substanzhaltige (Räume, Personal, Infrastruktur etc.) andere Konzerngesellschaften angesiedelt sind. Dies hat auch das FG Köln so bestätigt; indes mit dem Hinweis, dass eine gewisse Dauerhaftigkeit ersichtlich sein muss. Diese Anmerkung ist deshalb unglücklich, weil entsprechende Kriterien für eine „Dauerhaftigkeit" noch nicht herausgebildet sind. Daneben schließt sich in der Praxis dann noch die Frage an, ob der Gegenbeweis mithilfe anderer aktiver Konzerngesellschaften auch gelingen kann, wenn diese in einem anderen EU-Staat oder sogar einem Drittstaat ansässig ist und die Tätigkeit der betreffenden Gesellschaft an diese „outgesourct" wurde.

PRAXISTIPP:

Auch bei grenzüberschreitenden Zinszahlungen ist § 50d Abs. 3 EStG unionsrechtskonform auszulegen. Sollte das BZSt bei gleichgelagerten Fällen einen Entlastungsantrag versagen, sollten Bescheide mit Hinweis auf die vorliegende FG-Entscheidung angefochten werden.

c) Anwendung von § 50d Abs. 3 EStG bei Lizenzen

FG Köln v. 14.11.2018 – 2 K 202/10, NWB JAAAH-23198

(Dr. Christian Kahlenberg)

Zusammenfassung der Entscheidung

Das FG Köln hatte entschieden, dass gegen die Anwendung von § 50d Abs. 3 EStG für Lizenzgebühren in Drittstaatenfällen keine unionsrechtlichen Bedenken bestehen, weil die einschlägige Dienstleistungsfreiheit (Art. 56 AEUV) nicht in Bezug auf Drittstaaten gilt.

Eine Schweizer AG betrieb ein Netzwerk verschiedener in der Schweiz ansässiger Steuerberatungs- und Wirtschaftsprüfungsgesellschaften und schloss mit einer deutschen GmbH einen Franchisevertrag, so dass sie bereits unter der „Marke" am Markt auftreten konnte. Hierfür leistete die GmbH angemessene Lizenzgebühren. Die Schweizer AG verfügte selbst über kein eigenes Büro, Personal oder einen Internetauftritt, sondern bediente sich der Ressourcen der (Schweizer) Gesellschafter. Für die Lizenzzahlungen behielt die GmbH Quellensteuern gem. § 50a Abs. 1 Nr. 3 EStG ein. Dem Erstattungsbegehren nach § 50d Abs. 1 EStG folgte das BZSt unter Verweis auf § 50d Abs. 3 EStG nicht.

Entscheidungsgründe

Das FG Köln folgte der Auffassung des BZSt. Vorliegend sei die auch für Drittstaatensachverhalte geltende Kapitalverkehrsfreiheit (Art. 63 AEUV) schon inhaltlich nicht einschlägig, weil es dem Grunde nach um die Ausführung eines Franchisevertrags ginge, aus dem Lizenzzahlungen resultierten. Vielmehr handele es sich um eine Dienstleistung, die also primär im Rahmen der Dienstleistungsfreiheit zu würdigen sei; die Kapitalverkehrsfreiheit trete deshalb als zweitrangig zurück (EuGH v. 31.1.1984 – C-286/82, Luisi und Carbone, ECLI: EU:C:1984:35). Ferner könne die Kapitalverkehrsfreiheit auch dann nicht herangezogen werden, weil die Dienstleistungsfreiheit aufgrund des Drittstaatenbezugs keine Schutzwirkung entfalte (BFH v. 9.5.2012 – X R 3/11, BStBl 2012 II S. 585). Vor diesem Hintergrund stünde das Unionsrecht der Anwendung von § 50d Abs. 3 EStG nicht entgegen, der vorliegend dazu führe, dass keine Quellensteuerentlastung zu gewähren sei; dies deshalb, weil die Klägerin (Schweizer AG) nicht mit einem für ihren Geschäftszweck angemessen eingerichteten Geschäftsbetrieb am allgemeinen wirtschaftlichen Verkehr gem. § 50d Abs. 3 Satz 1 Nr. 3 EStG teilnehme. Maßgebend seien insofern allein die Verhältnisse der betreffenden ausländischen Gesellschaft (§ 50d Abs. 3 Satz 2 EStG). Die Revision werde nicht zugelassen.

Folgerungen: Der vorliegende Streitfall betrifft im Kern die bisher nicht abschließend entschiedene Abgrenzungsfrage zwischen Kapital- und Dienstleistungsfreiheit. Diese ist im reinen EU-kontext aufgrund der Konvergenz der Grundfreiheiten (Cordewener, Europäische Grundfreiheiten und nationales Steuerrecht, 2002, S. 103; s. a. Schön, IStR-Beihefter 2013 S. 3 [6]) oftmals überflüssig, in Drittstaatenfällen dagegen äußerst relevant, weil nur die Kapitalverkehrsfreiheit auch Drittstaatenkonstellationen schützt. Das FG Köln hat auf Basis des zugrunde liegenden Sachverhalts die Dienstleistungsfreiheit als einschlägig befunden, weshalb das Unionsrecht hier auch nicht der Anwendung des § 50d Abs. 3 EStG entgegenstand, ohne zugleich die Revision zuzulassen. Allein dieser Umstand ist aber kritikwürdig, weil die Abgrenzungsfrage alles andere als geklärt ist. Dies gilt gerade deshalb, weil die konkret diese Frage betreffende EuGH-Rechtsprechung teilweise schon weit zurück liegt und insgesamt sehr übersichtlich ist.

Man wird außerdem zweifeln dürfen, ob das Entscheidungsergebnis derart überzeugend ist. Richtig ist, dass der Gerichtshof eine eigenständige Prüfung einer mitbetroffenen Grundfreiheit unterlässt, wenn deren Beschränkung lediglich die zwangsläufige Folge der Beschränkung einer anderen Grundfreiheit ist (s. a. Kokott, Das Steuerrecht der Europäischen Union, 1. Aufl. 2018, Rz. 91). Mit anderen Worten würde eine Beschränkung der Kapitalverkehrsfreiheit nicht weiter geprüft, wenn diese – quasi als Reflex – nur unvermeidbare Folge einer vorrangigen Beschränkung der Dienstleistungsfreiheit wäre. Dafür müsste die Dienstleistungsfreiheit, die grds. gemäß Art. 57 Abs. 1 AEUV subsidiär gegenüber anderen Grundfreiheiten ist, aber auch die primär zu prüfende Grundfreiheit sein; dies ist durchaus möglich (EuGH v. 3.10.2006 – C-452/04, Fidium Finanz, NWB GAAAC-33741), aber noch nicht klar durch den EuGH konturiert (vgl. Sedlaczek/Züger in Streinz, EUV/AUEV, 3. Aufl. 2018, Art. 63 AEUV Rz. 38; Wojcik in von der Groeben/Schwarze/Hatje, Europäisches Unionsrecht, 7. Aufl. 2015, Art. 63 AEUV Rz. 68 ff.). Und dass man diese Frage auch nicht eindeutig auf ältere Rechtsprechung stützen sollte, zeigt die langwierige Diskussion um die Abgrenzung zwischen Kapital- und Niederlassungsfreiheit. Aus dieser Rechtsprechungslinie lässt sich aber ableiten, dass in Drittstaatenfällen eine vorrangig normenbezogene Betrachtung anzustellen ist, d. h., die beschränkende Norm ist danach zu untersuchen, welche Grundfreiheit betroffen ist. Insofern wird man nicht auf § 50d Abs. 3 EStG isoliert abstellen dürfen, sondern auf die entsprechende Rechtsgrundlage für den Steuerabzug (dahingehend EuGH v. 14.6.2018 – C-440/17, GS, ECLI:EU:C:2018:437 = NWB NAAAG-87490) – mithin § 50d Abs. 3 EStG i. V. m. § 50a Abs. 1 Nr. 3 EStG, die ihrem Wesen nach einen stärkeren Bezug zur Dienstleistungsfreiheit aufweist (gl. A. Korff/Süß, IStR 2019 S. 757).

PRAXISTIPP:

Anders als für Zins- und Dividendenzahlungen ist § 50d Abs. 3 EStG bei Lizenzzahlungen in Drittstaaten unverändert anzuwenden. Einer EU-rechtskonformen Auslegung bedarf es nicht, weil die für Steuerabzug maßgebende Rechtsgrundlage des § 50a EStG grds. Dienstleistungen betrifft. In betroffenen Fällen sollte daher eine Übertragung der zugrunde liegenden Verträge auf EU-Konstellationen überprüft werden. Alternativ kann auch die Gründung einer EU-Tochter des Lizenzgebers oder die Verlegung der Geschäftsleitung helfen, wobei dabei auch zivilrechtliche Aspekte relevant werden können (Sitz- versus Gründungstheorie).

d) Hinzurechnungsbesteuerung

EuGH v. 26.2.2019 – C-135/17, X-GmbH, ECLI:EU:C:2019:136, NWB BAAAH-11035

(Dr. Christian Kahlenberg)

Zusammenfassung der Entscheidung

Die verschärfte Hinzurechnungsbesteuerung gem. § 7 Abs. 6, Abs. 6a AStG kann eine Beschränkung der Kapitalverkehrsfreiheit darstellen, sofern die Stand-Still-Klausel (Art. 64 Abs. 1 AEUV) nicht einschlägig ist. Andernfalls wäre eine Beschränkung unbeachtlich.

Eine inländische GmbH war zu 30 % an einer AG mit Sitz und Ort der Geschäftsleitung in der Schweiz beteiligt, deren Geschäft überwiegend auf den Erwerb von Forderungen auf Erlösbeteiligungen gerichtet war. Das FA rechnete die Gewinne der Schweizer AG nach § 7 Abs. 6 AStG hinzu, ohne die Möglichkeit eines Gegenbeweises zuzulassen. Der BFH legte dem EuGH daher die folgenden (verkürzt dargestellten) Fragen zur Vorabentscheidung (Art. 267 Abs. 2 AEUV) vor:

(1) Ist das zeitliche Kriterium der Stand-Still-Klausel (Art. 64 Abs. 1 AEUV) verletzt, wenn die beschränkende Norm (§ 7 Abs. 6 AStG) zunächst nur für Direktinvestitionen erfasste, nach dem maßgebenden Stichtag (31.12.1993) aber auf Portfoliobeteiligungen ausgedehnt wurde?

(2) Falls die erste Vorlagefrage zu bejahen ist: Ist das zeitliche Kriterium verletzt, wenn die beschränkende Maßnahme (§ 7 Abs. 6 AStG) nach dem maßgebenden Stichtag (31.12.1993) formal-rechtlich (wesentlich) verändert worden ist, die Neuregelung materiell-rechtlich auch in Kraft trat, aber rückwirkend durch die Altregelung ersetzt wurde?

(3) Sofern die beiden ersten Vorlagefragen zu verneinen ist: Verstößt eine nationale Vorschrift (§ 7 Abs. 6 AStG) gegen die Kapitalverkehrsfreiheit, wenn bei einer Mindestbeteiligung von 1 % niedrig besteuerte Zwischeneinkünfte mit Kapitalanlagecharakter einer ausländischen (Drittstaaten-)Gesellschaft der Hinzurechnungsbesteuerung unterworfen werden?

Entscheidungsgründe

Bezogen auf die erste Vorlagefrage kommt der EuGH zügig zum Schluss, dass eine Ausdehnung des Anwendungsbereiches der fraglichen Norm auf bzw. innerhalb von Portfoliobeteiligungen die sog. Stand-Still-Klausel grundsätzlich unberührt lasse, weil deren Anwendbarkeit nicht vom spezifischen Gegenstand einer nationalen Beschränkung abhänge, sondern von dessen Auswirkung auf den Kapitalverkehr. In zeitlicher Hinsicht (zweite Vorlagefrage) sei eine nationale Regelung zur Beschränkung des Kapitalverkehrs mit Drittstaaten im Zusammenhang mit Direktinvestitionen auch dann als „unverändert" i. S. d. Art. 64 AEUV anzusehen, wenn diese zwar nach dem maßgebenden Stichtag (31.12.1993) wesentlich geändert, diese Änderung indessen vor ihrer erstmaligen Anwendung wieder zurückgenommen worden sei. Ununterbrochen fortbestehend wäre eine Regelung, wenn sich deren Grundgedanke nicht verändert habe. Dies zu prüfen sei aber Sache des vorlegenden Gerichts (BFH).

Sollte die Stand-Still-Klausel nicht einschlägig sein, könnte § 7 Abs. 6 AStG eine Beschränkung des freien Kapitalverkehrs nach Art. 63 AEUV darstellen, da diese im Vergleich zum Inlandsfall nachteilig und mithin geeignet sei, Steuerpflichtige von der Investition in eine Drittstaatsgesellschaft abzuhalten. Diese Beschränkung könnte aber aus Gründen des Allgemeininteresses, insbesondere durch die Verhinderung von Steuerhinterziehung und Steuerumgehung, gerechtfertigt sein. Auch wenn die Regelung (§ 7 Abs. 6 AStG) grds. zur Erreichung des Ziels, das Besteuerungsniveau für bestimmte passive ausländische Einkünfte an das von gebietsansässigen Gesellschaften anzugleichen, indem durch Einbeziehung der niedrigbesteuerten Einkünfte in Deutschland etwaige künstliche Übertragungen von Einkünften in einen Drittstaat neutralisiert würden, gehe die Vorschrift über das erforderliche Maß hinaus, weil sie nicht speziell darauf abziele, die Errichtung rein künstlicher Gestaltungen zu verhindern. Vielmehr bedürfte es für eine verhältnismäßige Ausgestaltung der Möglichkeit eines Gegenbeweises wirtschaftlicher Gründe für die Einschaltung der ausländischen Gesellschaft. Gleichwohl könnten die Mitgliedstaaten diese Nachweismöglichkeit davon abhängig machen, ob der ausländische Staat zum Austausch steuerlich relevanter Informationen verpflichtet sei, um die Behörden in die Lage zu versetzen, die überreichten Informationen zu überprüfen. Auch dies habe vorliegend der BFH zu prüfen.

Folgerungen: Die verschärfte Hinzurechnungsbesteuerung gem. § 7 Abs. 6, Abs. 6a AStG kann eine Beschränkung der Kapitalverkehrsfreiheit darstellen, sofern die Stand-Still-Klausel (Art. 64 Abs. 1 AEUV) nicht einschlägig ist. Andernfalls wäre eine Beschränkung unbeachtlich.

Die zentrale Frage, über die der BFH nun zu befindet hat, lautet, ist das zeitliche Kriterium gewahrt. Insofern hatte der EuGH schon in der Rs. EV (EuGH v. 20.9.2018 – Rs. C-685/16, ECLI:EU:C:2018:743, BStBl 2019 II S. 111) die Umstellung vom Anrechnungs- zum Freistellungsverfahren als gewichtigen Systemwechsel beurteilt, um die Anwendbarkeit der Stand-Still-Klausel zu verwerfen. Diese Systemumstellung hat sich auch auf den Bereich der Hinzurechnungsbesteuerung ausgewirkt: Seither beseitig die Hinzurechnungsbesteuerung nämlich nicht mehr nur den Besteuerungsaufschub von Gewinnen der ausländischen Zwischengesellschaft, sondern wirkt definitiv (s. a. Schönfeld, IStR 2016 S. 416 [417]; Kahlenberg, DB 2019 S. 1590 [1591 f.]). Dies gilt erst recht für die Änderungen im GewStG (Schnitger/Krüger/Nielsen, IStR 2019 S. 340 [343]).

PRAXISTIPP:

Für die Rechtspraxis sind folgende Aspekte beachtlich:

(1) Die verschärfte Hinzurechnungsbesteuerung gem. § 7 Abs. 6, Abs. 6a AStG kann die Kapitalverkehrsfreiheit beschränken, wenn die Stand-Still-Klausel nicht einschlägig ist (z. B. im konkreten Sachverhalt keine Direktinvestition vorliegt).

(2) Sollte ein Verstoß gegen die Kapitalverkehrsfreiheit vorliegen, hat der Steuerpflichtige die Möglichkeit, wirtschaftliche Gründe für seine Beteiligung oder Nachweise über die wirtschaftliche Tätigkeit (z. B. bloße Vermögensverwaltung) der betreffenden Gesellschaft beizubringen.

(3) Diese Erkenntnis – Substanznachweis auch für Drittstaatenkonstellationen – gilt im Übrigen auch für den Grundtatbestand des § 7 Abs. 1 AStG, weil auch insofern die Kapitalverkehrsfreiheit vorrangig ist.

(4) Diese Grundsätze sind auch im Zusammenhang mit der anstehenden AStG-Reform beachtlich. Mit anderen Worten sollte der Gesetzgeber den Substanznachweis auch normativ für Drittstaatenfälle verankern.

2. Neues zur Wegzugsbesteuerung im Verhältnis zur Schweiz

EuGH v. 26.2.2019 – C-581/17, Wächtler, ECLI:EU:C:2019:138, NWB BAAAH-11395

(Dr. Christian Kahlenberg)

Zusammenfassung der Entscheidung

Der EuGH hat entschieden, dass die deutsche Wegzugssteuer gem. § 6 AStG auch im Verhältnis zur Schweiz dann zinslos und zeitlich unbegrenzt zu stunden ist (sic!), wenn das Freizügigkeitsabkommen einschlägig ist.

Der Kläger war ein deutscher Staatsangehöriger, der seit 2007 Gesellschafter-Geschäftsführer (50 %-Beteiligung) einer in der Schweiz ansässigen Kapitalgesellschaft war. Für diese erbrachte er auch IT-Beratungsleistungen. Im Streitjahr 2011 verlegte der Kläger seinen Wohnsitz von Deutschland in die Schweiz. Das zuständige FA unterwarf daraufhin die Wertzuwächse seiner Beteiligung gem. § 6 Abs. 1 Satz 1 AStG der deutschen Einkommen-steuer. Die begehrte (zeitlich unbefristete) Steuerstundung nach § 6 Abs. 5 AStG verwehrte das FA mit der Begründung, dass vorliegend ein Wegzug in die Schweiz erfolgte und damit in keinen EU-/EWR-Mitgliedstaat. Das zuständige FG Baden-Württemberg legte dem EuGH nach Art. 267 AEUV die Frage vor, ob durch das sog. Freizügigkeitsabkommen (FZA) mit der Schweiz eine zeitlich unbegrenzte Steuerstundung der deutschen Wegzugsbesteuerung zwingend sei.

Entscheidungsgründe

Das FZA stünde einer Wegzugssteuer ohne Stundungsmöglichkeiten bei einem Wegzug eines in Deutschland wohnhaften Steuerpflichtigen in die Schweiz, der dort einer Erwerbstätigkeit nachgehe gleich. Voraussetzung sei aber die Anwendbarkeit des FZA. Ein deutscher Staatsangehöriger, der einer selbständigen Erwerbstätigkeit in der Schweiz nachgehe, könne sich als „Selbständiger" i. S. d. FZA auf dessen Schutz berufen. Sachlich sei der Anwendungsbereich des FZA im Streitfall ebenfalls eröffnet, weil der Geschäftsführer sich für die Ausübung seiner selbständigen Tätigkeit in der Schweiz niedergelassen habe (Art. 12 Abs. 1 des Anhangs zum FZA). Er könne sich auch gegenüber seinem Herkunftsstaat auf den Gleichbehandlungsgrundsatz berufen. Eine Wegzugsbesteuerung bei Wohnsitzverlegung in die Schweiz stelle eine Ungleichbehandlung dar, weil im reinen Inlandsfall die Steuer erst im Zeitpunkt der tatsächlichen Realisation der stillen Reserven erhoben würde. Gleichwohl könne eine solche Ungleichbehandlung gem. Art. 21 Abs. 3 FZA aus Gründen des Allgemeinwohls gerechtfertigt sein, wenn sie sich als verhältnismäßig erweise. Eine Steuerfestsetzung im Zeitpunkt der Wohnsitzverlegung könne zwar geeignet sein, das Ziel der Wahrung der Aufteilung der Besteuerungsbefugnisse zu verwirklichen. Dieses Ziel rechtfertige aber nicht, dass eine Stundung der Steuer verwehrt würde, weil Deutschland bei einer Stundung nicht auf seine Besteuerungsansprüche verzichten müsse. Auch das Ziel einer wirksamen steuerlichen Kontrolle könne die fehlende Stundungsmöglichkeit nicht rechtfertigen, da nach dem DBA-Schweiz der Austausch von Steuerinformationen gewährleistet sei. Die sofortige Steuererhebung sei auch unter Berufung auf das Ziel der Vermeidung von Steuermindereinnahmen unverhältnismäßig. Im Hinblick auf die fehlende Beitreibungshilfe der Schweiz sei die Gestellung von Sicherheiten zulässig. Die ungerechtfertigte Beschränkung gelte auch ungeachtet der gem. § 6 Abs. 4 AStG bestehenden Möglichkeit einer ratierlichen Steuerzahlung über fünf Jahre, da hierdurch der Liquiditätsnachteil des Steuerpflichtigen nicht (hinreichend) beseitigt werde.

Folgerungen: Der EuGH hat festgestellt, dass die Wegzugssteuer gem. § 6 AStG auch im Verhältnis zur Schweiz unter analoger Anwendung des § 6 Abs. 5 AStG zinslos und zeitlich unbegrenzt zu stunden ist. Voraussetzung ist aber die Anwendbarkeit des FZA: der Steuerpflichtige muss danach einer Erwerbstätigkeit (Arbeitnehmer, Selbständiger oder Grenzpendler) nachgehen, die im Zweifel gestaltbar ist. Sofern keine gegenseitige Unterstützung im Rahmen der Steuerbeitreibung zwischen Deutschland und dem betreffenden Ansässigkeits-/Sitzstaat vereinbart ist (entsprechend der Richtlinie 2008/55/EG [EU-BeitreibungsRL]), kann die Finanzverwaltung aber auf Sicherheitsleistung bestehen (dazu Häck/Kahlenberg, IStR 2019 S. 253 [258 f.]).

Die befristete Steuerstundung nach § 6 Abs. 4 AStG genügt nicht, was die Frage aufwirft, wie im betrieblichen Bereich zu verfahren ist. Hier hatte der EuGH noch eine befristete Steuerstundung für zulässig erachtet (z. B. EuGH v. 29.11.2011 – C-371/10, National Grid Indus, NWB LAAAE-00703; v. 23.1.2014 – C-164/12, DMC, NWB NAAAE-54684; v. 21.5.2015 – C-657/13, Verder LabTec, NWB YAAAE-91181). Unklar ist nun aber, wie diese Rechtsprechung im Anschluss an die Wächtler-Entscheidung einzuordnen ist. Ferner ist zu bemerken, dass Art. 5 der sog. Anti-Tax-Avoidance-Directive eine Regelung zur Steuerentstrickung für Körperschaftsteuersubjekte vorsieht, die ebenfalls eine nur ratierliche Stundungsmöglichkeit enthält (ausführlich Hagemann in Hagemann/Kahlenberg, ATAD-Kommentar, Art. 5 Rz. 185 ff.). Ob diese Vorgaben ggf. primärrechtsfreundlich auszudehnen sind, wird letztlich der EuGH entscheiden (müssen).

PRAXISTIPP:

Die zeitlich unbegrenzte Steuerstundung ist auch in anderen Drittstaatenfällen möglich, sofern die Kapitalverkehrsfreiheit einschlägig ist und die sog. Stand-Still-Klausel (Art. 64 Abs. 1 AEUV) nicht eingreift. Dies betrifft insbesondere (s. Kahlenberg, FR 2019 S. 820 [823]):

▶ Erbfälle gem. § 6 Abs. 1 Satz 2 Nr. 1 AStG,

▶ Vorgänge mit Anteilen an ausländischen Gesellschaften sowie

▶ Vorgänge, die unter den „Auffangtatbestand" des § 6 Abs. 1 Satz 2 Nr. 4 AStG fallen.

Nach (unzutreffender) Ansicht des FG Köln ist für die Anwendbarkeit des § 6 AStG nicht zwingend erforderlich, dass das deutsche Besteuerungsrecht ausgeschlossen oder beschränkt wird (FG Köln v. 28.3.2019 – 15 K 2159/15, NWB SAAAH-21805; dazu Häck, IStR 2019 S. 672 [674]; Kahlenberg, FR 2019 S. 820).

3. Finale Verluste bei ausländischen Tochterkapitalgesellschaften

EuGH v. 19.6.2019 – C-607/17, Memira AB, ECLI:EU:C:2019:510, NWB DAAAH-21233; v. 19.6.2019 – C-608/17, Holmen AB, ECLI:EU:C:2019:511, NWB TAAAH-21232

(*Dr. Christian Kahlenberg*)

Zusammenfassung der Entscheidungen

Verluste einer ausländischen Tochtergesellschaft sind im Mitgliedstaat der Muttergesellschaft bei dieser zu berücksichtigen, wenn es sich um sog. tatsächlich finale Verluste handelt. Ein solcher tatsächlich finaler Verlust setzt voraus, dass weder die Tochtergesellschaft selbst (durch Verlustvor- bzw. -rücktrag) noch der Anteilseigner (z. B. durch Umwandlung, Auflösung oder Veräußerung seiner Beteiligung) diesen Verlust nutzen kann.

Verfahren C-607/17: Die schwedische Memira AB war im Bereich der Augenchirurgie tätig. Über eine deutsche Kapitalgesellschaft betreibt sie Kliniken in Deutschland, die ein negatives Geschäftsergebnis erzielten. Aus diesem Grund wurde die Tätigkeit mittlerweile eingestellt (angestauter Verlust von insgesamt ca. 7,6 Mio. €), weshalb diese Verluste in Deutschland nicht mehr genutzt werden konnten. Aus diesem Grund plant Memira AB, die deutsche Tochtergesellschaft auf die schwedische Muttergesellschaft (aufwärts) zu verschmelzen, was in Deutschland nach

§ 12 Abs. 3 i. V. m. § 4 Abs. 2 Satz 2 UmwStG einen Verlustuntergang herbeiführen würde. Nach den schwedischen Vorschriften ist ein Verlustübertrag i. R. d. Konzernabzugs nur möglich, wenn die Tochtergesellschaft in Schweden steuerpflichtig ist. Dies war vorliegend nicht gegeben. Memira AB beantragte daher einen Steuervorbescheid beim schwedischen Steuerrechtsausschuss zu der Frage, ob dennoch eine Verlustberücksichtigung in Schweden erfolgen könne. Dieser wurde mit der Begründung abgelehnt, dass es sich um keinen sog. finalen Verlust handele. Denn die Verluste gingen aufgrund der Vorschriften des deutschen UmwStG (rechtlich) unter.

Verfahren C-608/17: Holmen AB ist eine schwedische Gesellschaft mit spanischen Tochter- und Enkelgesellschaften.

Die schwedische Holmen AB war u. a. über eine 100 %ige spanische Tochterkapitalgesellschaft an einer ebenfalls in Spanien ansässigen Kapitalgesellschaft (Enkelgesellschaft) beteiligt. Letztere verfügte über Verluste i. H. v. ca. 140 Mio. €, die durchaus im Rahmen des spanischen Gruppenbesteuerungsregimes verrechnet werden konnten. Die Verlustverrechnung war aber nach spanischem Recht betragsmäßig beschränkt, weshalb die Verluste nur teilweise vorgetragen werden konnten. Die Steuergruppe wurde aufgelöst mit der Folge, dass die verbleibenden Verluste der Enkelgesellschaft dieser zugewiesen wurden. Die Holmen AB hatte sodann (2016) mit der Abwicklung der spanischen Tätigkeiten begonnen, indem die Wirtschaftsgüter der Enkelgesellschaft an Dritte veräußert wurden. Zur endgültigen Abwicklung der Enkelgesellschaft standen der Holmen AB folgende Alternativen zur Verfügung:

- Alle spanischen Gesellschaften werden getrennt abgewickelt.
- Die spanische Tochterkapitalgesellschaft wird zunächst auf die Enkelgesellschaft verschmolzen und anschließend lediglich die Abwicklung der Enkelgesellschaften vollzogen.

Holmen AB beantragte beim schwedischen Steuerrechtsausschuss einen Steuervorbescheid hinsichtlich der Frage, ob für die infolge der Abwicklung untergehenden Verluste in Schweden der Konzernabzug möglich ist.

Zusammengefasst und vereinfacht ausgedrückt wurden dem EuGH folgende Fragen vorgelegt:

- Kommt nur die Berücksichtigung sog. finale Verluste aus direkten Beteiligungen an einer ausländischen Tochterkapitalgesellschaft (keine mittelbare Beteiligung an Enkelgesellschaften) in Betracht?
- Ist für die Finalitätsfrage von Verlusten relevant, ob der Verlust aufgrund von Rechtsvorschriften im Sitzstaat der Tochtergesellschaft definitiv (final) wird?
- Ist die mögliche Verlustnutzung bei einem anderen Rechtsträger in diesem Staat (Konzerngesellschaft) überhaupt noch erheblich, wenn ein Verlust aufgrund von Verlustabzugsbeschränkungen im Sitzstaat der Tochtergesellschaft untergeht?

Entscheidungsgründe

In beidem Verfahren stellt der EuGH zu Beginn, das die verwehrte Berücksichtigung von Auslandsverlusten einer Tochtergesellschaft zwar eine gerechtfertigte Beschränkung der Niederlassungsfreiheit darstellt, aber jedenfalls dann unverhältnismäßig ist, wenn es sich um einen sog. tatsächlich finalen Verlust handelt. Hinsichtlich der Kriterien, wann derartige Verluste vorliegen, verweist der Gerichtshof auf die in der Rs. *Marks & Spencer* (EuGH v. 13.12.2005 – C-446/03, ECLI:EU:C:2005:763, NWB YAAAB-79456, Rz. 21) formulierten Anforderungen:

- Die Tochtergesellschaft muss selbst jedwede Möglichkeiten ausgeschöpft haben, die Verluste selbst in irgendeiner Weise zu nutzen (z. B. durch intertemporale Verlustverrechnung oder Realisation stiller Reserven)
- Diese Verluste können auch nicht in künftigen Steuerperioden, weder durch die Tochtergesellschaft selbst noch durch einen Dritten, auf den die Anteile ggf. übertragen werden, genutzt werden.

Zur Frage, die nur in der Rs. Holmen relevant war, ob der Ansässigkeitsstaat der Muttergesellschaft nur Verluste aus unmittelbaren Beteiligungen bei tatsächlicher Finalität berücksichtigen muss, weist der EuGH nachvollziehbar darauf hin, dass dem Steuerpflichtigen kein Wahlrecht darüber zustehen dürfte, in welchem Mitgliedstaat der fragliche finale Verlust berücksichtigt werden kann. Für die Verlustberücksichtigung ist vielmehr der Mitgliedstaat der unmittelbaren Anteilseignerin zuständig.

Was die Frage der Verlustfinalität aufgrund von Rechtsvorschriften anbelangt, weist der EuGH darauf hin, dass sich aus dem zweiten der in der Rs. Marks & Spencer aufgestellten Kriterien ableiten ließe, dass die Nichtübertragbarkeit der Verluste, die für die Finalität kausal ist, sich auf die Berücksichtigung dieser Verluste durch einen Dritten beziehen könne. Es könne indessen nicht ausgeschlossen werden, dass ein Dritter diese – vermeintlich finalen – Verluste nutzen könnte; z. B. indem die Anteile zu einem Preis veräußert würden, der dem Steuervorteil der nutzbaren Verluste entspräche (vgl. bereits EuGH v. 21.2.2013 – C-123/11, A, ECLI:EU:C:2013:84, NWB KAAAE-31045, Rz. 52 ff.). Mithin sei vorliegend der Finalitätsnachweis nicht erbracht worden, weil bei Auflösung bzw. Verschmelzung der Verlust im Mitgliedstaat der Tochtergesellschaft untergehe.

Schließlich (dritte Frage) sei auch unerheblich, dass diese Verluste bei Verschmelzung auf einen anderen (inländischen) Rechtsträger untergehen. Vielmehr komme es darauf an, ob die Verluste auf andere Weise (z. B. Anteilsverkauf) hätten genutzt werden können. Diese Bestrebung sei vorliegend aber nicht nachgewiesen worden, weshalb der Nachweis über die Endgültigkeit nicht erfolgreich geführt werden konnte. Sollte dies indessen gelingen, müssten die Finanzbehörden im Mitgliedstaat der Muttergesellschaft eine Verlustberücksichtigung zulassen.

Folgerungen: In gleich zwei Entscheidungen hat der Gerichtshof sein Verständnis bekräftigt, dass es sog. finale Verluste grds. geben kann und die Niederlassungsfreiheit (Art. 49 ff. AEUV) eine ausnahmsweise Berücksichtigung im Mitgliedstaat der Muttergesellschaft bzw. des Gesellschafters erzwingt. Zwar wurden in den zwei vorstehenden Entscheidungen keine tatsächlich finalen Verluste nachgewiesen. Dennoch wird man den Gerichtshof so verstehen müssen, dass er an der Rechtsfigur der sog. finalen Verluste festhält bzw. diese nie aufgegeben hatte. Diese Feststellung ist gerade deshalb erfreulich, da der BFH im Anschluss an die EuGH-Entscheidung in der Rs. Timac Agro (EuGH v. 17.12.2015 – C-388/14, Timac Agro Deutschland, ECLI:EU:C:2015:829, NWB WAAAF-19164) seine zuvor gefestigte Rechtsprechung aufgab (BFH v. 22.2.2017 – I R 2/15, BStBl 2017 II S. 709). Nachdem der EuGH aber schon für Betriebsstättenfälle die Rechtsfigur der sog. finalen Verluste eindeutig bestätigte (EuGH v. 12.6.2018 – C-650/16, Bevola, ECLI:EU:C:2018:424, NWB PAAAG-87352), deutete auch der BFH ein Einlenken bzw. Umdenken an (BFH v. 11.7.2018 – I R 52/16, BStBl 2019 II S. 105). Mit den vorliegenden Entscheidungen in den Rs. Memira und Holmen steht nunmehr auch fest, dass sog. finale Verluste nicht nur bei Betriebsstätten, sondern auch bei Tochtergesellschaften entstehen können, die im Mitgliedstaat des Stammhauses bzw. Muttergesellschaft berücksichtigt werden müssen. Aus der Rs. Holmen geht ferner hervor, dass grds. nur Verluste aus unmittelbaren Beteiligungen berücksichtigungspflichtig sind, es sei denn, Tochter- und Enkelgesellschaft (sowie weitere nachgeschaltete Einheiten) befinden sich im gleichen Mitgliedstaat, in dem eine Verlustberücksichtigung tatsächlich ausgeschlossen ist.

PRAXISTIPP:

Aus praktischer Sicht ist bemerkenswert, dass der EuGH neben der Verlustnutzung durch Veräußerung der Wirtschaftsgüter durch die Tochtergesellschaft im betreffenden Steuerjahr sowie den Verlustvor- bzw. -rücktrag zudem auch für den Nachweis einer tatsächlichen Finalität verlangt, dass der Anteilseigner, der eine Verlustberücksichtigung begehrt, nachweist, dass eine Verlustberücksichtigung auch bei Anteilsveräußerung ausgeschlossen wäre. Aus deutscher Sicht ist dabei § 8c KStG zu beachten, wonach der Wechsel des Anteilseigners zu einem Verlustuntergang führen kann. Gleichzeitig besteht aber mit § 8d KStG theoretisch die Möglichkeit des Verlusterhalts, weshalb sich die Frage stellt, ob bzw. in welcher Höhe überhaupt tatsächlich finale Verluste entstehen können (dazu Kahlenberg, Ubg 2019 S. 452).

III. Gesetzesänderungen

1. BREXIT-Steuerbegleitgesetz

Im Vorgriff auf den möglichen Austritt des Vereinigten Königreichs Großbritannien und Nordirland (kurz: VK) hat der deutsche Steuergesetzgeber im Rahmen des sog. Brexit-Steuerbegleitgesetzes eine Reihe von Vorschriften erlassen, die unliebsamen Steuerfolgen (insbes. Steuerentstrickungsrisiken) aufgrund des BREXIT vorbeugen sollen.

a) Änderungen im Außensteuergesetz (§ 6 AStG)

Im Bereich der sog. Wegzugsbesteuerung (§ 6 AStG) stellt sich die Frage, ob der BREXIT ggf. zur Aufhebung einer bereits gewährten Steuerstundung nach § 6 Abs. 5 AStG führt – die Rechtsfolgen des § 6 AStG wurden bzw. werden also bereits vor dem BREXIT ausgelöst. Sollte der Wegzug erst nach dem BREXIT stattfinden, wäre § 6 AStG voraussichtlich vor dem Hintergrund der Drittstaateneigenschaft des VK zu würdigen.

Für Vorgänge, bei denen die Rechtsfolgen des § 6 AStG im Verhältnis zum VK schon ausgelöst wurden bzw. noch ausgelöst werden, stellte sich konkret die Frage, ob die Voraussetzungen für eine zeitlich unbegrenzte Steuerstundung nach § 6 Abs. 5 AStG dauerhaft (zeitraumbezogen) oder nicht nur im tatbestandsmäßig relevanten Zeitpunkt (z. B. Wegzug) vorliegen mussten. Diese Unklarheit hat der Gesetzgeber durch Ergänzung des § 6 Abs. 5 Satz 4 AStG gelöst (so auch Link, NWB 2019 S. 177 [182]).

„[...], wenn die Voraussetzungen für die Stundung nach den Sätzen 1 bis 3 nicht mehr vorliegen oder"

Nach dieser Änderung müssen die Voraussetzungen für eine Steuerstundung zukünftig permanent vorliegen; andernfalls – etwas infolge des BREXIT, weil keine Ansässigkeit mehr in einem EU/EWR vorliegt – ist eine grds. zeitlich unbefristete Steuerstundung aufzuheben. Damit droht nicht nur im Verhältnis zum VK eine drastische Regelungsverschärfung (Häck/Kahlenberg, IStR 2019 S. 253 (255)). Um jedenfalls im Verhältnis zum VK die negativen Steuerfolgen (Widerruf der Steuerstundung) abzuwehren, wurde gleichzeitig ein neuer Absatz 8 geschaffen, nach dem der BREXIT allein (als schädliches Ereignis) den Widerruf der Steuerstundung nicht auflösen soll:

„(8) Abweichend von Absatz 5 Satz 4 führt der Austritt des Vereinigten Königreichs Großbritannien und Nordirland aus der Europäischen Union nicht zum Widerruf der Stundung, wenn allein auf Grund dessen für den Steuerpflichtigen oder seinen Rechtsnachfolger im Sinne des Absatzes 5 Satz 3 Nummer 1 die Voraussetzungen für die Stundung nach Absatz 5 Satz 1 und 3 nicht mehr vorliegen. In den Fällen des Satzes 1 ist Absatz 5 Satz 4 auf die gestundeten Beträge weiterhin mit der Maßgabe anzuwenden, dass die Stundung über die in Absatz 5 Satz 4 geregelten Tatbestände hinaus auch zu widerrufen ist,

1. soweit die Anteile auf Grund einer Entnahme oder eines anderen Vorgangs, der nach inländischem Recht nicht zum Ansatz des Teilwerts oder des gemeinen Werts führt, weder einer Betriebsstätte des Steuerpflichtigen im Vereinigten Königreich Großbritannien und Nordirland noch einer Betriebsstätte des Steuerpflichtigen im Sinne des Absatzes 5 Satz 3 Nummer 3 zuzuordnen ist;

2. wenn für den Steuerpflichtigen oder für seinen Rechtsnachfolger im Sinne des Absatzes 5 Satz 3 Nummer 1 infolge der Aufgabe des Wohnsitzes oder gewöhnlichen Aufenthalts weder eine mit der deutschen unbeschränkten Einkommensteuerpflicht vergleichbare Steuerpflicht im Vereinigten Königreich Großbritannien und Nordirland noch eine Steuerpflicht nach Absatz 5 Satz 1 besteht.

In den Fällen des Satzes 2 gilt Absatz 7 entsprechend."

Die Neuregelung ist zweistufig aufgebaut: Zunächst sieht § 6 Abs. 8 Satz 1 AStG eine Art „BREXIT-Escape" vor, indem einmalig für den Fall des BREXIT der Widerruf einer bereits gewährten Steuerstundung ausgesetzt wird. Zusätzlich regelt § 6 Abs. 8 Satz 2 AStG weitere Tatbestände für den Widerruf der gewährten Stundung (dazu ausführlich Häck/Kahlenberg, IStR 2019 S. 253 [256]; Jordan, StuB 2019 S. 66 [69 f.]):

▶ Nach § 6 Abs. 8 Satz 2 Nr. 1 AStG ist die Steuerstundung auch zu widerrufen, wenn die widerrufsbefangenen Anteile aus einem Betriebsvermögen entnommen werden oder ein anderer Vorgang erfolgt, ohne dass es zu einer Realisation der in den Anteilen befindlichen stillen Reserven kam.

▶ Nach § 6 Abs. 8 Satz 2 Nr. 2 AStG ist auch der Weiterverzug aus dem VK in einen Drittstaat widerrufsschädlich. Diese Ergänzung war vor allem deshalb erforderlich, weil das VK nach dem BREXIT nicht mehr als EU-Staat qualifiziert und damit formal betrachtet auch kein widerrufsauslösender Weiterverzug aus einem EU- in einen Drittstaat hätte erfolgen können.

b) Änderungen im Körperschaftsteuergesetz

aa) Keine fiktive Sitzverlegung

Verlegt eine EU/EWR-Gesellschaft ihren Verwaltungssitz in einen Drittstaat, gilt (Fiktion) sie nach § 12 Abs. 3 KStG als aufgelöst. Folge dessen ist die Liquidationsbesteuerung nach § 11 KStG (einschließlich der Aufdeckung der in deutschen Betriebsstätten befindlichen stillen Reserven).

Nach dem BREXIT würden im Vereinigten Königreich ansässige Körperschaften ihren EU-/EWR-Status einbüßen, weshalb sich die Frage stellte, ob dieser Vorgang ggf. die Rechtsfolgen des § 12 Abs. 3 KStG mit der Folge der Liquidationsbesteuerung für inländisches (Betriebs-)Vermögen auslösen könnte (siehe z. B. Holle/Weiss, IWB 2018 S. 800 (803)). Um dies zu verhindern, wurde i. R. d. BREXIT-StBG § 12 Abs. 3 KStG um einen Satz 4 ergänzt (dazu Link, NWB 2018 S. 177 [181]; Kudert/Kahlenberg, FR 2019 S. 250 [252]):

„Dieser Absatz ist mit der Maßgabe anzuwenden, dass allein der Austritt des Vereinigten Königreichs Großbritannien und Nordirland aus der Europäischen Union nicht dazu führt, dass eine Körperschaft, Vermögensmasse oder Personenvereinigung dadurch als aus der unbeschränkten Steuerpflicht in einem Mitgliedstaat der Europäischen Union ausgeschieden gilt oder als außerhalb der Europäischen Union ansässig anzusehen ist."

Die Vorschrift setzt tatbestandlich die unbeschränkte Steuerpflicht einer Körperschaft im VK voraus. Rechtsfolgenseitig wird angeordnet, dass nur aufgrund des BREXIT kein Austritt aus der unbeschränkten Steuerpflicht oder Ansässigkeit eines EU-Staates anzunehmen ist, um das Risiko einer sog. passiven Entstrickung infolge des BREXIT abzuwehren. Zudem soll die Vorschrift auch vermeiden, dass eine VK-Gesellschaft nach dem BREXIT ihren Verwaltungssitz in einen Drittstaat verlagert und dieser Vorgang mangels EU-Bezug nicht unter § 12 Abs. 3 Satz 2 bzw. 2 KStG subsumiert werden kann (Link, NWB 2018 S. 177 [182]).

bb) Keine Entstrickung von Einzelwirtschaftsgütern

Die weitere Änderung in § 12 KStG betrifft die Einführung eines neuen Absatz 4, der die Steuerneutralität von Betriebsvermögen einer unbeschränkt steuerpflichtigen Körperschaft mit statutarischem Sitz im VK sicherstellen soll. Hintergrund dieser Regelung ist die Sitztheorie nach deutschen Gesellschaftsrechtsstatut: Danach ist auf eine juristische Person das Recht des Staates anzuwenden, in dem sich ihr Verwaltungssitz befindet (grundlegend BGH v. 27.10.2008 – II ZR 158/06, BGHZ 178 S. 192, NWB YAAAD-01260 – „Trabrennbahn"). Sofern eine Gesellschaft im VK errichtet wurde, der Verwaltungssitz sich aber in Deutschland befindet, wäre nach den formellen Gründungsvoraussetzungen des deutschen Gesellschaftsrechts eine erneute Gründung in Deutschland erforderlich. Im EU-/EWR-Kontext zwingt die Niederlassungsfreiheit aber die Mitgliedstaaten, von diesem Zwischenschritt abzusehen (siehe etwa EuGH v. 30.9.2003 – C-167/01, Inspire Art, ECLI:EU:C:2003:512, NWB JAAAB-72607; BGH v. 14.3.2005 – II ZR 5/03, NJW 2005 S. 1648: konkret zur britischen Ltd.). Nach dem BREXIT ist die Niederlassungsfreiheit im Verhältnis zum VK aber nicht mehr einschlägig, weshalb derartigen Gesellschaftsstrukturen der zivilrechtliche Verlust der Rechtspersönlichkeit droht, der ggf. auch entsprechende Steuerfolgen nach sich ziehen könnte. Dies zu vermeiden, ist Gegenstand des neuen § 12 Abs. 4 KStG:

„Einer unbeschränkt steuerpflichtigen Körperschaft mit Sitz im Vereinigten Königreich Großbritannien und Nordirland ist nach dem Austritt des Vereinigten Königreichs Großbritannien und Nordirland aus der Europäischen Union das Betriebsvermögen ununterbrochen zuzurechnen, das ihr bereits vor dem Austritt zuzurechnen war."

Bemerkenswert ist in diesem Zusammenhang, dass nach ständiger BFH-Rechtsprechung ausländische Gesellschaften nach dem sog. Typenvergleich einzuordnen sind. Insofern löst sich das (Ertrags-)Steuerrecht ggf. von der zivilrechtlichen Betrachtung (s. nur BFH v. 8.9.2010 – I R 6/09, BStBl 2013 II S. 186). Dies unterstellt, wäre § 12 Abs. 4 KStG rein deklaratorisch bzw. sogar entbehrlich (Kudert/Kahlenberg, FR 2019 S. 250 [253 f.]). Unklar ist daher, ob die BFH-Ansicht lediglich manifestiert werden soll oder der Gesetzgeber dieser Ansicht nicht folgt. Die Gesetzesbegründung (BT-Drucks. 19/7959 S. 37) spricht für die erstere Ansicht, weil auf die einschlägige BFH-Rechtsprechung unmittelbar Bezug genommen wird. Ferner weist der Gesetzgeber darauf hin, dass § 12 Abs. 4 KStG nur dazu dient, dass der Brexit allein keine Aufdeckung und Besteuerung der stillen Reserven auslösen soll. Weshalb das vermeintliche Entstrickungsrisiko aber letztlich nur im Verhältnis zum VK ausdrücklich vermieden wird, erklärt sich nicht.

IV. Verwaltungsanweisungen

1. Steuerabzug nach § 50a Abs. 1 Nr. 3 EStG bei Einkünften aus der Überlassung von Rechten und von gewerblichen, technischen, wissenschaftlichen und ähnlichen Erfahrungen, Kenntnissen und Fertigkeiten

BMF v. 3.4.2019 – IV C 5 - S 2411/11/10002, BStBl 2019 I S. 256, NWB UAAAH-12190

(Kimberly Kutac)

Durch § 50a EStG wird die Einkommensteuer bei beschränkt Steuerpflichtigen für bestimmte Einkünfte im Wege des Steuerabzugs vom Vergütungsschuldner erhoben. Dies ist u. a. bei Einkünften der Fall, die aus Vergütungen für die Überlassung der Nutzung oder des Rechts auf Nutzung von Rechten, insbesondere von Urheberrechten und gewerblichen Schutzrechten, von gewerblichen, technischen, wissenschaftlichen und ähnlichen Erfahrungen, Kenntnissen und Fertigkeiten, zum Beispiel Plänen, Mustern und Verfahren, herrühren, sowie bei Einkünften, die aus der Verschaffung der Gelegenheit erzielt werden, einen Berufssportler über einen begrenzten Zeitraum vertraglich zu verpflichten.

Das BMF hat hierzu mit o. g. Schreiben klargestellt, dass Vergütungen, die ausländische Plattformbetreiber und Internetdienstleister für die Platzierung oder Vermittlung von elektronischer Werbung auf Internetseiten erhalten, nicht dem Steuerabzug nach § 50a Abs. 1 Nr. 3 EStG unterliegen. Begründet hat das BMF den Ausschluss von § 50a EStG Abs. 1 Nr. 3 EStG damit, dass die Vergütungen weder für eine zeitlich begrenzte Rechteüberlassung nach § 49 Abs. 1 Nr. 2 Buchst. f EStG noch für die Nutzung von gewerblichen, technischen, wissenschaftlichen oder ähnlichen Erfahrungen, Kenntnissen und Fertigkeiten nach § 49 Abs. 1 Nr. 9 EStG geleistet werden. Konkret betrifft dies Entgelte für Werbung bei Anfragen in Online-Suchmaschinen, über Vermittlungsplattformen, für Social-Media-Werbung, Bannerwerbung und vergleichbare sonstige Onlinewerbung und unabhängig davon, unter welchen Voraussetzungen die Vergütung aufgrund des konkreten Vertragsverhältnisses geleistet wird (z. B. Cost per Click, Cost per Order oder Cost per Mille, Revenue Share).

2. Nichtanwendung der Urteilsgrundsätze vom 26.8.2010 (Az. I R 53/09) aufgrund Schiedsentscheidung des EuGH vom 12.9.2017 zu Art. 11 Abs. 2 DBA-Österreich durch Verfügung des BMF vom 21.2.2019

BMF v. 21.2.2019 – IV B 3-S 1304-AUT/11/10003, BStBl 2019 I S. 208, NWB HAAAH-08500

(Dr. Noemi Strotkemper)

In der Sache hat das BMF die Umsetzung der Schiedsgerichtsentscheidung des EuGH v. 12.9.2019 anerkannt (BMF v. 21.2.2019, BStBl 2019 I S. 208; vgl. m. w. N. zu dem Schiedsgerichtsverfahren und seinen Inhalten bereits die Besprechung in der Vorauflage bei Strotkemper in Kahlenberg/Weiss, Steuerrecht aktuell 1/2019, S. 140 ff. sowie dies., IStR 2019 S. 235 ff.). Mit seinem Schiedsgerichtsurteil hatte der EuGH erstmals auf Grundlage von Art. 273 AEUV im Rahmen der Beilegung eines Doppelbesteuerungskonflikts nach DBA als Schiedsrichter fungiert und damit zur obligatorischen Beendigung eines Verständigungsverfahrens beigetragen (zu einer tabellarischen Übersicht zu innerhalb der OECD und der G20 sowie der EU zur Verfügung stehende obligatorischen Streitbeilegungsmechanismen siehe Hendricks/Strotkemper, Ubg 2019 S. 535, 540 ff.).

Die Anerkennung und Umsetzung dieser Urteilsgrundsätze in nationales Recht führt in der Sache letztlich dazu, dass die deutsche Finanzverwaltung die Urteilsgrundsätze aus dem Urteil des BFH v. 26.8.2010 (I R 53/09, BStBl 2019 II S. 147, NWB RAAAD-56608) nicht mehr anwenden darf.

a) Rückblick auf den Urteilsgegenstand des Schiedsgerichtsurteils und des damit verbundenen Verfahrensablaufs

Mit Schiedsgerichtsentscheidung v. 12.9.2017 hat der EuGH in der Rs. C-648/15 als Schiedsgericht in Ergänzung des Verständigungsverfahrens dazu beigetragen, dass eine abkommenswidrige Doppelbesteuerung nach Art. 25 Abs. 1 DBA-Österreich nach ergebnislosen Verständigungsbemühungen im Wege des obligatorischen Schiedsmechanismus des Art. 25 Abs. 5 DBA-Österreich erfolgreich ausgeräumt werden konnte. In materiell-rechtlicher Hinsicht betraf der Gegenstand des Verfahrens die Auslegung der Begrifflichkeit *„Forderungen mit Gewinnbeteiligungen"* in Art. 11 Abs. 2 DBA-Österreich. In seiner Funktion als Schiedsgericht nach Art. 25 Abs. 5 DBA-Österreich entschied der EuGH die anhängige Streitfrage anders als der BFH noch in seinem Urteil v. 26.8.2010. Entgegen der Auffassung des BFH, die der BFH im Rahmen eines vorangehenden Verfahrens, das in der gleichen Angelegenheit die Erstattung von zuvor einbehaltener Kapitalertragsteuer betroffen hatte – und nicht die Beseitigung der abkommenswidrigen Besteuerung im Rahmen der Veranlagung – vertreten hatte, ging der EuGH nunmehr davon aus, dass es sich im Fall um eine „normale" Kapitalforderung ohne Gewinnbeteiligung i. S. d. Art. 11 Abs. 1 DBA-Österreich handelt. Demgegenüber hatte der BFH zuvor noch angenommen, dass es sich bei den streitgegenständlichen Forderungen aus den Genussscheinen trotz der vorgesehenen fixen Verzinsung wegen der bestehenden Verlustbeteiligung um eine Forderung mit

Gewinnbeteiligung i. S. d. Art. 11 Abs. 2 DBA-Österreich handelt. Im Ergebnis hat sich der EuGH mit der Entscheidung für die Heranziehung der autonomen Auslegung des Begriffs „*Forderungen mit Gewinnbeteiligung*" zugleich für die vorrangige Auslegung von DBA aus sich heraus (und gegen die Heranziehung nationalen Rechts nach Art. 3 Abs. 2 DBA-Österreich) ausgesprochen.

Für die Verteilung der Besteuerungsrechte zwischen Österreich als Ansässigkeitsstaat des Nutzungsberechtigten und Deutschland als Quellenstaat bedeutet die Entscheidung daher, dass Österreich nach Art. 11 Abs. 1 DBA-Österreich das ausschließliche Besteuerungsrecht an den fraglichen Zinserträgen zusteht. Infolgedessen war Deutschland als Quellenstaat spätestens mit der Zustimmung des Steuerpflichtigen zur Entscheidung als Quellenstaat nach Art. 27 DBA-Österreich (und § 50d EStG) dazu angehalten, die zuvor einbehaltene Kapitalertragsteuer – nebst Erstattungszinsen nach § 233a AO – zu erstatten.

Ob im vorliegenden Fall eine solche Zustimmung tatsächlich eingeholt wurde, ist nicht bekannt. Denn in Bezug auf die Durchführung und Umsetzung von seitens des EuGH erlassenen Schiedsgerichtsurteilen hat sich im Schrifttum noch keine allgemeine Meinung zu der Frage der Zustimmungsbedürftigkeit gebildet. So messen manche Stimmen einem Schiedsgerichtsurteil des EuGH eine unmittelbare Verbindlichkeit zu und gehen offensichtlich nicht von dem Bedürfnis der Zustimmung des Steuerpflichtigen bzw. einer Umwandlung als Verständigungsvereinbarung aus (vgl. etwa Stefaner in Wassermeyer, DBA, 145. Erg.-Lfg. 2019, Art. 25 DBA-Österreich, Rz. 11). Demgegenüber verlangen Teile des Schrifttums, dass sich die Durchführung und Umsetzung wieder nach DBA und den OECD-Standards zu richten habe und Schiedssprüchen dementsprechend keine unmittelbar verfahrensbeendigende Wirkung zukommt, d. h. sie zu ihrer Durchführung der Umwandlung als Verständigungsvereinbarung ebenso wie der Zustimmung des Steuerpflichtigen bedürfen (so Ziff. 19 MVV – für Deutschland etwa umgesetzt in Ziff. 19 des MoU-UK, BStBl 2011 I S. 956; die fehlende verfahrensbeendigende Wirkung ausdrücklich kritisierend Lehner in Kirchhof/Nieskens, Festschrift Wolfram Reiss zum 65. Geburtstag, 2008, S. 665, 673; für eine Zustimmung beruft sich Flüchter in Schönfeld/Ditz, DBA, 2. Aufl. 2019, Art. 25, Rz. 321 überzeugend auf die nur mittelbare Beteiligung des Steuerpflichtigen an dem Schiedsverfahren). Nach US-Schiedsklauseln bedarf es hingegen keines gesonderten Umwandlungsaktes als Verständigungsvereinbarung, weil eine Schiedsentscheidung direkt als Verständigung fingiert wird (vgl. etwa Ziff. 17 a) des MoU-USA, BStBl 2009 I S. 345). Im Anschluss an die Fiktion bedarf es dann aber gleichermaßen noch der Zustimmung des Steuerpflichtigen (vgl. Ziff. 17b) des MoU-USA, BStBl 2009 I S. 345). Würde sich der Steuerpflichtige nicht fristgerecht innerhalb von 30 Tagen hierzu erklären, gilt die Entscheidung als nicht angenommen.

HINWEIS:

Zur innerstaatlichen Durchführung und Umsetzung von Verständigungsvereinbarungen in der Praxis:

Zur Durchführung einer erfolgreichen Verständigungsvereinbarung bedarf es dieser Zustimmung ebenfalls. Das Bedürfnis begründet sich schon daraus, dass der Steuerpflichtige i. d. R. parallel noch über laufende innerstaatliche Rechtsbehelfsverfahren verfügt, die er für den Zweck des Durchlaufens des Verständigungs- und Schiedsverfahrens zeitweise ruhend gestellt hat. Damit er im Ergebnis kein „*cherry picking*" betreiben kann bzw. letztlich nicht Gefahr gelaufen wird, dass ein nationales Urteil und eine Verständigungs- oder Schiedslösung im Ergebnis in der Sache diametral entschieden werden, wird der Steuerpflichtige dazu aufgefordert, sich mit der Durchführung und der Umsetzung der internationalen Lösung einverstanden zu erklären und noch offene nationale Rechtsbehelfe zurückzunehmen bzw. auf die Einleitung zu verzichten. Diese Erklärungen können in der Sache auf den Streitgegenstand der internationalen Entscheidung beschränkt werden (sog. *„Teilrücknahme"* i. S. d. § 362 Abs. 1a AO bzw. § 72 Abs. 1a FGO oder sog. *„Teilverzicht"* i. S. d. § 354 Abs. 1a AO bzw. § 50 Abs. 1a FGO).

Über diesen Fall hinaus haben auch die zuständigen Behörden in Österreich und in Deutschland noch mit keinen weiteren Präzedenzfällen zu tun gehabt. Auch das deutsche Merkblatt zum Verständigungs- und Schiedsverfahren schweigt hierzu (siehe BMF v. 9.10.2018 – IV B 2 - S 1304/17/10001, BStBl 2018 I S. 1122, NWB LAAAH-01436). Insofern steht die Herausbildung einer entsprechenden Verwaltungspraxis zu der Frage (k)einer verfahrensbeendigenden Wirkung eines Schiedsspruchs des EuGH nach Art. 25 Abs. 5 DBA-Österreich i. V. m. Art. 273 AUEV ebenfalls noch aus. Nicht positiv geklärt ist daher nicht nur, ob es automatisch zu einer Fiktion der Schiedsentscheidung als Verständigungsvereinbarung kommt, sondern auch ob es zusätzlich noch auf eine Zustimmungserklärung des Steuerpflichtigen zur Schiedslösung ankommt. Hier bleibt die weitere Entwicklung abzuwarten.

Spätestens im Anschluss an eine (unterstellte) Zustimmung des Steuerpflichtigen ist jedenfalls im vorliegenden Fall davon auszugehen, dass es mittlerweile zu einer Umsetzung der Schiedsgerichtsentscheidung in nationales Recht gekommen ist.

HINWEIS:

Zur Dauer der Ablaufhemmung des § 175a AO:

Zu lange sollte in der Praxis mit einer solchen Umsetzung nicht zugewartet werden, weil § 175a AO im Anschluss an das Wirksamwerden einer Verständigungsvereinbarung oder Schiedsentscheidung eine Ablaufhemmung zur Änderung entsprechender nationaler Steuerbescheide nur für ein Jahr vorsieht. Sollten die Behörden insoweit nicht von sich aus, zeitnah die entsprechende Umsetzung veranlassen, sind betroffene Steuerpflichtige in einer solchen Situation gut beraten, wenn sie einen Antrag i. S. d. § 171 Abs. 3 AO stellen und sich so in die Lage versetzen, im Fall von einer weiteren Ablaufhemmung profitieren zu können.

b) Folgen der nationalen Umsetzung der Schiedsgerichtsentscheidung

Grundsätzlich beschränkt sich die Bindungswirkung des Schiedsspruchs des EuGH nur auf den streitbefangenen konkret-individuellen Sachverhalt und entfaltet darüber hinausgehend keine präjudizielle Wirkung. Über den mit Urteil v. 26.8.2010 seitens des BFH in der Sache seinerzeit noch abweichend entschiedenen Einzelfall hinaus hat sich das BMF nunmehr dazu entschieden, gleichgelagerte Sachverhalte einheitlich zu handhaben. Insofern hat die Finanzverwaltung nunmehr mit Verfügung v. 21.2.2019 Folgendes klargestellt: Die Grundsätze dieses – mittlerweile wegen der Schiedsgerichtsentscheidung des EuGH überholten – BFH-Urteils sollen auch im Übrigen nicht (mehr) auf weitere Fälle anzuwenden sein (sog. *„Nichtanwendungserlass"*), auf die das DBA-Österreich Anwendung findet und in denen die Genussscheine durch Zinsen in Höhe eines festen Prozentsatzes ihres Nennwertes vergütet werden, eine Verminderung oder Aussetzung der Ausschüttung der Zinsen eintritt, wenn der Emittent dadurch einen Bilanzverlust erleidet und ein Ausgleich in den nachfolgenden Gewinnjahren des Emittenten zu denselben Konditionen wie die reguläre Verzinsung vorgesehen ist. In allen anderen Fällen, in denen die Forderungsvergütung indessen zumindest teilweise von der Höhe des Gewinns des Schuldners abhängig ist, soll allerdings – weiterhin – an den Grundsätzen der BFH-Rechtsprechung zu „*Forderungen mit Gewinnbeteiligung*" i. S. d. Art. 11 DBA-Österreich festgehalten werden.

Folgerungen: Dass das Schiedsgerichtsurteil offenbar – entweder durch die Zustimmung und Transformation als Verständigungsvereinbarung oder unmittelbar kraft Schiedsspruchs – Verbindlichkeit erfahren hat und das nationale Umsetzungsverfahren auf Grundlage von § 175a AO in die Wege geleitet wurde, erweist sich als in der Sache zutreffend und konsequent. Alles andere hätte wegen der völkerrechtlichen Bindungswirkung des Schiedsspruches zu einem Verstoß gegen Völkervertragsrecht geführt.

Der Erlass der deutschen Finanzverwaltung v. 21.2.2019 ist ebenfalls zu begrüßen. Denn soweit sich das BMF mit dem Nichtanwendungserlass im Hinblick auf das frühere Urteil des BFH v. 26.8.2010 nunmehr dazu bekannt hat, dass das Besteuerungsrecht für Kapitalforderungen, nach denen Berechtigte nur Ansprüche auf fixe Verzinsungen haben und allenfalls an Verlusten partizipieren, künftig nach Art. 11 Abs. 1 DBA-Österreich nur noch dem Ansässigkeitsstaat zukommen soll (und die Ansprüche nicht länger als Forderungen mit Gewinnbeteiligungen i. S. d. Art. 11 Abs. 2 DBA-Österreich (Besteuerungsrecht Quellenstaat) behandelt werden) weist de facto einen gewissen präjudiziellen Zug auf und erhöht die Rechtssicherheit für betroffene Steuerpflichtige.

3. BMF-Schreiben zur Anwendung der EU-Streitbeilegungsrichtlinie in Deutschland ab dem 1.7.2019 vom 25.6.2019

BMF v. 25.6.2019 – IV B 3-S 1317/16/10058:010, BStBl 2019 I S. 647, NWB SAAAH-21387

(Dr. Noemi Strotkemper)

Die EU-Streitbeilegungsrichtlinie 2017/1852 des Rates v. 10.10.2017 über Verfahren zur Beilegung von Besteuerungsstreitigkeiten in der Europäischen Union (EU-SBLR) ergänzt seit dem 1.7.2019 die Streitbeilegungslandschaft im internationalen Steuerrecht. Innerhalb der EU können von abkommenswidrigen Besteuerungen betroffene Personen die Einleitung von zwischenstaatlichen Verständigungs- und Schiedsverfahren nicht länger nur auf Grundlage von Verständigungs- und Schiedsklauseln nach bilateralen DBA oder dem Übereinkommen über die Beseitigung der Doppelbesteuerung im Falle von Gewinnberichtigungen zwischen verbundenen Unternehmen (90/436/EWG) v. 20.8.1990 (EU-Schiedskonvention) beantragen, sondern nunmehr auch auf dieser Rechtsgrundlage.

a) Zeitliche Anwendbarkeit der EU-Streitbeilegungsrichtlinie zum 1.7.2019 auch in Deutschland

Die EU-SBLR verfolgt das wesentliche Ziel, die Effizienz zwischenstaatlicher Verständigungs- und obligatorischer Schiedsverfahren zur Minimierung von Doppelbesteuerungen und damit einhergehender Diskriminierungen im EU-Binnenmarkt zu verbessern (vgl. Präambel zur EU-SBLR). Auch soll die Rechtssicherheit für betroffene Steuerpflichtige signifikant gesteigert werden.

Die EU-Mitgliedstaaten waren verpflichtet, die EU-SBLR bis einschließlich zum 30.6.2019 in nationales Recht zu gießen. In Deutschland ist es noch nicht rechtzeitig zum Abschluss des Gesetzgebungsverfahrens gekommen. Aktuell befindet sich das Gesetzgebungsverfahren nach wie vor noch im Stadium des Gesetzesentwurfs (s. BR-Drucks. 227/19). Zuletzt ist der Präsident des Bundestags nach Beschlussfassung durch die Bundesregierung v. 31.7.2019 mit Begründung und Vorblatt um Beschlussfassung des Gesetzes durch den Bundestag ersucht worden. Diese Beschlussfassung steht noch aus. Mit dem demnächst bevorstehenden Inkrafttreten des EU-Doppelbesteuerungsabkommen-Streitbeilegungsgesetzes (EU-DBA-SBG) wird Deutschland daher erstmals über materielle Gesetzesgrundlagen zur Durchführung von Verständigungs- und Schiedsverfahren verfügen.

Der Regelungsgehalt der EU-SBLR wurde mit BMF-Schreiben v. 25.6.2019 (IV B 3 – S 1317/16/10058:010, BStBl 2019 I S. 647, NWB SAAAH-21387) in Deutschland gleichwohl bereits mit Wirkung zum 1.7.2019 für unmittelbar anwendbar erklärt. Für die Praxis bedeutet das, dass (Streitbeilegungs-)Beschwerden ab dem 1.7.2019 für Steuerjahre ab 2018 bis zum Inkrafttreten des EU-DBA-SBG unter direkte Berufung auf die EU-SBLR bei der zuständigen Behörde, dem Bundeszentralamt für Steuern, eingereicht werden können.

Die beschriebene direkte Anwendbarkeit der Richtlinie als Rechtsgrundlage fußt damit noch direkt auf ihrem Rechtscharakter als europäisches und vorhergehendes Sekundärrecht und – noch – nicht auf dem EU-DBA-SBG als nationaler gesetzlicher Rechtsgrundlage. Hierin unterscheidet sich die Rechtslage in Deutschland damit von der Rechtslage in anderen EU-Mitgliedstaaten, die das nationale Gesetzgebungsverfahren zur Umsetzung der Richtlinie rechtzeitig innerstaatlich abgeschlossen haben. So haben Belgien, Dänemark, Frankreich, Slowenien, die Slowakei und Finnland fristgerechte Umsetzungsgesetze auf den Weg gebracht. Mittlerweile sind entsprechende Umsetzungsgesetze auch in Irland, Spanien, Litauen, Ungarn, Malta, den Niederlanden, Österreich, Großbritannien, Bulgarien, Rumänien, Portugal, Schweden, Lettland, Estland und Kroatien in Kraft (vgl. https://eur-lex.europa.eu/legal-content/de/NIM/?uri=CELEX:32017L1852). Neben Deutschland steht der Abschluss des Gesetzgebungsverfahrens hingegen in Griechenland, Italien, Luxemburg, Polen, Tschechien und Zypern nach wie vor noch aus.

b) Sachliche Anwendbarkeit der EU-SBLR

Verständigungs- und Schiedsverfahren können auf Grundlage der Richtlinie zum Stichtag des 1.7.2019 zur Beilegung abkommenswidriger (Doppel-) Besteuerungskonflikte für Steuerjahre ab 2018 eingeleitet werden. Es steht in dem Ermessen der jeweiligen EU-Mitgliedstaaten diesen Zeitraum noch weiter auszudehnen, z. B. für Anträge vor dem 1.7.2019 oder für frühere Steuerjahre (s. zu der EU-SBLR im Einzelnen schon Flüchter in Schaumburg/Englisch, Europäisches Steuerrecht, 2. Aufl. 2020, Streitbeilegungs-Richtlinie, Rz. 24.1 ff.; Rüll, IStR 2019 S. 728 ff.; Strotkemper in Kahlenberg/Weiss, Steuerrecht aktuell, 1/2019 S. 146 ff.).

Die von der EU-SBLR verfolgte Stärkung der Rechte der betroffenen Steuerpflichtigen soll insbesondere durch

- ▶ die Erweiterung des Anwendungsbereichs der Verfahren auch für sonstige Auslegungs- und Anwendungskonflikte von Unternehmen oder natürlichen Personen,
- ▶ (noch) detaillierteres geschriebenes Verfahrensrecht,
- ▶ die Begründung von Zurückweisungen von Beschwerden und ergebnislosen Verständigungsverfahren,
- ▶ die Möglichkeit zur Veröffentlichung von Schiedsentscheidungen bzw. jedenfalls von vorgegebenen Mindestangaben, sowie
- ▶ die Disponibilität diverser Rechtsbehelfe, die die Durchsetzung des Verfahrensfortgangs sicherstellen sollen,

erreicht werden.

Weil es sich bei dem europäischen Rechtsinstrument der Richtlinie um europäisches Sekundärrecht handelt, ist dieses Recht im Verhältnis zu anderen nationalen Rechtsgrundlagen vorrangig anzuwenden. In der Regelungshierarchie ist demgemäß davon auszugehen, dass dem Regelungsgehalt der EU-SBLR diese Vorrangwirkung auch gegenüber völkerrechtlichen Verträgen (DBA bzw. anderen völkerrechtlichen Verträgen wie der EU-Schiedskonvention), die durch ihre Transformation in nationales Recht den Status als einfaches Recht haben, zukommt. Als Ausfluss dieses Vorrangs der EU-SBLR bzw. des jeweiligen nationalen Umsetzungsgesetzes vor einfachem nationalen Recht werden zuvor auf anderen Rechtsgrundlagen eingeleitete Verständigungs- und Schiedsverfahren daher automatisch beendet bzw. ihre Einleitung wird unzulässig (s. Art. 16 Abs. 5 EU-SBLR; Bühl, IWB 2019 S. 756, 757 weist insoweit auf die Gefahr der Präklusion sämtlicher Verständigungsverfahren durch einen unzulässigen Antrag auf Grundlage der EU-SBLR hin). Hierzu muss es jedoch nicht kommen, wenn sich die betroffene Person für die alleinige Beantragung der Einleitung des Verständigungs- und Schiedsverfahrens auf einer anderen im konkreten Fall zur Disposition stehenden Rechtsgrundlage entscheidet (zu einem aktuellen Überblick über unterschiedliche Rechtsgrundlagen mit oder ohne verbindlichen Schiedsmechanismus in EU- bzw. OECD-/G20-Staaten s. Hendricks/Strotkemper, Ubg 2019 S. 535, 540 ff.).

Letztlich stellt die EU-SBLR daher alternative – aber abschließende und deutlich über die bisherigen Regelungen zur Durchführung von Verständigungs- und Schiedsverfahren hinausgehende – verfahrensrechtliche Grundlagen zur Disposition. Sie verdrängt in Doppelbesteuerungsabkommen enthaltenen kollidierende Verständigungs- oder Schiedsklauseln also nicht per se kraft Gesetzes. Dies gilt auch in Zukunft im Verhältnis zur EU-Schiedskonvention, die zwischenzeitlich eine unbegrenzte Laufzeit erfahren hat und mit dem Inkrafttreten der EU-SBLR nicht gekündigt wurde (s. Art. 15 EU-Schiedskonvention sowie BMF, Merkblatt zum internationalen Verständigungs- und Schiedsverfahren auf dem Gebiet der Steuern vom Einkommen und Vermögen v. 9.10.2018, Ziff. 2.1.1, Ziff. 11.1.1; lediglich mit Blick auf einen harten Brexit könnte im Verhältnis zu Großbritannien die Anwendbarkeit wegen des fehlenden räumlichen Anwendungsbereichs künftig entfallen, vgl. Hendricks/Strotkemper, Ubg 2019 S. 535, 539 f.). Hierin besteht ein Unterschied zum MLI, das im Verhältnis zu in bilateralen DBA enthaltenen Verständigungs- und Schiedsklauseln im Falle der Anwendbarkeit des MLI ausschließende Rechtsgrundlagen normiert und gegenüber den jeweiligen DBA-Klauseln als eine sog. *„lex specialis"* fungiert. Im Verhältnis zu der EU-SBLR gilt für das MLI aber nichts anderes als für die DBA-Klauseln oder die EU-Schiedskonvention.

HINWEIS:

Zum Verhältnis der EU-SBLR und dem MLI:

Der obligatorische Schiedsverfahren regelnde Teil VI des MLI (Art. 18 ff. MLI) ist in Deutschland allerdings zum gegenwärtigen Zeitpunkt noch nicht anwendbar. Auch insoweit wurde das Ratifizierungsverfahren in Deutschland (immer) noch nicht abgeschlossen. Ob und inwieweit Art. 18 ff. MLI bezogen auf deutsche DBA als Rechtsgrundlagen überhaupt anwendbar sind und die in den DBA niedergelegten Verständigungs- und Schiedsverfahren modifizieren, hängt davon ab, dass beide Staaten des MLI unterzeichnet und ratifiziert haben, das jeweilige DBA von beiden Seiten als Covered Tax Agreement anerkannt wird, beide Staaten sich zur Anwendung des Teils VI. des MLI verpflichtet haben und sich die ggf. erklärten Vorbehalte zu den einzelnen Regelungen nicht als inhaltlich inkompatibel erweisen (vgl. auch dazu m.w.N. Hendricks/Strotkemper, Ubg 2019 S. 535, 538 ff.).

c) Geplantes rückwirkendes Inkrafttreten des EU-DBA-SBG in Deutschland

Mit dem Abschluss des Gesetzgebungsverfahrens soll das EU-DBA-SBG in Deutschland rückwirkend in Kraft treten (s. § 23 Abs. 1 Entwurf-EU-DBA-SBG). Die Rückwirkung wird damit gerechtfertigt, dass es aus Sicht des Steuerpflichtigen ausschließlich eine begünstigende Wirkung entfalte, wenn das EU-DBA-SBG die betroffene Person dazu berechtige, die Einleitung eines zusätzlichen – also neben die schon verfügbaren internationalen Verständigungs- und Schiedsklauseln – tretenden Verfahrens zur Beilegung von zwischenstaatlichen Doppelbesteuerungskonflikten zu beantragen (s. Gesetzesbegründung zum Entwurf-EU-DBA-SBG, S. 1, 28.).

Mit dem Inkrafttreten des EU-DBA-SBG wird das BMF-Schreiben v. 25.6.2019, das den Regelungsgehalt der EU-SBLR zwischenzeitlich für unmittelbar anwendbar erklärt hat, automatisch gegenstands- und wirkungslos. In dem gleichen Zuge wird es vermutlich zu der Veröffentlichung eines überarbeiteten Merkblatts des BMF mit weiteren konkretisierenden Hinweisen und Empfehlungen zur Durchführung der unterschiedlichen Verständigungs- und Schiedsverfahren kommen (s. zur aktuellen Fassung BMF, Merkblatt zum internationalen Verständigungs- und Schiedsverfahren v. 9.10.2018 – IV B 2 – S 1304/17/10001, BStBl 2018 I S. 1122).

d) Überblick über inhaltliche (In-)Kongruenzen des EU-DBA-SBG im Vergleich zur EU-SBLR

In konzeptioneller Hinsicht geht der Entwurf des EU-DBA-SBG in Abweichung zur EU-SBLR chronologisch vor und gibt den Regelungsgehalt der EU-SBLR in insgesamt acht Kapiteln wieder. Für den Rechtsanwender soll damit eine bessere Verständlichkeit und leichtere rechtstechnische Anwendbarkeit einhergehen (s. Entwurf-EU-DBA-SBG, S. 26). Die Kapitel lauten wie folgt:

Kap. 1: Allgemeiner Teil (§§ 1 ff.)

Kap. 2: Streitbeilegungsbeschwerde (§§ 4 ff.)

Kap. 3: Verständigungsverfahren (§§ 13 ff.)

Kap. 4: Streitbeilegung durch den Beratenden Ausschuss (§§ 17 ff.)

Kap. 5: Verfahrensregelungen für den Beratenden Ausschuss (§§ 21 ff.)

Kap. 6: Sonderregelung für natürliche Personen und kleinere Unternehmen (§ 28)

Kap. 7: Alternative Streitbeilegung (§ 29 f.)

Kap. 8: Schlussbestimmungen und gemeinsame Vorschriften (§§ 31 ff.)

Die Schlussvorschriften zur Begründung des Gesetzesentwurfs enthalten zudem eine mehrseitige tabellarische Gegenüberstellung, anhand derer der Rechtsanwender absatzgenau nachvollziehen kann, welcher konkrete Passus der EU-SBLR in welcher nationalen Umsetzungsvorschrift wiederzufinden ist (vgl. Entwurf-EU-DBA-SBG, S. 43 bis 47).

In materiell-rechtlicher Hinsicht orientiert sich der Regierungsentwurf zum EU-DBA-SBG weitgehend an den Vorgaben der EU-SBLR. Mit Blick auf eher nur überschaubar ausfallende Beurteilungs- oder Ermessensspielräume der EU-Mitgliedstaaten für die inhaltliche Umsetzung der EU-SBLR ins jeweilige nationale Recht leuchtet dies auch ein. Soweit ersichtlich sind noch in dem Referentenentwurf zum Teil identifizierte überschießende Umsetzungen in dem aktuellen Stand des Regierungsentwurfs nicht mehr enthalten. Dies betraf etwa den § 20 des Entwurfs, der statuierte, dass bei noch laufenden (Steuer-)Straf- oder Bußgeldverfahren von einem Versagungsgrund statt von einem bloßen Aussetzungsgrund auszugehen war.

Das zu implementierende Verfahren konkretisiert Regelungen zur Durchführung der drei von der EU-SBLR vorgesehenen wesentlichen Verfahrensphasen, die *„Streitbeilegungsbeschwerde"*, das *„Verständigungsverfahren"* und das *„Schiedsverfahren vor dem Beratenden Ausschuss"* bzw. den auf Wahl der zuständigen Behörden stattdessen möglichen Einsatz eines *„Alternativen Ausschusses"*. Zu dem Einsatz des *„Alternativen Ausschusses"* wird es grundsätzlich auf einer ad hoc-Basis für konkrete Einzelfälle kommen können. Dann ist mit dem Einsatz alternativer Streitbeilegungsmethoden wie der Final-Offer bzw. Baseball Arbitration oder anderer alternativer verbindlicher Konfliktlösungsmechanismen zu rechnen. Es ist aber auch denkbar, dass sich einzelne zuständige Behörden untereinander darauf verständigen, stets auf einen *„Alternativen Ausschuss"* zurückzugreifen und diesem Ausschuss durch den permanenten Einsatz des selbigen Schiedspanels eine institutionelle Ausprägung verleihen. In der Begründung zum Gesetzesentwurf können mögliche Verfahrensverläufe mittels einer veranschaulichenden Grafik leicht nachvollzogen werden (s. Entwurf-EU-DBA-SBG, S. 27). Speziell für das neue – und recht komplexe – Beschwerdeverfahren nebst unterschiedlicher Überprüfungsszenarien erscheint dies als eine wertvolle Hilfestellung für den Rechtsanwender. Begrüßenswert erscheint ebenfalls, dass sich der Gesetzesentwurf die von der EU-SBRL verwendete Terminologie zu eigen macht.

Insgesamt wird bis dato nur ein relativ geringes Konkretisierungsbedürfnis erkannt. Dies betrifft etwa die

▶ noch ausstehende Klarstellung der sprachlichen Abweichung zwischen EU-SBLR „Streitfrage zwischen Mitgliedstaaten" und „rechtliche Meinungsunterschiede" in § 2 Abs. 1 Nr. 3 des Entwurfs zum EU-DBA-SGB,

▶ die fehlende Ermöglichung der Kommunikation zwischen der betroffenen Person und der deutschen zuständigen Behörde in einer anderen Amtssprache der EU als einer neben die deutsche Sprache tretenden Fremdsprache, sowie

▶ eine Klarstellung dazu, worauf genau sich der Rechtsbehelfsverzicht (enges oder weites Verständnis des Streitgegenstands) bezieht.

Hilfreich würde darüber hinaus eine Ergänzung dazu erscheinen, wie der unbestimmte Rechtsbegriff der *„Maßnahme"*, die im Ergebnis zu einer Streitfrage geführt hat oder führen wird, genau auszulegen ist. Denn in der Praxis stellt sich vielfach die Frage, ob über die Bekanntgabe von Steuerbescheiden hinaus, auch auf andere Maßnahmen – wie etwa auf Feststellungen in der Betriebsprüfung – abgestellt werden darf (vgl. dazu auch *BStBK*, Stellungnahme v. 25.4.2019).

HINWEIS:

Zur Bestimmung der die abkommenswidrige Besteuerung begründenden Maßnahme in sachlicher und zeitlicher Hinsicht:

Der Musterkommentar der OECD zu Art. 25 scheint hier ein eher weites Verständnis an den Tag zu legen. So soll es stets auf die subjektive Sicht des Steuerpflichtigen ankommen und es soll die für ihn günstigste Auslegung gewählt werden. Dies soll nur dann nicht gelten, wenn eine mit angemessener Sorgfalt anstelle des Steuerpflichtigen handelnde Person in diesem Stadium in der Lage gewesen wäre, die Besteuerung als nicht dem Abkommen entsprechend zu erkennen (vgl. Art. 25 OECD-MK, Ziff. 14, 21, 23 S. 7; MEMAP, Best Practice No. 9). So wird etwa ein neuer Fristlauf bzw. ein neuer Anknüpfungspunkt für die die abkommenswidrige Besteuerung begründende Maßnahme in Gang gesetzt. Dies kann ausweislich der von der OECD gewählten Beispiele Fälle betreffen, in denen ein Staat nach Art. 23A oder Art. 23B eine Entlastung verweigert oder in denen es um Selbstveranlagungsfälle geht (Art. 25, Ziff. 24, Satz 3 bis 4 OECD-MK). Ob diese Grundsätze auch für Feststellungen der Betriebsprüfung gelten können, ist offen und bleibt abzuwarten.

Im Übrigen betreffen beanstandete Regelungsinhalte eher den bereits von der EU-SBLR vorgegebenen und für die EU-Mitgliedstaaten verbindlichen Inhalt (s. etwa diverse Stellungnahmen zum Referentenentwurf aus April 2019 unter https://www.bundesfinanzministerium.de/Content/DE/Gesetzestexte/Gesetze_Gesetzesvorhaben/Abteilungen/Abteilung_IV/19_Legislaturperiode/Gesetze_Verordnungen/EU-DBA-SBG/0-Gesetz.html). Dies betrifft z. B. Antragstellungen; Fristvorgaben; Anhörungs- und Mitwirkungsrechte für betroffene Personen; nähere Begründungen für die Zurückweisung einer Beschwerde bzw. zu ergebnislosen Verständigungsbemühungen; den Ausschluss Angehöriger der steuerberatenden Berufe als unabhängige Personen sowie die Präklusion von Verständigungs- und Schiedsverfahren nach anderen Rechtsgrundlagen auch bei einer Zurückweisung der Beschwerde aus rein formalen Gründen.

Im Gesetzgebungsverfahren hat der Bundesrat die mit dem Gesetzentwurf vorgesehene nationale Umsetzung der EU-SBLR begrüßt und war inhaltlich auch nahezu einschränkungslos mit dem Regierungsentwurf einverstanden. Der Bundesrat hat lediglich beanstandet, dass dem Gesetzentwurf Regelungen zur Information und Mitwirkung der Landesfinanzbehörden noch fehlen. Insofern bat er darum, im weiteren Gesetzgebungsverfahren gesetzlich klarzustellen, dass bestehende Beteiligungsrechte der Länder bei Verständigungs- und Schiedsverfahren auch in den neu eingeführten Verfahren nach der EU-Streitbeilegungsrichtlinie gewährleistet werden (vgl. Bundesrat, Beschluss aus der 979. Sitzung v. 28.6.2019, Anlage 2 zum Gesetzesentwurf –

Entwurf-EU-DBA-SBG, S. 43 f.). Begründet wird dieses Erfordernis damit, dass eine Mitwirkung der Landesfinanzbehörden als für die jeweiligen Einzelfälle zuständigen Steuerbehörden in allen Verfahrensphasen gesetzlich erforderlich ist und fehlende Regelungen über die Mitwirkung und Information mit Blick auf die Einhaltung der gesetzlichen Fristen nach der EU-SBLR kritisch sein könnte. Insofern soll möglichst von Beginn an sichergestellt werden, dass es zu keinen zeitlichen Verzögerungen bei der Fallbearbeitung kommt. Gefordert wird daher, dass eine Beteiligung bzw. Information (zumindest) in gleichem Umfang wie für den beschwerdeführenden Steuerpflichtigen über die Verfahrensschritte und die Entscheidungen sichergestellt ist. Die Bundesregierung hat diesem Vorschlag in einer Gegenäußerung vollständig zugestimmt (s. BT-Drucks. 19/12112 – Entwurf-EU-DBA-SBG, S. 45).

e) Ausblick

Die Zielsetzung der EU-SBLR, die Effizienz von Verständigungs- und Schiedsverfahren zu steigern und den Rechtsschutz Steuerpflichtiger zu erhöhen, ist vollumfänglich zu begrüßen.

Insbesondere die mit der Einführung der Richtlinie vollzogene Erweiterung des Anwendungsbereichs, die künftig die Beilegung sämtlicher Doppelbesteuerungskonflikte von Unternehmen und natürlichen Personen ermöglicht, ist auf EU-Ebene positiv hervorzuheben. Gleiches gilt für die noch deutlichere Niederlegung eines klaren Einigungszwangs in den Verfahrensregelungen. Dieser Zwang kommt nicht nur durch noch detaillierteres Verfahrensrecht, sondern auch durch die Einführung diverser neuartiger Rechtsbehelfsmöglichkeiten, die die Durchsetzung des Verfahrensfortgangs sicherstellen sollen, zur Geltung.

Wie die neuen Regelungen der EU-SBLR von Steuerpflichtigen angenommen werden und ob den zuständigen Behörden wegen der neuen Regelungsdichte und Komplexität des geschriebenen Verfahrensrechts Kapazitäts- und Kostenprobleme bevorstehen, bleibt abzuwarten. Ob und inwiefern die Verfahrensdichte anhängiger Verfahren als Ausfluss der Einführung der EU-SLBR weiter zunehmen wird, kann ebenfalls noch nicht sicher beurteilt werden. Im Falle einer positiven Resonanz könnte dieser Ansatz in Zukunft möglicherweise auch als Vorbild für ein globales – auch Drittstaaten einbeziehendes – Konzept fungieren.

Durch die Zunahme der unterschiedlichen Rechtsgrundlagen zur Durchführung von Verständigungs- und Schiedsverfahren sollten sich prozesstaktische Erwägungen jedenfalls nicht allein auf Vor- und Nachteile von nationalen und internationalen Rechtsbehelfen beschränken, sondern auch die Unterschiede der einzelnen Verständigungs- und Schiedsklauseln sollten im Dialog zwischen Steuerpflichtigen und ihren Beratern eine zunehmende Aufmerksamkeit erfahren.

V. Weitere Empfehlungen und Entwicklungen auf dem Gebiet des internationalen Steuerrechts

1. OECD Joint Audit Report 2019

(Dr. Lars Haverkamp/Sara Meinert)

Zusammenfassung des Reports

Die Organisation für wirtschaftliche Zusammenarbeit und Entwicklung („Organisation for Economic Co-operation and Development" – „OECD") hat im Jahr 2018 im Rahmen eines Projekts die Praxiserfahrungen mit grenzüberschreitenden koordinierten Prüfungen von 20 Staaten, darunter Deutschland, untersucht. Die Ergebnisse der Untersuchung hat die OECD in einem Report im März 2019 unter dem Titel („Joint Audit 2019 – enhancing tax cooperation and improving tax certainty"; im Folgenden: „Joint Audit Report") veröffentlicht.

Der Bericht nennt sowohl die Vorteile, die sich aus dem verstärkten Einsatz von koordinierten Prüfungen ergeben können, als auch die Herausforderungen, die bewältigt werden müssen, um sicherzustellen, dass diese Vorteile sowohl für die Steuerverwaltungen als auch für die Steuerzahler so effektiv und effizient wie möglich realisiert werden können. Im Report sind ebenfalls Empfehlungen der OECD enthalten, wie diesen Herausforderungen begegnet werden kann.

Das erste Kapitel beschreibt den Ansatz des Joint Audit Projekts, das zweite Kapitel veranschaulicht die Rolle, die koordinierte Prüfungen bei der Verbesserung der Steuersicherheit spielen können und das dritte Kapitel gibt einen Überblick über die wichtigsten Vorteile und die Kosten, die mit der Durchführung von koordinierten Prüfungen verbunden sind. Das vierte Kapitel beschreibt die aktuelle internationale Landschaft für den Informationsaustausch im Zusammenhang mit koordinierten Prüfungen, und das fünfte Kapitel befasst sich mit der Rolle des Steuerpflichtigen bei koordinierten Prüfungen. Das sechste Kapitel befasst sich mit dem Aufbau von Kapazitäten, Beziehungen und Vertrauen in ein spezielles Netzwerk für die internationale Zusammenarbeit bei koordinierten Prüfungen. Der Bericht schließt mit einer Zusammenfassung des Prozesses einer koordinierten Prüfung und enthält praktische Hinweise und bewährte Verfahren zur Durchführung von koordinierten Prüfungen. Insgesamt rät die OECD,

▶ sinnvolle Strategien und Organisationen für die Durchführung von koordinierten Prüfungen zu entwickeln (Joint Audit Report, Kapitel 1).
▶ koordinierte Prüfungen bewusster in das Repertoire zwischenstaatlicher Maßnahmen wie APA, MAP oder Informationsaustausch aufzunehmen (Joint Audit Report, Kapitel 2).
▶ das Kosten-Nutzen-Verhältnis einer koordinierten Prüfung zu analysieren und zu optimieren (Joint Audit Report, Kapitel 3).
▶ den nationalen und internationalen Rechtsrahmen für koordinierte Prüfungen auf Verbesserungsbedarf zu überprüfen, da ein solider Rechtsrahmen der Schlüssel zu einer effektiven koordinierten Prüfung ist (Joint Audit Report, Kapitel 4).
▶ eine enge Zusammenarbeit mit dem Steuerpflichtigen bei der koordinierten Prüfung anzustreben und ihn aktiv in das Verfahren einzubinden (Joint Audit Report, Kapitel 5).
▶ Kompetenzen auf Seiten der Finanzverwaltung aufzubauen, auch durch zwischenstaatliche Unterstützung (OECD Joint Audit Report, Kapitel 6).
▶ Best Practises und Wissen zwischen den Finanzverwaltungen auszutauschen und auf den Erfahrungen der anderen aufzubauen (Joint Audit Report, Kapitel 7).

PRAXISTIPP:

Koordinierte Betriebsprüfungen erfreuen sich geraumer Zeit einer zunehmenden Beliebtheit. Da die Erfolgsaussichten in Rechtsschutzverfahren gegen die Einleitung und Durchführung einer koordinierten Prüfung gering sind, tut der Steuerpflichtige gut daran, eine solche Prüfung aktiv anzugehen und durch eine aktive Mitwirkung und Initiativen den Ablauf und die Vorgehensweise zu beeinflussen. Nach den Empfehlungen der OECD sollen die Prüfer einer aktiven Mitwirkung des Steuerpflichtigen offen gegenüber stehen. Zudem zeigen die Ergebnisse der OECD, dass das Verfahren bei weitem nicht ausgereift ist, die Prüfer an einigen Stellen improvisieren und selbstständige „*Best Practises*" entwickeln. Der Rechtsrahmen, so muss man die Feststellung der OECD wohl verstehen, ist jedenfalls verbesserungswürdig. Es besteht also Raum, dass sich der Steuerpflichtige zur Wahrung seiner Interessen in das Verfahren einbringen kann. Für weitere Praxishinweise wird auf die Praxistipps verwiesen, die in dieser Auflage zum Urteil des FG Köln v. 12.9.2018 – 2 K 814/18 auf S. 111 f. gemacht wurden.

2. Das Konsultationspapier der OECD zur Besteuerung der digitalen Wirtschaft

(Christina Storm)

a) Auslöser der Debatte um die Besteuerung der digitalen Wirtschaft und was ist bisher passiert?

Mit der zunehmenden weltweiten Vernetzung sowie der internet-basierten Umwandlung analoger Werte in digitale / virtuelle Daten und damit verbundener virtueller Wertschöpfung sind nicht nur signifikante Wachstumschancen, sondern auch vielseitige Fragestellungen für die allgemein anerkannten Besteuerungsprinzipien verbunden.

Diese Notwendigkeit hat auch die OECD bereits 2015 erkannt und sich das Thema auf ihre Agenda geschrieben. Sie verfolgt mit dem BEPS-Action Punkt 1 seitdem das Ziel, die steuerlichen Anknüpfungspunkte für international tätige Unternehmen zu evolvieren bzw. revolutionieren, damit eine wertschöpfungsgerechte Besteuerung auch bei virtuellen und digitalen Geschäftsmodellen zukünftig sichergestellt werden kann.

Hierbei stellt sich insbesondere die Herausforderung, dass die bisherigen Anknüpfungspunkte auf physische und/ oder wirtschaftliche Verknüpfungen zum Besteuerungsland (wie beispielsweise eine feste Geschäftseinrichtung) abstellen, die im Rahmen digitaler Geschäftsmodelle (z. B. bei der Nutzung von Apps) für die Erwirtschaftung von Umsätzen und Gewinn nicht mehr zwingend vorliegen müssen.

Die unter dem BEPS-Action Punkt 1 diskutierten Vorschläge für Besteuerungsreformen auf internationaler Ebene sind daher nicht nur für die GAFA (Kurzfassung der großen Tech-Konzerne Google, Amazon, Facebook und Apple) und Co. relevant und wichtig, sondern auch für Unternehmen, die bisher im Rahmen von klassischen (analogen) Geschäftsmodellen wie Handel oder Produktion operiert haben. Auch diese Unternehmen erleben jüngst eine zunehmende vertikale bzw. horizontale Integration virtueller und digitaler Bestandteile in ihrer Wertschöpfungskette (zu nennen sind hier beispielsweise der „Einkauf 4.0", die vernetzte Produktion oder generell das sog. „Internet of Things").

b) Überblick und aktuelle Entwicklungen in Europa und auf Ebene der EU

Bereits im März 2018 hatte die EU-Kommission hierzu ebenfalls zwei Richtlinienvorschläge veröffentlicht (siehe https://ec.europa.eu/taxation_customs/business/company-tax/fair-taxation-digital-economy_en), in dem sie sich langfristig für die Erweiterung des in Art. 5 OECD-MA verwendeten Betriebsstättenbegriffs unter Einführung eines neuen steuerlichen Anknüpfungspunktes, der sog. „signifikanten digitalen Präsenz" ausspricht. Zugleich wird angeregt, kurzfristig, aber nur übergangsweise eine digitale Service Tax (DST) einzuführen.

Deutschland steht insbesondere letzterem Regelungsentwurf sehr kritisch gegenüber (siehe https://www.bundesfinanzministerium.de/Monatsberichte/2019/01/Inhalte/Kapitel-3-Analysen/3-2-stellungnahme-wissenschaftlicher-beirat.html). Gleichwohl haben sich einige Länder die Regelungsentwürfe der EU zum Anlass genommen, auf nationaler Ebene aktiv zu werden und damit für eine (vermeintlich) wiederhergestellte Steuergerechtigkeit zwischen digitalen und analogen Unternehmen zu sorgen.

Hier sind insbesondere Frankreich sowie auch Großbritannien zu nennen, die in den letzten Monaten im Rahmen von umgesetzten unilateralen Gesetzgebungsmaßnahmen (z. B. die Einführung einer Steuer auf digitale Serviceleistungen) die Besteuerung der digitalen Wirtschaft sicherstellen wollen. In Deutschland kamen zwischenzeitlich große Diskussionen dazu auf, ob aufgrund des § 50a EStG eine Quellensteuer auf Aufwendungen für Internetwerbung (z. B. für Google-Ads) gerechtfertigt werden könnte. Im Ergebnis konnte dieser Ansatz aber rechtlich nicht gerechtfertigt werden und wurde durch das BMF mit Schreiben v. 3.4.2019 weitestgehend verwehrt (siehe die Ausführungen in Kapitel 4 zur Verwaltungsanweisung v. 3.4.2019 über den Steuerabzug nach § 50a Abs. 1 Nr. 3 EStG).

c) Vorschläge der OECD zur neuen digitalen Weltsteuerordnung

Diese jüngsten Entwicklungen haben u. a. dazu geführt, dass die OECD im Rahmen einer „Task Force on the Digital Economy" weiterhin einen Lösungsansatz forciert und hierfür unter dem sog. „Inclusive Framework on BEPS" in Zusammenarbeit mit den OECD-Mitgliedsstaaten und den G20-Staaten an zwei Säulen eines neuen Besteuerungssystems arbeitet.

Unter Säule 1 sollen die grundsätzlichen Lösungsansätze für die Schaffung neuer Gewinnverteilungsnormen und steuerlicher Anknüpfungspunkte erarbeitet werden (etwa durch die Anpassung Art. 5 OECD-MA; eine Änderung der Gewinnaufteilung zwischen Stammhäusern und ihren Betriebsstätten i. S. d. Art. 7 OECD-MA oder durch die Schaffung eines gänzlich neuen Abkommensartikels).

- Die erste Variante (sog. „User Participation Ansatz") folgt der Idee, dass im Rahmen digitaler Geschäftsmodelle eine gewisse Wertschöpfung in Form von Umsatz oder Gewinn aus dem Nutzer und seinen Aktivitäten gewonnen wird und diese Kennzahlen entsprechend ein Ansatzpunkt für die Besteuerung aus dem Umfang dieser Nutzeraktivitäten sein könnte. Bezeichnendes Novum an dem diskutierten Ansatz ist, dass hierbei das Nutzungsverhalten der Kunden und damit die Absatzseite für die Besteuerung ausschlaggebend ist. Damit steht der Ansatz der bisherigen Besteuerungsperspektive nach der Liefer-/und Leistungserbringung entgegen und entzieht sich somit (zumindest in einem gewissen Maße) der Einflussmöglichkeit des steuerpflichtigen Unternehmens. Dieser Ansatz wird aber aufgrund seiner konzeptionellen Einschränkung auf die Nutzer sehr wahrscheinlich nur signifikante Auswirkungen für die GAFA und Co. entfalten.

- Die zweite Variante der Säule 1 sieht unter dem Konzept „Marketing Intangibles" einen weiteren Anwendungsbereich der weltweiten Steuerreform vor, in dem die Besteuerungsrechte an erwirtschaften (Lizenz-)Erträgen aus immateriellen Wirtschaftsgütern (wie Patenten und Markenrechten) zwischen den geografischen Märkten (bzw. Ländern) aufgeteilt werden, in denen das steuerpflichtige Unternehmen aktiv ist, aber mangels physischer Anknüpfungspunkte (z. B. durch eine Betriebsstätte) ohne das neue Konzept keine Steuerpflicht ausgelöst werden würde. Dieser Ansatz steht im absoluten Gegensatz zu dem momentanen Verrechnungspreisansatz, dass die Zuordnung von immateriellen Wirtschaftsgütern funktions- und risikobezogen dem Unternehmen (oder Unternehmensbereich) zuzuordnen ist. Nach dem bisherigen Ansatz erfolgt eine Zuordnung zu dem Unternehmen, das die Funktionen der Entwicklung, Verbesserung, Erhaltung, Schutz und Verwertung des immateriellen Wertes ausübt (sog. DEMPE-Funktionen) und das damit einhergehende Risiko trägt und kontrollieren kann.

- Eine weitere Variante unter Säule 1 knüpft an das bereits auch im Rahmen von BEPS-Aktionspunkt 1 vorgestellte Konzept an, das ein Besteuerungsrecht für den betreffenden Staat vorsieht, wenn in seinem Hoheitsgebiet ein Unternehmen nicht anhand physischer Tatbestandsmerkmaler (wie z. B. eine Niederlassung) sondern virtuell durch die Nutzung digitaler Technologien präsent ist. Dabei schafft der Regelungsvorschlag unter dem Konzept der „significant economic presence" ein neues Anknüpfungsmerkmal für die (beschränkte) Steuerpflicht, die im Grundsatz darauf abstellt, in welchem Umfang die digitalen Aktivitäten im jeweiligen Land durchgeführt werden. Maßgebliches Kriterium für das Überschreiten eines Signifikanzniveaus hierfür soll (unter anderem) auch der generierte Umsatz pro Land sein.

Unter Säule 2 der Maßnahmen wird eine globale Mindestbesteuerung vorgeschlagen, die eine etwaige Hinzurechnungsbesteuerung unabhängig des Vorliegens passiver Einkünfte bei Unterschreiten einer bestimmten effektiven Mindestbesteuerung anwendbar macht. Weiterer Vorschlag im Rahmen der Säule 2 ist eine Abzugsbeschränkung für sogenannte gewinnverlagernde Aufwendungen, deren Besteuerung beim empfangenden Unternehmen im Ausland unter der effektiven Mindestbesteuerung liegen. Wie hoch diese effektive Mindestbesteuerungsgrenze sein wird, ist derzeit noch nicht absehbar.

PRAXISTIPP:

Sämtliche der im Vorangehenden skizzierten Reformoptionen bedingen eine umfangreiche Veränderung der gewohnten und international anerkannten Gewinnzuordnungsregelungen. Langfristig gesehen ist daher mit einer nicht zu unterschätzenden Veränderung der bisherigen Verteilung von Besteuerungsrechten zu rechnen. Nicht nur Tech-Unternehmen sondern auch Konzerne, die im Rahmen ihrer Digitalisierungsoffensiven signifikante Auswirkungen oder Änderungen ihrer konzernweiten Wertschöpfung erwarten, sollten die Entwicklungen im Rahmen der globalen Steuerreform genau im Auge behalten, um etwaige Folgen und Änderungen rechtseitig absehen zu können. Insbesondere größere Umstrukturierungsmaßnahmen sollten schon jetzt in enger Abstimmung mit ihrem steuerlichen Berater vor diesem Hintergrund geprüft werden.

3. Veröffentlichung des EU-Joint Transfer Pricing Forums zur Anwendung der Gewinnaufteilungsmethode innerhalb der EU

(Christina Storm)

Zusammenfassung und Hintergründe

Im März 2019 hat das gemeinsame EU-Verrechnungspreisforum (EU-JTPF), die die EU-Kommission in steuerlichen Fragen in Zusammenhang mit Verrechnungspreisen unterstützt, einen Bericht zur Anwendung der Gewinnaufteilungsmethode veröffentlicht, der insbesondere die Anwendungsfälle sowie auch die technische Herangehensweise der Gewinnaufteilungsmethode konkretisiert und analysiert. Damit reagiert das EU-JTPF sowohl auf die bereits 2018 veröffentlichten Berichte der OECD zu BEPS-Aktionspunkt 10 zur Anwendung der Gewinnaufteilungsmethode (Profit Split Method; PSM) und der hieraus ersichtlichen gestiegenen Bedeutsamkeit der Methode im internationalen Verrechnungspreiskontext. Weiterhin begegnet das Forum mit dieser Veröffentlichung auch dem wachsenden Bedarf für Verrechnungspreismethoden, die solche hoch integrierten, feingliedrigen und grenzüberschreitende Wertschöpfungsmodelle abbilden können, die heutzutage vermehrt durch Globalisierung und Digitalisierung im Rahmen komplexer Wertschöpfungsprozesse auftreten.

Dabei verbinden die Gewinnaufteilungsmethoden einerseits die Möglichkeit auch vielschichtige Wertschöpfungsketten sowie einzigartige und wertvolle Beiträge (und damit verbundene Risiken) hierzu durch verschiedene Unternehmenseinheiten abbilden zu können. Andererseits ist die Anwendung solcher Gewinnaufteilungsmethoden auch mit einem gewissen Komplexitätsgrad verbunden, da die funktions- und risikoadäquate Gewinnaufteilung regelmäßig eine tiefgehende Prozessanalyse und die Erfassung und Bewertung damit verbundener Wertschöpfungsbeiträge erfordert. Hierzu fehlten bisher klare Empfehlungen für die Wahl der angemessenen Berechnungs- und Aufteilungsmethodik, was für einen durchaus beträchtlichen Grad der Rechtsunsicherheit in Zusammenhang mit der Anwendung von Gewinnaufteilungsmethoden gesorgt hat und Steuerpflichtige diese Methoden daher häufig nur vor dem Hintergrund von (größtenteils zeit- und gebührenaufwändigen) Vorabverständigungen mit den betroffenen Finanzbehörden angewandt haben. Diesen Nachteilen der Gewinnaufteilungsmethode möchte das EU-JTPF nun mit seinem Bericht beggnen. Um die richtigen Fragestellungen in diesem Zusammenhang zu analysieren und entsprechende praxisrelevante Antworten zu finden, hatte das EU JTPF bereits im Vorhinein eine umfangreiche Umfrage zur Anwendung der Gewinnaufteilungsmethode durchgeführt und die Ergebnisse dieser Umfrage dem Berichtsinhalt zu Grunde gelegt.

Konkreter Inhalt der Empfehlungen

Der Bericht stellt einerseits typische Anwendungs- und Nichtanwendungsfälle der Gewinnaufteilungsmethode vor und geht sodann im Nachgang auf mögliche technische Abbildungsmöglichkeiten der Allokations- und Berechnungsmechanismen im Rahmen der Gewinnaufteilungsmethode ein.

Die Anwendbarkeit der Gewinnaufteilungsmethoden macht auch das EU-JTPF von den Indikatoren abhängig, die bereits seitens der OECD im Rahmen der Verrechnungspreisleitlinien 2017 für die Auswahl der Gewinnaufteilungsmethode als „am besten geeignete Methode" erläutert werden. Hiernach bildet das EU-JTPF aus den OECD-Kriterien folgendes Prüfschema:

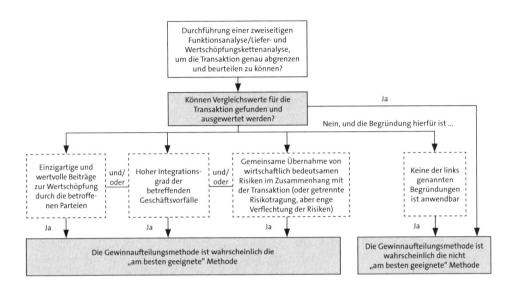

Quelle: Angelehnt an Annex 1 zur EU-JTPF Stellungnahme, abrufbar unter https://ec.europa.eu/taxation_customs/business/company-tax/transfer-pricing-eu-context/joint-transfer-pricing-forum_en

Für den Fall, dass Unternehmen nach dem Entscheidungsbaum zu einer Anwendbarkeit der Gewinnaufteilungsmethodik kommen, stellt sich sodann die Frage nach der konkreten Durchführung der Gewinnaufteilung und die hierfür notwendigen Berechnungen. Die Gewinnaufteilung ist grundsätzlich in verschiedenen Ausprägungsformen denkbar, in dem der für die Aufteilung des Gewinns maßgebliche Allokationsschlüssel durch die Verhältnismäßigkeit verschiedenster Finanzzahlen oder sonstiger Werte des Unternehmens (bspw. Personal, Umsatz, Kosten, Vermögen oder ähnliche Kennzahlen) ermittelt werden kann. Auch hier bietet die Veröffentlichung des EU-JTPF eine Übersichtsgrafik, die entsprechende Anwendung der Allokationsschlüssel sowie damit verbundene Vor- oder Nachteile übersichtlich darstellt.

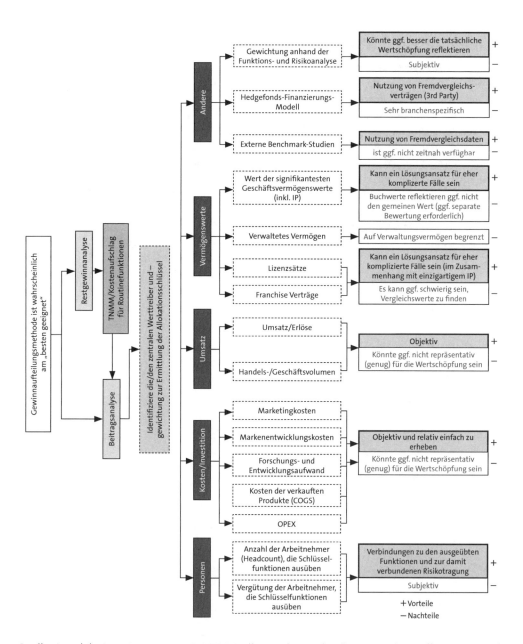

Quelle: Angelehnt an Annex 2 zur EU-JTPF Stellungnahme, abrufbar unter https://ec.europa.eu/taxation_customs/business/company-tax/transfer-pricing-eu-context/joint-transfer-pricing-forum_en

FAZIT:

Die in der vorangestellten Umfrage gewonnene Erkenntnis, dass die Anwendung der Gewinnaufteilungsmethodik in der Praxis einer großen Rechtsunsicherheit unterliegt und folglich eine Zurückhaltung zur Anwendung dieser durch Unternehmen bestand, könnten die Empfehlungen des Berichts zumindest innerhalb der EU zumindest teilweise entgegenwirken und zur Folge haben, dass eine Nutzung der Gewinnaufteilungsmethode zur angemessenen Abbildung der Verrechnungspreisgestaltung ein wenig seinen „Schrecken" verliert. Im Hinblick auf die wachsende weltweite (digitale und analoge) Vernetzung und immer feingliedrigere Wertschöpfungsverteilung internationale Konzerne wäre dies sicherlich eine wünschenswerte Entwicklung. Dafür müssten sich aber sowohl Steuerpflichtige als auch Finanzverwaltungen auf die allgemeine Anwendbarkeit der Orientierungshilfen im Regelfall einlassen und sich dahingehend ein Stück weit von der im Regelfall argumentierten „Subjektivität" und „Beeinflussbarkeit" der Gewinnaufteilungsmethode verabschieden. Ob sich dieser Effekt als Ergebnis der Berichte von EU-JTPF und OECD zur Gewinnaufteilungsmethode einstellt, bleibt abzuwarten.

E. Umwandlungssteuerrecht

I. Rechtsprechung

1. Keine Saldierung bei mehreren Sacheinlagegegenständen nach § 20 UmwStG

BFH v. 13.9.2018 – I R 19/16, BStBl 2019 II S. 385, NWB RAAAH-07354

(Dr. Martin Weiss)

Zusammenfassung der Entscheidung

Im Einbringungsteil des UmwStG (§§ 20 ff. UmwStG) gelten teilweise andere Regeln als im Verschmelzungsteil. Als wesentlicher Unterschied darf die Antragstellung zum Buch- oder Zwischenwertansatz durch den übernehmenden Rechtsträger statt den übertragenden Rechtsträger gelten (§ 20 Abs. 2 Satz 2 UmwStG, § 24 Abs. 2 Satz 2 UmwStG). Speziell bei der „Einbringung von Unternehmensteilen in eine Kapitalgesellschaft oder Genossenschaft" nach § 20 UmwStG wird jedoch durch § 20 Abs. 2 Satz 2 Nr. 2 UmwStG eine zusätzliche Regelung für eine solche Minderbewertung aufgestellt, die in den übrigen Tatbeständen des Einbringungsteils nicht zu finden ist (z. B im Fall des § 24 UmwStG nicht, Tz. 24.04 UmwStE).

Eine Einbringung nach § 20 UmwStG (zu den davon sachlich umfassten Fällen § 1 Abs. 3 UmwStG und Tz. 01.44 UmwStE) kann nur dann unterhalb der Regelbewertung des „gemeinen Wertes" (§ 20 Abs. 2 Satz 1 UmwStG) vorgenommen werden, wenn ein positives Eigenkapital (also keine „Überschuldung") des eingebrachten Betriebsvermögens vorliegt. Ist dies nicht der Fall, muss eine Aufstockung vorgenommen werden, die beim Einbringenden über § 20 Abs. 3 Satz 1 UmwStG einen Gewinn nach § 16 EStG induziert. Gemäß § 25 Satz 1 UmwStG gilt dies auch für den heterogenen Formwechsel in eine Kapitalgesellschaft.

Der I. Senat des BFH hat in seiner Entscheidung v. 7.3.2018 (I R 12/16, FR 2018 S. 1153 = NWB ZAAAG-88860) die Vorschrift des § 20 Abs. 2 Satz 2 Nr. 2 UmwStG bereits in ihrer zeitlichen Dimension gewürdigt. Danach ist diese nur am steuerlichen Übertragungsstichtag (§ 20 Abs. 5 Satz 1 UmwStG) zu messen. Nach diesem Zeitpunkt vorgenommene Entnahmen im Rückbeziehungszeitraum sind nach § 20 Abs. 5 Satz 3 UmwStG durch Veränderung der Anschaffungskosten der erhaltenen Anteile auszugleichen. Die Anschaffungskosten können durch diese Regelung auch negativ werden.

§ 20 Abs. 2 Satz 2 Nr. 2 UmwStG war nun auch Streitgegenstand einer weiteren Revisionsentscheidung des I. Senats. Die Kläger hatten jeweils ihre 50 %-Beteiligung an *zwei* Gesellschaften bürgerlichen Rechts in eine Kapitalgesellschaft eingebracht. Damit galt jeder von ihnen jeweils als Einbringender i. S. d. § 20 UmwStG (Tz. 20.02 f. UmwStE). Zusätzlich waren die Kläger jedoch davon ausgegangen, dass zwischen den Kapitalkonten der beiden Sacheinlagegegenstände eine Saldierung vorzunehmen sei, so dass sich eine mögliche Aufstockung unter § 20 Abs. 2 Satz 2 Nr. 2 UmwStG verhindern oder jedenfalls mildern ließe.

Entscheidungsgründe

Der I. Senat des BFH war hingegen anderer Auffassung und hat sich der herrschenden Meinung im Schrifttum (Herlinghaus in Rödder/Herlinghaus/van Lishaut, 3. Aufl. 2019, § 20 UmwStG,

Rz. 162a). angeschlossen. Diese lässt eine Saldierung *zwischen* den einzelnen Gegenständen einer Sacheinlage nach § 20 UmwStG nicht zu. Diese Rechtsauffassung wird vom I. Senat des BFH schlüssig unter Verweis auf den Wortlaut und die historische Auslegung der Norm begründet. Aus dem Gesetzeswortlaut ergebe sich keine Saldierungsmöglichkeit. Dieser stelle vielmehr jeweils auf einen einzelnen Sacheinlagegegenstand („ein Mitunternehmeranteil", § 20 Abs. 1 UmwStG) ab.

Folgerungen: Die Norm des § 20 Abs. 2 Satz 2 Nr. 2 UmwStG hat somit durch die jüngere Rechtsprechung klarere Konturen bekommen. Während im Urteil v. 7.3.2018 (I R 12/16, NWB ZAAAG-88860) gegen die Auffassung der Finanzverwaltung entschieden worden war, hat die Besprechungsentscheidung die Finanzverwaltung bestätigt. Allerdings stehen Alternativen zur Verfügung, die in der gestaltenden Steuerberaterpraxis eine geringere Aufstockung ermöglichen können. Statt der Einbringung der Anteile an einer Mitunternehmerschaft – wie im Fall der Kläger – kann auch die Personengesellschaft selbst ihren gesamten „Betrieb" auf eine Kapitalgesellschaft im Wege der Ausgliederung (§ 123 Abs. 3 UmwG) übertragen (Weiss, FR 2019 S. 281, 282).

Die Personengesellschaft gilt insoweit selbst als „Einbringende" i. S. d. § 20 UmwStG (Rz. 20.02 f. UmwStE; ausführlich Kamphaus/Birnbaum, Ubg 2012 S. 293). Die aus einer Einbringung unter dem gemeinen Wert resultierenden Verpflichtungen treffen dann auch sie – wie etwa die Nachweisverpflichtungen für die erhaltenen Anteile nach § 22 Abs. 3 UmwStG. Auch die Sperrfristverletzung unter § 22 Abs. 1 UmwStG ist insoweit schwieriger zu beurteilen, da auf zwei Ebenen – durch Verkauf der Mitunternehmeranteile oder auch durch Veräußerung der erhaltenen Anteile durch die Mitunternehmerschaft – eine Schädlichkeit möglich ist (Tz. 22.02 UmwStE; Stangl in Rödder/Herlinghaus/van Lishaut, 3. Aufl. 2019, § 22 UmwStG, Rz. 89 ff.).

Auch bei einer solchen Einbringung bleibt § 20 Abs. 2 Satz 2 Nr. 2 UmwStG zwar anwendbar, allerdings unter Saldierung positiver und negativer Kapitalkonten verschiedener Mitunternehmer (Kamphaus/Birnbaum, Ubg 2012 S. 293, 296). Auch die Zusammensetzung der zwingend miteinzubringenden Wirtschaftsgüter kann sich insoweit unterscheiden (Weiss, FR 2019 S. 281, 282 m. w. N.).

PRAXISTIPP:

Während einzelne Mitunternehmeranteile als einzelne Gegenstände der Sacheinlage nach § 20 UmwStG anzusehen sind (Tz. 20.12 UmwStE), können auch Anteile an Kapitalgesellschaften im eingebrachten Vermögen liegen. Bei Anteilen an Kapitalgesellschaften (zur Pflicht zur Einbringung Tz. 20.06 UmwStE) wird dieser Vorgang „Miteinbringung" genannt. Der Vorgang der Sacheinlage bleibt insoweit ein einheitlicher, nur die bei Bewertung unter dem gemeinen Wert entstehende Sperrfrist wird getrennt in eine solche nach § 22 Abs. 1 UmwStG und eine solche nach § 22 Abs. 2 UmwStG (§ 22 Abs. 1 Satz 5 1. Halbsatz UmwStG; ausführlich Weiss/Brühl, DB 2018 S. 1548).

2. Bemessung der fiktiven Dividende nach § 7 UmwStG

BFH v. 11.4.2019 – IV R 1/17, NWB CAAAH-17066

(Dr. Martin Weiss)

Zusammenfassung der Entscheidung

Das Umwandlungssteuergesetz erlaubt durch die „kreuzenden" Umwandlungen von Kapital- in Personengesellschaften oder umgekehrt auch massive Wechsel im Besteuerungsregime der umgewandelten Gesellschaften. Diese können durch Formwechsel oder entsprechende Verschmelzungen umgesetzt werden. In beide Richtungen hat der Gesetzgeber allerdings die Übergänge zum jeweils anderen Regime mit Hindernissen versehen. Bei einem begünstigten Wechsel von der Personen- zur Kapitalgesellschaft (§ 25 UmwStG) ergibt sich eine Sperrfrist nach § 22 Abs. 1 UmwStG für die Anteile an der Kapitalgesellschaft von sieben Jahren.

Für den umgekehrten Fall hat der Gesetzgeber u. a. die „fiktive Dividende" des § 7 UmwStG im Gesetz festgeschrieben. Durch den Übergang von der Kapital- zur Personengesellschaft wird ein Übergang von der intransparenten zur transparenten Besteuerung vollzogen. Die bislang nicht auf Ebene der Eigner der Kapitalgesellschaft nachversteuerten Gewinnrücklagen werden durch § 7 Satz 1 UmwStG einer einmaligen Besteuerung unterzogen. Danach können sie durch *steuerneutrale* Entnahmen aus der umgewandelten Personengesellschaft entnommen werden.

Die Definition des § 7 UmwStG stellt dabei auf das in „der Steuerbilanz ausgewiesene Eigenkapital abzüglich des Bestands des steuerlichen Einlagekontos i. S. d. § 27 KStG, der sich nach Anwendung des § 29 Abs. 1 KStG ergibt", ab. Diese ist den Anteilseignern der übertragenden Körperschaft als Einnahmen aus Kapitalvermögen i. S. d. § 20 Abs. 1 Nr. 1 EStG zuzurechnen, jeweils entsprechend ihrer Beteiligungsquote. Die Frage, ob außerbilanziell wirkende Abzugsbeträge, wie etwa der Investitionsabzugsbetrag nach § 7g EStG (Weiss, BB 2017 S. 1003) hier eine Rolle spielen sollen, obwohl sie keinen Einfluss auf das bilanzielle Eigenkapital haben, ist umstritten.

Die Klägerin des Verfahrens war eine GmbH & Co. KG, die durch formwechselnde Umwandlung aus einer GmbH hervorgegangen war. Der Formwechsel wurde durch Eintragung in das Handelsregister am 7.10.2008 vollzogen, zugrunde gelegt wurde die Bilanz der GmbH auf den 31.12.2007. Für das Jahr 2007 hatte die GmbH einen Investitionsabzugsbetrag (§ 7g Abs. 1 EStG) in Höhe von 140.400 € in Anspruch genommen. In den Folgejahren 2008 und 2009 nahm die Klägerin eine entsprechende Hinzurechnung nach § 7g Abs. 2 EStG zu ihrem Gewinn vor. Das FA nahm letztendlich in seinem Bescheid über die gesonderte und einheitliche Feststellung von Besteuerungsgrundlagen 2007 für die Klägerin an, dass der gesamte Bilanzgewinn als fiktiv ausgeschüttet gelte, ohne dass eine Korrektur für die Investitionsabzugsbeträge in Betracht komme. Das FG hatte eine solche ebenfalls abgelehnt (Schleswig-Holsteinisches FG v. 15.9.2016 – 4 K 98/15, EFG 2017 S. 437).

Entscheidungsgründe

Der IV. Senat des BFH hat der Revision jedoch stattgegeben. § 7 UmwStG solle das deutsche Besteuerungsrecht an den offenen Gewinnrücklagen der bisherigen Kapitalgesellschaft auch gegenüber solchen Anteilseignern, bei denen ein Übernahmegewinn i. S. v. § 4 Abs. 4 UmwStG nicht in Deutschland besteuert werden könnte, sicherstellen. Die Anteilseigner könnten ansonsten nach dem Formwechsel Eigenkapital der Personengesellschaft ohne ertragsteuerliche Belastung entnehmen.

Der nach § 7 Satz 1 UmwStG fiktiv ausgeschüttete Betrag müsse um den Investitionsabzugsbetrag korrigiert werden. Der außerbilanziell gebildete und dem Gewinn noch nicht nach § 7g Abs. 2 Satz 1 EStG hinzugerechnete Investitionsabzugsbetrag mindere das bilanzierte Eigenkapital. Dies folge aus dem Zweck des § 7 Satz 1 UmwStG, den endgültigen Entzug von bisher unversteuerten Gewinnrücklagen zu verhindern. Dieser Zweck werde automatisch erfüllt, soweit Gewinnrücklagen der Kapitalgesellschaft auch nach dem Formwechsel auf der Ebene der Personengesellschaft der Besteuerung unterlägen. Eine fiktive Ausschüttung zur Sicherstellung der einmaligen Besteuerung nach § 7 Satz 1 UmwStG sei nicht erforderlich. Die Vorschrift des § 7 Satz 1 UmwStG müsse dementsprechend teleologisch reduziert werden.

Folgerungen: Die Höhe der fiktiven Dividende nach § 7 UmwStG bleibt auch für weitere Regelungen wichtig. Zum einen ist sie nach § 4 Abs. 5 Satz 2 UmwStG vom Übernahmegewinn nach § 4 Abs. 4 ff. UmwStG abzuziehen (Berechnungsbeispiel in UmwStE, BMF v. 11.11.2011, BStBl 2011 I S. 1314, Tz. 04.27). Ergibt sich dabei wiederum ein Verlust, ist dieser nach § 4 Abs. 6 Satz 4 1. Halbsatz UmwStG bei natürlichen Personen i. H.v. 60 %, höchstens jedoch i. H.v. 60 % der Bezüge i. S. d. § 7 UmwStG zu berücksichtigen. Der restliche Übernahmeverlust bleibt außer Ansatz (§ 4 Abs. 6 Satz 4 2. Halbsatz UmwStG).

Die Höhe der fiktiven Dividende ist damit für das gesamte Normengeflecht der §§ 3 bis 8 UmwStG entscheidend. Die Steuer auf die fiktive Dividende wird insoweit durch Kapitalertragsteuerabzug erhoben. Die Kapitalertragsteuer entsteht erst im Zeitpunkt der zivilrechtlichen Wirksamkeit der Umwandlung und ist von dem übernehmenden Rechtsträger bei dem jeweils zuständigen Finanzamt anzumelden und von ihm als steuerlichem Rechtsnachfolger (§ 4 Abs. 2 Satz 1 UmwStG) abzuführen (Tz. 07.08 UmwStE). Bei ausländischen Anteilseignern (Kapitalgesellschaften) bleibt zu beachten, dass eine Begünstigung durch die Mutter-Tochter-Richtlinie nicht möglich ist (§ 43b Abs. 1 Satz 4 EStG; Tz. 07.09 UmwStE).

PRAXISTIPP:

Für die Praxis ist zudem wichtig, dass eine weitere Vorschrift mit einer Umwandlung von Kapital- auf Personengesellschaften verbunden ist. Durch § 18 Abs. 3 UmwStG wird für fünf Jahre ab dem steuerlichen Übertragungsstichtag die gewerbesteuerliche Erfassung von Veräußerungs- oder Aufgabegewinnen sichergestellt. Insoweit geht die Vorschrift dem § 7 Satz 2 GewStG vor. Die entstehende Gewerbesteuer wird nicht bei der Ermäßigung nach § 35 EStG berücksichtigt (§ 18 Abs. 3 Satz 3 UmwStG), so dass sie als ungemilderte Zusatzlast wirkt.

3. Verschmelzung einer Kapitalgesellschaft auf ihren Alleingesellschafter

BFH v. 9.4.2019 – X R 23/16, NWB OAAAH-23046

(Dr. Martin Weiss)

Zusammenfassung der Entscheidung

Die Verschmelzung einer Kapitalgesellschaft auf eine Personengesellschaft stellt den Grundfall der §§ 3 bis 8, 18 UmwStG – also des Verschmelzungsteils des UmwStG – dar. Neben der Personengesellschaft als übernehmenden Rechtsträger nennt § 1 Abs. 2 Satz 1 UmwStG in seiner Nummer 2 aber auch eine „natürliche Person ..., deren Wohnsitz oder gewöhnlicher Aufenthalt sich innerhalb des Hoheitsgebiets eines der Staaten im Sinne der Nummer 1 befindet und die nicht auf Grund eines Abkommens zur Vermeidung der Doppelbesteuerung mit einem dritten Staat als außerhalb des Hoheitsgebiets dieser Staaten ansässig angesehen wird" als tauglichen übernehmenden Rechtsträger.

Demnach kann der *Alleingesellschafter* einer Kapitalgesellschaft (§ 3 Abs. 2 Nr. 2 UmwG; zu den Möglichkeiten der Verschmelzung auch Tz. 01.10 UmwStE) diese auf Antrag der übertragenden Kapitalgesellschaft hin (§ 3 Abs. 2 UmwStG) steuerlich neutral auf sich selbst verschmelzen. Die Bedingungen des § 3 Abs. 2 Satz 1 UmwStG, insbesondere, dass die übergehenden Wirtschaftsgüter „Betriebsvermögen der übernehmenden ... natürlichen Person werden und sichergestellt ist, dass sie später der Besteuerung mit Einkommensteuer ... unterliegen", müssen dabei allerdings vorliegen.

Einen solchen Plan setzte auch der Kläger des Verfahrens um. Er hielt seit einer Einbringung seines Einzelunternehmens in eine GmbH in den 90er Jahren 99 % von deren Anteilen und war ihr Geschäftsführer. Zudem gewährte er der GmbH mehrere Darlehen, bezüglich derer er Rangrücktritte erklärte. Die Forderungen sollten nur nach Beseitigung der Überschuldung und nur aus künftigen Gewinnen, aus einem Liquidationsüberschuss oder einem die sonstigen Verbindlichkeiten übersteigenden Vermögen der Gesellschaft zu bedienen sein.

Im Streitjahr 2008 verschmolz der Kläger, da er inzwischen 100 % der Anteile an der GmbH hielt, die GmbH auf den Stichtag 31.12.2007 (§ 17 Abs. 2 UmwG) auf sich selbst. Die Bilanz auf den Stichtag enthielt die Verbindlichkeiten gegenüber dem Kläger sowie einen nicht durch Eigenkapital gedeckten Fehlbetrag. Der Kläger führte in seinem Einzelunternehmen die Buchwerte aus der Bilanz der GmbH fort.

Das Finanzamt nahm nach einer Betriebsprüfung an, der Kläger habe einen Übernahmeverlust (§ 4 Abs. 4 Satz 1 UmwStG) erlitten. Dieser sei gem. § 4 Abs. 6 Satz 4 UmwStG außer Ansatz zu lassen, da keine Bezüge nach § 7 Satz 1 UmwStG zuzurechnen waren. Streitig wurde in der Folge der ermittelte Konfusionsgewinn in Höhe des Nennwertes der Forderungen des Klägers von 124.976,50 €. Die zunächst dem Privatvermögen zuzurechnenden Forderungen seien zum Teilwert von 0 € in das Betriebsvermögen des Einzelunternehmens eingelegt worden. Damit habe sich ein Übernahmefolgegewinn in Höhe des vollen Nennwertes ergeben. Diesen Gewinn verteilte der Prüfer steuerbilanziell nach § 6 Abs. 1 UmwStG auf die Jahre 2008 bis 2010. Das FG hatte die Klage abgewiesen (FG Baden-Württemberg, Außensenate Freiburg v. 21.6.2016 – 11 K 1536/14, EFG 2016 S. 1571).

Entscheidungsgründe

Der X. Senat des BFH hat der Revision und der Klage stattgegeben. Neben den nach § 5 Abs. 2 UmwStG zwangsweise eingelegten Anteilen an der übertragenden Gesellschaft seien auch die Forderungen des Klägers entsprechend einzulegen. Die Bewertung der Einlage müsse den Grundsätzen zu § 17 EStG folgen. Die Forderung sei mit dem Wert anzusetzen, mit dem sie im Falle der Verwirklichung eines Realisierungstatbestands nach § 17 EStG als nachträgliche Anschaffungskosten zu berücksichtigen gewesen wäre (BFH v. 29.11.2017 – X R 8/16, BStBl 2018 II S. 426, Rz. 68 ff.).

Dasselbe müsse für die fiktive Einlage bei einem Verschmelzungsvorgang gelten. Die Änderung der Rechtsprechung zur Einbeziehung kapitalersetzender Gesellschafterdarlehen in die Anschaffungskosten i. S. d. § 17 EStG (BFH v. 11.7.2017 – IX R 36/15, BStBl 2019 II S. 208) sei für das Streitjahr noch nicht anwendbar. Die Einlage der Krisendarlehen des Klägers sei mit deren Nennwert zu bewerten. Die Einlage zum Übertragungsstichtag zum Nennwert führe dazu, dass sich kein Konfusionsgewinn ergebe. Die Verbindlichkeiten seien ebenfalls mit dem Nennwert bewertet worden. Damit sei auch kein Raum für eine Verteilung des Konfusionsgewinns nach § 6 Abs. 1 UmwStG.

Folgerungen: Bei der streitgegenständlichen Verschmelzung werden die Forderungen des Alleingesellschafters ebenfalls von § 5 Abs. 2 UmwStG erfasst, obwohl dies nicht gesetzlich angeordnet ist (Nachweise hierzu auch bei Ott, StuB 2019 S. 729, 730). Die Entscheidung betrifft zunächst Altfälle, die noch unter die Rechtslage vor Veröffentlichung des Urteils des BFH v. 11.7.2017 (IX R 36/15, BStBl 2019 II S. 208) am 27.9.2017 fallen. Bei diesen ist die Bewertung der Einlage zum Teilwert (§ 6 Abs. 1 Nr. 5 EStG) durch die Rechtsprechung zugunsten der Grundsätze zu nachträglichen Anschaffungskosten bei § 17 EStG suspendiert.

Für die Fälle nach diesem Stichtag ist die weitere Entwicklung der Gesetzgebung abzuwarten. Mit dem Jahressteuergesetz 2019 (Regierungsentwurf v. 31.7.2019) will der Gesetzgeber einen neuen Absatz 2a in den § 17 EStG einfügen. Dieser soll u. a. die Berücksichtigung ausgefallener Darlehensforderungen als Anschaffungskosten bei § 17 EStG gesetzlich erstmals festschreiben (Ott, StuB 2019 S. 649 m. w. N.). Die Anwendungsregelung des § 52 Abs. 25a EStG-E sieht eine Anwendung dieser Grundsätze erstmals für Veräußerungen bzw. der Veräußerung gleichgestellte Fälle (z. B. Auflösung einer Kapitalgesellschaft) i. S. v. § 17 Abs. 1, 4 oder 5 EStG ab dem 31.7.2019 vor. Auf Antrag des Steuerpflichtigen kann auch eine frühere Anwendung erfolgen. Insoweit können die Grundsätze des Urteils möglicherweise auch für Fälle nach dem 27.9.2017 Geltung beanspruchen (Ott, StuB 2019 S. 729, 733).

PRAXISTIPP:

§ 6 UmwStG dient zur Neutralisierung von Übernahmefolgegewinnen (Bron, DStZ 2012 S. 609; zu den möglichen „Gewinnen" bei einer Umwandlung Holle/Weiss, DStR 2018 S. 167, 168). Der Konfusionsgewinn unterliegt – im Gegensatz zum Übernahmegewinn (§ 18 Abs. 2 Satz 1 UmwStG) – auch der Gewerbesteuer, um die es im Besprechungsurteil auch ging (§ 18 Abs. 1 Satz 1, Tz. 06.02 UmwStE), so dass die fiskalische Bedeutung noch einmal erhöht ist.

§ 6 UmwStG ist jedoch nicht auf Konfusionsgewinne, die das FA im Streitfall angenommen hatte, begrenzt. Auch die „Auflösung von Rückstellungen", die durch die Umwandlung ausgelöst wird, ist begünstigungsfähig. Dazu kann es gerade im streitgegenständlichen Fall der Verschmelzung auf den Alleingesellschafter kommen, wenn die übertragende Kapitalgesellschaft zu seinen Gunsten eine Pensionsrückstellung gebildet hatte, die nun gewinnwirksam aufzulösen ist (Pung/Werner in Dötsch/Pung/Möhlenbrock, Kommentar zum KStG und EStG, § 6 KStG Tz. 18, Stand: 25.8.2016 m. w. N.). Mangels Bilanzierung einer korrespondierenden Forderung des Gesellschafters kann diese Gewinnerhöhung nicht durch ein gleichzeitig auszubuchendes Aktivum gemildert oder vermieden werden (Tz. 06.07 UmwStE).

Wird die Regelung des § 6 Abs. 1 UmwStG in Anspruch genommen, besteht nach § 6 Abs. 3 UmwStG eine Sperrfrist von fünf Jahren. Bringt der übernehmende Rechtsträger den auf ihn übergegangenen Betrieb innerhalb von fünf Jahren nach dem steuerlichen Übertragungsstichtag in eine Kapitalgesellschaft ein oder veräußert ihn ohne triftigen Grund, ist die Rücklagenbildung nach § 6 Abs. 1 UmwStG rückwirkend zu versagen. Durch § 6 Abs. 3 Satz 2 UmwStG wird das entsprechende verfahrensrechtliche Instrumentarium bereitgehalten.

4. Verletzung der Sperrfrist des § 6 Abs. 5 Satz 6 EStG durch einen Formwechsel

Niedersächsisches FG v. 26.10.2018 – 3 K 173/16, NWB XAAAH-10060

(Dr. Martin Weiss)

Zusammenfassung der Entscheidung

Die Sperrfristenregelungen des Umwandlungssteuergesetzes sind ein sehr bekanntes Phänomen. Sie verhindern häufig, dass Folgeumstrukturierungen in angemessenem Zeitrahmen durchgeführt werden können, und stehen insoweit in Widerspruch zu den Zielen des UmwStG. Allerdings sind nicht nur umwandlungssteuerrechtliche Normen mit derartigen Sperrfristen belegt. Vielmehr werden diese auch im Einkommensteuergesetz angewendet (Überblick bei Bodden, KÖSDI 2016 S. 19965).

Dabei ist die Norm des § 6 Abs. 5 Satz 3 EStG – zur steuerneutralen Übertragung von Einzelwirtschaftsgütern in das Betriebsvermögen einer Mitunternehmerschaft – gleich durch zwei Sperrfristen abgesichert worden (Micker, Ubg 2019 S. 504). § 6 Abs. 5 Satz 4 EStG stellt eine erste Sperrfrist auf. Diese endet drei Jahre nach Abgabe der Steuererklärung des Übertragenden für den Veranlagungszeitraum, in dem die in § 6 Abs. 5 Satz 3 EStG bezeichnete Übertragung erfolgt ist. Sie erfasst als schädliches Ereignis die Veräußerung oder Entnahme des übertragenen Wirtschaftsguts innerhalb der Sperrfrist. Rechtsfolgenseitig führt sie zum rückwirkenden Ansatz des Teilwerts auf den Zeitpunkt der Übertragung (rückwirkendes Ereignis nach § 175 Abs. 1 Satz 1 Nr. 2 AO).

Nach § 6 Abs. 5 Satz 6 EStG ist allerdings eine zweite Sperrfrist zu beachten (zum Sperrfristregime bei § 6 Abs. 5 Satz 3 EStG auch BMF v. 8.12.2011 – IV C 6 -S 2241/10/10002, BStBl 2011 I S. 1279). Diese definiert als schädliches Ereignis die innerhalb von sieben Jahren nach der Übertragung des Wirtschaftsguts nach § 6 Abs. 5 Satz 3 EStG erfolgende unmittelbare oder mittelbare Begründung oder Erhöhung des Anteils einer Körperschaft, Personenvereinigung oder Vermögensmasse an dem übertragenen Wirtschaftsgut. Rechtsfolgenseitig ist – im Umfang der Begründung oder Erhöhung dieses Anteils („soweit") – rückwirkend auf den Zeitpunkt der Übertragung der Teilwert anzusetzen.

Die Sperrfrist nach § 6 Abs. 5 Satz 6 EStG läuft somit außergewöhnlich lange und unterliegt – im Gegensatz zu anderen langlaufenden Sperrfristen wie § 22 UmwStG oder im Erbschaftsteuerrecht – keiner Abschmelzung ihrer Rechtsfolgen mit Zeitablauf. Vielmehr sind die Folgen einer Verletzung im ersten wie im letzten Jahr der Sperrfrist dieselben. Daher ist in der Praxis insoweit erhöhte Vorsicht geboten.

Im Besprechungsurteil war die Klägerin eine GmbH, die aus der B-GmbH & Co. KG („B-KG") durch Formwechsel hervorgegangen war. Ihre alleinige Kommanditistin war die A-KG, an der wiederum natürliche Personen zu 89 % und die X-GmbH zu 11 % beteiligt waren. Die streitgegenständliche Sperrfrist nach § 6 Abs. 5 Satz 6 EStG war durch eine Übertragung eines bebauten Grundstücks durch die B-KG in das Gesamthandsvermögen ihrer 100 %-Tochter Z-KG im Streitjahr 2010 ausgelöst worden. Steuerlich war diese Übertragung nach § 6 Abs. 5 Satz 3 Nr. 1 EStG (zwingend) zum Buchwert und damit ohne Aufdeckung stiller Reserven durchzuführen.

Im Jahr 2012 wurden Umstrukturierungsmaßnahmen im Konzern vorgenommen. Die A-KG wurde u. a. formwechselnd in die A-GmbH umgewandelt, wobei die Umwandlung auf einen steuerlichen Übertragungsstichtag im Februar 2012 rückbezogen wurde. Die Umwandlung wurde im November 2012 in das Handelsregister eingetragen. Diese formwechselnde Umwandlung der A-KG nahm das FA zum Anlass, einen Sperrfristverstoß nach § 6 Abs. 5 Satz 6 EStG aufzugreifen. Die A-KG habe unmittelbar vor dem Formwechsel 100 % der Beteiligung an dem im Jahr 2010 übertragenen Grundstück (mittelbar) gehalten. Der Formwechsel führe zu einer Beteiligung einer Kapitalgesellschaft, der A-GmbH, an dem Grundstück von 100 % und verletzte vollumfänglich § 6 Abs. 5 Satz 6 EStG. Unter Berufung auf § 175 Abs. 1 Satz 1 Nr. 2 AO (rückwirkendes Ereignis) wurde der streitgegenständlich Gewerbesteuermessbescheid 2010 geändert.

Entscheidungsgründe

Das FG hat die Klage abgewiesen, die Revision zum BFH jedoch zugelassen (anhängig unter IV R 36/18). Der rückwirkende Teilwertansatz gem. § 6 Abs. 5 Satz 6 EStG sei auch gewerbesteuerlich maßgeblich. Die formwechselnde Umwandlung der A-KG im Jahr 2012 in eine Kapitalgesellschaft sei insoweit schädlich. Wie es zur schädlichen Begründung oder Erhöhung des Anteils einer Kapitalgesellschaft innerhalb der Frist komme, sei unbeachtlich.

Auch eine nur „mittelbare" Erhöhung des Anteils einer Kapitalgesellschaft durch einen Formwechsel sei schädlich. Der Formwechsel könne trotz zivilrechtlicher Kontinuität des Rechtsträgers steuerlich schädliche Folgen auslösen. Die Umwandlung der A-KG habe demnach vollumfänglich die Sperrfrist des § 6 Abs. 5 Satz 6 EStG verletzt. Eine teleologische Reduktion des § 6 Abs. 5 Satz 6 EStG komme nicht in Betracht. Der Sinn und Zweck des Gesetzes sei gewahrt. Dieses wolle eine Realisierung stiller Reserven in begünstigter Weise verhindern. Nach dem Formwechsel könne die Z-KG das übertragene Grundstück veräußern, wobei dann keine Einkommensteuer, sondern die niedrigere Körperschaftsteuer auf den Veräußerungsgewinn anfalle. Diese begünstigte Besteuerung solle die Regelung des § 6 Abs. 5 Satz 5 und 6 EStG verhindern.

Dass der schädliche Formwechsel selbst unter Fortführung der Buchwerte vorgenommen worden sei (§ 25 Satz 1 UmwStG i.V.m. § 20 Abs. 2 Satz 2 UmwStG), stehe diesem Ergebnis nicht entgegen. § 6 Abs. 5 Satz 6 EStG sei davon getrennt zu betrachten. Auch die Sperrfrist des § 22

Abs. 1 UmwStG, die der zum Buchwert vorgenommene Formwechsel nach sich ziehe, diene anderen Zwecken.

Folgerungen: Das Urteil zeigt, wie tückisch eine vermeintlich steuerlich neutral vorgenommene Übertragung nach § 6 Abs. 5 Satz 3 EStG und eine steuerlich neutral vorgenommene Umwandlung im Zusammenspiel sein können. Dies gilt insbesondere bei einem tiefer gestaffelten Personengesellschaftskonzern, dessen (sämtliche) Ebenen während der gesamten Laufzeit der Sperrfrist zu überwachen sind. Durch die fehlende Nachweisverpflichtung während der Laufzeit – anders als etwa in § 22 Abs. 3 UmwStG – gerät die Problematik schnell in Vergessenheit. Die Sperrfrist des § 6 Abs. 5 Satz 6 EStG hat zudem für mehrstufige Konzerne in der Weise vorgesorgt, dass auch nur „mittelbare" Begründungen oder Erhöhungen des Anteils u. a. einer Kapitalgesellschaft an dem übertragenen Wirtschaftsgut schädlich sind, was die Überwachung zusätzlich erschwert.

Das Urteil zeigt zudem einen Aspekt von Umwandlungen, der bei der jüngsten Diskussion um Umwandlungen als Sperrfristverletzungen etwas untergegangen ist (Weiss/Brühl, DStR 2019 S. 1065, 1068). Durch das Urteil des BFH v. 24.1.2018 (I R 48/15, BStBl 2019 II S. 45) ist der Charakter von Umwandlungen als Veräußerungen des übertragenen Vermögens (Tz. 00.02 UmwStE) erneut betont worden. Unabhängig vom Ansatz zum Buch-, Zwischen- oder gemeinen Wert soll diese Veräußerungsfiktion gelten und damit laufende Sperrfristen, die auf eine Veräußerung als schädliches Ereignis abstellen, verletzen (für den Formwechsel der übernehmenden Gesellschaft jetzt auch Hessisches FG v. 10.7.2018 – 2 K 406/16, NWB NAAAH-13199; Rev. BFH: I R 25/18; Weiss/Kahlenberg, DStR 2019 S. 2057). Auch bei der Sperrfrist nach § 6 Abs. 5 Satz 4 EStG wird diese Ansicht durchgehalten (BMF v. 8.12.2011 – IV C 6 -S 2241/10/10002, BStBl 2011 I S. 1279, Rz. 33).

§ 6 Abs. 5 Satz 6 EStG stellt hingegen nicht auf eine Veräußerung des übertragenen Wirtschaftsgutes ab. Vielmehr geht es hier um die unmittelbare oder mittelbare Begründung oder Erhöhung des Anteils einer Körperschaft, Personenvereinigung oder Vermögensmasse an dem übertragenen Wirtschaftsgut als schädliches Ereignis. Daher ist das Urteil des FG nicht genau in die Reihe der jüngsten Urteile der Finanzgerichte zu stellen, die eine schädliche Veräußerung durch Umwandlung zum Gegenstand hatten. Es eröffnet vielmehr eine neue „Front" von Problemen, die durch einen vermeintlich steuerlich neutralen Formwechsel ausgelöst werden können (Weiss/Brühl, DStR 2019 S. 1065 m. w. N.).

PRAXISTIPP:

Die Annahme eines rückwirkenden Ereignisses bei der Verletzung des § 6 Abs. 5 Satz 6 EStG wird zwar nicht gesetzlich angeordnet – im Gegensatz zu § 22 Abs. 1 Satz 2 UmwStG. Dennoch ist die Anwendung der damit zusammenhängenden Regelungen weitgehend unbestritten (BMF v. 8.12.2011 – IV C 6 -S 2241/10/10002, BStBl 2011 I S. 1279, Rz. 35 i. V. m. Rz. 27). Damit verbunden sind zahlreiche weitere Folgerungen. U. a. *beginnt* die Festsetzungsfrist für den Veranlagungszeitraum der Übertragung erst mit Ablauf des Kalenderjahrs, in dem das Ereignis eintritt (§ 175 Abs. 1 Satz 2 AO). Durch die Festsetzungs- bzw. Feststellungsverjährung wird insoweit selten der Aufgriff der Sperrfristverletzung verhindert werden können. Bezüglich der Vollverzinsung setzt allerdings auch der Zinslauf sehr spät ein, nämlich erst „15 Monate nach Ablauf des Kalenderjahres, in dem das rückwirkende Ereignis eingetreten oder der Verlust entstanden ist" (§ 233a Abs. 2a AO).

II. Gesetzesänderungen

1. Brexit-Steuerbegleitgesetz

Der Gesetzgeber möchte steuerliche Probleme durch den Brexit, den „Austritt des Vereinigten Königreichs Großbritannien und Nordirland aus der Europäischen Union", für deutsche Steuerpflichtige weitgehend eindämmen. Zu diesem Zweck hat er das „Brexit-Steuerbegleitgesetz" v. 25.3.2019 (BGBl 2019 I S. 357) erlassen, das zahlreiche Einzelregelungen zu diesem Problemkreis enthält (ausführlich Schneider/Stoffels, Ubg 2019 S. 1).

Da es sich beim Brexit um eine Handlung nicht des deutschen, sondern des britischen Staates handelt, waren die dadurch ausgelösten Folgen steuerlicher Art wohl Anlass, die Reichweite „passiver Entstrickungen", bei denen der Steuerpflichtige die zur Entstrickung führende Handlung nicht selbst initiiert, zu überdenken. Sind diese bei Handlungen des deutschen Staates in ihren steuerlichen Folgen hinzunehmen (so BMF v. 26.10.2018 – IV B 5 - S 1348/07/10002-01, BStBl 2018 I S. 1104; Kessler/Spychalski, IStR 2019 S. 193; H 4.3 (2–4) „Entstrickung" EStH), so soll dies bei einer auslösenden Handlung eines ausländischen Fiskus offenbar nicht gelten.

2. Erweiterung der persönlichen Anwendbarkeit des UmwStG

Im Umwandlungssteuerrecht waren insbesondere die Anwendungsregeln des § 1 UmwStG zu ergänzen. Nach dem neu eingefügten § 1 Abs. 2 Satz 3 UmwStG gilt „eine übertragende Gesellschaft, auf die § 122m des Umwandlungsgesetzes Anwendung findet, ... als Gesellschaft mit Sitz und Ort der Geschäftsleitung innerhalb des Hoheitsgebiets eines Mitgliedstaats der Europäischen Union" (zu § 122m UmwG Klett, NZG 2019 S. 292; Luy, DNotZ 2019 S. 484). Die durch § 122m UmwG eröffnete Übergangsmöglichkeit wird insoweit steuerlich unterstützt, als die persönliche Anwendung des Umwandlungssteuergesetzes ermöglicht wird. Dies entspricht dem Ziel des Umwandlungssteuergesetzes, „die betriebswirtschaftlich sinnvolle Umstrukturierung von Unternehmen zu erleichtern und für den nach allgemeinen ertragsteuerrechtlichen Grundsätzen verwirklichten Realisationstatbestand ... einen Steueraufschub zu gewähren" (BFH v. 30.5.2018 – I R 31/16, BStBl 2019 II S. 136, Rz. 26).

Nach dem Auslaufen der Übergangsregelungen ist allerdings Vorsicht geboten: Großbritannien wird zum Drittstaat, was die Anwendbarkeit des UmwStG stark reduzieren wird. Anwendbar bleibt im Wesentlichen die Norm des § 24 UmwStG, die keine Anforderungen an die persönliche Anwendbarkeit stellt (§ 1 Abs. 4 Satz 2 UmwStG). Zudem gilt dann § 12 Abs. 2 KStG, der eine – sehr begrenzte – Möglichkeit zur Steuerneutralität von Verschmelzungen von Drittstaatengesellschaften darstellt (Weiss, IWB 2016 S. 904).

3. Ergänzung des § 22 UmwStG

Für laufende Sperrfristen nach einer begünstigten Einbringung i. S. d. §§ 20, 21 und 25 UmwStG könnte der Brexit ebenfalls problematisch sein. Unter anderem ist nach § 22 Abs. 1 Satz 6 Nr. 6 UmwStG für die Sperrfrist des § 22 UmwStG der Umstand schädlich, dass „für den Einbringenden ... die Voraussetzungen i. S. v. § 1 Abs. 4 nicht mehr erfüllt sind". Durch den Brexit hätten sich entsprechende Rechtsfolgen auch einstellen können, ohne dass der – in Großbritannien ansässige – Einbringende sich aktiv aus dem Hoheitsgebiet eines EU-Mitgliedstaates entfernt. Denn durch den Brexit würde Großbritannien ohne Zutun dieses Steuerpflichtigen zum Drittstaat.

Durch einen neuen § 22 Abs. 8 UmwStG will der Gesetzgeber diese Rechtsfolge verhindern. Nach dessen Satz 1 sollen § 22 Abs. 1 Satz 6 Nr. 6 UmwStG und § 22 Abs. 2 Satz 6 UmwStG so angewendet werden, „dass allein der Austritt des Vereinigten Königreichs Großbritannien und Nordirland aus der Europäischen Union nicht dazu führt, dass die Voraussetzungen des § 1 Absatz 4 [UmwStG] nicht mehr erfüllt sind". Insoweit wird also eine Verletzung des § 22 Abs. 1 UmwStG allein durch den Brexit ausgeschlossen. Schädlich bleibt aber ein – während der siebenjährigen Laufzeit der Sperrfrist vorgenommener – Umzug aus Großbritannien nach dem Brexit in einen (anderen) Drittstaat.

F. Umsatzsteuer

I. Rechtsprechung

1. § 3a UstG: Ort der tatsächlichen Bewirkung der Dienstleistung

EuGH v. 8.5.2019 – C-568/17, NWB NAAAG-69550

(David Dietsch)

Zusammenfassung der Entscheidung

Der Kläger war ein niederländischer Unternehmer und erbrachte entgeltliche Dienstleistungen, die in der Bereitstellung interaktiver erotischer Live-Webcam-Darbietungen von Modellen bestanden, die sich auf den Philippinen befanden. Hierzu stellte der Kläger den Modellen die für die Verbreitung der Darbietungen im Internet erforderliche Hard- und Software zur Verfügung. Um in den Genuss der Darbietungen zu kommen, mussten Kunden bei einem Internet-Service-Provider einen Account erstellen und einen Geldbetrag an diesen entrichten, wovon der Kläger einen Teil erhielt.

Die Darbietungen waren interaktiv, d. h. jeder Kunde hatte die Möglichkeit mit den Modellen zu kommunizieren und spezielle Wünsche an sie zu richten. Mehrere Kunden konnten ein und dieselbe Darbietung gleichzeitig in Echtzeit verfolgen.

Das vorlegende niederländische Gericht wollte insbesondere wissen, ob die Bereitstellung interaktiver erotischer Live-Webcam-Darbietungen eine „Tätigkeit auf dem Gebiet der Unterhaltung" darstelle und falls dies zutreffe an welchem Ort eine solche Dienstleistung „tatsächlich bewirkt" werde. Der EuGH bejahte das Vorliegen einer solchen Unterhaltungsleistung, weshalb in diesem Fall auf den Ort abzustellen sei, an dem der leistende Unternehmer seine Tätigkeit ausübe – unabhängig davon, wo sich die Leistung tatsächlich auswirke.

Entscheidungsgründe

Wichtig ist zunächst herauszustellen, dass sich der Fall auf einen Sachverhalt bezieht, der die Rechtslage bis einschließlich 2009 betrifft. Das Gericht hatte daher die damalige Fassung der RL 77/388/EWG] anzuwenden, in der die Annahme einer elektronischen Dienstleistung vorliegend nicht in Betracht kam, da die Leistung ausschließlich an Leistungsempfänger in den Niederlanden erbracht wurde (Voraussetzung wäre nach damaligen Richtlinienwortlaut zumindest gewesen, dass sich die Leistungsempfänger in einem anderen Mitgliedstaat befänden als der Kläger bzw. leistende Unternehmer).

Die Entscheidungsgründe des EuGH beziehen sich daher überwiegend auf die Feststellung, wie eine unterhaltende Leistung (dies gilt aber entsprechend auch für kulturelle, künstlerische, unterrichtende, sportliche u. ä. Leistungen) i. S. d. Art. 53 MwStSystRL (ähnlich zuvor Art. 52 Buchst. a MwStSystRL) bzw. § 3a Abs. 3 Nr. 3 Buchst. a UStG abzugrenzen ist und an welchem Ort sie als „tatsächlich erbracht" angesehen werden sollte.

Laut des EuGH seien die erotischen Darstellungen offensichtlich nicht mit klassischen kulturellen Veranstaltungen wie einem Konzert, einer Messe oder Ausstellung vergleichbar.

Allerdings stellte der Gerichtshof klar, dass eine Unterhaltungsleistung kein besonderes künstlerisches Niveau voraussetze und auch Leistungen auf diesem Gebiet umfasst seien, die nicht mit solchen Unterhaltungsleistungen vergleichbar sind. Zu beachten war vorliegend, dass die Live-Webcam-Darbietungen zum einen erotische Shows zum Gegenstand hatten und zum anderen auch interaktiv unter Beteiligung der Kunden stattfanden, wodurch diese den Fortgang der Darbietungen beeinflussen konnten.

Entscheidend sei aber lediglich welche Form der Leistung der Kläger vorliegend tatsächlich erbracht hat. Der Kläger hat den Kunden einen Zugang zur Nutzung von Unterhaltungsdienstleistungen angeboten. Dabei ist es unerheblich, dass diese Erbringung von Unterhaltungsdienstleistungen nicht in physischer Anwesenheit der Abnehmer dieser Dienstleistungen erfolgt und dass die Kunden die Dienstleistung nicht von einem einzigen Ort aus in Anspruch nehmen können. Fraglich ist allerdings an welchem Ort, die Darbietungen vorliegend tatsächlich bewirkt worden sind. Je nach Betrachtung könnten diese entweder in den Philippinen bewirkt werden, wo die Modelle tatsächlich physisch die Darbietung erbringen oder eben in den Niederlanden, wo die Kunden tatsächlich in den Genuss der erotischen Darbietungen kommen. Da es – wie oben erwähnt – allerdings auf die tatsächlich bewirkte Leistung des Klägers ankommt, besteht die Dienstleistung darin, erotische interaktive Darbietungen zu organisieren und anzubieten. Es handelt sich daher um eine komplexe Dienstleistung, die nicht von den Modellen, sondern vom Kläger, dem Organisator dieser Darbietungen, erbracht wird. Entsprechend hat der Kläger eine Unterhaltungsdienstleistung bewirkt.

In diesen Fällen ist somit auf den Ort abzustellen, an dem der leistende Unternehmer seine Tätigkeit ausübt – unabhängig davon, wo sich die Leistung tatsächlich auswirkt.

Folgerungen: Bewirkt ein Unternehmer somit eine Unterhaltungsleistung, ist in solchen Fällen auf den Ort abzustellen, an dem der leistende Unternehmer seine Tätigkeit ausübt – unabhängig davon, wo sich die Leistung tatsächlich auswirkt (so auch Abschn. 3a.6 Abs. 1 UStAE mit weiteren Hinweisen). Sofern eine diesbezügliche Darbietung daher einen unterhaltenden oder einen anderen der aufgezählten Zwecke verfolgt, kommt es ferner nicht darauf an, dass sich Leistender und Leistungsempfänger am selben Ort befinden.

Konsequenzen für die Praxis

Wie eingangs erwähnt, beziehen sich die Vorlagefragen des niederländischen Gerichts auf einen Sachverhalt, der sich vor dem Jahre 2010 ereignete. Der EuGH konnte hier daher Ausführungen zu einer elektronischen Dienstleistung vermeiden, da die damalige Fassung der RL 77/388/EWG] für den vorliegenden Fall nicht anwendbar war. Interessant wäre gewesen, wie der EuGH eine Abgrenzung bei Leistungen vornimmt, wenn diese offensichtlich in der Realität erbracht werden, aber nur elektronisch abrufbar sind. Läge eine elektronische Dienstleistung vor, gelten solche Leistungen, die gegenüber Nichtunternehmern ausgeführt werden, immer an dem Ort ausgeführt, an dem der Leistungsempfänger seinen (Wohn-)Sitz hat (seit dem 1.1.2015 geltende Fassung von Art. 58 MwStSystRL bzw. § 3a Abs. 5 UStG). Allerdings ist bei elektronischen Dienstleistungen seit dem 1.1.2019 die neu eingeführte Bagatellgrenze von 10.000 € zu beachten.

Vorliegend hat der EuGH allerdings zweierlei klargestellt: Unterhaltungsleistungen müssen nicht zwangsläufig mit den aufgezählten Leistungen vergleichbar sein, so dass auch Leistungen in Frage kommen, die gerade keinen kulturellen, künstlerischen, unterrichtenden oder sportlichen Anspruch haben. Entsprechend kommt es allein auf den Unterhaltungscharakter der Leistung an. Für den EuGH war vorliegend unstreitig, dass erotische Live-Webcam Shows einen unterhaltsamen Wert besitzen. Interessant wäre allerdings gewesen, wann eine solche Darbietung keinen unterhaltsamen Wert hat bzw. auf welche Sichtweise konkret abzustellen ist. Gerade weil im Unterhaltungsbereich eine Vielzahl möglicher Darbietungen denkbar sind, besteht insoweit weiterhin Unklarheit.

2. § 4 UStG: Umsatzsteuerbefreiung für Leistungen eines Gesundheitszentrums

BFH v. 11.1.2019 – XI R 29/17, BFH/NV 2019 S. 440 = NWB GAAAH-08895

(David Dietsch)

Zusammenfassung der Entscheidung

Die Klägerin ist eine GmbH & Co. KG und hat ein Gesundheitszentrum betrieben, welches Leistungen erbracht hat, die nicht von Krankenkassen erstattet wurden. Eine Zulassung nach § 108 SGB V sowie mangels Versorgungsvertrags nach § 111 SGB V besaß das Gesundheitszentrum nicht. Die Gäste des Gesundheitszentrums konnten selbst über ihren Aufenthalt, dessen Dauer sowie den Umfang der Leistungen entscheiden und die einzelnen Angebote gegen einen Festpreis erwerben. Zu Beginn des Aufenthalts fand jeweils eine ärztliche Untersuchung statt, um zu überprüfen, ob gesundheitliche Einschränkungen gegen die Durchführung der gebuchten Maßnahmen sprechen. Ein Abschlussgespräch mit einem Arzt fand jedoch regelmäßig nicht mehr statt. Die Klägerin behandelte die Umsätze des Gesundheitszentrums als steuerbefreit nach § 4 Nr. 14 Buchst. b UStG. Das FA versagte nach einer Außenprüfung die Steuerbefreiung, weil ein entsprechender Versorgungsvertrag i. S. v. § 111 SGB V fehlte. In der Konsequenz unterwarf es die strittigen Umsätze dem Regelsteuersatz. Die dagegen erhobenen Einsprüche blieben erfolglos. Das FG wies die Klage ab, was nun vom BFH bestätigt wurde. Der BFH begründete seine Entscheidung damit, dass Leistungen eines Gesundheitszentrums, die unabhängig von einem medizinisch diagnostizierten Krankheitsbild erbracht werden, eine therapeutische Zweckbestimmung fehle. Daher lägen keine steuerfreien Krankenhausbehandlungen (§ 4 Nr. 14 Buchst. b UStG) oder ärztliche Heilbehandlungen (Art. 132 Abs. 1 Buchst. b MwStSystRL) vor.

Entscheidungsgründe

Nach § 4 Nr. 14 Buchst. b Satz 1 UStG sind Krankenhausbehandlungen und ärztliche Heilbehandlungen einschließlich der Diagnostik, Befunderhebung, Vorsorge, Rehabilitation, Geburtshilfe und Hospizleistungen sowie damit eng verbundene Umsätze, die von Einrichtungen des öffentlichen Rechts erbracht werden, steuerfrei. Dies gilt ebenfalls, wenn solche Leistungen von einer privaten Einrichtung z. B. im Rahmen eines Vertrags nach dem SGB erbracht werden. Wesentlich für die Versagung der Steuerbefreiung war vorliegend, dass die Klägerin weder eine Einrichtung des öffentlichen Rechts war noch eine Zulassung als Krankenhaus gem. § 108 SGB V vorweisen konnte.

Daher berief sich die Klägerin unmittelbar auf Art. 132 Abs. 1 Buchst. b MwStSystRL. Hiernach ist es u. a. erforderlich, dass eine Einrichtung betrieben wird, die in sozialer Hinsicht mit anderen ordnungsgemäß anerkannten Einrichtungen gleicher Art vergleichbar sei. „Krankenhausbehandlungen und ärztliche Heilbehandlungen" i. S. d. Art. 132 Abs. 1 Buchst. b MwStSystRL setzen ferner Leistungen voraus, die einem therapeutischen Zweck dienen. An diesem therapeutischen Zweck hat es vorliegend, insbesondere mangels eines medizinisch diagnostizierten Krankheitsbilds, gefehlt. Vielmehr konnte der Gast, unabhängig von einer ärztlichen Diagnose, selbst über die Dauer seines Aufenthaltes im Gesundheitszentrum sowie den Leistungsumfang entscheiden. Vorbeugende Gesundheitsleistungen seien nur dann steuerbefreite Heilbehandlungen, wenn die Maßnahmen aufgrund ärztlicher Anordnung oder vergleichbarer Feststellung durchgeführt würden.

Folgerungen: Die Steuerbefreiung nach § 4 Nr. 14 Buchst. b UStG scheiterte vorliegend an der mangelnden Zulassung nach § 108 SGB V sowie dem fehlenden Versorgungsvertrag nach § 111 SGB V. Entsprechend berief sich die Klägerin hilfsweise auf Art. 132 Abs. 1 Buchst. b MwStSystRL, der grds. auch Leistungen vergleichbarer Einrichtungen von der Steuer befreit. Der BFH lehnte die unmittelbare Anwendung des Unionsrechts mit dem Zweck der Richtliniennorm ab, wonach der therapeutische Zweck erfüllt sein müsse, der gerade Grundvoraussetzung für die Norm sei und vorliegend nicht gegeben war.

Konsequenzen für die Praxis

Die Entscheidung verdeutlicht, dass es sich im Einzelfall lohnen kann die MwStSystRL zu Rate zu ziehen, da dort der Wortlaut einer Norm ggf. günstiger sein kann als die nationale Vorschrift. Vorliegend scheiterte ein derartiges Vorhaben der Klägerin allerdings daran, dass der therapeutische Zweck der Leistungen nicht vorlag, der gerade Grundvoraussetzung für die Norm ist. Der BFH betonte hierzu nochmals, dass es hier auch auf die medizinischen Feststellungen durch das „entsprechende Fachpersonal" ankomme. Insofern hat der BFH erneut klargestellt, dass diesbezüglich den Unternehmer die Feststellungslast treffe.

Mangels Vorliegen der „Grundvoraussetzung" für die Steuerbefreiung musste sich der BFH nicht mit der für die Praxis durchaus wichtigeren Frage befassen, unter welchen Voraussetzungen eine vergleichbare Einrichtung i. S. v. Art. 132 Abs. 2 Buchst. b MwStSystRL für privatrechtliche Träger anzunehmen sein könnte. Entsprechend sollte hier die Rechtsentwicklung beobachtet werden, insbesondere mögliche Änderungen durch das sog. Gesetz zur weiteren steuerlichen Förderung der Elektromobilität und zur Änderung weiterer steuerlicher Vorschriften (Jahressteuergesetz 2019), dessen Änderungen eine Vielzahl von Steuerbefreiungen betreffen wird.

3. § 4 Nr. 21 UStG: Keine Steuerbefreiung für Fahrschulunterricht

EuGH v. 14.3.2019 – C-449/17, ECLI:EU:C:2019:202 = NWB LAAAH-09916

(*David Dietsch*)

Zusammenfassung der Entscheidung

Die Klägerin betrieb eine Fahrschule in Deutschland und wies in ihren Ausgangsrechnungen keine Umsatzsteuer aus, da sie ihre Leistungen (Fahrschulunterricht zum Erwerb der Fahrerlaubnisklassen B und C1) als Schul- und Hochschulunterricht gem. Art. 132 Abs. 1 Buchst. i und j

MwStSystRL für steuerbefreit hielt. Das FA teilte diese Ansicht nicht; Einspruch und Klage der Klägerin hiergegen blieben ohne Erfolg. Gegen die Entscheidung des FG wendete sich die Klägerin mit der Revision beim BFH. Letzterer setzte das Verfahren aus und legte dem EuGH u. a. folgende Frage zur Vorabentscheidung vor: „Umfasst der Begriff des Schul- und Hochschulunterrichts in Art. 132 Abs. 1 Buchst. i und j MwStSystRL den Fahrschulunterricht zum Erwerb der Fahrerlaubnisklassen B und C1?"

Im Ergebnis verneinte der EuGH, dass der Fahrschulunterricht für den Erwerb der Fahrerlaubnisklassen B und C1 nach Art. 132 Abs. 1 Buchst. i und j der MwStSystRL von der Umsatzsteuer befreit ist.

Entscheidungsgründe

Hintergrund: Die nationale Steuerbefreiung für Bildungsleistungen nach § 4 Nr. 21 UStG steht nicht im Einklang mit dem Unionsrecht (Art. 132 Abs. 1 Buchst. i und j MwStSystRL). Nach der deutschen Regelung kommt eine Steuerbefreiung für allgemein- oder berufsbildende Einrichtungen in Betracht, wenn durch eine Landesbehörde bescheinigt wird, dass die Leistung auf einen Beruf oder eine vor einer juristischen Person des öffentlichen Rechts abzulegende Prüfung ordnungsgemäß vorbereitet (§ 4 Nr. 21 Buchst. a Doppelbuchst. bb UStG). Die deutsche Steuerbefreiungsnorm knüpft somit u. a. an das Vorliegen einer Bescheinigung von einer Landesbehörde an. Die Bescheinigung hat lediglich Indizwirkung für das Finanzamt (BFH v. 28.5.2013 – XI R 35/11, BStBl 2013 II S. 879). Daher entscheidet allein das Finanzamt, ob die weiteren Voraussetzungen der Steuerbefreiung vorliegen, insbesondere ob die Leistung unmittelbar dem Schul- und Bildungszweck dient oder die Voraussetzungen einer allgemein- oder berufsbildenden Einrichtung i. S. d. § 4 Nr. 21 UStG gegeben sind. Solche Bescheinigungen findet man dagegen nicht in der entsprechenden Regelung des Unionsrechts. Gerade deutsche Anbieter von gewerblichen Bildungsleistungen, wie auch hier im vorliegenden Fall, die für ihre Leistungen keine Bescheinigung der Landesbehörde i. S. d. § 4 Nr. 21 UStG erhielten, berufen sich daher unmittelbar auf die (vermeintlich) weniger strengen Voraussetzungen der Art. 132 Abs. 1 Buchst. i und Buchst. j MwStSystRL.

Fraglich war in der hiesigen Entscheidung, ob der Fahrschulunterricht unter die Norm des Art. 132 Abs. 1 Buchst. i und j MwStSystRL fallen könnte. Hierzu stellte der EuGH klar, dass sich der Begriff „Schul- und Hochschulunterricht" nicht nur auf Unterricht beschränke, der zu einer Abschlussprüfung zur Erlangung einer Qualifikation führt. Vielmehr verdeutlichte er, dass Tätigkeiten miteingeschlossen würden, welche durch Unterweisung in Schulen oder Hochschulen auf die Entwicklung der Kenntnisse und Fähigkeiten der Schüler oder Studenten abzielen, sofern die Tätigkeiten nicht den Charakter bloßer Freizeitgestaltung aufweisen. Die Klägerin verwies diesbezüglich darauf, dass mit dem Erlangen einer Fahrerlaubnis auch berufliche Anforderungen erfüllt werden könnten. Der EuGH berücksichtigte allerdings solche beruflichen Anforderungen nicht und stufte den Fahrunterricht als spezialisierten Unterricht ein, der für sich allein nicht der für den Schul- und Hochschulunterricht kennzeichnenden Vermittlung, Vertiefung und Entwicklung von Kenntnissen und Fähigkeiten in Bezug auf ein breites und vielfältiges Spektrum von Stoffen gleichkomme.

FAZIT:

Die Entscheidung des EuGH bestätigt zunächst das Gebot der engen Auslegung von Steuerbefreiungen. Ferner scheint der EuGH höhere Anforderungen an eine Mehrwertsteuerbefreiung von gewerblichen Bildungsleistungen zu stellen, da für das Vorliegen von „Schul- und Hochschulunterricht" auf einen bestimmten Typus von Unterrichtssystemen abgestellt wird.

Konsequenzen für die Praxis

Die vorliegende Entscheidung des EuGH verdeutlicht aus deutscher Sicht die gegenwärtig unsichere Handhabung von Bildungsleistungen. Nur so lässt sich die Vielzahl von Entscheidungen erklären, die neben der hiesigen in jüngster Zeit Gegenstand von Gerichtsverfahren waren oder gegenwärtig noch sind. So sind/waren etwa die Umsatzsteuerbefreiung von Schwimmunterricht (BFH v. 27.3.2019 – V R 32/18, NWB JAAAH-13854), Supervisionsleistungen eines Privatlehrers (FG Münster v. 12.3.2019 – 15 K 1768/17 U, NWB DAAAH-13198), Surf- und Segelkurse (EuGH – C-47/19, NWB HAAAH-09978, Vorinstanz FG Hamburg v. 14.12.2018 – 6 K 187/17), oder Tangotanzkursen (BFH v. 24.1.2019 – V R 66/17, NWB SAAAH-11881) strittig.

Im Gesetzentwurf zur weiteren steuerlichen Förderung der Elektromobilität und zur Änderung weiterer steuerlicher Vorschriften (Jahressteuergesetz 2019) sind deshalb zum 1.1.2021 u. a. erhebliche Änderungen bei Bildungsleistungen i. S. v. § 4 Nr. 21 UStG geplant. Insbesondere Fortbildungsleistungen werden zukünftig steuerpflichtig sein, wenn sie von Einrichtungen erbracht werden, die eine systematische Gewinnerzielung anstreben und ihre Gewinne, nicht nur zur Erhaltung oder Verbesserung der erbrachten Leistungen verwenden. Der deutsche Gesetzgeber macht hierbei von seinem Umsetzungswahlrecht gem. Art. 133 Buchst. a MwStSystRL Gebrauch.

Ferner ist im Gesetzentwurf der Bundesregierung geplant, das Erfordernis der angesprochenen Bescheinigung einer Landesbehörde fortan entfallen zu lassen. Dann obläge die Entscheidung, ob eine Steuerbefreiung gewährt wird oder nicht, künftig allein dem Finanzamt. Gegenwärtig muss der Steuerpflichtige jedoch noch vor ein Verwaltungsgericht (also nicht vor das FG) ziehen, um die Erteilung einer solchen Bescheinigung zu erwirken. Es ist daher zu begrüßen, dass der Steuerpflichtige zukünftig im schlimmsten Falle keine zwei gesonderten Rechtsverfahren vor unterschiedlichen Gerichtsbarkeiten führen muss, um die Steuerbefreiung zu erwirken.

Im Ergebnis orientiert sich der deutsche Gesetzgeber daher näher an der Richtlinienfassung. Es bleibt aber abzuwarten, ob damit auch mehr Rechtssicherheit für die betroffenen Steuerpflichtigen einkehren wird. Es bleibt aber abzuwarten, welche gesetzlichen Neuerungen tatsächlich ins UStG Einzug finden.

4. § 14 UStG: Leistungsbeschreibung in Rechnungen für Waren im Niedrigpreissegment

BFH v. 14.3.2019 – V B 3/19, BFH/NV 2019 S. 654 = NWB MAAAH-12910

(David Dietsch)

Zusammenfassung der Entscheidung

In dem Hauptsacheverfahren war der Vorsteuerabzug aus Rechnungen über Textilien (Bekleidungsstücke) im Niedrigpreissegment streitig. Der oben genannte Beschluss bezieht sich allerdings auf das Beschwerdeverfahren gegen einen nicht gewährten Antrag auf Aussetzung der Vollziehung gem. § 69 Abs. 3 FGO.

Die Antragstellerin war in den Streitjahren im Großhandel mit Textilien und Modeaccessoires im Niedrigpreissegment tätig. Die Waren wurden jeweils in großen Mengen eingekauft, wobei die Preise des jeweiligen Artikels überwiegend im unteren und mittleren einstelligen Eurobereich lagen, nur vereinzelt zwischen 10 € und 12 €. Konkret ging es darum, wie Bekleidungsstücke im Niedrigpreissegment, z. B. Hosen in einer Eingangsrechnung, bezeichnet werden müssen, um die Voraussetzungen einer ordnungsgemäßen Rechnung nach § 14 Abs. 4 UStG zu erfüllen und letztlich so dem Leistungsempfänger den Vorsteuerabzug nach § 15 Abs. 1 Satz 1 Nr. 1 UStG zu ermöglichen. Der BFH kommt zu dem Ergebnis, dass jedenfalls bei Textilien im Niedrigpreissegment die Frage, um welche Hose es sich im einzelnen Fall handelt, für den Vorsteuerabzug nicht entscheidend sein könne.

Entscheidungsgründe

Nach § 14 Abs. 4 Satz 1 Nr. 5 UStG muss eine Rechnung u. a. Angaben zu Menge und Art (handelsübliche Bezeichnung) der gelieferten Gegenstände oder zu Umfang und Art der sonstigen Leistung enthalten. Nach ständiger Rspr. des BFH stellen Rechnungen Abrechnungspapiere dar und dienen als Nachweis für den Vorsteuerabzug. Deshalb müssen Abrechnungspapiere Angaben tatsächlicher Art enthalten, welche die Identifizierung der Leistung ermöglichen, über die abgerechnet worden ist (vgl. BFH v. 16.1.2014 – V R 28/13, BStBl 2014 II S. 867 = NWB TAAAE-61356). Mangels höchstrichterlicher Rspr. wurde auf Finanzgerichtsebene bisher überwiegend vertreten, dass bei der Leistungsbezeichnung gelieferter Gegenstände zu deren Identifizierung eine geeignete Beschreibung der Beschaffenheit der Gegenstände erforderlich sei. Textilien im Niedrigpreissektor bildeten hierbei keine Ausnahme, weshalb regelmäßig die bloße Gattungsbezeichnung (z. B. Bluse oder Hose) nicht ausreiche.

Der BFH vertritt hierbei einen anderen Standpunkt und bezieht sich auf ein nicht veröffentlichtes Urteil des FG Düsseldorf (v. 3.7.2017 – 5 K 1992/14 U). Hiernach reiche bei Großeinkäufen von Niedrigpreisartikeln auch die Angabe der Gattung mit Stückzahl aus, da sonst der Aufwand für die Konkretisierung des Leistungsgegenstands bei Rechnungen über Großeinkäufe von verschiedenen Waren und geringen Stückpreisen für den Unternehmer unverhältnismäßig sein könne. Insbesondere der Verweis in § 14 Abs. 4 Satz 1 Nr. 5 UStG auf die „handelsübliche Bezeichnung" könne weitere Angaben als die bloße Angabe der Art des gelieferten Gegenstandes von den Unternehmern fordern. Dies stehe auch im Einklang mit dem korrespondierenden Art. 226 Nr. 6 MwStSystRL, der lediglich die Angabe von Menge und Art der gelieferten Gegenstände fordere, und der hierzu ergangenen Rspr. des EuGH. Gerade aus der Entscheidung des EuGH in der Rs. Barlis 06 (EuGH v. 15.9.2016 – C-516/14, ECLI:EU:C:2016:690 = NWB

HAAAF-82025) folge, dass die Mitgliedstaaten die Ausübung des Rechts auf Vorsteuerabzug nicht nach „eigenem Gutdünken" von Voraussetzungen abhängig machen dürften, die das Unionsrecht in Art. 226 MwStSystRL nicht vorsehe. Nach Auffassung des V. Senats könne dies nur zur Folge haben, dass § 14 Abs. 4 Satz 1 Nr. 5 UStG unionsrechtskonform ausgelegt werden müsse und dem Erfordernis der „handelsüblichen Bezeichnung" keine Bedeutung zukomme, soweit damit eine über die „Art der gelieferten Gegenstände" hinausgehende konkretere Leistungsbeschreibung gefordert werde.

Folgerungen: Der BFH kommt im Ergebnis zu zwei wesentlichen Erkenntnissen: Einmal stellt er fest, dass die Anforderungen an die konkrete Leistungsbezeichnung auch im Kontext der jeweiligen Branche bzw. des Geschäftsmodells berücksichtigt werden muss. Daneben hinterfragt er die Unionsrechtskonformität des § 14 Abs. 4 Satz 1 Nr. 5 UStG im Hinblick auf das Erfordernis der „handelsüblichen Bezeichnung", die so nicht in Art. 226 Nr. 6 MwStSystRL zu finden ist.

Konsequenzen für die Praxis

Die Frage der Leistungsbezeichnung ist regelmäßig Gegenstand von Betriebsprüfungen. Umso überraschender ist, dass zu dieser Thematik wenig höchstrichterliche Rspr. ergangen ist und es sogar bisher vollkommen an höchstrichterlicher Rspr. bzgl. der Anforderungen an die Leistungsbezeichnung im Niedrigpreissegment fehlte. Daher sind die Entscheidungsgründe des BFH sicherlich für eine Vielzahl von Einzelhändlern von großer Bedeutung. Aktuell sind beim XI. Senat des BFH zu dieser Frage noch zwei weitere Revisionsverfahren (BFH – XI R 2/18, NWB LAAAG-84086 und BFH – XI R 27/18, NWB LAAAH-10307) anhängig.

Für die Mehrzahl der Unternehmer sollte allerdings der Verweis des BFH auf die Rs. Barlis 06 von Bedeutung sein, der insofern nicht nur den Niedrigpreissektor betrifft. Der BFH stellt hier die Unionsrechtskonformität des § 14 Abs. 4 Satz 1 Nr. 5 UStG bzgl. der „handelsüblichen Bezeichnung" insoweit in Frage, als dass diese nicht notwendig sei, wenn die „Art der gelieferten Gegenstände" i. S. v. Art. 226 Nr. 6 MwStSystRL bereits aus der Leistungsbezeichnung ersichtlich sei. Bei Zweifeln seitens der Finanzbehörden an der Leistungsbezeichnung in einer Rechnung, sollte daher auf die Rs. Barlis 06 und die entsprechende unionskonforme Auslegung von § 14 Abs. 4 Satz 1 Nr. 5 UStG Bezug genommen werden.

5. § 14 UStG: Zum Rechnungsmerkmal „vollständige Anschrift" bei der Ausübung des Rechts auf Vorsteuerabzug

BFH v. 5.12.2018 – XI R 22/14, BFH/NV 2019 S. 107 = NWB CAAAH-06912

(David Dietsch)

Zusammenfassung der Entscheidung

Der Kläger betrieb eine Gebäudereinigung und ein Internetcafé. Nach einer Umsatzsteuer-Sonderprüfung versagte das FA teilweise den Vorsteuerabzug und erließ einen geänderten Umsatzsteuer-Bescheid, da Rechnungen zweier Unternehmer wegen falscher Rechnungsangaben bzw. fehlender Unternehmereigenschaft nicht die Voraussetzungen der §§ 14, 14a UStG erfüllen würden. Der Kläger wies daraufhin, dass er von beiden Unternehmern Bescheinigungen in Steuersachen, Gewerbeanmeldungen und über die USt-IdNrn. angefordert habe, um deren Unternehmereigenschaft überprüfen zu können. Daher genieße er Gutglaubensschutz. Des Weiteren seien aus allen Rechnungen der beiden Unternehmer Name und Anschrift des leistenden Unternehmers, die Steuernummer, das Rechnungsdatum, die Rechnungsnummer, der Umfang und der Zeitpunkt der Leistung sowie die Entgelte, Steuerbeträge und Steuersätze ersichtlich. Auch sei der Schriftverkehr zu Zeiten der Geschäftsbeziehungen problemlos an die jeweilige, in der Rechnung genannte Adresse zugestellt worden. Zu postalischen Rückläufen sei es nicht gekommen. Ebenso seien beide Unternehmer unter den angegebenen Adressen erreichbar gewesen. Der Einspruch beim zuständigen FA und die Klage vor dem FG blieben erfolglos. Letztendlich versagte auch das FG den Vorsteuerabzug, da die Rechnungen der beiden Unternehmer nicht die nach § 14 Abs. 4 Satz 1 Nr. 1 UStG erforderliche zutreffende vollständige Anschrift des leistenden Unternehmers enthielten. Die Revision des Klägers beim BFH war indes begründet, da die Rechnungsaussteller unter der von ihnen in den Rechnungen jeweils angegebenen Anschriften postalisch erreichbar gewesen seien.

Entscheidungsgründe

Nach der jüngsten Rspr. des BFH setze eine zum Vorsteuerabzug berechtigende Rechnung nicht voraus, dass die wirtschaftliche Tätigkeit des leistenden Unternehmers unter der Anschrift ausgeübt werde, die in der vom Unternehmer ausgestellten Rechnung angegeben sei. Ausreichend sei vielmehr jede Art von Anschrift, einschließlich einer Briefkastenanschrift, sofern der Unternehmer unter dieser Anschrift erreichbar sei (BFH v. 21.6.2018 – V R 25/15, BStBl 2018 II S. 809 = NWB MAAAG-90275 und BFH v. 13.6.2018 – XI R 20/14, BStBl 2018 II S. 800, NWB GAAAG-94739). Vorliegend habe das FG festgestellt, dass unter den genannten Anschriften weder eine Betriebsstätte noch die Wohnung der beiden Rechnungsaussteller vorhanden gewesen sei, allerdings fehlten Feststellungen, ob die Rechnungsaussteller unter den angegebenen Adressen auch erreichbar gewesen seien.

Maßgeblich für die Frage der Erreichbarkeit sei laut BFH der Zeitpunkt der Rechnungsausstellung, da die Angaben in der Rechnung dem FA ermöglichen sollten, eine Verbindung zwischen einer bestimmten wirtschaftlichen Transaktion und dem jeweiligen Rechnungsaussteller herzustellen (EuGH v. 15.11.2017 – C-374/16 und C-375/16, Geissel und Butin, NWB ZAAAG-62440). Diese Überprüfungsmöglichkeit bestehe für das FA erst im Zeitpunkt der Rechnungserstellung sowie deren Kenntnisnahme und nicht bereits bei Leistungserbringung.

Falls die Erreichbarkeit der Leistenden zum Zeitpunkt der Rechnungsausstellung nicht möglich sei, liege die Feststellungslast beim Leistungsempfänger. Die Feststellungslast umfasse alle Tatsachen, die den Vorsteuerabzug begründeten (z. B. EuGH v. 27.6.2018 – C-459/17 und C-460/17, SGI und Valériane SNC, NWB HAAAG-88866).

Folgerungen: Der BFH stellt in seiner Entscheidung Folgendes klar: Es kommt nicht darauf an, dass die wirtschaftliche Tätigkeit des leistenden Unternehmers unter der Anschrift ausgeübt wird, die auf der Rechnung steht. Daneben reichen Feststellungen des FG nicht aus, ob unter der genannten Anschrift eine Betriebsstätte oder eine Wohnung vorhanden ist. Es kommt vielmehr darauf an, dass der Rechnungsaussteller unter der angegebenen Anschrift im Zeitpunkt der Rechnungsstellung erreichbar ist. Die Feststellungslast der Erreichbarkeit obliegt hier dem Leistungsempfänger.

Konsequenzen für die Praxis

Auf den ersten Blick scheint die Entscheidung keine Neuerungen zu beinhalten, die nicht schon in jüngster Vergangenheit Gegenstand beim EuGH (C-374/16, Geissel und Butin) bzw. den Nachfolgeentscheidungen des BFH (BFH v. 21.6.2018 – V R 25/15, BStBl 2018 II S. 809 und BFH v. 13.6.2018 – XI R 20/14, BStBl 2018 II S. 800) waren. Im Anschluss an die aufgezählten Entscheidungen hatte ferner das BMF den UStAE entsprechend geändert (vgl. BMF v. 7.12.2018 – III C 2 - S 7280-a/07/10005 :003, BStBl 2018 I S. 1401 = NWB HAAAH-03416).

Die hiesige Entscheidung ist dennoch mehr als erwähnenswert, da sie Stellung zu der praktisch relevanten Frage der Feststellungslast bzw. des relevanten Zeitpunkts bzgl. der „Anschrift auf der Rechnung" nimmt.

Dies ist vor allem dann relevant, wenn die Leistungserbringung – und damit auch der Geschäftskontakt – längere Zeit vor der Rechnungsausstellung liegt. In diesen Fällen sollte der Leistungsempfänger als Vorsteuerabzugsberechtigter entsprechende Vorkehrungen bei der Nachweisführung treffen, da die Feststellungslast insoweit bei ihm liegt. Dabei ist allerdings davon auszugehen, dass der BFH nicht meint, das FA könne anlässlich von Betriebsprüfungen viele Jahre nach Rechnungstellung Nachweise über die Richtigkeit der Anschrift auf den Rechnungen verlangen. Dies wird man wohl nur schwerlich vom Leistungsempfänger verlangen können und dies würde auch nicht der jüngsten EuGH-Rspr. (v. 15.11.2017 – C-374/16 und C-375/16, Geissel und Butin, NWB ZAAAG-62440) entsprechen.

Nicht endgültig geklärt ist weiterhin, ob ein etwaiger Vertrauensschutz nun im Festsetzungsverfahren oder in einem Billigkeitsverfahren zu prüfen ist, wobei zwischen den Senaten des BFH offenbar Uneinigkeit herrscht (vgl. BFH v. 27.9.2018 – V R 32/16, NWB GAAAH-06915).

6. § 15 UStG: Vorsteuerabzug aus Anschaffungskosten für einen Ferrari

FG Hamburg v. 11.10.2018 – 2 K 116/18, NWB AAAAH-03923, rkr.

(David Dietsch)

Zusammenfassung der Entscheidung

Zwischen den Beteiligten war streitig, ob hinsichtlich der Anschaffungskosten für einen Ferrari California der Vorsteuerabzug zu gewähren ist. Die Klägerin betrieb im Streitjahr 2012 ein Unternehmen, welches sich im Wesentlichen auf Entwicklung, Verwaltung, Vermittlung, Verkauf und den Betrieb von Projekten zur Erzeugung von Energien aus regenerativen Quellen bezog. Der einzige Geschäftsführer der Klägerin im Streitjahr war A. Im Betriebsvermögen der Klägerin befanden sich zu Beginn des Streitjahres 2012 bereits fünf Fahrzeuge. Im ersten Halbjahr erwarb die Klägerin dann einen gebrauchten Ferrari California, den A als Geschäftswagen nutzte.

Die Klägerin machte einen Vorsteuerabzug aus dem Ferrari in Jahr 2012 geltend. Bei einer Umsatzsteuer-Sonderprüfung ging der Prüfer davon aus, dass der Ferrari mindestens zu 10 % unternehmerisch genutzt werde. Er stufte die Anschaffungskosten für den Ferrari als nicht abziehbaren Repräsentationsaufwand ein, so dass ein Vorsteuerabzug aus der Anschaffung des Ferraris versagt wurde.

Das FA erließ daraufhin einen entsprechend geänderten Umsatzsteuer-Vorauszahlungsbescheid 2012, wogegen die Klägerin erfolglos Einspruch einlegte. Das FG hielt die daraufhin erhobene Klage für zulässig und begründet: Ein Vorsteuerabzug aus dem Erwerb eines Luxussportwagens sei nicht gem. § 15 Abs. 1a Satz 1 UStG i.V. m. § 4 Abs. 5 Satz 1 Nr. 7 EStG wegen Unangemessenheit der Aufwendungen ausgeschlossen, soweit ein ordentlicher und gewissenhafter Unternehmer angesichts der erwarteten Vorteile und Kosten die Aufwendungen ebenfalls auf sich genommen hätte. Maßgeblich für die Beurteilung der Angemessenheit der Aufwendungen seien alle Umstände des Einzelfalls, insbesondere die Größe des Unternehmens, die Höhe des längerfristigen Umsatzes und des Gewinns, die Bedeutung des Repräsentationsaufwands für den Geschäftserfolg nach der Art der ausgeübten Tätigkeit und seine Üblichkeit in vergleichbaren Betrieben sowie der Umfang der Berührung der privaten Lebenssphäre des Steuerpflichtigen.

Entscheidungsgründe

Sofern ein Pkw betrieblich genutzt wird, ist der Vorsteuerabzug grds. sofort und in voller Höhe zu gewähren. Die Angemessenheit der Höhe der Aufwendungen ist bei einer ausschließlichen betrieblichen Veranlassung irrelevant. Eine Ausnahme von diesem Grundsatz liegt in Gestalt von § 15 Abs. 1a UStG i.V. m. § 4 Abs. 5 Satz 1 Nr. 7 EStG vor. Danach ist der Vorsteuerabzug ausgeschlossen für Aufwendungen, welche die Lebensführung des Steuerpflichtigen oder anderer Personen berühren, soweit sie nach allgemeiner Verkehrsauffassung als unangemessen anzusehen sind. Grundlage für einen möglichen Vorsteuerabzug ist somit das einkommensteuerliche Betriebsausgabenabzugsverbot. Was „nach allgemeiner Verkehrsauffassung als unangemessen anzusehen" ist, ist im Einzelfall entsprechend abzuwägen. Die Entscheidung hängt von vielen Faktoren, insbesondere der Art der unternehmerischen Tätigkeit, Bedeutung und Erforderlichkeit der Repräsentation in dieser Branche, Größe des Unternehmens und Grad der Berührung der Lebensführung, ab (BFH v. 10.10.2017 – X R 33/16, BStBl 2018 II S. 185; BFH v. 29.4.2014 – VIII R 20/12, BStBl 2014 II S. 679). Der Vorsteuerabzug ist nur in Höhe der unangemessenen Aufwendungen („soweit") ausgeschlossen. Maßgeblich für die dem FG obliegende Feststellung des angemessenen Teils der Aufwendungen ist die Sicht eines ordentlichen und gewissenhaften Unternehmers in der Situation des Steuerpflichtigen (BFH v. 10.10.2017 – X R 33/16, BStBl 2018 II S. 185; BFH v. 29.4.2014 – VIII R 20/12, BStBl 2014 II S. 679).

Vorliegend wägte das FG entsprechend ab, welche Argumente für und gegen eine angemessene Anschaffung in diesem Sinne sprechen könnten. Dagegen sprach insbesondere, dass die Tätigkeit der Klägerin keine Nähe zur Automobilbranche aufweise, die eine unternehmerische Nutzung des Luxussportwagens rechtfertigen könne. Letztlich überwogen aber die Argumente für eine Angemessenheit der Anschaffung. Dies begründete das FG u. a. damit, dass die Klägerin insbesondere nachweisen konnte, dass nach „Netzwerktreffen", an denen der Geschäftsführer A mit dem streitgegenständlichen Ferrari teilgenommen hatte, erfolgreich Projektaufträge abgeschlossen oder vermittelt werden konnten. Im Ergebnis hat das FG daher zugunsten der Angemessenheit der Aufwendungen entschieden und einen Vorsteuerabzug zugelassen.

Folgerungen: Der Vorsteuerabzug für einen Luxussportwagen ist nicht per se ausgeschlossen. Im Einzelfall muss konkret abgewogen werden, welche betrieblichen Gründe für oder gegen eine solche Anschaffung sprechen.

Konsequenzen für die Praxis

Die Diskussion über die Angemessenheit von hochpreisigen Pkw ist regelmäßig Gegenstand steuerlicher Prüfungen. Gerade bei Luxussportwagen oder anderen hochpreisigen Pkw bezweifelt die Finanzverwaltung häufig die Angemessenheit der Anschaffung mit der Folge, dass der Vorsteuerabzug aus Anschaffung und Unterhalt des Pkw versagt wird. Hierzu ist ferner eine fast zeitgleich ergangene Entscheidung des FG Hamburg zu beachten. Der dortige 2. Senat hatte – ebenfalls rechtskräftig – den Vorsteuerabzug für einen Lamborghini Aventador insgesamt versagt (FG Hamburg v. 11.10.2018 – 2 K 116/18, rkr.).

In Abgrenzung zu der hiesigen Entscheidung, in der ein Vorsteuerabzug auf Grundlage von § 4 Abs. 5 Satz 1 Nr. 7 EStG geprüft wurde, stützte sich der 2. Senat allerdings auf § 4 Abs. 5 Satz 1 Nr. 4 EStG. Das Abzugsverbot nach Nr. 4 (Abzugsverbot für Aufwendungen für Jagd oder Fischerei, für Segeljachten oder Motorjachten sowie für ähnliche Zwecke) wirkt deutlich restriktiver als das Abzugsverbot nach Nr. 7, da Letzteres weder eine Angemessenheitsprüfung verlangt noch eine Aufteilung vorsieht.

7. § 15 UStG: Nachweis der Voraussetzungen für den Vorsteuerabzug auch ohne Vorlage von Rechnungen möglich

EuGH v. 21.11.2018 – C-664/16, Vădan, NWB VAAAH-03378

(*David Dietsch*)

Zusammenfassung der Entscheidung

Der Kläger verwirklichte in den Jahren 2006 bis 2008 ein größeres Bauprojekt in Rumänien und erwirtschaftete erhebliche Immobilienumsätze. Nachdem die rumänischen Finanzbehörden erstmals Umsatzsteuer für die Grundstücksumsätze festsetzten, begehrte der Kläger im Gegenzug den Vorsteuerabzug aus seinen Eingangsleistungen. Allerdings konnte der Kläger keine Originalrechnungen oder sonstige Unterlagen als Nachweis für die Eingangsleistungen vorlegen. Die rumänischen Behörden lehnten daher den Vorsteuerabzug ab. Im Laufe des Gerichtsverfahrens wurden zwei Sachverständigengutachten vorgelegt, um die Eingangsleistungen für ein derartiges Bauvorhaben zu schätzen und somit den entsprechenden Vorsteuerbetrag zu bestimmen. Vom vorlegenden rumänischen Gericht wurde der EuGH nun gefragt, ob zwingend die Originalrechnungen vorzulegen seien und, falls dies verneint würde, die Sachverständigengutachten als Nachweise für einen Vorsteuerabzug ausreichen würden. Im Ergebnis verneinte der EuGH dies, da aus den Sachverständigengutachten alleine nicht hervorginge, dass der Kläger tatsächlich Umsatzsteuer auf die Eingangsleistungen abgeführt habe.

Entscheidungsgründe

Formelle Voraussetzung für die Ausübung des Vorsteuerabzugsrechts sei nach Art. 178 Buchst. a MwStSystRL der Besitz einer ordnungsmäßigen Rechnung. Allerdings verlange das Grundprinzip der Neutralität der Mehrwertsteuer, dass der Vorsteuerabzug gewährt werde, wenn die materiellen Voraussetzungen (Verwendung für besteuerte Umsätze) erfüllt seien, selbst wenn es an bestimmten formellen Voraussetzungen fehlte. Entsprechend früherer EuGH-Entscheidungen sei der Vorsteuerabzug daher zu gewähren, wenn die in einer Rechnung fehlenden oder falschen

Angaben berichtigt würden (EuGH v. 15.9.2016 – C-518/14, Senatex, NWB XAAAF-82024) oder die Finanzverwaltung über sämtliche Daten verfüge, um zu prüfen, ob die materiellen Voraussetzungen erfüllt seien (EuGH v. 15.9.2016 – C-516/14, Barlis 06, NWB HAAAF-82025). Im Streitfall entschied der EuGH nun, dass auch die strikte Anwendung des Erfordernisses, überhaupt Rechnungen vorzulegen, gegen den Grundsatz der Neutralität verstoße. Gleichwohl müsse der Unternehmer nachweisen, dass er die materiellen Voraussetzungen für den Vorsteuerabzug erfülle. Diese Nachweise könnten z. B. Unterlagen des leistungserbringenden Unternehmers sein. Dagegen seien die im Streitfall vorgelegten Sachverständigengutachten nicht geeignet, nachzuweisen, dass der leistende Unternehmer Mehrwertsteuer auf die Eingangsumsätze, die er an den Kläger erbracht habe, tatsächlich auch an den Fiskus abgeführt habe.

Folgerungen: Der EuGH hält zunächst fest, dass der Vorsteuerabzug grds. eine ordnungsgemäße Rechnung voraussetzt. Allerdings dürfe der Vorsteuerabzug nicht von vornherein versagt werden, wenn es an einer Rechnung fehle. Die Finanzverwaltung müsse auch solche Informationen berücksichtigen, die ihr aus anderen Quellen bekannt geworden seien. Die Anforderungen an solche Quellen konkretisiert der EuGH allerdings nicht, jedenfalls waren die Sachverständigengutachten nicht geeignet, da diese nichts über die tatsächliche Zahlung der Mehrwertsteuer aussagten. Entsprechend dürften die Hürden relativ hoch sein, Vorsteuern ohne Rechnungen anhand von anderen Quellen geltend zu machen.

Konsequenzen für die Praxis

Im konkreten Fall bestätigte der EuGH zwar die Versagung des Vorsteuerabzugs. Das Urteil hat dennoch hohe praktische Relevanz.

Vorliegend wurde einerseits klargestellt, dass das bloße Fehlen einer Rechnung alleine nicht geeignet ist, den Vorsteuerabzug zu versagen. Hierzu hatte der BFH bereits schon entschieden, dass der Unternehmer z. B. bei Diebstahl anderweitig als durch die Originalrechnungen den Nachweis erbringen kann, dass er zum Zeitpunkt des Vorsteuerabzugs die Rechnung besaß (BFH v. 23.10.2014 – V R 23/13, BStBl 2015 II S. 313).

Der EuGH hat daneben ausgeführt, dass der Vorsteuerabzug auch dann gewährt werden müsse, wenn überhaupt keine Rechnung vorliege. Entsprechend sind aber andere Dokumente notwendig, die den Vorsteuerabzug aus materiell-rechtlicher Sicht belegen. Vorliegend konnte dies nicht alleine anhand der Sachverständigengutachten festgemacht werden, da diese nichts über die tatsächliche Steuerabführung beinhalteten. Hätte der Kläger bspw. zusätzlich anhand von Zahlungsbelegen oder Kontoauszügen nachweisen können, dass Steuer abgeführt worden ist, wäre der Vorsteuerabzug ggf. möglich gewesen – auch ohne entsprechende Rechnungen.

II. Verwaltungsanweisungen

§ 1 UStG: Veräußerung von Miteigentumsanteilen als Lieferung

BMF v. 23.5.2019 – III C 2 - S 7100/19/10002:00, BStBl 2019 I S. 511 = NWB MAAAH-16030

(David Dietsch)

Hintergrund

Mit dem BMF-Schreiben übernimmt die Finanzverwaltung die geänderte Rechtsprechung des BFH zur umsatzsteuerlichen Einordnung der Übertragung eines Miteigentumsanteil an einem Gegenstand.

Bisher wurde die Übertragung des Miteigentumsanteils an einem Gegenstand vom BFH und der Finanzverwaltung als sonstige Leistung eingestuft. Hintergrund hierfür ist, dass etwa die Abtretung von Ansprüchen und die Übertragung von Rechten gegen Entgelt grds. als sonstige Leistungen eingestuft werden (vgl. BFH v. 25.10.1990 – V R 20/85, BStBl 1991 II S. 193). Diese Einschätzung bzgl. der Übertragung eines Miteigentumsanteils an einem Gegenstand ist allerdings seit der Rs. Centralan Property Ltd (EuGH v.15.12.2005 – C-63/04, NWB YAAAB-79465) nicht mehr mit dem Unionsrecht vereinbar.

Änderung der Verwaltungsansicht

Nach Art. 12 Abs. 1 Buchst. a sowie Art. 135 Abs. 1 Buchst. j und Art. 137 Abs. 1 Buchst. b MwStSystRL können nicht nur Gebäude, sondern auch „Gebäudeteile" Gegenstand einer Lieferung sein. Dies setzt voraus, dass in Bezug auf einen Gegenstand gleichzeitig mehrere Lieferungen bewirkt werden können. In Bezug auf einen Gegenstand können schlichtweg gleichzeitig mehrere Lieferungen bewirkt werden. Der BFH unterschied daher nicht (mehr) bewusst zwischen der Lieferung unbeweglicher und beweglicher Sachen. Daher ist die Übertragung eines Miteigentumsanteils an einem Gegenstand genauso wie die Übertragung des Gegenstandes selbst als Lieferung einzustufen (BFH v. 18.2.2016 – V R 53/14, BStBl 2019 II S. 333 = NWB DAAAF-70520), was sich somit auf Leistungsort, Steuerbefreiung und ggf. Steuersatz auswirkt.

Dem schloss sich nun auch die Finanzverwaltung an, weshalb Abschn. 3.5 Abs. 3 Nr. 2 UStAE gestrichen wurde. Stattdessen wurde Abschn. 3.5 Abs. 2 um eine Nr. 6 ergänzt, wonach nun die Übertragung von Miteigentumsanteilen (Bruchteilseigentum) an einem Gegenstand als Lieferung i. S. d. § 3 Abs. 1 UStG gilt. Entsprechend ist sowohl die Übertragung von Miteigentumsanteilen an unbeweglichen und beweglichen Sachen als Lieferung einzustufen.

HINWEIS:

Die Grundsätze des BMF-Schreibens sind auf alle offenen Fällen anwendbar. Bei vor dem 18.6.2019 ausgeführten Leistungen wird es jedoch – auch für Zwecke des Vorsteuerabzugs – nicht beanstandet, wenn zwischen den Beteiligten – entsprechend der bisherigen Verwaltungsauffassung – übereinstimmend von sonstigen Leistungen ausgegangen wird.

G. Abgabenrecht/Verfahrensrecht/Strafrecht

I. Rechtsprechung zum Verfahrensrecht

1. Ablaufhemmung im Verhältnis von Steuer- und Zinsbescheid

BFH v. 16.1.2019 – X R 30/17, BStBl 2019 II S. 362 = NWB EAAAH-12515

(Dr. Ralf Haendel)

Zusammenfassung der Entscheidung

Gegen den Kläger wurde durch das Finanzamt am 19.7.2010 ein abgeänderter Einkommensteuerbescheid erlassen, in welchem für den Zeitraum von 1995 bis 1997 und für das Jahr 1999 Nachzahlungen festgelegt waren. Mit Bescheiden v. 10.2.2012 wurden für diese Jahre jeweils Nachzahlungszinsen zur Einkommensteuer erhoben. Nachdem im Juni 2011 der Einspruch gegen die im ursprünglichen Einkommensteuerbescheid geregelten Nachzahlungen zurückgewiesen wurden, erhob der Kläger Einspruch gegen die im Jahr 2012 angeordnete Zahlung von Nachzahlungszinsen, da aus seiner Sicht noch zu klären war, in welcher Höhe für die Streitjahre Einkommensteuerzahlungen geleistet wurden und ob diese zutreffend verbucht worden seien. Nach Zurückweisung des Einspruchs und Erhebung der Klage entschied das Finanzgericht zu Gunsten des Klägers, da die Nachzahlungszinsen gem. § 239 Abs. 1 Satz 1 Nr. 2 AO erst nach Überschreitung der Festsetzungsfrist von einem Jahr erhoben worden seien. Eine Ablaufhemmung nach § 171 Abs. 10 Satz 1 i.V.m. § 239 Abs. 1 Satz 1 AO über den Ablauf des Jahres 2011 hinaus bis zur Bekanntgabe der für diese Streitjahre erlassenen Zinsbescheide v. 10.2.2012 käme nicht in Betracht. Die hiergegen eingelegte Revision des Finanzamts wies der BFH als unbegründet zurück.

Entscheidungsgründe

Die einjährige Festsetzungsfrist beginne laut BFH bei Nachzahlungszinsen gem. § 233a i.V.m. § 239 Abs. 1 Satz 2 Nr. 1 AO mit Ablauf des Kalenderjahres, in dem der Steuerbescheid abgeändert worden ist. Im Streitfall erfolgte der Erlass des abgeänderten Bescheids im Oktober 2010, wodurch der Fristbeginn auf den Ablauf des 31.12.2010 fiel und die Festsetzungsfrist folglich mit Ablauf des 31.12.2011 endete. Die Bekanntgabe der angefochtenen Bescheide am 10.2.2012 erfolgte somit außerhalb der Festsetzungsfrist.

Eine Anwendung der Ablaufhemmung nach § 171 Abs. 10 Satz 1 i.V.m. § 239 Abs. 1 Satz 1 AO käme entgegen der Ansicht des Finanzamts nicht in Betracht. Denn diese Ablaufhemmung werde bei der Festsetzung von Steuernachforderungs- und Steuererstattungszinsen nach § 233a AO grundsätzlich durch die spezielleren Regelungen in § 239 Abs. 1 Satz 1 2. Halbsatz, § 239 Abs. 1 Satz 2 Nr. 1 und § 239 Abs. 1 Satz 3 AO verdrängt. Für diese Auffassung spreche zunächst der Wortlaut von § 171 Abs. 10 Satz 1 AO. Danach bestünde die Möglichkeit der nur punktuellen Ablaufhemmung, wie sie aus § 171 Abs. 10 Satz 1 AO („soweit") ersichtlich wird, bei der Zinsfestsetzung nicht. Die Bindungswirkung des Einkommensteuerbescheids betrifft den Zinsbescheid als Nachfolgebescheid aber als Ganzes. Die Norm sei daher nicht auf das Verhältnis von Steuer- zu Zinsbescheid „zugeschnitten".

Zudem sieht der BFH die Regelungen in § 239 AO für die streitgegenständlichen Nachzahlungszinsen als „ein abgestimmtes, in sich geschlossenes System" an, das als lex specialis gelten muss. Die maßgebliche Erwägung des BFH lautet, dass dieses System leer liefe, wenn die generellere Norm des § 171 Abs. 10 AO statt § 239 AO zur Anwendung käme. Denn dann gäbe es für die einjährige Frist des § 239 Abs. 1 Satz 1 AO praktisch keinen Anwendungsfall mehr. Die generellere Norm werde somit durch die speziellen Regelungen in § 239 Abs. 1 Sätze 1 bis 3 AO verdrängt. Obiter dictum spricht der BFH schließlich aus, dass im Falle des Ergehens eines Zinsbescheids als Folgebescheid eines Zins-Grundlagenbescheids die dargestellten Spezialitätserwägungen nicht greifen würden und die Festsetzungsfrist für den Zinsbescheid nach § 171 Abs. 10 Satz 1 AO nicht vor Ablauf von zwei Jahren nach Bekanntgabe des Zins-Grundlagenbescheids (§ 239 Abs. 3 Nr. 2 AO für den Fall von Hinterziehungszinsen) endet. In diesen Fällen würde nämlich einer der Regelungszwecke des § 171 Abs. 10 AO greifen, wonach in Fällen, in denen Betriebsstätten- und Veranlagungsfinanzamt auseinanderfallen, das für den Erlass des Folgebescheids (Zinsbescheids) zuständige FA hinreichend Zeit zur Auswertung des Grundlagenbescheids haben soll.

Folgerungen: Teile der Literatur haben bisher eine Anwendung des § 171 Abs. 10 Satz 1 AO bejaht und damit eine Ablaufhemmung der Zinsfestsetzung für möglich gehalten (vgl. Heuermann in Hübschmann/Hepp/Spitaler, AO/FGO, § 239 AO Rz. 9; Loose in Tipke/Kruse, AO/FGO, § 239 AO Rz. 4; Kögel in Gosch, AO/FGO, § 239 AO Rz. 14; Rüsken in Klein, AO, § 239 Rz. 12). Dieser Sichtweise tritt der BFH in der dargestellten Entscheidung nunmehr mit überzeugenden Argumenten (Wortlaut, Spezialitätsgrundsatz etc.) entgegen.

Konsequenzen für die Praxis

Häufig wird die Zinsfestsetzung entsprechend der Soll-Vorschrift des § 233a AO mit der Steuerfestsetzung verbunden. In diesen Fällen kann die Entscheidung des BFH naturgemäß keine besondere Bedeutung entfalten. Lediglich für die Fälle, in denen eine gesonderte Zinsfestsetzung erfolgt, ist nunmehr geklärt, dass für das Finanzamt die einjährige Festsetzungsfrist zu beachten ist und es nicht zu einer Ablaufhemmung nach § 171 Abs. 10 AO kommt. Dies dürfte im Zinserstattungsfall für den Steuerpflichtigen ebenso gelten, d. h. der Steuerpflichtige hat bei fehlender Zinsfestsetzung einen Antrag auf Erlass eines Zinsfestsetzungsbescheids innerhalb der einjährigen Verjährungsfrist des § 239 Abs. 1 AO zu stellen (darauf ebenfalls hinweisend Reddig, jurisPR-SteuerR 21/2019).

2. Klagebefugnis gegen Feststellungsbescheide nach § 34a Abs. 10 Satz 1 EStG

BFH v. 9.1.2019 – IV R 27/16, BFH/NV 2019 S. 752 = NWB EAAAH-16011

(Dr. Ralf Haendel)

Zusammenfassung der Entscheidung

Im Jahr 2013 erließ das Finanzamt erklärungsgemäß einen Gewinnfeststellungsbescheid gegenüber der Klägerin, einer gewerblich tätigen GmbH & Co. KG. Einziger Kommanditist war B. Der Bescheid enthielt laufende Einkünfte i. H. v. 25.218,60 €, wobei eine außerbilanzielle Gewinnerhöhung aus der Hinzurechnung nach § 7g Abs. 2 Satz 1 EStG i. H.v. 4.000 € enthalten war. B stellte Ende 2013 einen Antrag nach § 34a Abs. 1 EStG, in dem er den ermäßigt zu besteuernden Gewinn unter Berücksichtigung des § 7g Abs. 2 Satz 1 EStG angab. Das Finanzamt setzte daraufhin unter leicht geänderter Berechnung des Begünstigungsbetrags, aber ebenfalls unter Berücksichtigung von § 7g Abs. 2 Satz 1 EStG, einen geänderten Einkommensteuerbescheid für 2011 und erließ einen Bescheid über die gesonderte Feststellung des nachversteuerungspflichtigen Betrags nach § 34a Abs. 3 EStG.

Nach einer Betriebsprüfung bei der Klägerin und B für die Jahre 2008 bis 2012 erließ das Finanzamt im Jahr 2014 einen „Bescheid für 2011 über die gesonderte und einheitliche Feststellung von Besteuerungsgrundlagen sowie der für die Tarifbegünstigung nach § 34a Abs. 1 bis 7 EStG erforderlichen Besteuerungsgrundlagen", der im Rahmen der Ermittlung des Begünstigungsbetrags nach § 34a EStG nicht mehr den außerbilanziell hinzugerechneten Betrag nach § 7g Abs. 2 Satz 1 EStG enthielt. Zudem wurden der Einkommensteuerbescheid und der Bescheid über die gesonderte Feststellung des nachversteuerungspflichtigen Betrags nach § 34a Abs. 3 EStG entsprechend geändert. Die Klägerin rügte in einem Einspruch gegen die Feststellungsbescheide des Finanzamts die Missachtung des § 7g EStG für Zwecke der Anwendung des § 34a EStG. Das Finanzamt erließ eine ablehnende Einspruchsentscheidung und führte aus, dass B alleiniger Einspruchsführer sei und bezeichnete im Rubrum als Steuerart/Jahr/Streitgegenstand die „gesonderte und einheitliche Feststellung der Besteuerungsgrundlagen 2011". Die von der Klägerin daraufhin erhobene Klage gegen die Einspruchsentscheidung wurde vom Finanzgericht mit Hinweis auf die fehlende Klagebefugnis der Klägerin als unzulässig abgewiesen.

Gleichermaßen blieb auch die Revision der Klägerin vor dem BFH erfolglos.

Entscheidungsgründe

Die Klage sei einzig von der Klägerin und nicht zugleich auch von B erhoben worden. Dies sei der Klageschrift zu entnehmen, die zweifelsohne und ausschließlich die KG als Klägerin benenne.

Die Entscheidung des Finanzgerichts nur über den Feststellungsbescheid 2011 i. S. d. § 34a Abs. 10 EStG und nicht auch über den Gewinnfeststellungsbescheid 2011 ließe keine Fehler erkennen.

Der Feststellungsbescheid nach § 34a Abs. 10 EStG sei ein selbständig anfechtbarer Verwaltungsakt. Daran ändere auch die Tatsache nichts, dass er auf Grundlage des § 34a Abs. 10 Satz 3 EStG mit dem Gewinnfeststellungsbescheid nach § 180 Abs. 1 Satz 1 Nr. 2a AO verbunden werden kann.

Der Feststellungsbescheid nach § 34a Abs. 10 EStG könne jedoch stets nur insoweit angegriffen werden, als die geltend gemachten Einwendungen Feststellungen beträfen, die Gegenstand des Bescheids nach § 34a Abs. 10 EStG und nicht des Bescheids nach § 180 Abs. 1 Satz 1 Nr. 2 Buchst. a AO sind. Dies sei vorliegend der Fall. Für eine Anfechtung der Feststellungen i. S. d. § 34a Abs. 10 EStG bestehe jedoch keine Klagebefugnis nach § 48 Abs. 1 Nr. 1 FGO. Denn diese betreffen als gesonderte, nicht aber einheitliche Feststellungen i. S. d. § 179 Abs. 2 Satz 2 AO lediglich die Gesellschafter, nicht aber die Gesellschaft als solche. § 48 FGO käme nur dann zur Anwendung, wenn eine gesonderte Feststellung zugleich einheitlich erfolgt. Daran ändere auch die Verbindung des Feststellungsbescheids nach § 34a Abs. 10 EStG mit dem Gewinnfeststellungsbescheid nichts. Daraus resultiere, dass einzig der nach § 34a Abs. 10 EStG betroffene Gesellschafter klagebefugt sei.

Folgerungen: Für den steuerlichen Berater ist bei Anfechtungen im Zusammenhang mit der Tarifbegünstigung des § 34a EStG besondere Aufmerksamkeit gefragt. Der BFH hat in einer Entscheidung aus dem Jahr 2017 (BFH, Beschluss v. 13.2.2017 – X B 72/16, BFH/NV 2017 S. 765 = NWB IAAAG-42472), welche auch in dem Besprechungsurteil zitiert wird, das Verhältnis zum Gewinnfeststellungsbescheid und dem Einkommensteuerbescheid wie folgt dargestellt:

„Der Feststellungsbescheid nach § 34a Abs. 10 EStG ist Folgebescheid des Gewinnfeststellungsbescheids und seinerseits Grundlagenbescheid für den Feststellungsbescheid nach § 34a Abs. 3 Satz 3 EStG (nachversteuerungspflichtiger Betrag) und den Einkommensteuerbescheid (…)." Daraus zieht der BFH im Besprechungsurteil den Schluss, dass „in einem Klageverfahren gem. § 42 FGO i. V. m. § 351 Abs. 2 AO der Feststellungsbescheid nach § 34a Abs. 10 EStG nur insoweit zulässigerweise angefochten werden (kann), als die geltend gemachten Einwendungen Feststellungen betreffen, die Gegenstand des Bescheids nach § 34a Abs. 10 EStG und nicht des Bescheids nach § 180 Abs. 1 Satz 1 Nr. 2 Buchst. a AO sind."

PRAXISTIPP:

Dieses verfahrensrechtliche Verhältnis der jeweiligen Bescheide untereinander gilt es unbedingt zu beachten, soll nicht Gefahr gelaufen werden, dass der Einspruch oder die daran anknüpfende Klage als unzulässig verworfen wird und der Kläger die Kosten des Gerichtsverfahrens zu tragen hat. Zwar ist sowohl der Einspruch als auch die Klage auslegungsfähig und gegebenenfalls auslegungsbedürftig. Doch findet die Auslegung von Prozesserklärungen dann eine Grenze, wenn sie klar und eindeutig sind und offensichtlich dem bekundeten Willen des Beteiligten entspricht (z. B. BFH, Beschluss v. 31.7.2013 – V B 66/12, BFH/NV 2013 S. 1933 = NWB OAAAE-47226). Benennt die Klageschrift wie im Streitfall ausdrücklich die Personengesellschaft als Klägerin, dürfte regelmäßig kein oder nur unter ganz besonderen Umständen ein geringer Auslegungsspielraum dahingehend bestehen, dass doch der (allein klagebefugte) Gesellschafter Kläger ist.

3. Gegenstand und Statthaftigkeit der Anfechtungsklage nach außergerichtlichem Rechtsbehelf

BFH v. 11.12.2018 – XI B 123/17, BFH/NV 2019 S. 565 = NWB VAAAH-13435

(*Dr. Lars Haverkamp/Sara Meinert*)

Zusammenfassung der Entscheidung

Das Finanzamt führt bei der A-GmbH (Klägerin) eine Außenprüfung für die Besteuerungszeiträume 2008 bis 2012 durch. Die A-GmbH stand mit ihrer Muttergesellschaft in einer Geschäftsbeziehung, die wiederum Waren von ihrer Tochtergesellschaft aus Hongkong (S-Ltd., Schwestergesellschaft der A-GmbH) bezog. Die Betriebsprüfung verlangte von der A-GmbH die Vorlage u. a. von Bilanzen und Gewinnermittlungen der S-Ltd. Die A-GmbH hielt dieses Vorlageverlangen für rechtswidrig, da sie keinen Zugriff auf die Finanzunterlagen ihrer Schwestergesellschaft, der

S-Ltd., hat. Die gegen die Vorlageverlangen eingelegten Einsprüche wies das Finanzamt als zulässig aber unbegründet zurück.

Das FG wies die betreffende Klage als unzulässig ab. Bei den Vorlageverlangen der Betriebsprüfung handele es sich nicht um anfechtbare Verwaltungsakte.

Hiergegen richtet sich die Beschwerde der A-GmbH wegen Nichtzulassung der Revision. Sie macht geltend, die Revision sei u. a. zur Sicherung einer einheitlichen Rechtsprechung (§ 115 Abs. 2 Nr. 2 Alt. 2 FGO) zuzulassen.

Entscheidungsgründe

Der BFH sah die Beschwerde als begründet an und hob das Urteil des FG unter Rückverweis der Sache auf (§ 116 Abs. 6 FGO). Das Urteil leide an einem Verfahrensmangel i. S. d. § 115 Abs. 2 Nr. 3 FGO, da das FG die Klage zu Unrecht durch Prozessurteil mit der Begründung abgewiesen habe, die Vorlageverlangen stellten keine (selbständig anfechtbaren) Verwaltungsakte dar.

Die angefochtenen Vorlageverlangen der Betriebsprüfung seien Gegenstand des Verfahrens in der Gestalt, die sie durch die Entscheidung im Einspruchsverfahren gefunden haben (vgl. § 44 Abs. 2 FGO).

Das Finanzamt habe mit der Einspruchsentscheidung den betreffenden Vorlageverlangen die Gestalt eines Verwaltungsakts gegeben. Dies indem es die entsprechenden Einsprüche nicht als unzulässig verworfen, sondern als unbegründet zurückgewiesen und ausgeführt habe, die betreffenden Ermittlungshandlungen seien rechtmäßig gewesen (vgl. allgemein in st. Rspr. BVerwG, Urteil v. 26.6.1987 – 8 C 21/86, BVerwGE 78 S. 3; Beschluss v. 10.5.2017 – 2 B 44/16, NWB EAAAG-48295).

Deshalb liege auch dann ein anfechtbarer Verwaltungsakt vor, wenn zwar (ggf.) die ursprüngliche Verwaltungsmaßnahme kein Verwaltungsakt gewesen sei, jedoch – wie hier – die Einspruchsentscheidung aus einem Realakt einen Verwaltungsakt mache (BSG Urteil v. 18.9.1997 – 11 RAr 85/96; BVerwG, Beschluss v. 10.5.2017 – 2 B 44/16, NWB EAAAG-48295).

Vor diesem Hintergrund bedürfe es keiner Entscheidung, ob das Vorlageverlangen ursprünglich ein (selbständig anfechtbarer) Verwaltungsakt gewesen sei. Dabei sei im Zusammenhang mit Außenprüfungen die Grenze zwischen reinen Hilfs- und Vorbereitungsmaßnahmen ohne Verwaltungsaktqualität und Verwaltungsakten nicht immer eindeutig zu ziehen.

Folgerungen: Ein häufiger Unsicherheitsfaktor im Rahmen einer Außenprüfung ist die Frage, ob der Steuerpflichtige gegen einzelne – für rechtswidrig erachtete – Prüferanfragen schon während der Betriebsprüfung vorgehen kann. Ursachen für eine Rechtswidrigkeit gibt es viele. Sei es wie hier die schlichte Unmöglichkeit der Erfüllung des Vorlageverlangens, die fehlende steuerliche Erheblichkeit oder deren Unverhältnismäßigkeit. Einspruch und Anfechtungsklage sind statthaft, wenn die Prüferanfrage einen (selbständig anfechtbaren) Verwaltungsakt darstellt. In der Kommentarliteratur heißt es hierzu grundsätzlich, dass dies der Fall sei, wenn die Prüferanfrage aus objektiver Empfängersicht nach §§ 133, 157 BGB analog als Verwaltungsakt zu verstehen ist. Der subjektive Wille der Behörde, einen Verwaltungsakt zu erlassen, d. h. eine Maßnahme mit Regelungswirkung zu treffen, müsse aus den objektiven Umständen des Einzelfalls, insbesondere nach dem äußeren Erscheinungsbild des Vorlageverlangens, deutlich werden. Diese Definition ist für den Steuerpflichtigen wenig hilfreich, denn wann eine Prüferanfrage nicht mehr als höfliche Bitte, sondern als nachdrückliche Aufforderung formuliert ist, ist müßig und schwer greifbar. Erfreulich ist deshalb die Besprechungsentscheidung, denn wenn der Einspruch des Steuerpflichtigen gegen die Prüferanfrage durch das Finanzamt als zulässig aber unbegründet abgewiesen wurde, ist die Prüferanfrage in Gestalt der Einspruchsentscheidung jedenfalls anfechtbar. Der Einspruchsbescheid „wandelt" das Vorlageverlangen in einen anfechtbaren Verwaltungsakt. Im allgemeinen Verwaltungsrecht bezeichnet man diese Rechtsprechung deshalb auch als „Gestaltswandlung". Im FG-Verfahren muss die Verwaltungsaktqualität des Vorlageverlangens nicht geprüft werden. Die Anfechtungsklage ist statthaft.

Obwohl diese Rechtsprechung vom BVerwG und vom BSG seit Jahrzehnten anerkannt ist, gab es bisher keine Entscheidung des BFH hierzu. Der Beschluss stellt insofern eine Rechtsprechungserweiterung dar.

PRAXISTIPP:

Jeder Steuerpflichtige wird früher oder später mit unerwünschten Vorlageverlangen in einer Betriebsprüfung konfrontiert werden. Bei Nichterfüllung des Vorlageverlangens droht die Schätzung nach § 162 AO. Außerdem kann die Betriebsprüfung ein Verzögerungsgeld nach § 146 Abs. 2b AO verhängen oder das Vorlageverlangen zwangsweise durchsetzen (§§ 328 ff. AO). Der Steuerpflichtige sollte in der Praxis deshalb stets vorsorglich Einspruch und Anfechtungsklage gegen die Prüferanfrage erheben, um seine Rechtsposition zu wahren.

4. Bindungswirkung bei Verlustrücktrag

BFH v. 28.11.2018 – I R 41/18, NWB IAAAH-27549

(Dr. Delia Palenker)

Zusammenfassung der Entscheidung

Die Klägerin ist eine GmbH mit einem Stammkapital i. H. v. 25.000 €, an der ursprünglich A und B zu je 12.000 € sowie C und D zu je 500 € beteiligt waren. Anfang 2013 wurde B von C als Vorerbin beerbt und die Gesellschaft mit C fortgesetzt. Mit Vertrag v. 21.11.2013 trat C daraufhin ihren Geschäftsanteil von 500 € an A und den geerbten Geschäftsanteil von 12.000 € an D ab.

Im Körperschaftsteuerbescheid 2012 ging das FA von einem Gesamtbetrag der Einkünfte der Klägerin von 40.057 € aus. Hiervon brachte das FA den auf den 31.12.2011 gesondert festgestellten verbleibenden Verlustvortrag zur Körperschaftsteuer i. H. v. 19.571 € zum Abzug. Ausgehend von dem auf 20.486 € reduzierten Gesamtbetrag der Einkünfte setzte es die Körperschaftsteuer auf 3.072 € fest. Der verbleibende Verlustvortrag zur Körperschaftsteuer 2012 wurde auf 0 € festgestellt.

Der Klägerin entstand im Jahr 2013 ein Verlust i. H. v. -16.827 €, so dass sie beantragte, diesen in das Vorjahr zurückzutragen. Das FA vertrat demgegenüber die Auffassung, dass ein Verlustrücktrag wegen § 8c Abs. 1 Satz 1 KStG nur zu 50 % der bis zum 21.11.2013 erwirtschafteten negativen Einkünfte möglich sei. Denn bei der Veräußerung der insgesamt hälftigen Beteiligung an der Klägerin durch C habe es sich um einen schädlichen Beteiligungserwerb gehandelt. Den nicht rücktragsfähigen Betrag bezifferte das FA auf 7.491 € (16.827 € x 325/365 x 1/2) und setzte die Körperschaftsteuer 2012 nach Abzug des zurückgetragenen Verlustanteils von 9.336 € (16.827 € ./. 7.491 €) auf 1.672 € herab. Die Körperschaftsteuer 2013 setzte das FA auf 0 € und stellte den verbleibenden Verlustvortrag zur Körperschaftsteuer 2013 ebenfalls mit 0 € fest.

Mit Einspruch gegen den Körperschaftsteuer- und den Verlustfeststellungsbescheid 2013 begehrte die Klägerin einen höheren Verlustrücktrag in das Jahr 2012. In der mündlichen Verhandlung der gegen die abschlägige Einspruchsentscheidung des FA erhobenen Klage stellte die Klägerin den Antrag, die Körperschaftsteuerbescheide 2012 und 2013 sowie den Verlustfeststellungsbescheid 2013 dahingehend abzuändern, dass ein Verlustrücktrag i. H. v. 16.827 € berücksichtigt wird. Das FG Münster sah auch den Körperschaftsteuerbescheid 2012 als vom Anfechtungsbegehren erfasst an und gab der Klage im Hinblick auf die Körperschaftsteuerbescheide 2012 und 2013 statt. Im Hinblick auf den ebenfalls angefochtenen Verlustfeststellungsbescheid 2013 wies das FG die Klage mangels Beschwer als unzulässig ab.

In dem durch das FA angestrengten Revisionsverfahren (Az. I R 61/16) hat der I. Senat des BFH das – für Zwecke dieser Besprechung allein maßgebliche – Verfahren betreffend den Körperschaftsteuerbescheid 2013 durch Beschluss nach § 73 Abs. 1 Satz 2 FGO abgetrennt.

Entscheidungsgründe

Der BFH hat im Wege der Zwischenentscheidung (§ 97 i.V. m. § 121 Satz 1 FGO) über die Zulässigkeit der Klage entschieden. Denn nur wenn alle Sachurteilsvoraussetzungen erfüllt sind, darf das Gericht in eine sachliche Prüfung des Klagebegehrens eintreten. Fraglich war die Klagebefugnis der Klägerin, d. h. ob eine Verletzung in eigenen Rechten durch die Festsetzung der Körperschaftsteuer 2013 auf 0 € möglich erschien (§ 40 Abs. 2 FGO). Hieran konnte deshalb gezweifelt werden, weil die Rechtsverletzung bei einem Steuerbescheid regelmäßig in einer zu hohen Steuerfestsetzung liegt (§ 157 Abs. 2 AO) und ein sog. Nullbescheid regelt, dass eine Steuerzahlungspflicht gerade nicht besteht. Die ständige Rechtsprechung erachtet die Anfechtung eines Nullbescheids daher für unzulässig. Die einer Steuerfestsetzung von 0 € zugrunde liegenden Besteuerungsgrundlagen können nur ausnahmsweise angefochten werden, wenn sich der Bescheid für den Steuerpflichtigen deshalb nachteilig auswirkt, weil die in ihm angesetzten Besteuerungsgrundlagen vorgreiflich sind, also verbindliche Entscheidungsvorgaben für andere Verfahren liefern. Diese Anforderungen sah der I. Senat im vorliegenden Fall als gegeben an.

Der BFH stellt zunächst klar, dass die im Körperschaftsteuerbescheid 2013 ausgewiesenen negativen Einkünfte keine bindende Wirkung für den Verlustrücktrag in das Jahr 2012 haben.

Vielmehr soll es bei der ständigen Rechtsprechung bleiben, wonach über Grund und Höhe des zurückzutragenden Verlusts ausschließlich im Rahmen der Veranlagung des Rücktragjahrs entschieden wird.

Neu ist hingegen, dass die Besteuerungsgrundlagen des Nullbescheids für den auf den Schluss des Jahres 2013 gesondert festzustellenden verbleibenden Verlustvortrag zur Körperschaftsteuer Bindungswirkung entfalten. Der I. Senat stützt seine Auffassung auf § 10d Abs. 4 Satz 4 1. Halbsatz EStG (i.V. m. § 31 Abs. 1 Satz 1 KStG). Die im Zuge des Jahressteuergesetzes 2010 neu in das Einkommensteuergesetz eingefügte Regelung sieht vor, dass die Besteuerungsgrundlagen bei der Feststellung des verbleibenden Verlustvortrags so zu berücksichtigen sind, wie sie den Steuerfestsetzungen des Verlustentstehungsjahrs und des Veranlagungszeitraums, in dem ein Verlustrücktrag vorgenommen werden kann, zugrunde gelegt worden sind. Danach ist der

Verlustfeststellungsbescheid inhaltlich an den Einkommensteuer- bzw. Körperschaftsteuerbescheid gebunden. Die Besteuerungsgrundlagen sind im Verlustfeststellungsverfahren ungeprüft zu übernehmen, auch wenn es sich bei dem Steuerbescheid nicht um einen Grundlagenbescheid i. S. v. § 171 Abs. 10 Satz 1 1. Halbsatz AO handelt.

Die Klagebefugnis lag nach diesen Maßgaben vor, denn wegen § 8c Abs. 1 Satz 1 KStG könnte dem Körperschaftsteuerbescheid 2013 ein zu niedriger Verlust zugrunde gelegt worden sein, der sodann bindend für die gesonderte Verlustfeststellung 2013 gewesen wäre. Insofern sei unbeachtlich, dass die Klägerin in erster Linie einen höheren Verlustrücktrag in das Jahr 2012 begehre und eine diesbezüglich erfolgreiche Klage zur Folge hätte, dass der verbleibende Verlustvortrag 2013 unverändert 0 € betragen würde. Es sei nicht auszuschließen, dass die Klägerin mit ihrer Klage gegen den Steuerbescheid 2012 unterliegen werde und der Verlustrücktrag bei der Berechnung des verbleibenden Verlustvortrags 2013 wegen der auch insoweit in § 10d Abs. 4 Satz 4 1. Halbsatz EStG normierten Bindungswirkung nur in der im Körperschaftsteuerbescheid 2012 tatsächlich angesetzten Höhe berücksichtigt werden könnte.

Folgerungen: Die Entscheidung vergegenwärtigt zunächst die unterschiedlichen Funktionsweisen von Verlustrücktrag (§ 10d Abs. 1 EStG) und Verlustvortrag (§ 10d Abs. 2 EStG). Der Verlustrücktrag bezieht sich auf negative Einkünfte, die im Verlustentstehungsjahr bei der Ermittlung des Gesamtbetrags der Einkünfte nicht ausgeglichen werden können. Sofern der Steuerpflichtige nicht von seinem Verzichtsrecht in § 10d Abs. 1 Satz 5, 6 EStG Gebrauch macht, werden die nicht ausgeglichenen negativen Einkünfte i. H. v. bis zu 1 Mio. € (bei zusammenveranlagten Ehegatten bis zu 2 Mio. €) in den unmittelbar vorangehenden Veranlagungszeitraum zurückgetragen und dort mit vorhandenen positiven Einkünften zum Ausgleich gebracht. Im Gegensatz dazu sind nicht ausgeglichene und im Wege des Verlustrücktrags bereits abgezogene Verluste stets von Amts wegen gesondert festzustellen und so lange in Folgejahre vorzutragen, bis sie durch Verrechnung mit positiven Einkünften vollständig verbraucht sind. In diesem Fall erlässt das Finanzamt einen Feststellungsbescheid, der den Verlustvortrag auf den Schluss des jeweiligen Jahres mit 0 € feststellt.

Da somit nur Verluste gesondert festgestellt werden können, die nicht bereits durch den Verlustrücktrag verbraucht wurden, hat die Durchführung des Verlustrücktrags unmittelbare Auswirkung auf die Höhe des auf den Schluss des Verlustentstehungsjahrs verbleibenden Verlustvortrags. Ein (teilweiser) Verzicht auf den Verlustrücktrag kann daher in Betracht kommen, wenn die positiven Einkünfte den Grundfreibetrag nicht übersteigen oder um eine gleichmäßige Verteilung der Progression zu erreichen.

Den Kern der Entscheidung bilden indes die gesetzlich normierten Bindungswirkungen, die seit der Neuregelung in § 10d Abs. 4 Satz 4 EStG zwischen Steuerbescheid und Verlustfeststellungsbescheid sogar wechselseitig bestehen (vgl. hierzu näher Palenker, Die Bindung der gesonderten Verlustfeststellung an den Einkommensteuerbescheid, erscheint 2019). Die Bestimmung des verbindlichen Regelungsgehalts des jeweiligen Bescheids war im konkreten Fall durch die Anwendung von § 8c KStG erschwert. So geht die OFD Frankfurt in ihrer Verfügung v. 8.5.2018 – S 2225 A – 009 – St 213, NWB KAAAG-95941, davon aus, dass es die spezifische Regelungswirkung des § 8c KStG ggf. erforderlich machen kann, neben der Anfechtung des Körperschaftsteuernullbescheids auch gegen den Verlustfeststellungsbescheid zum Schluss des Vorjahres vorzugehen.

PRAXISTIPP:

Die zahlreichen, von Verlustfeststellungs- und nun auch Steuerbescheiden ausgehenden Bindungswirkungen müssen bei der Ermittlung des richtigen Anfechtungsgegenstands genau in den Blick genommen werden. Im Zweifelsfall kann es sich anbieten, Rechtsbehelfe nicht zu eng, d. h. so einzulegen, dass sie der Auslegung zugänglich sind.

5. Offenbare Unrichtigkeiten

BFH v. 24.1.2019 – V R 32/17, BFH/NV 2019 S. 673 = NWB XAAAH-14762

(Dr. Ralf Haendel)

Zusammenfassung der Entscheidung

Im Rahmen einer bei der Klägerin in den Jahren 2010 bis 2013 durchgeführten Außenprüfung betreffend die Umsatzsteuer für die Jahre 2006 bis 2008 (Streitjahre) wurden im Jahr 2011 seitens der Klägerin geänderte Umsatzsteuererklärungen eingereicht, mit denen bereits Teile der Feststellungen der (noch laufenden) Außenprüfung umgesetzt wurden. Diese wurden erklärungsgemäß vom Finanzamt durch Umsatzsteuerbescheide für die Streitjahre festgesetzt. Nach Erlass dieser Bescheide erging am 21.5.2013 der abschließende Prüfungsbericht, in dem die steuererheblichen Sachverhalte, aufgrund derer es zur Änderung der Umsatzsteuerbescheide für die Streitjahre kam, niedergelegt wurden.

Im Jahr 2014 ergingen auf Grundlage des Prüfungsberichts vom 21.5.2013 geänderte Umsatzsteuerbescheide, in welchen sämtliche Positionen des Prüfungsberichts Berücksichtigung fanden, ohne dass aber die bereits erfolgte Änderung Eingang in die Bemessung der Umsatzsteuer fand.

Dieser Umstand fiel der Klägerin erst kurze Zeit nach Ablauf der Einspruchsfrist auf. Sie begehrte daher die Änderung der letzten geänderten Umsatzsteuerbescheide auf Grundlage von § 129 AO. Ihr Einspruch blieb jedoch erfolglos, so dass sie in der Folge Klage erhob. Diese wurde seitens des Finanzgerichts abgelehnt, da es sich nicht um einen Fall des § 129 AO handele, sondern um einen Sachaufklärungsfehler, der nicht unter § 129 AO zu subsumieren sei. Die Klägerin richtete hiergegen ihre Revision beim BFH. Dieser hob das Urteil des Finanzgerichts auf und bestätigte die Rechtsauffassung der Klägerin.

Entscheidungsgründe

Nach § 129 Satz 2 AO muss die Finanzbehörde bei berechtigtem Interesse eines Beteiligten Schreibfehler, Rechenfehler und ähnliche offenbare Unrichtigkeiten, die beim Erlass eines Verwaltungsakts unterlaufen sind, jederzeit berichtigen. Nach Auffassung des BFH zeichnen sich „ähnliche offenbare Unrichtigkeiten" dadurch aus, dass es sich um mechanische Fehler handelt, die ebenso mechanisch, d. h. ohne weitere Prüfung, erkannt und berichtigt werden können. Zwar sei § 129 AO schon dann nicht anwendbar, wenn auch nur die ernsthafte Möglichkeit besteht, dass die Nichtbeachtung einer feststehenden Tatsache auf mangelnder Sachverhaltsaufklärung beruht. Dies sei jedoch im Streitfall – entgegen der Bewertung der Vorinstanz – nicht der Fall gewesen, da der Sachverhalt „aufgeklärt, aktenkundig und unstreitig" war. Der Bearbeiter habe eigene Vermerke schlicht übersehen und allein deshalb die Ergebnisse des Prüfungsberichts umfassend übernommen – ein Fall einer ähnlichen offenbaren Unrichtigkeit.

Folgerungen: Der Entscheidungsfall betrifft die Berichtigungsmöglichkeiten von Steuerbescheiden bei Fehlern der Finanzbehörde. Für solche des Steuerpflichtigen gilt § 173a AO, soweit die Steuerbescheide nach dem 31.12.2016 erlassen worden sind (vgl. Art. 97 § 9 Abs. 4 EGAO; zur Fallgruppe der sog. Übernahmefehler siehe etwa FG Köln, Urteil v. 6.3.2012 – 13 K 1250/10, EFG 2014 S. 417 = NWB TAAAE-55197). Der Entscheidungsfall ist der Fallgruppe der „unterlassenen oder fehlerhaften Berücksichtigung von Unterlagen zuzuordnen" (vgl. Szymczak in AO – eKommentar, § 129 Rz. 6) und grenzt diese Fallgruppe von der fehlenden Sachaufklärung durch den Bearbeiter bei der Finanzbehörde ab. Letztere liegt jedenfalls dann nicht vor, wenn der Sachverhalt wie vom BFH kurz und knapp formuliert „aufgeklärt, aktenkundig und unstreitig" ist.

Konsequenzen für die Praxis

Trotz der Entscheidung des BFH zu Gunsten des Klägers dürfte es in der Praxis ratsam sein, eine doppelte Berücksichtigung von Ergebnissen der Außenprüfung zu Lasten des Steuerpflichtigen bereits innerhalb der Einspruchsfrist zu erkennen und dagegen vorzugehen. Denn ob der zugrundeliegende Sachverhalt als „aufgeklärt, aktenkundig und unstreitig" anzusehen ist, wird häufig nicht in dieser Klarheit zu beantworten sein. In Fällen einer geänderten Erklärung aufgrund bisheriger Ergebnisse der Außenprüfung ist es bei der Überprüfung der nochmaligen Änderung aufgrund des Prüfungsberichts durch einen Abgleich mit der (geänderten) Erklärung daher nicht getan. Vielmehr muss der steuerliche Berater die Historie des Falls genau im Blick haben. § 129 AO dürfte in Fällen derartiger Übernahmefehler nur ausnahmsweise bei klarer Dokumentation helfen.

6. Anwendung des § 129 AO bei Abgabe elektronischer Steuererklärungen; offenbare Unrichtigkeit bei nicht ausgefüllter Zeile 44a der Körperschaftsteuererklärung

BFH v. 22.5.2019 – XI R 9/18, BFH/NV 2019 S. 937 = NWB NAAAH-24027

(Dr. Lars Haverkamp/Sara Meinert)

Zusammenfassung der Entscheidung

Der Steuerberater der Klägerin reichte die Körperschaftsteuererklärung der Klägerin in elektronischer Form ein. Die Klägerin ist eine Kapitalgesellschaft mit Sitz im Inland. Der Steuerberater hatte keine Angaben in den Zeilen 44 ff. des Mantelbogens (inländische Sachverhalte i. S. d. § 8b KStG; insbes. Zeile 44a zur Anwendung des Schachtelprivilegs) gemacht. Außerdem reichte er zwei Steuerbescheinigungen der C-GmbH einer Tochtergesellschaft der Klägerin ein, wonach die Klägerin (offene) Gewinnausschüttungen von der C-GmbH erhalten hat und die anrechenbare Kapitalertragsteuer 42.000 € betrage. Die Klägerin hatte diese Gewinnausschüttungen auch in ihrer Gewinn- und Verlustrechnung erfasst.

Das Finanzamt erließ auf Basis der Steuererklärung Steuerbescheide, wobei die Gewinnausschüttungen der C-GmbH unberücksichtigt blieben. Kapitalertragsteuer wurde entsprechend nicht angerechnet.

Der Steuerberater beantragte für die Klägerin die Änderung des Steuerbescheids nach § 129 AO unter Berücksichtigung der Gewinnausschüttungen und der anrechenbaren Kapitalertragsteuer. Bei Erlass des Bescheids sei eine offenbare Unrichtigkeit unterlaufen.

Das FA lehnte den Antrag ab. Ein Steuerpflichtiger handele grob schuldhaft, wenn er eine in einem Steuererklärungsformular ausdrücklich gestellte Frage unbeantwortet lasse. Dies sei mit dem Nichtausfüllen der Zeilen 44 ff. geschehen. Der Einspruch und die Klage vor dem FG blieben ebenfalls erfolglos.

Entscheidungsgründe

Die Revision der Klägerin war begründet. Dem Steuerberater sei, als er für die Klägerin die Zeile 44a der Steuererklärung nicht ausgefüllt habe, eine offenbare Unrichtigkeit unterlaufen. Das Finanzamt habe die offenbare Unrichtigkeit bei der Bescheiderstellung „als eigene" übernommen.

Nach § 129 Satz 1 AO könne die Finanzbehörde Schreibfehler, Rechenfehler und ähnliche offenbare Unrichtigkeiten, die beim Erlass eines Verwaltungsakts unterlaufen sind, jederzeit berichtigen. Als offenbare Unrichtigkeiten würden nicht nur Fehler aus der Sphäre der Finanzbehörde gelten, sondern auch offenbar fehlerhafte Angaben des Steuerpflichtigen, die das Finanzamt als eigene übernehme. Offenbare Unrichtigkeiten i. S. v. § 129 AO sind mechanische Versehen wie beispielsweise Eingabe- oder Übertragungsfehler. Dagegen würden Rechtsanwendungsfehler und andere Denkfehler eine offenbare Unrichtigkeit ausschließen. Diese Grundsätze würden auch bei der Einreichung elektronischer Steuererklärungen gelten.

Nach diesen Grundsätzen habe im Streitfall eine offenbare Unrichtigkeit i. S. d. § 129 AO vorgelegen.

Unschädlich sei gewesen, dass das Finanzamt die richtige Eintragung nicht aus den der Steuererklärung beigefügten Unterlagen habe erkennen können. Ausreichend für die Berichtigungsmöglichkeit sei, dass das Finanzamt hätte erkennen können, dass die Steuererklärung jedenfalls unrichtig ausgefüllt war, da Zeile 44a in jedem Fall hätte ausgefüllt werden müssen und nicht leer bleiben durfte. Aus dem gleichen Grund könne der Nicht-Ausfüllung auch kein Rechtsanwendungsfehler zugrunde liegen. Die Eintragung sei schlicht vergessen worden. Dies stelle ein mechanisches Versehen dar, die das Finanzamt übernommen hat (sog. Übernahmefehler).

Folgerungen: Die Entscheidung ist aus folgenden drei Punkten wichtig:

▶ Richtige Erklärung muss nicht „offenbar" sein

Nach § 129 AO kann die Finanzbehörde offenbare Unrichtigkeiten jederzeit korrigieren. Die Unrichtigkeiten führen allerdings nicht zur Rechtswidrigkeit des Verwaltungsakts, da er an einem nicht-rechtlichen Fehler leidet. Verschuldensfragen sind ohne Relevanz. Der BFH hat in der Besprechungsentscheidung klargestellt, dass die Finanzbehörde nicht erkennen können muss, was die zutreffende Behandlung des Sachverhalts ist. Ausreichend ist, dass sie erkennen kann, dass die jetzige Behandlung jedenfalls unrichtig ist. Der Fehler muss „offenbar" sein und nicht die richtige Behandlung des Falls. Die Finanzbehörde muss dann ggf. weitere Sachverhaltsermittlungen unternehmen. Dies ist eine Stärkung der Rechtsstellung der Steuerpflichtigen und Berater, da die Finanzbehörde im Ergebnis verpflichtet ist, die Vollständigkeit und Plausibilität von Erklärungen zu überprüfen.

▶ § 129 AO gilt auch bei elektronischen Erklärungen

§ 129 AO eröffnet also eine Korrekturmöglichkeit unter der relativ geringen Voraussetzung der offenbaren Unrichtigkeit. Der Steuerpflichtige muss insbesondere keine Frist für die Korrektur beachten. Der BFH hat nochmals klargestellt, dass § 129 AO auch bei elektronischen Erklärungen uneingeschränkt Anwendung findet. Wann allerdings noch ein „mechanisches Versehen" und noch kein Rechtsanwendungsfehler vorliegt, wird im Einzelfall nicht eindeutig zu beantworten sein. Hier empfiehlt sich, die FG- und BFH-Rechtsprechung nach ähnlich gelagerten Fällen zu analysieren. In letzter Zeit sind einige neue Entscheidungen zu dieser Thematik ergangen. Dabei haben auch die von der Rechtsprechung in Zeiten vor der Digitalisierung entwickelten Grundsätze weiterhin Geltung.

▶ Übernahme von Fehlern des Steuerpflichtigen und ihrer Steuerberater

Insbesondere für Steuerberater ist interessant, dass die Finanzbehörde auch offenbare Unrichtigkeiten von ihnen übernehmen kann. Hätte der BFH im Besprechungsfall nicht eine offenbare Unrichtigkeit bejaht, hätte dies wohl ein Haftungsfall für den Steuerberater werden können, da er die Steuererklärung unrichtig ausgefüllt hat. Steuerberater sollten in solchen Fällen also nicht nur die Berichtigung über § 129 AO im Interesse ihres Mandanten suchen, sondern auch aus eigenem Interesse.

PRAXISTIPP:

Kommt eine Berichtigung nach § 129 AO in Betracht, sollte sich der Steuerpflichtige nicht von einer Ablehnung durch die Finanzbehörde verunsichern lassen. Im Besprechungsfall hielt es die Finanzbehörde noch nicht einmal für notwendig, zu einer Berichtigung nach § 129 AO Stellung zu nehmen. Am Ende hatte allerdings der Steuerpflichtige Recht. Je nach Korrekturhöhe kann der Aufwand eines Gerichtsverfahrens gut investiertes Geld sein.

Beim BFH ist gegenwärtig eine Revision zur offenbaren Unrichtigkeit im Zusammenhang mit unrichtig deklarierten steuerlichen Einlagekonten nach § 27 KStG anhängig (Az. XI R 36/18).

Bestätigt der BFH, dass allein die Unrichtigkeit der Erklärung offenbar sein muss, so werden Gesellschafter für eine Berichtigung ihres Einlagekontos nach § 129 AO nur noch darlegen müssen, dass eine Einlage offenbar zugeflossen ist (und die Nichterfassung dieser Einlage im Einlagenkonto offenbar unrichtig ist). Von dieser Thematik betroffene Steuerpflichtige sollten den Ausgang des Revisionsverfahrens unbedingt Beachtung schenken.

7. Keine widerstreitenden Steuerfestsetzungen bei mehrfacher Berücksichtigungsmöglichkeit

BFH v. 20.3.2019 – II R 61/15, BFH/NV 2019 S. 725 = NWB LAAAH-14766

(Dr. Ralf Haendel)

Zusammenfassung der Entscheidung

Die Klägerin war Erbin ihres Ehemanns M, der im Jahr 2017 verstorben war. Dieser wiederum war Miterbe nach seiner im Jahr 2009 verstorbenen Schwester E, zu deren Nachlass u. a. zwei in der Schweiz belegene Grundstücke gehörten. Diese wurden von den schweizerischen Steuerbehörden bei der Bemessung der schweizerischen Erbschaftsteuer, die mit Verfügung v. 20.9.2009 erhoben wurde, berücksichtigt.

M reichte im März 2011 in Deutschland eine Erbschaftsteuererklärung ein und beantragte die Anrechnung der festgesetzten und gezahlten schweizerischen Erbschaftsteuer nach § 21 ErbStG. Der erklärungsgemäß ergangene Bescheid wurde in der Folge bestandskräftig.

Im September 2011 beantragte M unter Berufung auf Art. 10 Abs. 1a DBA-Schweiz (Erb)die Herabsetzung der deutschen Steuer und verwies in verfahrensrechtlicher Hinsicht auf § 174 Abs. 1 AO. Diesen Antrag lehnte das Finanzamt ab, da keine Änderungsvorschrift erfüllt sei. Der hiergegen gerichtete Einspruch blieb erfolglos. Das Finanzgericht gab hingegen der Klage statt und setzte die Steuer antragsgemäß herab. Mit seiner hiergegen eingelegten Revision rügt das Finanzamt eine Verletzung von § 174 Abs. 1 Satz 1 AO. Der BFH hielt diese für begründet, hob die Vorentscheidung auf und wies die Klage ab.

Entscheidungsgründe

Der BFH kommt nach der Prüfung der materiellen Steuerrechtslage zu dem Schluss, dass Deutschland nach dem DBA-Schweiz das Recht hat, den Wert der Grundstücke beim Progressionsvorbehalt zu berücksichtigen. Daraus zieht er in verfahrensrechtlicher Hinsicht den Schluss, dass aufgrund der Berücksichtigung des Grundstückswertes beim inländischen Progressionsvorbehalt gem. § 19 Abs. 2 ErbStG aus materiell-rechtlichen Gründen eine doppelte Berücksichtigung möglich ist, so dass ein Widerstreit i. S. d. § 174 Abs. 1 Satz 1 AO ausscheidet. Der Widerstreit sei nämlich aufgrund der materiellen Rechtslage zu beurteilen und dabei dürfe die vom DBA-Schweiz vorgesehene Möglichkeit der Berücksichtigung etwa von Grundstückswerten im Progressionsvorbehalt nicht außer Acht gelassen werden. Dies gelte unabhängig von der Frage, ob der Progressionsvorbehalt im konkreten Streitfall zu einer höheren Steuerfestsetzung führe. Unbeachtlich sei zudem, ob das Finanzamt die Grundstücke in der Bemessungsgrundlage zu Unrecht berücksichtigt hat, da § 174 Abs. 1 Satz 1 AO lediglich der Vermeidung eines denklogischen Widerstreits der mehrfachen Berücksichtigung eines steuerbaren Sachverhalts diene und nicht der Festsetzung der materiell richtigen Steuer.

Folgerungen: Die in der Literatur umstrittene Frage, ob eine Verfügung der schweizerischen Steuerbehörden oder einem anderen Drittstaat als „Steuerbescheid" i. S. v. § 174 Abs. 1 AO anzusehen ist und damit vorbehaltlich der weiteren Tatbestandsmerkmale eine Korrekturmöglichkeit nach § 174 Abs. 1 AO in Drittstaatenfällen besteht, wurde in dem Entscheidungsfall wegen der fehlenden Relevanz der Frage für das Urteil nicht beantwortet (für eine Korrektur bspw. Rüsken in Klein, AO, § 174 Rz. 15 m. w. N.; verneinend etwa Koeni in Klein, AO, § 174 Rz. 12 ebenfalls m. w. N.). Lediglich den Fall widerstreitender Steuerbescheide von EU-Mitgliedstaaten hat der

BFH bereits im Jahr 2012 entschieden (BFH, Urteil v. 9.5.2012 – I R 73/10, BStBl 2013 II S. 566 = NWB KAAAE-15743). Letztere Entscheidung wird aufgrund der Veröffentlichung im Bundessteuerblatt von der Finanzverwaltung berücksichtigt.

8. Gesonderte und einheitliche Feststellung von Kapitaleinkünften in sog. Mischfällen

BFH v. 20.11.2018 – VIII R 39/15, BStBl 2019 II S. 239 = NWB BAAAH-08486

(Dr. Ralf Haendel)

Zusammenfassung der Entscheidung

Die Kläger, im Streitjahr 2011 Gesellschafter einer GbR, errichteten mittels der GbR 1995 sechs Gebäude mit insgesamt 113 Wohneinheiten, mit welchen Miteinkünfte generiert wurden. Im Dezember 1995 schloss die GbR als Versicherungsnehmerin vier Kapitallebensversicherungen mit Versicherungsbeginn am 1.12.1995 und einer Laufzeit von 16 Jahren ab.

Im Jahr 2011 übertrugen die Kläger sämtliche Anteile an der GbR auf eine zuvor gegründete, beteiligungsidentische gewerblich geprägte GmbH & Co. KG (Übertragungsstichtag 31.10.2011, 24:00 Uhr). Als Gegenleistung wurde den Klägern der Saldo aus den Verkehrswerten der Aktiva abzüglich der anzurechnenden und auf die KG übergehenden Passiva der GbR gewährt, der verhältniswahrend auf die Kläger aufgeteilt und dem jeweiligen persönlichen Festkapitalkonto bei der KG gutgeschrieben wurde. Zum Gesamthandsvermögen der GbR, das auf die KG überging, gehörten auch die Ansprüche aus den genannten vier Kapitallebensversicherungen. Zum Laufzeitende wurden diese am 1.12.2011 gegenüber der KG als Gesamtrechtsnachfolgerin der GbR unter Einbehalt von Kapitalertragsteuer für die rechnungs- und außerrechnungsmäßigen Zinsen erfüllt.

Die Gewinne aus der Anteilsveräußerung an die KG fanden in der Erklärung der GbR zur gesonderten und einheitlichen Feststellung der Besteuerungsgrundlagen für das Streitjahr 2011 keine Berücksichtigung. Der Feststellungsbescheid erging zunächst erklärungsgemäß unter dem Vorbehalt der Nachprüfung. In den Klägern einzeln bekanntgegebenen Feststellungsbescheiden setzte das Finanzamt Anfang 2014 sodann im Hinblick auf die Kapitallebensversicherungen weitere Einkünfte aus Kapitalvermögen gem. § 20 Abs. 2 Satz 1 Nr. 6 EStG zusammen mit den vorher im Feststellungsbescheid der GbR erfassten Einkünfte als „Kapitalerträge i. S. d. § 32d Abs. 1 EStG, die nicht dem Steuerabzug unterlegen haben" i. H. v. ca. 5,4 Mio. € fest und verteilte diese nach den Beteiligungsquoten auf die Kläger.

Die gegen die geänderten Feststellungsbescheide eingelegten Einsprüche blieben ebenso wie die anschließend erhobene Klage erfolglos. Die gegen das Urteil des Finanzgerichts erhobene Revision hält der BFH für begründet und hob die Vorentscheidung auf.

Entscheidungsgründe

Die Entscheidung des BFH beschäftigt sich im Wesentlichen mit zwei Kerninhalten. Zum einen stellt der BFH fest, dass die Gesellschafter gem. § 48 Abs. 1 Nr. 2 und Nr. 3 FGO klagebefugt waren, nachdem die GbR ohne Abwicklung vollbeendet wurde und der anzufechtende Feststellungsbescheid den Zeitraum der Mitgliedschaft der Gesellschafter berührt. Die Vollbeendigung erfolgte im Streitfall durch die Übertragung sämtlicher Anteile an der GbR auf die KG mit anschließender Anwachsung des Vermögens auf die KG. Dadurch, dass die angegriffenen Feststellungen als Besteuerungsgrundlagen den Veranlagungen der Gesellschafter zugrunde gelegt wurden, beträfen sie auch die Gesellschafter selbst (§ 48 Abs. 1 Nr. 2 FGO). Dies genüge für eine Beschwer der Gesellschafter.

Zum anderen stellt der BFH in materieller Hinsicht fest, dass § 20 Abs. 2 Satz 3 EStG auch sog. Mischfälle erfasse, in denen die Kapitalanlage gemeinschaftlich erworben und die (anteilige) Veräußerung der Kapitalanlage durch Anteilsübertragungen eines oder mehrerer Gesellschafter bewirkt wird sowie in verfahrensrechtlicher Hinsicht, dass in diesen Mischfällen keine gesonderte und einheitliche Feststellung der durch die Anteilsübertragungen jeweils steuerpflichtige Veräußerungsgewinne gem. §§ 179, 180 Abs. 1 Satz 1 Nr. 2 Buchst. a AO zu erfolgen hat. Er begründet dies damit, dass es in diesen Fällen, d. h. wenn der Veräußerungsgewinn nach § 20 Abs. 2 EStG durch Anteilsveräußerung durch den Gesellschafter persönlich erzielt wird, an der notwendigen gemeinschaftlichen Tatbestandsverwirklichung i. S. v. §§ 179 Abs. 1, 180 Abs. 1 Satz 1 Nr. 2a AO fehle. Diese Sichtweise fuße im Abgeltungssteuersystem, nach welchem in diesen Fällen kein Abzug der Kapitalertragsteuer stattfände und der Gesellschafter den Gewinn in seiner Einkommensteuererklärung anzugeben hätte. Daran ändere auch der Umstand nichts, dass die Gesellschafter ihre GbR-Anteile abgestimmt zum selben Zeitpunkt auf die beteiligungsidentische KG übertragen hätten. Denn vor allem aus systematischen Gründen unterscheide sich die gemeinschaftliche Tatbestandsverwirklichung i. S. d. § 20 Abs. 2 i. V. m. Abs. 4 Satz 1 EStG wesentlich von den „Mischfällen". Schließlich gebe es keine andere Rechtsgrundlage für die gesonderte und einheitliche Feststellung dieser Einkünfte. § 20 Abs. 2 Satz 3 EStG enthalte selbst etwa keinen dahingehenden Regelungsgehalt.

Daher waren die von den Klägern erwirtschafteten Einkünfte aus Kapitalvermögen nach § 20 Abs. 2 Satz 1 Nr. 6 EStG i. V. m. Abs. 2 Satz 3 EStG nicht gesondert und einheitlich festzustellen.

Folgerungen: Für den Fall der gemeinschaftlich verwirklichten Anschaffung und Veräußerung auf Ebene der vermögensverwaltenden Gesellschaft und damit der gemeinschaftlichen „Einkünfteerzielung" hat der BFH bereits im Jahr 2015 für den Tatbestand des § 23 Abs. 1 Satz 4 EStG entschieden, dass eine gesonderte und einheitliche Feststellung auf Grundlage von §§ 179 Abs. 1, 180 Abs. 1 Satz 1 Nr. 2a AO zu erfolgen hat (Urteil v. 10.11.2015 – IX R 10/15, NWB BAAAF-66764, Rz. 19). In dem vorstehenden Urteil aus dem Jahr 2015 fehlte es dann aber an der gemeinsamen Anschaffung, da der dortige Gesellschafter erst nach Anschaffung des Grundstücks durch die Gesellschaft im Wege des Anteilserwerbs Gesellschafter geworden ist, so dass sich der anteilige Grundstückserwerb mittels der Anteilsübertragung gerade nicht „in der Einheit der Gesellschafter" vollzog, sondern dem erwerbenden Gesellschafter allein zuzurechnen war (BFH, a. a. O.).

In dem hiesigen Besprechungsfall nimmt der BFH diese Rechtsgrundsätze auf und überträgt sie auf den im Wortlaut vergleichbaren Tatbestand des § 20 Abs. 2 Satz 3 EStG. In Übereinstimmung mit der Verwaltungsauffassung und weiten Teilen der Literatur sind also Veräußerungsgewinne nur dann gesondert und einheitlich festzustellen, „wenn der Tatbestand auf Ebene der vermögensverwaltenden Gesellschaft durch eine gemeinschaftliche Anschaffung und Veräußerung der Kapitalanlage verwirklicht wird und der auf Ebene der Gesellschaft zu ermittelnde Veräußerungsgewinn oder -verlust auf die Gesellschafter zu verteilen ist."

Konsequenzen für die Praxis

Für den steuerlichen Berater ist die vom BFH nochmals dargestellte Systematik wichtig – auch im Hinblick auf die Einhaltung der bestehenden Steuererklärungspflichten. Denn aus der Würdigung des BFH folgt, dass der Gesellschafter in den „Mischfällen" den Veräußerungsgewinn i. S. d. § 20 Abs. 2 Satz 3 EStG gem. § 32d Abs. 3 Satz 1 EStG in der Einkommensteuererklärung anzugeben hat (so bereits die Verwaltungsauffassung); über dessen Ansatz und Höhe ist abschließend im Rahmen der Einkommensteuerveranlagung des Gesellschafters zu entscheiden – das bedeutet, auch ein Einspruch hat sich insoweit nicht gegen den Feststellungsbescheid, sondern gegen den Einkommensteuerbescheid zu richten. Entsprechend ist im Mischfall der Veräußerungsgewinn gesellschafterbezogen zu ermitteln (s. hierzu Jachmann-Michel, jurisPR-SteuerR 19/2019 Anm. 1).

§ 20 Abs. 2 Satz 3 EStG findet in den Fällen Anwendung, bei denen die Beteiligung an einer Personengesellschaft erworben und wieder veräußert wird, wenn nach der Begründung der Beteiligung die Wirtschaftsgüter von der Personengesellschaft angeschafft werden und dann die Beteiligung an der Gesellschaft vom Gesellschafter veräußert wird und schließlich in den Fällen, bei denen die Beteiligung an einer kapitalvermögenverwaltenden Personengesellschaft erworben wird und die Personengesellschaft selbst dann die Wirtschaftsgüter veräußert (so Oertel in Kirchhof, EStG, § 20 Rz. 147).

9. Zuständigkeit für den Erlass eines Abrechnungsbescheids – Säumniszuschläge

BFH v. 19.3.2019 – VII R 27/17, BFH/NV 2019 S. 721 = NWB IAAAH-16014

(Dr. Ralf Haendel)

Zusammenfassung der Entscheidung

Am 22.5.2007 erließ das zuständige Finanzamt 1 gegen den Kläger und seine zwischenzeitlich verstorbene Ehefrau einen Bescheid, in welchem Einkommensteuer für das Jahr 2005 mit einer Zahlungsfrist bis zum 25.6.2007 erhoben wurde. Es ergingen jeweils Änderungsbescheide mit entsprechender Zahlungsaufforderung zuzüglich entstandener und fälliger Säumniszuschläge in den Jahren 2007, 2008, 2012 und 2014.

Auf Antrag des Klägers erließ das Finanzamt 1 am 27.5.2014 einen Abrechnungsbescheid, mit dem es die vorstehend genannten Säumniszuschläge zur Einkommensteuer für 2005 dem Grunde und der Höhe nach bestätigte.

Den Einspruch des Klägers gegen den Abrechnungsbescheid wies das zwischenzeitlich wegen Verlegung des Betriebs zuständig gewordene Finanzamt aus einem anderen Finanzamtsbezirk mit Entscheidung v. 8.10.2015 als unbegründet zurück. Auch die Klage blieb u. a. unter Hinweis auf die hinreichende Bestimmtheit des Abrechnungsbescheids sowie die Bestätigung der Zuständigkeit der diesen Bescheid erlassenden Finanzbehörde infolge der Betriebsverlegung erfolglos. Die vom Kläger eingelegte Revision hat der BFH als unbegründet abgewiesen.

Entscheidungsgründe

Der wesentliche Kern der Entscheidungsgründe des BFH besteht in seiner Feststellung, dass sich die Zuständigkeit des Finanzamts bei Erlass eines Abrechnungsbescheids betreffend Säumniszuschläge nach den allgemeinen Zuständigkeitsregeln der §§ 16 ff. AO richte. Damit weicht der BFH ausdrücklich von seiner früheren Auffassung ab, wonach diejenige Behörde für den Erlass eines Abrechnungsbescheids betreffend Säumniszuschläge zuständig sei, die den strittigen Anspruch aus dem Steuerschuldverhältnis festgesetzt hat. Er begründet seine geänderte Auffassung damit, dass der Abrechnungsbescheid bei Säumniszuschlägen ausnahmsweise (und anerkanntermaßen) die Funktion hat, dass mit dem Erlass nicht nur über den Fortbestand der Zahlungsverpflichtung entschieden wird, sondern auch darüber, ob Säumniszuschläge überhaupt entstanden sind und in welcher Höhe. Dadurch entstehe ein zusätzliches Regelungsbedürfnis hinsichtlich des Entstehens von Säumniszuschlägen (in Form des Abrechnungsbescheids). Für die Entscheidung durch Abrechnungsbescheid sei gem. § 218 Abs. 2 Satz 1 AO „die Finanzbehörde" zuständig. Damit sei laut BFH und abweichend von seiner bisherigen Ansicht die nach den allgemeinen Zuständigkeitsregelungen der §§ 16 ff. AO zuständige Finanzbehörde gemeint. Der BFH tritt dabei insbesondere der vorher von ihm vertretenen Ansicht entgegen, dass die Regelungen in §§ 19, 26 AO allein die örtliche Zuständigkeit der Finanzbehörden für das Festsetzungsverfahren nach §§ 134 ff. AO, nicht aber die Zuständigkeit im Erhebungsverfahren nach §§ 218 ff. AO beträfen. Vielmehr gelte auch im Erhebungsverfahren der Grundsatz der Gesamtzuständigkeit. Daraus folge, dass grundsätzlich die nach den allgemeinen Regeln zuständige Behörde gem. § 367 Abs. 1 Satz 1 AO auch über einen Einspruch gegen den Abrechnungsbescheid entscheidet. Sei sodann wie im Streitfall nachträglich nach den allgemeinen Zuständigkeitsregelungen der §§ 16 ff. AO eine andere Finanzbehörde für den Steuerfall zuständig geworden, entscheidet (vorbehaltlich einer Zuständigkeitsvereinbarung nach § 26 Satz 2 AO) gem. § 367 Abs. 1 Satz 2 AO diese Finanzbehörde.

Folgerungen: Der BFH trägt mit seiner Entscheidung der im Schrifttum geäußerten Kritik an der Aufspaltung der Zuständigkeitsregelungen für das Festsetzungs- und Vollstreckungsverfahren einerseits und dem Erhebungsverfahren andererseits Rechnung und spricht sich für den Grundsatz der Gesamtzuständigkeit aus. Daher kommt es bei Einlegung eines Einspruchs gegen den Abrechnungsbescheid und dem Wegzug bzw. der Verlegung des Betriebes in einen anderen Finanzamtsbezirk zu einem Zuständigkeitswechsel für den Erlass der Einspruchsentscheidung. Diesbezüglich ist auch auf das beim BFH anhängige Verfahren unter dem Aktenzeichen VII R 37/18 (NWB FAAAH-07439) zu verweisen.

10. Anfechtung einer KapESt-Anmeldung durch den Vergütungsgläubiger; Erledigung der KapESt-Anmeldung aufgrund der Einkommensteuerfestsetzung bei einem Antrag nach § 32d Abs. 4 EStG

BFH v. 20.11.2018 – VIII R 45/15, BStBl 2019 II S. 306 = NWB VAAAH-11893

(Dr. Ralf Haendel)

Zusammenfassung der Entscheidung

Aufgrund einer „Entflechtung (Spin-off)" bei amerikanischen Wertpapieren wurde im Jahr 2012 ein Steuerabzugsbetrag für Kapitalertragsteuer, Solidaritätszuschlag und Kirchensteuer angemeldet und einbehalten. Nach Anträgen des Klägers auf Auszahlung der einbehaltenen Beträge bei dem beklagten, für die Anmeldung zuständigen Finanzamt und dem für die Einkommensteuer zuständigen Finanzamt erließ das letztgenannte Finanzamt im Jahr 2014 einen Einkommensteuerbescheid für 2012, in dem infolge des als Antrag nach § 32d Abs. 4 EStG ausgelegten Begehrens des Klägers die Erträge aus dem „Spin-off" bei der Berechnung der Einkünfte, die nach § 32d Abs. 1 EStG der Abgeltungsteuer unterliegen, berücksichtigt wurden. Die abgeführte Kapitalertragsteuer wurde im Abrechnungsteil des Einkommensteuerbescheids auf die Einkommensteuerschuld angerechnet. Der hiergegen eingelegte Einspruch wurde für ruhend erklärt.

Der Einspruch des Klägers gegen die Kapitalertragsteuer-Anmeldung wurde vom zuständigen Finanzamt mangels Rechtsschutzbedürfnisses als unzulässig verworfen. Die vom Kläger hiergegen erhobene Klage wurde als unbegründet abgewiesen. Die Revision des Klägers blieb ebenfalls erfolglos, da die Klage nach Auffassung des BFH unzulässig war.

Entscheidungsgründe

Der BFH bestätigt zunächst die allgemeine Sichtweise, dass der Gläubiger von Kapitalerträgen die Anmeldung der Kapitalertragsteuer durch ein Kreditinstitut grundsätzlich per Einspruch und im Wege der Drittanfechtungsklage anfechten kann. Würde aber der Steuerpflichtige einen Antrag nach § 32 Abs. 4 EStG stellen, so dass die Kapitalerträge in die Einkommensteuerfestsetzung einbezogen werden, so fehle ab dann das Rechtsschutzbedürfnis für die Drittanfechtungsklage. Wird der Einkommensteuerbescheid während des laufenden Verfahrens betreffend die Anmeldung der Kapitalertragsteuer erlassen, so erledige sich die Anmeldung gem. § 124 Abs. 2 AO. Denn durch die Festsetzung der Einkommensteuer und die Anrechnung der Kapitalertragsteuer gem. § 36 Abs. 2 Nr. 2 EStG werde in dem Einkommensteuerbescheid der Regelungsgehalt der Kapitalertragsteuer-Anmeldung aufgenommen. Der Einkommensteuerbescheid löse somit die Anmeldung der Kapitalertragsteuer als Rechtsgrundlage für die von dem Vergütungsschuldner einbehaltene Kapitalertragsteuer (also für das „Behaltendürfen" der Finanzverwaltung) ab. Folge sei, dass die Klage wegen fehlenden Rechtsschutzbedürfnisses unzulässig und daher abzuweisen sei.

Folgerungen: Der Berater wird die Rechtsprechung bei der Einlegung von Rechtsbehelfen zu berücksichtigen haben, will er eine Abweisung wegen Unzulässigkeit des Rechtsbehelfs vermeiden. Im Streitfall drohte kein Rechtsverlust, da das Einspruchsverfahren gegen den Einkommensteuerbescheid ruhend gestellt wurde. Ob diese Anordnung in jedem Fall erfolgt, darf bezweifelt werden. Dann ist die genaue Kenntnis der verfahrensrechtlichen Hintergründe gefragt. Der BFH hat im Übrigen ausdrücklich die Frage offengelassen, ob die Festsetzung der Einkommensteuer auch dann zu einer Erledigung der Kapitalertragsteuer-Anmeldung führt, wenn kein Antrag nach § 32d Abs. 4 EStG gestellt wird.

Vergleichbare Fragestellungen ergeben sich für den Lohnsteuerabzug. Hier bildet die Anmeldung der Lohnsteuer durch den Arbeitgeber den Rechtsgrund für deren Zahlung. Diese kann der Arbeitnehmer anfechten. Ergeht aber ein Einkommensteuerbescheid, so ist dieser ein (neuer) Rechtsgrund für die Steuerzahlung (vgl. zu allem die Leitsätze des BFH, Urteil v. 12.10.1995 – I R 39/95, BStBl 1996 II S. 87 = NWB UAAAA-95720). § 41c Abs. 3 EStG ist zusätzlich zu beachten (H 41c.1 „Erstattungsantrag", Spiegelstrich 1 LStH). In DBA-Fällen besteht die Möglichkeit eines Lohnsteuererstattungsantrags nach § 50d Abs. 1 Satz 2 EStG analog (H 41c.1 „Erstattungsantrag", Spiegelstrich 2 LStH).

11. Verfahrensaussetzung bei EuGH-Vorlage und Bindungswirkung nach § 126 Abs. 5 FGO

BFH v. 23.1.2019 – V B 103/18, BFH/NV 2019 S. 399 = NWB AAAAH-08897

(Dr. Lars Haverkamp/Sara Meinert)

Zusammenfassung der Entscheidung

Die Klägerin führte im Streitjahr 2009 ein medizinisches Labor zur Untersuchung von Patientenproben. Die Proben erhielt die Klägerin von Ärzten und Heilpraktikern; ihre offiziellen Auftraggeber waren die Patienten der Ärzte und Heilpraktiker selbst. Entsprechend rechnete sie ihre Leistungen auch direkt gegenüber den Patienten ab.

Die Klägerin war der Ansicht, ihre Leistungen seien nach § 4 Nr. 14 Buchst. a UStG umsatzsteuerfrei. Diese Ansicht teilte das Finanzamt nicht und versagte der Klägerin die Befreiung. Das FG wiederum schloss sich der Ansicht der Klägerin an und gab der Klage statt. Der BFH hob die FG-Entscheidung auf. Die Leistungen seien nicht nach § 4 Nr. 14 Buchst. a UStG umsatzsteuerfrei, da sie unter § 4 Nr. 14 Buchst. b UStG fielen. Der BFH verwies die Sache an das FG zurück, damit es weitere Feststellungen zur Anwendung des § 4 Nr. 14 Buchst. b UStG traf.

Nach der Zurückverweisung hatte der BFH in einem anderen Verfahren mit vergleichbarem Sachverhalt zu entscheiden, ob Laborleistungen unter § 4 Nr. 14 Buchst. a oder b UStG fallen. Diese Frage legte er dem EuGH zur Vorabentscheidung vor (Rs. Peters, EuGH-Aktenzeichen C-700/17, NWB LAAAG-69555).

Mit Verweis auf dieses Vorabentscheidungsverfahren beantragte die Klägerin im zweiten Rechtsgang beim FG nach § 74 FGO die Aussetzung des Verfahrens. Das FG lehnte den Antrag ab. Der Ausgang des anhängigen Vorabentscheidungsverfahrens beim EuGH sei für das hiesige Verfahren ohne Bedeutung. Das FG sei nach § 126 Abs. 5 FGO an die rechtliche Beurteilung des BFH gebunden, wonach § 4 Nr. 14 Buchst. a UStG jedenfalls nicht einschlägig sei. Zu prüfen habe das FG lediglich, inwieweit § 4 Nr. 14 Buchst. b UStG anwendbar sei. Hiergegen richtet sich die Beschwerde der Klägerin.

Entscheidungsgründe

Der BFH gab der Beschwerde der Klägerin statt und setzte das Verfahren bis zur Entscheidung durch den EuGH im o. g. Vorabentscheidungsverfahren aus.

Nach § 74 FGO könne ein Verfahren u. a. dann ausgesetzt werden, wenn dem EuGH zur Vorabentscheidung eine entscheidungserhebliche Rechtsfrage vorgelegt ist. Dabei habe der Senat prozessökonomische Gesichtspunkte gegen das Aussetzungsinteresse der Verfahrensbeteiligten abzuwägen.

Der BFH habe bereits entschieden, dass die Bindungswirkung des § 126 Abs. 5 FGO entfalle, wenn sich inzwischen die BFH-Rechtsprechung geändert habe. Zusätzlich sei im Streitfall zu berücksichtigen, dass der BFH in der hier relevanten EuGH-Vorlage ausdrücklich auf die Revisionsentscheidung Bezug genommen hat, die die Klägerin erstritten hatte.

Durch den Vorlagebeschluss habe sich die Rechtsprechung zu der Thematik zwar noch nicht geändert, was die Bindung nach § 126 Abs. 5 FGO entfallen ließe. Die ernsthafte Möglichkeit einer Rechtsprechungsänderung zeichne sich aber aufgrund des Vorlagebeschlusses bereits jetzt ab. Deshalb sei jede andere Entscheidung als eine Verfahrensaussetzung ermessensfehlerhaft.

Folgerungen: Bereits im Beschluss v. 27.11.2017 (V B 138/17, AO-StB 2018 S. 45) hatte der BFH zugunsten einer Verfahrensaussetzung bei einer EuGH-Vorlage entschieden. Galten die Anforderungen an eine Verfahrensaussetzung bisher als eher hoch, so senken die beiden BFH-Beschlüsse die Hürde zur Verfahrensaussetzung, was insgesamt die Bedeutung des § 74 FGO stärkt.

Mit dem Beschluss v. 27.11.2017 entschied der BFH, dass das Verfahren zwingend auszusetzen sei, wenn eine vorgreifliche Rechtsfrage dem EuGH vorgelegt ist. Das Ermessen des Gerichts wird also auf Null reduziert. Inwieweit das Vorabentscheidungsverlangen aussichtsreich ist, sei ohne Bedeutung bei der vorzunehmenden Abwägung. Dies wird noch anders bei Musterverfahren gesehen, die beim BVerfG anhängig sind. Hier hat das Gericht die Erfolgsaussichten des Musterfahrens mit in die Abwägung einzubeziehen.

Regelungshintergrund der Aussetzungsmöglichkeit nach § 74 FGO ist die Verhinderung einer Zersplitterung der Judikatur. Dieser Regelungszweck von § 74 FGO konfligiert mit dem Sinn und Zweck der Bindungswirkung nach § 126 Abs. 5 FGO. Für die Partei, die im Revisionsverfahren obsiegt, wäre es nicht nachvollziehbar, wenn ein FG im zweiten Rechtsgang der Auffassung des BFH nicht folgen müsste. Das Vertrauen in die Justiz wäre gefährdet. Der Regelungszweck des § 126 Abs. 5 FGO wird allerdings nicht ausgehöhlt, wenn § 74 FGO auf Konkurrenzebene Vorrang hat. Auch der BFH könnte im zweiten Revisionsverfahren nicht an seiner Rechtsprechung festhalten, wenn mittlerweile eine gegenteilige EuGH-Entscheidung ergangen ist. Falls die Rechtsfrage noch beim EuGH anhängig ist, müsste er das Verfahren zwingend aussetzen, um die EuGH-Entscheidung später umsetzen zu können. Insofern dient es der Verfahrensökonomie, wenn der BFH dem § 74 FGO gegenüber § 126 Abs. 5 FGO Vorrang gewährt.

PRAXISTIPP:

Kommt eine Verfahrensaussetzung in Frage, sollten Steuerpflichtige in ihrem Aussetzungsantrag auf die beiden neuen Beschlüsse des BFH Bezug nehmen und eine Ermessensreduzierung auf Null darlegen. Verweigert das FG die Aussetzung, ist dies nach § 115 Abs. 2 Nr. 3 FGO revisibel.

12. Verfolgungsverjährung bei Verlustfeststellungsbescheid beginnt erst mit Bekanntgabe des Folgebescheids

LG Berlin v. 22.8.2018 – 536 Qs 22/18, wistra 2019 S. 39

(Dr. Delia Palenker)

Zusammenfassung der Entscheidung

Dem Beschluss des LG Berlin liegt eine sofortige Beschwerde der Staatsanwaltschaft gegen eine Entscheidung des Amtsgerichts Tiergarten zugrunde, mit der das Strafverfahren gegen den Angeklagten wegen Hinterziehung von Einkommensteuer wegen eines Verfahrenshindernisses eingestellt worden ist (§ 206a StPO).

Dem Angeklagten war vorgeworfen worden, ausländische Kapitalerträge in seinen Steuererklärungen für die Jahre 2002, 2005 und 2006 nicht angegeben zu haben mit der Folge, dass im Zusammenhang mit den Einkommensteuerbescheiden v. 19.2.2004 für das Jahr 2002, v. 28.12.2006 für das Jahr 2005 und v. 13.8.2007 für das Jahr 2006 jeweils inhaltlich unzutreffende Verlustfeststellungsbescheide erlassen wurden. Der in den Feststellungsbescheiden fortgeschriebene verbleibende Verlustvortrag kam erstmals im Einkommensteuerbescheid 2012 v. 17.6.2014 mit positiven Einkünften zur Verrechnung.

Da die Fristen betreffend die Strafverfolgungsverjährung nach Ansicht des Amtsgerichts bereits mit Bekanntgabe der Feststellungsbescheide zu laufen begonnen hätten, seien die Taten bereits am 21.4.2009, am 30.12.2011 und am 15.8.2012 verjährt.

Entscheidungsgründe

Das LG Berlin hat den Einstellungsbeschluss des Amtsgerichts aufgehoben, da die verfahrensgegenständlichen Taten nicht verjährt seien. Die allgemeine – und im Besprechungsfall einschlägige – fünfjährige Verjährungsfrist (§ 78 Abs. 3 Nr. 4 StGB) beginne mit der Beendigung der Tat (§ 78a StGB), für die maßgeblich auf die Bekanntgabe des Einkommensteuerbescheids 2012 am 17.6.2014 abzustellen sei.

Zwar werde im Schrifttum vereinzelt vertreten, dass die Strafverfolgungsverjährung schon mit der Bekanntgabe des Verlustfeststellungsbescheids zu laufen beginne, weil aus der wegen des festgestellten Verlustvortrags entsprechend reduzierten Steuerfestsetzung keine erneute Rechtsgutbeeinträchtigung herrühre. Das LG folgt gleichwohl der Rechtsprechung des BFH und der weit überwiegenden Literaturauffassung, die für den Verjährungsbeginn auf den Erlass des den gesondert festgestellten Verlustvortrag berücksichtigenden Einkommensteuerbescheids als Folgebescheid abheben. Der unrichtige, für die Folgeentscheidung aber gleichwohl bindende Grundlagenbescheid müsse zunächst seine Umsetzung im Folgebescheid finden, denn erst in diesem Moment würde der mit dem Feststellungsbescheid eingetretene ungerechtfertigte Steuervorteil in einen tatsächlichen Schaden im Sinne einer Steuerverkürzung umschlagen.

Die insoweit in Bezug genommenen BFH-Grundsätze könnten auf die Konstellation der gesonderten Verlustfeststellung nach § 10d Abs. 4 EStG übertragen werden, auch wenn sie zu Grundlagenbescheiden i. S. v. § 180 Abs. 1 Nr. 2 Buchst. a AO ergangen sind.

Der Umstand, dass auf diese Weise der Beendigungszeitpunkt ggf. weit in die Zukunft verlagert würde, begründe weder eine Unbilligkeit noch einen Widerspruch zum Gedanken der Herstellung von Rechtsfrieden durch Verfolgungsverjährung. Insbesondere führe er – zumindest im Regelfall – nicht zur faktischen Unverjährbarkeit. Lange Verjährungsfristen seien dem Wirtschaftsstrafrecht zudem nicht fremd. Anderenfalls würde ein Täter besser gestellt, der den Taterfolg zeitlich verzögert herbeiführe.

Folgerungen: Das LG Berlin überträgt die zur gesonderten und einheitlichen Feststellung von Besteuerungsgrundlagen (§ 180 Abs. 1 Nr. 2 Buchst. a AO) ergangene BFH-Rechtsprechung zum Beginn der strafrechtlichen Verjährungsfrist – soweit ersichtlich erstmalig – auf die Konstellation der gesonderten Feststellung des verbleibenden Verlustvortrags (§ 10d Abs. 4 EStG). Das Abstellen auf den Einkommensteuerbescheid als Folgebescheid des Verlustfeststellungsbescheids kann den Beendigungszeitpunkt einer möglichen Steuerhinterziehung weit in die Zukunft verlagern und die Strafverfolgungsfrist im Ergebnis erheblich verlängern. Vor allem bei mehrjährigen Verlustperioden führt die Rechtsprechung dazu, dass strafrechtliche Ermittlungen auch dann noch zulässig sind, wenn die – ggf. sogar verlängerte (§§ 181, 169 AO) – Feststellungsfrist abgelaufen und die entsprechenden Feststellungsbescheide deshalb steuerrechtlich nicht mehr änderbar sind.

Die Auffassung des LG Berlin erschließt sich nicht unmittelbar aus dem Gesetzeswortlaut, denn § 370 Abs. 1 AO spricht neben dem Eintritt der Steuerverkürzung alternativ vom Erlangen eines nicht gerechtfertigten Steuervorteils. Zudem handelt es sich bei der Steuerhinterziehung um ein konkretes Gefährdungsdelikt, das grundsätzlich beendet ist, wenn sich die Gefahr realisiert, ohne dass zwangsläufig auch ein Vermögensschaden beim Fiskus eingetreten sein muss (vgl. Hauer in BeckOK AO, Stand: 1.4.2019, § 376 Rz. 62). Andererseits dürfte sich bei Erlass eines zu hohen Verlustfeststellungsbescheids das genaue Ausmaß der Steuerverkürzung noch nicht beziffern lassen (Bülte in Hübschmann/Hepp/Spitaler, AO/FGO, Stand: 6/2018, § 376 AO, Rz. 76).

Zur Bestimmung der konkreten Verfolgungsverjährungsfrist sind Einkommensteuerbescheide künftig genauestens daraufhin zu überprüfen, ob und in welchem Umfang die in den Vorjahren gesondert festgestellten Verluste in diese eingeflossen und durch Verrechnung mit positiven Einkünften verbraucht worden sind. Da einiges dafür spricht, dass die BFH-Rechtsprechung auch auf andere gesetzliche Fälle des Grundlagen- und Folgebescheid-Verhältnisses ausgeweitet werden könnte (so auch Roth, PStR 2019 S. 109, 110), empfiehlt es sich, die weitere Entwicklung zu beobachten.

II. Verwaltungsanweisungen

1. Einführung des § 146a AO durch das Gesetz zum Schutz vor Manipulationen an digitalen Grundaufzeichnungen vom 22.12.2016 – Neufassung des Anwendungserlasses zu § 146a AO

BMF v. 17.6.2019 – IV A 4 – S 0316-a/18/10001, BStBl 2019 I S. 518 = NWB GAAAH-21300

(Dr. Ralf Haendel)

Zusammenfassung

Mit Schreiben des BMF v. 17.6.2019 (BStBl 2019 I S. 518) hat die Finanzverwaltung den Anwendungserlass zur Abgabenordnung ergänzt. Die Ergänzungen betreffen den neuen § 146a AO, der durch das Gesetz zum Schutz vor Manipulationen an digitalen Grundaufzeichnungen v.

22.12.2016 (BGBl 2016 I S. 3152) eingeführt wurde sowie die Kassensicherungsverordnung (KassenSichV), zu deren Erlass § 146a Abs. 3 AO ermächtigt. Die Neufassung des Anwendungserlasses enthält im Wesentlichen folgende Punkte:

Allgemeine Hinweise wie beispielsweise zu den Schutzzielen des § 146a AO (Integrität, Authentizität und Vollständigkeit der digitalen Grundaufzeichnungen) sowie teilweise unter Bezugnahme auf die KassenSichV Begriffsbestimmungen zu einzelnen Tatbestandsmerkmalen des § 146a AO (Begriff des „elektronischen Aufzeichnungssystems", Begriff der „zertifizierte(n) technische(n) Sicherheitseinrichtung" etc.).

Sachlicher Anwendungsbereich: Hinsichtlich des sachlichen Anwendungsbereichs wird im neugefassten Anwendungserlass auf § 1 KassenSichV verwiesen. Darüber hinaus unterliegen alle elektronischen Aufzeichnungssysteme der Einzelaufzeichnungspflicht nach § 146a Abs. 1 Satz 1 AO. In § 1 Satz 2 KassenSichV findet sich eine Negativabgrenzung für bestimmte Kassen, die nicht in den Anwendungsbereich des § 146a AO fallen. Dies sind etwa elektronische Buchhaltungsprogramme, Waren- und Dienstleistungsautomaten sowie Fahrscheinautomaten, Geldautomaten, Waren- und Geldspielgeräte.

Zeitlicher Anwendungsbereich: Für „Alt-Kassen", d.h. für Registrierkassen, die nach dem 25.11.2010, aber vor dem 1.1.2020 angeschafft wurden und die zwar die Anforderungen des BMF-Schreibens v. 26.11.2010 (BStBl 2010 I S. 1342) erfüllen, aber bauartbedingt nicht die Anforderungen des § 146a AO durch entsprechende Aufrüstung erfüllen können und die zudem nicht PC-Kassen sind, dürfen noch bis zum 31.12.2022 verwendet werden (siehe auch Art. 97 § 30 Abs. 3 EGAO). Die Übergangsfrist gilt also nur für Alt-Kassen, wenn sie den Anforderungen des BMF-Schreibens von 2010 entsprechen und sich bauartbedingt nicht aufrüsten lassen.

Es wird in der Neufassung des Anwendungserlasses zu § 146a AO festgestellt, dass gem. § 146 Abs. 3 Satz 3 AO die Anforderungen an die zertifizierte technische Sicherheitseinrichtung durch das Bundesamt für Sicherheit in der Informationstechnik (BSI) festgelegt werden. Sodann wird dargestellt, dass Mindestangaben in den Technischen Richtlinien des BSI nur zu einzelnen Komponenten (= Sicherheitsmodul, Speichermedium und einheitliche digitale Schnittstelle) festgelegt werden. In dem Anwendungserlass finden sich sodann Hinweise zum Ablauf der Protokollierung und Begriffsdefinitionen für den Bereich der Protokollierung. Zur Ermöglichung des standardisierten Datenexports im Rahmen einer steuerlichen Außenprüfung bzw. Kassen-Nachschau und ggf. zur Übergabe an den Außenprüfer/Kassen-Nachschauprüfer müssen die aufgezeichneten Daten in einem maschinell auswertbaren Format zur Verfügung gestellt werden (einheitliche digitale Schnittstelle). Näheres regeln die „Digitalen Schnittstellen der Finanzverwaltung für elektronische Aufzeichnungssysteme" (DSFinV) bzw. die DSFinV-K. Anforderungen an den Beleg (Mindestinhalt in § 6 KassenSichV geregelt) und Regelungen zur Belegausgabe, insbesondere zur Belegausgabepflicht. Die Belegausgabepflicht besteht nur für Geschäftsvorfälle, an denen ein Dritter beteiligt ist, d.h. befreit sind z.B. Entnahmen und Einlagen. Auf Antrag und mit Zustimmung der Finanzbehörde nach § 148 AO kann von der Belegausgabepflicht nach pflichtgemäßem Ermessen der Finanzbehörde bei Verkauf von Waren an eine Vielzahl von nicht bekannten Personen abgesehen werden (§ 146 Abs. 2 Satz 2 AO). Die Befreiung i.S.d. § 148 AO kann nur für den jeweiligen Einzelfall beantragt und gewährt werden und nur, wenn nachweislich eine sachliche oder persönliche Härte für den einzelnen Steuerpflichtigen besteht (Kosten der Belegausgabe stellen für sich genommen keine sachliche Härte dar).

Erstmalig sind Aussagen zur Dokumentation und Behebung von Ausfällen der zertifizierten technischen Sicherheitseinrichtung enthalten zudem allgemeine Aussagen zur Mitteilungspflicht nach § 146a Abs. 4 AO (Mitteilende Person, Zeitpunkt der Mitteilung, Meldeart, Betriebstätte), die gem. § 164a Abs. 4 Satz 2 AO innerhalb eines Monats nach Anschaffung oder Außerbetriebnahme des elektronischen Aufzeichnungssystems zu erfüllen ist, sowie erforderliche Angaben und Korrekturmöglichkeiten.

Schließlich erfolgt eine Definition des „Bewerbens" und des „In-Verkehr-Bringens" im Bereich des Verbotstatbestands des § 146a Abs. 1 Satz 5 AO und eine Klarstellung, dass § 146a AO als Ordnungsvorschrift nicht durch Verwaltungsakt angeordnet oder durch Zwangsmaßnahmen nach §§ 328 ff. AO erzwungen werden kann – anders als § 146a Abs. 2 Satz 1 AO (Belegausgabepflicht) und § 146a Abs. 4 AO (Mitteilungspflicht), die Handlungspflichten vorsehen. Hier bleiben die §§ 328 ff. AO unberührt.

HINWEIS:

Mit Wirkung ab 1.1.2020 gelten auch neue Geldbußen, die in § 379 Abs. 1 Satz 1 Nr. 3 bis 6 AO geregelt sind. So werden gem. § 379 Abs. 4 AO Geldbußen bis 25.000 € für denjenigen fällig, der gegen die Einzelaufzeichnungspflicht verstößt, eine nicht zertifizierte Sicherheitseinrichtung verwendet oder gewerbsmäßig elektronische Aufzeichnungssysteme, die nicht den gesetzlichen Anforderungen entsprechen, bewirbt oder in den Verkehr bringt und dadurch ermöglicht, Steuern zu verkürzen oder nicht gerechtfertigte Steuervorteile zu erlangen. Für diese Tatbestände ist ebenfalls die Übergangsregelung in Art. 97 § 30 Abs. 3 EGAO zu beachten. Zur Prüfung der Ordnungsmäßigkeit gilt § 146b AO. Es ist nicht auszuschließen, dass es im Rahmen der Kassen-Nachschau zur (unangekündigten und anonymen) Beobachtung der Kasse durch den Prüfer sowie zu Testessen bzw. Testkäufen kommt.

2. Vorläufige Festsetzung von Zinsen nach § 233 i. V. m. § 238 Abs. 1 Satz 1 AO

BMF v. 2.5.2019 – IV A 3 – S 0338/18/10002, BStBl 2019 I S. 448 = NWB XAAAH-13819

(Dr. Lars Haverkamp/Sara Meinert)

Zusammenfassung der Entscheidung

Die Finanzämter werden durch das Schreiben angewiesen, ab sofort alle erstmaligen, geänderten oder berichtigten Zinsfestsetzungen, in denen der Zinssatz nach § 238 Abs. 1 Satz 1 AO mit 0,5 % pro Monat angesetzt wird, vorläufig i. S. d. § 165 Abs. 1 Satz 2 Nr. 3 AO zu erlassen. Diese Anweisung gilt insbesondere auch für Verzinsungszeiträume in der Vergangenheit.

Folgerungen: Vor dem Hintergrund der beim BVerfG anhängigen Verfassungsbeschwerden (1 BvR 2237/14 und 1 BvR 2422/17) hat der BFH mit Beschluss v. 25.4.2018 die Verfassungsmäßigkeit des 6 %igen Zinssatzes p. a. nach § 238 Abs. 1 Satz 1 AO in Zweifel gezogen. Dies wurde mit Beschluss v. 3.9.2018 bestätigt. In beiden Verfahren hat der BFH Aussetzung der Vollziehung des Zinsfestsetzungsbescheids gewährt. Dies betraf die Veranlagungszeiträume ab 2015 und ab 2012.

Bisherige Reaktion der Finanzverwaltung war die Gewährung von Aussetzung der Vollziehung für Verzinsungszeiträume ab 1.4.2012 (vgl. BMF, Schreiben v. 14.12.2018, BStBl 2018 I S. 1393; vgl. Meinert in Kahlenberg/Weiss, Steuerrecht aktuell 1/2019, S. 217 f.).

Bei der Gewerbesteuer besteht hingegen nicht ein derart einheitliches Bild. Zwar hat der Städtetag den Kommunen empfohlen, dem BMF zu folgen. Daran halten sich allerdings zahlreiche Kommunen nicht. Insbesondere gibt es hier unterschiedliche Rechtsprechung des OVG Münster (Beschluss v. 25.2.2019 – 14 B 1759/18) und des OVG Lüneburg (Beschluss v. 8.7.2013 – 9 ME 110/12).

PRAXISTIPP:

Sollten gegen den Steuerpflichtigen Zinsfestsetzungsbescheide ohne Vorläufigkeitsvermerk ergangen sein, so ist dem Steuerpflichtigen zu raten, Einspruch unter Berufung auf die beim BVerfG anhängigen Verfahren zu erheben. Nach Nr. IV.1 des BMF-Schreibens v. 2.5.2019 wird das Verfahren auf Antrag des Steuerpflichtigen ruhend gestellt (§ 363 Abs. 2 Satz 2 AO).

Achtung: Gegen vorläufig ergangene Zinsfestsetzungen ist der Einspruch grundsätzlich mangels Rechtsschutzbedürfnis unzulässig und wird zurück gewiesen (BMF-Schreiben v. 2.5.2019, Nr. IV.3).

Etwas anderes gilt nur dann, wenn der Steuerpflichtige über den Vorläufigkeitsvermerk hinaus Aussetzung der Vollziehung des Zinsfestsetzungsbescheids erreichen möchte. In dem Fall muss er Einspruch einlegen und einen Antrag auf Aussetzung der Vollziehung stellen. Da das BMF-Schreiben v. 14.12.2018 (BStBl 2018 I S. 1393) weiterhin Anwendung findet, wird dem Steuerpflichtigen Aussetzung der Vollziehung wegen ernstlicher Zweifel an der Verfassungsmäßigkeit der Höhe der Verzinsung nach § 233 AO i.V.m. § 238 Abs. 1 Satz 1 AO für Veranlagungszeiträume ab 1.4.2012 gewährt. Da allerdings beim BVerfG Verfassungsbeschwerden für Veranlagungszeiträume ab 2010 anhängig sind, sind die Erfolgsaussichten gut, dass einem solchen Antrag des Steuerpflichtigen jedenfalls vor den Finanzgerichten stattgegeben wird (vgl. auch Hinweise bei Meinert in Kahlenberg/Weiss, Steuerrecht aktuell 1/2019, S. 217 f.).

H. Erbschaft- und Schenkungsteuergesetz/ Bewertungsgesetz

I. Rechtsprechung zum Erbschaftsteuergesetz

1. Mittelbare Schenkungen von Betriebsvermögen

BFH v. 8.5.2019 – II R 18/16, BFH/NV 2019 S. 1015 = NWB YAAAH-23543

(Dr. Benjamin Zapf)

Zusammenfassung der Entscheidung

Im Rahmen von § 14 ErbStG sind Vorerwerbe stets mit ihrem materiell-rechtlich richtigen Wert zu berücksichtigen, selbst bei rechtlich unzutreffender Behandlung durch das zuständige Finanzamt im Zeitpunkt des Vorerwerbs. Eine mittelbare Schenkung von Betriebsvermögen unterfällt nicht der Erbschaftsteuerbefreiung nach § 13a ErbStG.

Vom Kläger wurde im Oktober 2006 ein Reiterhof ersteigert. Zur Finanzierung des Kaufpreises wandt ihm seine Mutter 205.000 € zu. Das Finanzamt wertete die Geldzuwendung der Mutter als mittelbare Betriebsschenkung und setzte unter Anwendung der Befreiungsvorschrift für Betriebsvermögen (§ 13a ErbStG a. F.) die Schenkungsteuer mit Bescheid v. 15.6.2011 mit 0 € fest.

Am 15.9.2010 erhielt der Kläger von seiner Mutter ein Grundstück nebst Hof- und Gebäudeflächen als weitere unentgeltliche Zuwendung. Der Schenkungsteuerbescheid für diese Zuwendung erging unter Vorbehalt der Nachprüfung (§ 164 Abs. 1 AO) und führte die Vorschenkung aus 2006 mit einem Erinnerungswert von 1 € auf. Am 12.6.2014 erließ das Finanzamt einen nach § 164 Abs. 2 AO geänderter Schenkungsteuerbescheid, der eine höhere Schenkungsteuer auswies. Der Vorerwerb von Oktober 2006 wurde hierin nicht mehr als nach § 13a ErbStG a. F. begünstigter Erwerb gewertet. Die nach erfolglosem Einspruchsverfahren erhobene Klage blieben ohne Erfolg, da das FG Hessen die Auffassung des Finanzamts, dass der Vorerwerb von 2006 nicht nach § 13a ErbStG a. F. begünstigt sei, bestätigte.

Entscheidungsgründe

Die erstinstanzliche Entscheidung, dass die „mittelbare Betriebsschenkung" keine nach § 13a ErbStG a. F. begünstigte Vermögensübertragung sei, wurde vom BFH aufrechtgehalten. Der BFH führt zunächst dogmatisch aus, dass bei der Festsetzung der Schenkungsteuer für die am 15.9.2010 erfolgte Schenkung der Vorerwerb von 2006 gem. § 14 Abs. 1 Satz 1 und 2 ErbStG hinzuzurechnen sei. Die Berücksichtigung der Vorerwerbe ändere dabei nichts an der Behandlung jedes (Vor)Erwerbs als selbständigen steuerpflichtigen Vorgang; § 14 ErbStG treffe nur eine besondere Anordnung für die Steuerberechnung des jeweiligen Letzterwerbs innerhalb von zehn Jahren. Diese Selbständigkeit der Besteuerung jedes einzelnen Erwerbs führe dazu, dass die Vorerwerbe stets mit ihrem materiell-rechtlich richtigen Wert hinzuzurechnen seien, unabhängig von einer ggf. falschen steuerlichen Behandlung im Zeitpunkt des Vorerwerbs – beispielsweise in Form zu Unrecht gewährter Steuerbefreiungen. Der für den Vorerwerb ergangene Steuerbescheid habe gerade keine Bindungswirkung für den Hinzurechnungswert im Rahmen von § 14 ErbStG.

Die hier in Frage stehende mittelbare Betriebsschenkung im Jahr 2006 sei sodann nicht begünstigungsfähig nach § 13a ErbStG. Die Steuerbefreiung setze nämlich voraus, dass das erworbene Vermögen sowohl beim Schenker als auch beim Beschenkten begünstigtes Betriebsvermögen ist. Für den Erwerber ergebe sich das bereits aus dem Sinn und Zweck der Begünstigungsnorm i.V.m. den Nachversteuerungstatbeständen und für den Schenker aus dem Gleichheitssatz nach Art. 3 Abs. 1 GG. Das BVerfG habe in seinem Erbschaftsteuerbeschluss v. 22.6.1995 (Az. 2 BvR 552/91) die Steuerbegünstigung für Betriebsvermögen im Lichte von Art. 3 Abs. 1 GG ausdrücklich auf solche Erwerbe beschränkt, bei denen der Betrieb weitergeführt, aufrechterhalten und fortgeführt werde. Dies zeige, dass das BVerfG bei der Anerkennung der sachlichen Rechtfertigung der Betriebsvermögensbegünstigung den Betrieb des Erblassers bzw. Schenkers im Blick hatte. Mittels der Betriebsvermögensbegünstigung sollten bestehende Betriebe mit gebundenem Vermögen sowie die dort vorhandenen Arbeitsplätze erhalten bleiben, indem kein betriebsnotwendiges Vermögen zur Begleichung von Erbschaft- und Schenkungsteuer liquidiert werden muss. Die Betriebsvermögensbegünstigung diene indes gerade nicht allgemein dazu, die Gründung oder den – mittels schenkweise erhaltener Gelder finanzierten – Erwerb eines Betriebs zu begünstigen. Im Rahmen des § 14 Abs. 1 Satz 1 und 2 ErbStG sei daher für den Vorerwerb keine Befreiung nach § 13a ErbStG a. F. zu gewähren, sondern die Geldzuwendung in voller Höhe anzusetzen.

Folgerungen: Der BFH bezieht zu einem wichtigen Aspekt der erbschaftsteuerlichen Betriebsvermögensbegünstigung Stellung und bestätigt die in R 13b.2 Satz 2 ErbStR 2011 (R E 13b.2 Abs. 2 Satz 2 ErbStR-E 2019) enthaltene Auffassung der Finanzverwaltung, dass eine mittelbare Betriebsvermögensschenkung nicht begünstigt ist.

Erst jüngst wieder aufgegriffenen Überlegungen, testamentarische Anordnungen so zu gestalten, dass in den Nachlass fallendes liquides bzw. nicht begünstigtes Vermögen z. B. im Rahmen eines Zweck-/Supervermächtnisses oder eines Verschaffungsvermächtnisses in begünstigungsfähiges Vermögen „umgewandelt" und erst dann einem Vermächtnisnehmer zugewandt wird (vgl. hierzu etwa Kamps, ErbStB 2019 S. 232, 239 ff. m.w.N.), nimmt die Entscheidung des BFH Wind aus den Segeln. Es muss sich bereits im Zeitpunkt des Erbfalls um einen Betrieb des Erblassers handeln. Schon bei diesem muss zumindest dem Grunde nach begünstigungsfähiges Vermögen vorgelegen haben. Eine postmortale Umstrukturierung des Nachlasses durch Erwerb begünstigungsfähigen Betriebsvermögens, welches anschließend vermächtnisweise an (aufschiebend bedingte) Erwerber übertragen wird, kann im Lichte des neuen BFH-Urteils nicht erfolgreich genutzt werden, um die Erbschaftsteuerbefreiung nach § 13a ErbStG zu erhalten.

PRAXISTIPP:

Von besonderer Praxisrelevanz ist die im Urteilsfall getroffene weitere Aussage des BFH, dass im Rahmen von § 14 Abs. 1 ErbStG Vorerwerbe stets mit ihrem materiell-rechtlich richtigen Wert zu berücksichtigen sind, unabhängig von der steuerlichen Behandlung durch das zuständige Finanzamt im Zeitpunkt des Vorerwerbs. Empfiehlt der steuerliche Berater seinen Mandanten, Vermögen im Wege der vorweggenommenen Erbfolge zu übertragen, obliegt ihm die Pflicht, sich nach Vorschenkungen zu erkundigen. Er muss über die Zusammenrechnung nach § 14 Abs. 1 ErbStG sowie die Anzeigepflichten nach § 30 ErbStG – die gerade unter Nennung von Vorschenkungen erfolgen soll (§ 30 Abs. 4 Nr. 6 ErbStG) – aufklären. Erkennt der Berater, dass in der Vergangenheit für einen Vorerwerb fälschlicherweise eine Steuerbefreiung durch das Finanzamt gewährt wurde, muss er – schon zur Vermeidung eigener Haftungsrisiken – vor der Ausführung weiterer Schenkungen den Mandanten darauf hinweisen, dass im Rahmen der Hinzurechnung nach § 14 ErbStG diese Befreiung faktisch revidiert werden könnte, auch wenn der zur Vorschenkung ergangene Steuerbescheid bereits bestandskräftig ist. Von weiteren unentgeltlichen Übertragungen – sofern diese nicht ihrerseits einer sachlichen Steuerbefreiung unterliegen – ist in solchen Fällen abzuraten, bis der zehnjährige Hinzurechnungszeitraum verstrichen ist.

2. Steuerbefreiung für Familienheim im Falle der Renovierung

BFH v. 28.5.2019 – II R 37/16, BFH/NV 2019 S. 1017 = NWB IAAAH-23544

(Dr. Benjamin Zapf)

Zusammenfassung der Entscheidung

Die Steuerbefreiung für Familienheime nach § 13 Abs. 1 Nr. 4c ErbStG setzt voraus, dass das Wohnhaus unverzüglich zur Selbstnutzung bezogen wird. Dem Erwerber ist hierfür ein Prüfungs- und Überlegungszeitraum von sechs Monaten zu gewähren, der nur bei besonderen, außerhalb der Einflusssphäre des Erwerbs liegenden Umständen überschritten werden kann.

Der Kläger und sein betreuungsbedürftiger Bruder waren Miterbe ihres am 4.1.2014 verstorbenen Vaters. Die Mutter war vorverstorben. Im Nachlass des Vaters befand sich ein vom Vater zu eigenen Wohnzwecken alleine genutztes Zweifamilienhaus mit einer Wohnfläche von rund 120 qm. Das gemeinschaftliche Testament der Eltern sah vor, dass die Immobilie alleine an den Kläger gehen sollte. Mit Zustimmung der Betreuerin des Bruders und des Betreuungsgerichts wurde am 20.2.2015 ein Vermächtniserfüllungsvertrag geschlossen, der das Eigentum an der Immobilie dem Kläger zusprach. Am 2.9.2015 wurde der Kläger als Eigentümer im Grundbuch eingetragen. Ab April 2016 holte der Kläger Angebote von Handwerkern für Renovierungsarbeiten an der Immobilie ein. Im Juni 2016 begannen die Renovierungsarbeiten. Das Finanzamt erließ bereits am 27.6.2014 einen Bescheid, in welchem es unter Schätzung des Grundbesitzwerts Erbschaftsteuer i. H. v. 77.835 € gegenüber dem Kläger festsetzte. Der hiergegen erhobene und auf die Steuerbefreiung nach § 13 Abs. 1 Nr. 4c Satz 1 ErbStG gestützte Einspruch des Klägers war erfolglos. Das Finanzamt sah die Voraussetzungen der Steuerbefreiung für Familienheime als nicht erfüllt an, da der Kläger das Wohnhaus nicht unverzüglich zur Selbstnutzung bezogen hatte. Auch die Klage vor dem FG Münster blieb erfolglos.

Entscheidungsgründe

Nach Ansicht des BFH waren die Voraussetzungen der Steuerbefreiung für Familienheime vorliegend nicht erfüllt. Die Steuerbefreiung setze voraus, dass der Erwerber einerseits die Absicht hat, die Wohnung unverzüglich zu eigenen Wohnzwecken zu nutzen und diese Absicht andererseits auch durch tatsächlichen Bezug der Immobilie nach außen erkennbar umsetzt. Dem Erwerber sei eine nach den Umständen des Einzelfalls zu bemessende Prüfungs- und Überlegungszeit zu gewähren, um den Beschluss zur Selbstnutzung zu fassen und – ggf. nach Renovierung der Immobilie – umzusetzen. Im Regelfall ausreichend sei ein Prüfungs- und Überlegungszeitraum von sechs Monaten. Die Steuerbefreiung für das Familienheim könne – so der BFH – dem Grunde nach zwar auch zu gewähren sein, wenn der Regelzeitraum von sechs Monaten überschritten ist. Dies erfordere jedoch, dass der Erwerber darlegt und glaubhaft macht, wann er sich zur Selbstnutzung entschlossen hat und warum sich der tatsächliche Einzug verzögert hat. Als anerkennungsfähige Gründe für einen nach sechs Monaten erfolgenden Einzug kämen etwa Verzögerungen aufgrund von Ungewissheiten über den Erbfall bzw. die begünstigten Erwerber oder Verzögerungen aufgrund einer Erbauseinandersetzung in Betracht. Soweit die Verzögerung jedoch auf Umständen beruht, die alleine in der Einflusssphäre des Erwerbers liegen – wie die streitgegenständliche Renovierung – sei dies dem Erwerber in der Regel anzulasten. Nur unter besonderen Voraussetzungen könne die Steuerbefreiung dennoch gewährt werden, etwa bei gravierenden Mängeln, die während der Renovierung entdeckt werden und beseitigt werden müssen. Vorliegend lägen solch besondere Umstände aber schon deshalb nicht vor, da der Kläger erst mehr als zwei Jahre nach dem Erbfall und mehr als sechs Monate nach der Eintragung im Grundbuch überhaupt mit der Suche nach Handwerkern für die Renovierungsarbeiten begonnen hatte. Die Verzögerung sei daher alleine dem Erwerber anzulasten und die Steuerbefreiung folglich nicht zu gewähren.

Folgerungen: Die Steuerbefreiungsvorschriften für Familienheime sind regelmäßig Gegenstand von Entscheidungen der Finanzgerichte und des Bundesfinanzhofs. Nach Ansicht des BFH und der Finanzgerichte ist eine eng am Wortlaut der Norm orientierte Entscheidung verfassungsrechtlich geboten. Die Steuerbefreiung nach § 13 Abs. 1 Nr. 4c Satz 1 ErbStG unterliegt nach Auffassung des BFH bereits dem Grunde nach verfassungsrechtlichen Bedenken (vgl. nur BFH v. 5.10.2016 – II R 32/15, BStBl 2017 II S. 130 m. w. N. = NWB FAAAF-87996). Eine über den Wortlaut der Norm hinausgehende Auslegung wäre verfassungsrechtlich noch bedenklicher und verbietet sich daher. Die Entscheidung des BFH, ein Überschreiten des als angemessen angesehenen Sechs-Monatszeitraums nur unter ganz besonderen Umständen, die der Erwerber nicht zu vertreten hat, anzuerkennen, ist daher konsequent und steht im Einklang mit der bisherigen Verwaltungspraxis. Folgerichtig ist auch der im Urteil enthaltene weitere Hinweis des BFH, dass die Anforderungen an den Erwerber zur Darlegung seiner Gründe für eine verzögerte Selbstnutzung umso größer sind, je größer der zeitliche Abstand zwischen Erbfall und tatsächlicher Selbstnutzung ist.

Aus der jüngeren Rechtsprechung der Instanzgerichte zur Steuerbefreiung nach § 13 Abs. 1 Nr. 4c Satz 1 ErbStG sei noch auf die praxisrelevante Entscheidung des FG Köln v. 30.1.2019 (7 K 1000/17, EFG 2019 S. 1126 = NWB DAAAH-15758) zur engen Auslegung der Befreiungsvorschrift hingewiesen. Im streitgegenständlichen Sachverhalt besaß die Erblasserin ein Mehrfamilienhaus, in welchem sich zwei räumlich voneinander getrennte Wohnungen befanden, welche die Erblasserin und ihr Sohn gemeinsam nutzten. Die beiden Wohnungen waren – wie auch alle übrigen Wohnungen des Mehrfamilienhauses – je über das gemeinsame Treppenhaus zu erreichen. Beide Wohnungen verfügten jeweils über eine eigene Küche, Badezimmer und als Schlaf-, Wohn- oder Arbeitsräume nutzbare sonstige Räume. Das FG Köln stellt in seiner Entscheidung klar, dass bei der Auslegung des Begriffs „eine Wohnung" restriktiv von einem streng numerischen Verständnis des Rechtsbegriffs auszugehen sei, die Steuerbefreiung nach § 13 Abs. 1 Nr. 4c ErbStG also nur eine Wohnung umfasse. Der Sohn konnte daher auch bei tatsächlicher Weiternutzung beider Wohnungen nur für eine Wohnung die Familienheimbefreiung erhalten.

Nicht geäußert hat sich das FG Köln indes zu der Fallvariante, das zwei nach dem WEG zivilrechtlich eigenständige Wohnungen baulich so verändert sind, dass sie von ihrer Nutzbarkeit her eine einzige Wohnung darstellen. Richtigerweise wäre herfür die Familienheimbefreiung zu gewähren. Hierfür sprechen auch R E 13.3 Satz 3 ErbStR i.V.m. R E 13.4 Abs. 3 ErbStR, wonach sich der Wohnungsbegriff des Familienheims nach der tatsächlichen Nutzung bestimmt, und R B 181.2 Abs. 4 Satz 2 ErbStR, wonach mehrere Wohnungen, die durch größere bauliche Maßnahmen zu einer einzigen Wohnung umgestaltet und sind danach nicht mehr ohne größere bauliche Veränderungen getrennt veräußerbar sind, nur eine wirtschaftliche Einheit bilden.

Konsequenzen für die Praxis

Bedauerlich ist, dass der BFH offenließ, ob die Verzögerungen aufgrund des Vermächtniserfüllungsvertrags bzw. aufgrund des Zuwartens bis zur Grundbucheintragung bereits für die Familienheimbefreiung schädlich seien. Das FG Münster positionierte sich diesbezüglich in seiner vorhergehenden Entscheidung (FG Münster v. 28.9.2016 – 3 K 3793/15 Erb, EFG 2016 S. 2079 = NWB LAAAF-87112) eindeutig. Es urteilte, dass es dem Familienheimerwerber nicht anzulasten sei, wenn er seine Alleineigentümerstellung zunächst mit dem Sozialamt, der Betreuerin seines Bruders und dem Betreuungsgericht klären muss. Der Sechs-Monatszeitraum beginne daher erst mit der Eintragung als Eigentümer im Grundbuch.

Der BFH hätte an dieser Stelle für die steuerjuristische Beratungspraxis und die Erwerber von Familienheimen ein Stück mehr Rechtssicherheit schaffen können. Sein knapper Hinweis, dass eine verzögerte Selbstnutzung aufgrund von Erbauseinandersetzungen oder Unklarheiten über die Erbfolge unschädlich sein können, hilft nur wenig, bleibt doch offen, ab welchem Zeitpunkt der BFH diese Unklarheiten als beseitigt und den Sechs-Monatszeitraum als beginnend ansehen würde.

Erben und Vermächtnisnehmern von Familienheimen ist vor diesem Hintergrund weiterhin zu raten, möglichst unmittelbar nach einem Erbfall zu entscheiden, ob sie das Familienheim zu eigenen Wohnzwecken nutzen möchten und ggf. einen Selbstnutzungsbeschluss in die Tat umzusetzen. Im Falle einer Erbengemeinschaft sollte zudem versucht werden, mittels eines Testamentsauslegungs- und Erbauseinandersetzungsvertrags zügig Einigkeit über die Behandlung des Familienheims zu finden.

3. Gesetzesänderungen: BREXIT-Steuerbegleitgesetz

(David Dietsch)

Zusammenfassung der Entscheidung

Bei dem sog. Brexit-Referendum sprach sich am 23.6.2016 eine knappe Mehrheit der Volksbefragungsteilnehmer für den Austritt des Vereinigten Königreichs Großbritannien und Nordirland (Vereinigten Königreichs) aus der EU aus. Am 14.11.2018 einigten sich zwar die EU und die Regierung des Vereinigten Königreichs auf ein entsprechendes Austrittsabkommen, allerdings stimmte das britische Parlament mehrmals gegen dieses, wodurch ein ungeregelter Austritt ohne Abkommen (sog. harter Brexit) drohte. Infolgedessen wurde der Austrittstermin mit Zustimmung des Europäischen Rates mehrmals vonseiten der britischen Regierung verschoben. Zuletzt sollte das Vereinigte Königreich spätestens am 31.10.2019 aus der EU austreten [Stand: Redaktionsschluss].

Im Vorgriff auf den anstehenden Austritt des Vereinigten Königreichs hat der deutsche Gesetzgeber mit dem Gesetz über steuerliche Begleitregelungen zum Austritt des Vereinigten Königreichs Großbritannien und Nordirland aus der Europäischen Union (sog. Brexit-Steuerbegleitgesetz – kurz: Brexit-StBG) eine Reihe von Vorschriften erlassen, die die schädlichen Steuerfolgen aufgrund des Brexit abfedern sollen.

Die Regelungen des Brexit-StBG kommen hierbei sowohl bei einem harten Brexit als auch im Falle des Abschlusses eines Austrittsabkommens mit Übergangsphase nach deren Ablauf zur Anwendung, In beiden Szenarien soll verhindert werden, dass allein der Brexit für den Steuerpflichtigen nachteilige Rechtsfolgen auslöst, obwohl dieser bereits alle wesentlichen steuerlich relevanten Handlungen vor dem Brexit vollzogen hat („Brexit als schädliches Ereignis").

Ergänzung in § 37 ErbStG: Mit § 37 Abs. 17 ErbStG wurde eine Reglung aufgenommen, die sicherstellen soll, dass für Erwerbe, für die die Steuer vor dem Brexit entstanden ist, das Vereinigte Königreich weiterhin als Mitgliedstaat der EU gilt.

II. Bewertungsgesetz

Bewertung eines Kommanditanteils – Substanzwert als Mindestwert

FG Düsseldorf v. 3.4.2019 – 4 K 2524/16 F, EFG 2019 S. 1163 rkr. = NWB ZAAAH-16244

(Henning Stümpfig)

Zusammenfassung der Entscheidung

Der Erblasser (verstorben im Jahr 2012) war an einer Kommanditgesellschaft zu 25 % als Kommanditist beteiligt. Die Erbin (Klägerin) schied im August 2015 durch Veräußerung des Kommanditanteils an den bisherigen Mitgesellschafter aus der Gesellschaft aus. Auf den Kaufpreis wurden die an den Erblasser seit dem Jahr 2008, und nach dessen Tod an die Klägerin gezahlten Beraterhonorare angerechnet.

Für Zwecke der erbschaftsteuerlichen Bewertung ging das Finanzamt im Feststellungsbescheid vom Substanzwert des Betriebsvermögens als Mindestwert gem. § 11 Abs. 2 Satz 2 BewG aus. Im Rahmen des Einspruchsverfahrens begehrte die Klägerin, unter Vorlage eines Kurzgutachtens, einen unter dem Substanzwert liegenden Unternehmenswert. Der Substanzwert hätte bei einem Verkauf zum Todestag nicht am Markt erzielt werden können. Der im Jahr 2015 erzielte Kaufpreis müsse, unter Anrechnung der gezahlten Beraterhonorare, bei der Bewertung zugrunde gelegt werden. Das Finanzgericht wies die Klage ab.

Entscheidungsgründe

Rechtliches: Der Anteil an einer Kommanditgesellschaft ist als Betriebsvermögen (§§ 95 ff. BewG) nach § 109 BewG mit dem gemeinen Wert (§ 9 BewG) zu bewerten. Für die Ermittlung des gemeinen Wertes gilt gem. § 109 Abs. 1 Satz 2, Abs. 2 Satz 2 BewG die Vorschrift des § 11 Abs. 2 BewG entsprechend. Er ist vorrangig aus Verkäufen unter fremden Dritten (§ 11 Abs. 2 Satz 2 1. Halbsatz BewG), die weniger als ein Jahr vor dem Bewertungsstichtag zurückliegen, abzuleiten. Andernfalls ist der gemeine Wert unter Berücksichtigung der Ertragsaussichten des Unternehmens (…) zu ermitteln (§ 11 Abs. 2 Satz 2 2. Halbsatz BewG). Nach Wahl des Steuerpflichtigen kann der gemeine Wert auch durch Anwendung des vereinfachten Ertragswertverfahren (§ 11 Abs. 2 Satz 4 BewG i.V. m. §§ 199 bis 203 BewG) ermittelt werden, wenn dies nicht zu „unzutreffenden Ergebnissen" führt. Nach § 11 Abs. 2 Satz 3 BewG darf aber die Summe der gemeinen Werte der zum Betriebsvermögen gehörenden Wirtschaftsgüter abzgl. Schulden nicht unterschritten werden (Substanzwert). Nach Auffassung der Finanzverwaltung (R B 11.3 Abs. 1 ErbStH 2011) gilt dieser Mindestwert für im Ertragswertverfahren ermittelte Werte ebenso, wie nach einer anderen Methode oder durch Gutachten ermittelte Werte; nicht aber, wenn der gemeine Wert aus tatsächlichen Verkäufen unter fremden Dritten im gewöhnlichen Geschäftsverkehr abgeleitet wurde.

Vorliegend ließe sich nach Ansicht des Finanzgerichtes zunächst der Wert des Kommanditanteils nicht aus Verkäufen unter fremden Dritten ableiten, die weniger als ein Jahr vor dem Bewertungsstichtag zurück lägen. Der Verkauf des Anteils ca. 2,5 Jahre nach dem Stichtag sei für die Bewertung unerheblich, da Verkäufe nach dem Stichtag grds. nicht zur Wertbestimmung herangezogen werden können. Insoweit läge hier auch kein Ausnahmefall vor (z. B. hinreichend konkrete Veräußerungsabsicht bereits durch den Erblasser).

Auch sei nach Ansicht des Finanzgerichtes der Substanzwert gem. § 11 Abs. 2 Satz 3 BewG vorliegend anzusetzen, da dieser über dem Wert lag, der nach dem vereinfachten Ertragswertverfahren nach § 199 BewG ermittelt wurde. Insoweit sei zwar der Gesetzeswortlaut und die Gesetzessystematik nicht eindeutig, aus den Gesetzesmaterialien werde aber hinreichend deutlich, dass der Substanzwert stets der Mindestwert sein solle und dass die Anwendung des Substanzwertes für alle Bewertungsverfahren auch im Hinblick auf die Gleichmäßigkeit der Besteuerung geboten sei.

Ein Wertansatz unterhalb des Substanzwertes, z. B. durch Verkauf nach dem Bewertungsstichtag, ließe sich nach Ansicht des Finanzgerichtes auch nicht begründen, wenn der Substanzwert zu einem „offensichtlich unzutreffenden Ergebnis" führe, da ein entsprechender Gesetzesvorbehalt, wie in § 199 Abs. 1 und Abs. 2 BewG normiert, in den Regelungen des §§ 11 Abs. 2 Satz 3 BewG nicht enthalten sei. Insoweit sei der Wortlaut in R B 199.1 Abs. 6 Satz 2 ErbStR 2011 missverständlich.

Konsequenzen für die Praxis

Durch das ErbStRefG 2016 wurde die steuerliche Verschonung für begünstigt erworbenes Betriebsvermögen i. S. d. §§ 13a, 13b und 13c ErbStG deutlich beschränkt. Hierdurch wird die Bewertung des Betriebsvermögens in der Praxis zunehmend an Bedeutung gewinnen. Vor diesem Hintergrund ist den Kernaussagen, die das FG Düsseldorf getroffen hat, besondere Beachtung zu schenken:

Der Substanzwert des Betriebsvermögens i. S. d. §§ 11 Abs. 2 Satz 3 BewG stellt bei der Bewertung eines Kommanditanteils nach dem vereinfachten Ertragswertverfahren den Mindestwert dar.

Für die Bewertung mit dem Substanzwert besteht kein Vorbehalt eines offensichtlich unzutreffenden Ergebnisses (entgegen des Wortlauts in R B 199.1 Abs. 6 Satz 2 ErbStR 2011).

Ein niedrigerer gemeiner Wert kann jedenfalls dann nicht aus tatsächlichen Verkäufen ermittelt werden (R B 11.3 Abs. 1 Satz 2 ErbStR 2011), wenn der Kommanditanteil erst 2,5 Jahre nach dem Bewertungsstichtag veräußert wird.

Die Revision wurde zwar – wegen grundsätzlicher Bedeutung der Rechtsfragen – durch das Finanzgericht zugelassen, jene wurde aber nicht eingelegt. Insbesondere die erste Kernaussage ist daher weiter kritisch zu sehen, da in der Literatur auch andere Auffassungen vertreten werden (vgl. Lorenz, DStR 2016 S. 2453 und DStR 2019 S. 1807).

I. Grunderwerbsteuerrecht

I. Rechtsprechung zum Grunderwerbsteuerrecht

1. Konzernklausel und EU-Beihilferecht

EuGH v. 19.12.2018 – Rs. C-374/17, ECLI:EU:C:2018:1024 = NWB YAAAH-05146

(Dr. Benedikt Ellenrieder)

Zusammenfassung der Entscheidung

Der BFH hatte dem EuGH die Frage vorgelegt, ob eine mitgliedstaatliche Vorschrift wie die Konzernklausel des § 6a GrEStG eine Beihilfe i. S. d. Art. 107 Abs. 1 AEUV darstellt (BFH v. 30.5.2017 – II R 62/14, BStBl 2017 II S. 916 = NWB JAAAG-47398). § 6a GrEStG in der damals noch streitgegenständlichen Fassung besagte, dass für einen nach § 1 Abs. 1 Nr. 3 , Abs. 2a oder 3 grunderwerbsteuerbaren Rechtsvorgang, der auf einer Umwandlung i. S. d. § 1 Abs. 1 Nr. 1 bis 3 des UmwG beruht, die GrESt nicht erhoben wird. Dies galt jedoch nur, wenn am Umwandlungsvorgang ausschließlich ein herrschendes Unternehmen und ein oder mehrere von diesem herrschenden Unternehmen abhängige Gesellschaften oder mehrere von einem herrschenden Unternehmen abhängige Gesellschaften beteiligt sind. Abhängig in diesem Sinne ist dabei eine Gesellschaft dann, wenn an ihrem Kapital oder Gesellschaftsvermögen das herrschende Unternehmen innerhalb von fünf Jahren vor und fünf Jahren nach dem Rechtsvorgang unmittelbar oder mittelbar oder teils unmittelbar, teils mittelbar zu mindestens 95 v. H. ununterbrochen beteiligt ist.

Im vor dem BFH verhandelten Ausgangsfall hielt die A-Brauerei 100 % der Geschäftsanteile an der T-GmbH. Diese war Eigentümerin mehrerer Grundstücke und ebenfalls 100 %ige Anteilseignerin einer weiteren Gesellschaft. Die T-GmbH wurde in 2012 aufwärts auf ihre Mutter, die A-Brauerei, verschmolzen. Das Finanzamt sah hierin einen grunderwerbsteuerbaren Vorgang i. S. d. § 6a GrEStG, der nicht unter die Konzernklausel des § 6a GrEStG zu subsumieren sei, weil die T-GmbH im Zuge der Verschmelzung untergegangen sei.

Der BFH hatte bereits vorab in mehreren Verfahren das BMF zum Beitritt aufgefordert, um zu erfahren, ob § 6a GrEStG der Kommission i. S. d. Art. 108 Abs. 3 AEUV notifiziert, d. h. der Europäischen Kommission zur Überprüfung der Beihilfekompatibilität vorgelegt wurde (vgl. etwa jeweils die Beschlüsse v. 25.11.2015 – II R 36/14, NWB QAAAF-19020; II R 50/13, NWB AAAAF-19021; II R 62/14, BStBl 2016 II S. 167 und II R 63/14, BStBl 2016 II S. 170, hierzu z. B. Mörwald/Brühl, DK 2016 S. 68). Nachdem das BMF im Verfahren mitgeteilt hatte, dass dies nicht der Fall gewesen sei, da man davon ausgegangen sei, dass es sich bei dieser Vorschrift nicht um eine steuerliche Beihilfe handele, hat der BFH das Verfahren ausgesetzt und dem EuGH diese Vorschrift nach Art. 267 Abs. 3 AEUV zur Prüfung vorgelegt.

Entscheidungsgründe

Der Beihilfetatbestand des Art. 107 Abs. 1 AEUV enthält mehrere Tatbestandsmerkmale: Die zu prüfende Maßnahme muss eine staatliche Maßnahme darstellen, d. h. – trotz des insoweit missverständlichen Wortlauts – kumulativ dem Staat zurechenbar sein und letztlich aus staatlichen Mitteln finanziert werden (vgl. EuGH v. 28.3.2019 – Rs. C-405/16 P, Deutschland/Kommission (EEG 2012), Dig.Slg., ECLI:EU:C:2019:268, Rz. 53 = NWB UAAAH-10933). Sie muss ferner den Handel zwischen den Mitgliedstaaten beeinträchtigen, den Wettbewerb verfälschen oder wenigstens zu verfälschen drohen und zudem einen selektiven Vorteil vermitteln. Wie so oft bei abstrakt-generellen steuerlichen Maßnahmen verlagerte sich der eindeutige Schwerpunkt der Prüfung auf das Tatbestandsmerkmal der Selektivität. Denn eine Beihilfe liegt nur vor, wenn die Maßnahme nicht allgemeiner Natur ist, sondern nur „bestimmte" Unternehmen i. S. d. Art. 107 Abs. 1 AEUV begünstigt, während allgemeine Maßnahmen, die unterschiedslos auf alle Unternehmen anwendbar sind, nicht unter den Beihilfetatbestand fallen. Die Bundesregierung – wie auch die A-Brauerei – beriefen sich denn auch darauf, dass es sich bei der Konzernklausel um eine solche allgemeine Maßnahme handele.

Doch mit Verweis auf seine „landmark decision" in der Rechtssache World Duty Free (EuGH v. 21.12.2016 – verb. Rs. C-20/15 P und C-21/15 P, Dig.Slg., ECLI:EU:C:2016:981 = NWB KAAAF-90792) stellte der Gerichtshof klar, dass eine Maßnahme nicht allein deswegen eine „allgemeine Maßnahme" darstelle, weil sie unabhängig von der Art der Tätigkeit anwendbar sei oder es erlaube, eine besondere Gruppe von begünstigten Unternehmen zu ermitteln, die aufgrund ihrer spezifischen gemeinsamen Eigenarten von anderen Unternehmen unterschieden werden können. Auch sei die Regelungstechnik einer Maßnahme nicht grundsätzlich relevant für die Beurteilung der Selektivität. Es komme vielmehr auf den in der Rechtsprechung bereits etablierten dreistufigen Selektivitätstest an, nach dem zuerst die allgemeine oder „normale" Steuerregelung – also ein Referenzsystem – identifiziert werden muss. In einem zweiten Schritt muss dann geprüft werden, ob die zu untersuchende Maßnahme insoweit von diesem Referenzsystem abweicht, als sie zwischen Unternehmen differenziert, die sich mit Blick auf das vom Referenzsystem verfolgte Ziel in einer vergleichbaren rechtlichen und tatsächlichen Situation befinden. Liegt eine solche Differenzierung vor und ist eine Maßnahme in diesem Sinne daher a priori selektiv, kann diese prima facie-Selektivität gleichwohl durch die Natur und den inneren Aufbau des Steuersystems gerechtfertigt sein, wenn der Mitgliedstaat nachweisen kann, dass sie unmittelbar auf den Grund- oder Leitprinzipien des Steuersystems beruht. Im Falle einer solchen Rechtfertigung wird das Tatbestandsmerkmal der Selektivität verneint, sodass keine Beihilfe i. S. d. Art. 107 Abs. 1 AEUV vorliegt. Eine Rechtfertigung ist daher nur aufgrund systeminhärenter Ziele möglich.

Der Gerichtshof sah das Referenzsystem im GrEStG selbst, das in seiner Gesamtheit den Steuergegenstand und Steuerentstehungstatbestand festlege. Das Ziel der Grunderwerbsteuer, also des Referenzsystems, bestehe in der Besteuerung eines Rechtsträgerwechsels und insbesondere einer zivilrechtlichen Übertragung von Grundstückseigentum. Deshalb stelle § 6a GrEStG auch eine Abweichung vom Referenzsystem dar, denn die Vorschrift behandele mit Blick auf dieses Ziel konzernverbundene Unternehmen anders als konzernunverbundene Unternehmen. Beide befänden sich insoweit in einer vergleichbaren Situation, als ein Grundstück bei Umwandlungsvorgängen in beiden Fällen den zivilrechtlichen Rechtsträger wechsele.

Der Gerichtshof sah § 6a GrEStG aber als gerechtfertigt an. Denn diese Norm verfolge das systeminhärente Ziel der Vermeidung einer doppelten und damit übermäßigen Besteuerung. Dieses Ziel rechtfertige auch die Voraussetzung einer 95 %-Beteiligung, denn erst ab diesem Schwellenwert sei bereits ein „Eingangserwerb" steuerbar, so dass nur in diesen Fällen eine übermäßige Besteuerung bei einer anschließenden konzerninternen Umwandlung vorkommen könne. Das Erfordernis der Vor- und Nachbehaltensfrist des § 6a GrEStG sei ebenfalls zu rechtfertigen, da es durch das weitere systeminhärente Ziel der Missbrauchsverhinderung erklärt werden könne.

Folgerungen: Der Fall ist ein sehr anschauliches Beispiel dafür, wie sehr das unionsrechtliche Beihilfeverbot der Art. 107 ff. AEUV inzwischen Einfluss auf die steuerliche Praxis genommen hat. Allein die Möglichkeit, dass § 6a GrEStG eine Beihilfe darstellen könnte, hat dazu geführt, dass die Vorschrift in der Praxis seit dem Bekanntwerden der beihilferechtlichen Bedenken des BFH faktisch keine Rolle mehr spielte. Dies liegt an den dramatischen Konsequenzen, die an die Erfüllung des Tatbestands der Beihilfe i. S. d. Art. 107 Abs. 1 AEUV geknüpft sein können. Diese werden zwar nicht zwingend automatisch durch die Erfüllung des Beihilfetatbestands ausgelöst. Denn theoretisch besteht die Möglichkeit, dass die Beihilfe von der Kommission „genehmigt" wird, oder genauer: nach Art. 107 Abs. 2 AEUV (de jure) oder insbesondere Art. 107 Abs. 3 AEUV (Ermessen) für mit dem Binnenmarkt vereinbar erklärt wird. Bei der Ausübung des ihr nach Art. 107 Abs. 3 AEUV eingeräumten Ermessens genießt die Kommission dabei einen weiten Spielraum (vgl. EuGH v. 8.11.2001 – Rs. C-143/99, Adria-Wien Pipeline, Slg. 2001, S. I-8365, Rz. 30 = NWB TAAAF-77116). Gerade bei sog. Betriebsbeihilfen, zu denen Steuervergünstigungen regelmäßig zu zählen sind, ist die Kommission jedoch mit Genehmigungen sehr zurückhaltend. Ist die fragliche Maßnahme jedoch – wie es etwa hier bei § 6a GrEStG der Fall war – der Kommission erst gar nicht zur Prüfung der Beihilfeeigenschaft bzw. der Binnenmarktvereinbarkeit vorgelegt worden, hängen die weiteren Rechtsfolgen davon ab, ob sie trotzdem als „bestehende Beihilfe" gilt. Unter die „bestehenden Beihilfen" i. S. d. Art. 1 Buchst. b der Beihilfeverfahrensverordnung 2015/1589 (ABl. EU 2015, Nr. L 248, 9), die auch manchmal als „Altbeihilfen" bezeichnet werden, fallen nämlich neben den bereits genehmigten Beihilfen auch solche Beihilfen, die als genehmigt gelten oder die bereits (im Wesentlichen unverändert) vor Inkrafttreten des AEUV oder dessen Vorgängerverträge bestanden (Stichtag für deutsche Maßnahmen: 1.1.1958) und seither anwendbar sind (vgl. zu den Altbeihilfen eingehend Sutter in Festschrift BFH, S. 825). Bestehende Beihilfen werden von der Kommission nach Art. 108 Abs. 1 Satz 1 AEUV fortlaufend überwacht und können erst mit Wirkung für die Zukunft und aufgrund eines Beschlusses, der auf ein förmliches Prüfverfahren nach Art. 108 Abs. 2 AEUV folgt, untersagt werden.

Gänzlich anders sieht die Lage bei neuen Beihilfen aus, also solchen, die nicht unter die bestehenden Beihilfen fallen. Greift keine kodifizierte Ausnahmeregelung, wie etwa die sog. De-Minimis-Verordnung (VO 1407/2013, ABl. EU 2013, Nr. L 352, 1), sind diese Beihilfen der Kommission gem. Art. 108 Abs. 3 Satz 1 AEUV rechtzeitig zu notifizieren. Bevor die Kommission keinen entsprechenden Beschluss gefasst hat, greift das Stillhaltegebot des Art. 108 Abs. 3 Satz 3 AEUV. Bei diesem Gebot handelt es sich um unmittelbar anwendbares und drittschützendes Recht, welches von den nationalen Gerichten zu beachten ist und von Wettbewerbern notfalls rechtlich durchgesetzt werden kann (vgl. Kokott, Das Steuerrecht der Europäischen Union, § 11 Rz. 34 ff.). Wird eine Beihilfe gleichwohl unter Verletzung des Stillhaltegebots gewährt, ist sie grundsätzlich zurückzufordern. Dies gilt regelmäßig trotz der Bestandskraft von Bescheiden, verbindlicher Auskünfte und sogar trotz rechtskräftiger Urteile, da an die Gewährung von Vertrauensschutz – der grundsätzlich durch ein Unionsorgan vermittelt werden muss – sehr strenge Anforderungen gestellt werden (vgl. zum Vertrauensschutz Schönfeld/Ellenrieder, IStR 2018 S. 444 ff.; zum Verfahren und zur Rückforderung auch Martini, StuW 2017 S. 101 ff.; Krumm, DStJG 41 (2018) S. 561 ff.).

Vor diesem Hintergrund ist auch die Entscheidung des BFH zu sehen: Hätte der nicht von der Kommission „genehmigte" § 6a GrEStG den Beihilfetatbestand des Art. 107 Abs. 1 AEUV erfüllt, hätte der BFH dem Steuerpflichtigen eine zurückzufordernde Beihilfe zugestanden, wenn er in seinem Sinne entschieden hätte.

Aus beihilferechtlicher Sicht ist insoweit zu bemerken, dass der Gerichtshof seinem zuletzt eingeschlagenem Weg treu bleibt und bei der Prüfung, ob sich zwei Unternehmen in vergleichbarer Situation befinden, auf den Vergleichsmaßstabs des Ziels des Referenzsystems abstellt (vgl. etwa den aus deutscher Sicht ebenfalls „spektakulären" Fall der Sanierungsklausel des § 8c Abs. 1a KStG: EuGH v. 28.6.2018 – Rs. C-203/16 P, Heitkamp BauHolding, Dig. Slg., ECLI:EU:C:2018:505, Rz. 86 = NWB JAAAG-87474). Da auch auf Rechtfertigungsebene nur systemimmanente Gründe beachtlich sind, hat dies zur Folge, dass bei Fiskalzwecksteuern systemfremde Regelungsanliegen regelmäßig zur Beihilfe führen. Gerade bei Fiskalzwecksteuern werden insoweit außerfiskalische Lenkungszwecke – anders als bei einer Lenkungssteuer, deren Systemziel gerade in der Lenkung liegt – regelmäßig zur Beihilfe führen (vgl. bereits Ellenrieder, IStR 2018 S. 480, 483 f.). Der Steuerpflichtige sollte daher auf der Hut sein und bei der Nutzung von „verdächtigen" Steuervergünstigungen ein beihilferechtliches Risiko in seine Planungen mit einkalkulieren, wenn er nach eingehender Prüfung feststellt, dass die fragliche Regelung nicht der Kommission notifiziert wurde.

Der Besprechungsfall ist auch insoweit etwas ganz Besonderes, als der EuGH nur selten zum Ergebnis kommt, dass eine Maßnahme gerechtfertigt ist. Dass er die Vermeidung der Doppelbesteuerung als Rechtfertigungsgrund anerkennt, werden sicherlich auch diejenigen aufatmend zur Kenntnis nehmen, die sich viel mit dem Internationalen Steuerrecht befassen und sich bereits gefragt hatten, ob die vielfältigen Sonderregelungen dieses Teilrechtsgebiets nicht auch in gewisser Weise selektiv sind, da sie nur auf grenzüberschreitende Sachverhalte anwendbar sind. Ähnliches gilt für die Vermeidung einer „übermäßigen Besteuerung". Auch wenn im Ermessen der Verwaltung stehende Begünstigungen aus beihilferechtlicher Hinsicht per se nicht unproblematisch sind, liefert der EuGH hier einen potenziellen systeminhärenten Grund, aus dem die Billigkeitsregelungen der §§ 163, 227 AO und die auf ihnen basierenden Einzelentscheidungen beihilferechtlich gerechtfertigt sein könnten (eingehend hierzu Ellenrieder, Die materielle Selektivität steuerlicher Beihilfen, im Erscheinen). Denn auch der EuGH erkennt an, dass ein Ermessen, das nur nach objektiven Kriterien und unter Beachtung von ausschließlich systeminhärenten Erwägungen ausgeübt wird, noch nicht zur Beihilfe führen muss (EuGH v. 18.7.2013 – Rs. C-6/12 P Oy, Dig. Slg., ECLI:EU:C:2013:525, Rz. 24 ff. = NWB YAAAE-43180).

Ferner fällt auf, dass der Gerichtshof nicht explizit Stellung zu der Frage nimmt, ob auf Rechtfertigungsebene auch der Verhältnismäßigkeitsgrundsatz gilt und die Mitgliedstaaten Vorkehrungen zu treffen haben, um eine missbräuchliche Inanspruchnahme der gerechtfertigten Maßnahme zu verhindern. Die Kommission ist aufgrund eines früheren Urteils des EuGH (Urteil v. 8.9.2011 – Rs. C-78/08 bis C-80/08, Paint Graphos u. a., Slg. 2011, S. I-7611, Rz. 70 ff. = NWB LAAAD-93890) grundsätzlich noch dieser Meinung (vgl. Mitteilung v. 19.7.2016 – Bekanntmachung der Kommission zum Begriff der staatlichen Beihilfe i. S. d. Art. 107 Abs. 1 des Vertrags über die Arbeitsweise der Europäischen Union, ABl. EU 2016, Nr. C 262, S. 1, Rz. 140). In A-Brauerei sprach der Gerichtshof nur an einer Stelle davon, dass zu unterscheiden sei zwischen außersteuerlichen Zielen und den dem Steuersystem selbst inhärenten Mechanismen, die zur Erreichung der systeminhärenten Ziele „erforderlich" sind. Der EuGH wird sich in Zukunft noch zur Frage äußern müssen, ob er über diese Erforderlichkeit zum Ausdruck bringen wollte, auch weiterhin an der Voraussetzung der Verhältnismäßigkeit festhalten zu wollen. Diese Frage ist hochrelevant für die Ausbalancierung der mitgliedstaatlichen Steuersouveränität und dem beihilferechtlichen Regelungsanliegen des Schutzes des unverfälschten Wettbewerbs.

Aus Sicht des Steuerpflichtigen ist es in aller Regel nicht zielführend, sich gegen eine Steuerforderung mit dem Argument zu wehren, dass die Befreiung anderer Unternehmen eine Beihilfe darstellt. Denn selbst, wenn dies der Fall sein sollte, stellt dies nach der Rechtsprechung des EuGH nicht die Rechtmäßigkeit der Steuer infrage (EuGH v. 15.6.2006 – verb. Rs. C-393/04 und C-41/05 – Air Liquide, Slg. 2006, I-5293). Auch macht das Urteil – einmal mehr – klar, dass die gleichwohl „beliebte" Argumentation, eine Maßnahme könne durch Unternehmen jeder Größe und Sektors in Anspruch genommen werden, nicht ausreicht, um den Beihilfeverdacht zu entkräften. Steuerpflichtige sind daher gehalten, darzulegen und zu erklären, wieso es sich bei ihr um eine systeminhärente Vorschrift handelt. Gerade vor der Kommission und dem EuGH sollte hierbei etwas weiter ausgeholt und grundsätzlicher argumentiert werden, da diesen Institutionen das mitgliedstaatliche Steuerrecht regelmäßig nicht vertraut und das steuerliche Vorwissen begrenzt sein dürfte. Da die Bereitschaft bei beiden Institutionen jedoch groß ist, sich mit mitgliedstaatlichem Recht intensiver zu befassen, sollte eine entsprechende Gelegenheit zur Stellungnahme wahrgenommen werden, wenn sie sich bietet. Dies ist auch für den nationalen Richter wichtig: Er kann mit seiner Darstellung des mitgliedstaatlichen Rechts bereits den Fall auf die „richtigen" Gleise stellen, wenn er die nationale Rechtslage ordentlich aufarbeitet. Der vorliegende Besprechungsfall ist hierfür ein gutes Beispiel, denn er zeigt auch, wie sehr der EuGH die rechtlichen Äußerungen des BFH zum GrEStG aufnimmt und aus unionsrechtlicher Sicht widerspiegelt.

Des Weiteren ist interessant, dass der EuGH nicht nur prüft, ob die Begünstigungswirkung des § 6a GrEStG durch systeminhärente Gründe gerechtfertigt ist, sondern auch, ob die Verweigerung der Begünstigung gerechtfertigt ist. Dies zeigt sich etwa an der entsprechenden Würdigung der Beteiligungsschwelle von 95 % oder der Mindesthaltedauer. Das Beihilferecht verlangt den Mitgliedstaaten somit auch auf Rechtfertigungsebene i. E. eine gewisse Konsequenz und Kohärenz bei der Verfolgung systeminhärenter Ziele ab (eingehend hierzu Ellenrieder, Die materielle Selektivität steuerlicher Beihilfen, im Erscheinen). Dies ist insoweit besonders relevant, als der bisherige Entwurf der GrESt-Reform zur Vermeidung von sog. „share deals" zwar eine Absenkung der im Grunderwerbsteuerrecht relevanten Beteiligungsschwellen von 95 % auf 90 % vorsieht, wenn es um die Steuerbarkeit nach § 1 GrEStG geht, bei § 6a GrEStG eine solche Absenkung aber derzeit nicht vorgesehen ist (vgl. den bislang vorliegenden Regierungsentwurf, BR-Drucks. 355/19). Wenn der Gesetzgeber hieran festhalten und dieses beihilferechtliche Risiko (vgl. bereits Broemel/Mörwald, DStR 2018 S. 1521, 1522; Ellenrieder/Mörwald, IStR 2018 S. 861, 866) eingehen möchte, sollte er wenigstens § 6a GrEStG in seinem neuen Normkontext der Kommission zur Prüfung vorzulegen. Anderenfalls droht der Steuerpflichtige vom Regen in die Traufe zu kommen, wenn ein FG, der BFH, oder sogar die Kommission wieder Zweifel an der Beihilfekonformität des „neuen" § 6a GrEStG anmelden. In der Folge würde § 6a GrEStG in der Praxis abermals eine lange Zeit faktisch „auf Eis gelegt" werden, bis der Gerichtshof erneut über diese Vorschrift entschieden hätte. Dies wäre sehr schade, denn aufgrund der EuGH-Entscheidung ist der Weg für den BFH nun frei, viele noch streitige Fragen zu klären – z. B. zur Unternehmereigenschaft i. S. d. § 6a GrEStG oder zu Nachbehaltensfristen, die aufgrund der Umwandlung nicht eingehalten werden können. Dadurch würde für diese in ihren Details doch so komplexe Vorschrift für die Praxis deutlich mehr Rechtssicherheit gewonnen – die durch einen erneuerten beihilferechtlichen Verdacht wieder komplett verloren ginge.

2. Grunderwerbsteuerpflicht bei Rückerwerb

BFH v. 20.2.2019 – II R 27/16, BFH/NV 2019 S. 1025 = NWB IAAAH-22572

(Michael Joisten)

Zusammenfassung der Entscheidung

Das Urteil II R 27/16 behandelt die Anwendung des § 16 Abs. 2 Nr. 1 GrEStG auf einen nach § 1 Abs. 3 Nr. 1 GrEStG steuerbaren Erwerbsvorgang. Konkret geht es darum, ob § 16 GrEStG auch dann greift, wenn zwar der Rückerwerb, nicht aber der Ersterwerb steuerbar ist. Im Gegensatz zum umgekehrten Fall (steuerbarer Ersterwerb, nicht steuerbarer Rückerwerb) musste der BFH dies bisher nicht entscheiden.

Wenig überraschend kommt der II. Senat zunächst zu dem Schluss, dass § 16 Abs. 2 Nr. 1 GrEStG auch auf Erwerbsvorgänge nach § 1 Abs. 2, 2a und 3 GrEStG anwendbar ist. Dies ergebe sich unmittelbar aus § 16 Abs. 5 GrEStG. Damit bleibt der BFH bei seiner ständigen Rechtsprechung. Konsequenterweise muss § 16 Abs. 2 Nr. 1 GrEStG somit auch auf Erwerbsvorgänge nach § 1 Abs. 3a GrEStG anwendbar sein.

Einigkeit bestand bisher dahingehend, dass § 16 Abs. 2 Nr. 1 GrEStG auch dann anwendbar ist, wenn zwar der Ersterwerb, nicht aber der Rückerwerb steuerbar ist.

> **BEISPIEL:** Ein Erwerber kauft 95 % der Anteile an einer grundbesitzenden Gesellschaft. Innerhalb von zwei Jahren überträgt der Käufer 0,1 % der Anteile zurück auf den Verkäufer.

Im Revisionsverfahren II R 27/16 äußert sich der II. Senat nunmehr erstmals dazu, unter welchen Voraussetzungen § 16 Abs. 2 Nr. 1 GrEStG anwendbar ist, wenn zwar der Rückerwerb, nicht aber der Ersterwerb steuerbar ist. Nach Auffassung des II. Senats kann § 16 Abs. 2 Nr. 1 GrEStG nur anwendbar sein, wenn zum Zeitpunkt des Ersterwerbs das Grundstück dem damaligen Veräußerer (Rückerwerber) grunderwerbsteuerrechtlich zuzuordnen war. Nicht entscheidend ist, ob der Ersterwerb steuerbar war. Abgrenzungsfrage ist, ob es sich tatsächlich um einen Rückerwerb handelt, oder ob nicht vielmehr ein Ersterwerb vorliegt.

Sachverhalt und Ansicht der Finanzverwaltung

Die Klägerin (Kl.) war alleinige Gesellschafterin der von ihr errichteten Y1-GmbH. Am 12.12.2005 wurden verschiedene notariell beurkundete Vereinbarungen geschlossen (UR-Nr. 0001 bis 0004/2005).

1. In dem Vertrag UR-Nr. 0001/2005 vereinbarten die Y1-GmbH als Käuferin und die Y2-GmbH als Verkäuferin, dass die Y1-GmbH den Geschäftsbereich „..." mit den dazugehörigen Wirt-

schaftsgütern von der Y2-GmbH übernehmen sollte. In Art. 3 des Vertrags heißt es unter 3.2 (Grundstückskauf): Mit wirtschaftlicher Wirkung zum Stichtag für den wirtschaftlichen Übergang verkaufe die Verkäuferin hiermit das in Anlage 3.2 näher bezeichnete Grundstück. Die Käuferin nehme das Verkaufsangebot hiermit an. In der Anlage 3.2 wird auf die Anlage 15.3 (a) Bezug genommen. Hierbei handelt es sich um den Entwurf des unter der UR-Nr. 0004/2005 abgeschlossenen „Grundstückskaufvertrags mit Auflassung" (der ebenfalls am 12.12.2005 beurkundet wurde).

2. Unter der UR-Nr. 0002/2005 schlossen die Kl. und die Y2-GmbH einen Geschäftsanteils-Kaufvertrag, durch welchen die Y2-GmbH von der Kl. einen Anteil am Stammkapital der Y1-GmbH von 24,9 % kaufte.

3. In der Urkunde UR-Nr. 0003/2005 vereinbarten die Kl. und die Y2-GmbH u.a., dass die Kl. jederzeit das Recht habe, den Verkauf des Geschäftsanteils an sie, die Kl., zu verlangen („Call Option").

Am 2.1.2007 machte die Kl. von der Call-Option Gebrauch und erwarb den Anteil am Stammkapital der Y1-GmbH von 24,9 % von der Y2-GmbH zurück.

Bei einer Betriebsprüfung gelangte die Prüferin zu dem Schluss, dass durch die Ausübung des Optionsrechts der Erwerbstatbestand des § 1 Abs. 3 Nr. 1 GrEStG verwirklicht worden sei, da hierdurch 100 % der Anteile an der grundbesitzenden Gesellschaft Y1-GmbH unmittelbar in der Hand der Kl. vereinigt worden wären. § 16 Abs. 2 Nr. 1 GrEStG sei – entgegen der Auffassung der Kl. – nicht analog anzuwenden. Eine analoge Anwendung dieser Vorschrift auf einen Erwerbsvorgang nach § 1 Abs. 3 Nr. 1 GrEStG setze voraus, dass der Rückerwerb sich auf Anteile an einer grundbesitzenden Gesellschaft beziehe. Die Y1-GmbH sei jedoch im Zeitpunkt der Anteilsübertragung durch Abschluss des Vertrags UR-Nr. 0002/2005 noch nicht „grundbesitzend" gewesen (FG Münster, Urteil v. 16.6.2016 – 8 K 2656/13 GrE, EFG 2016 S. 1282 = NWB HAAAF-78828).

Entscheidungsgründe

Das FG Münster gab der Klage aus formellen Gründen statt und hat sich mit der materiellen Rechtsfrage nicht weiter beschäftigt. Hingegen kommt der II. Senat zu dem Ergebnis, dass der Bescheid formell rechtmäßig sei. Auch war der angefochtene Grunderwerbsteuerbescheid nach Auffassung des II. Senats materiell rechtmäßig und eine Anwendung des § 16 Abs. 2 Nr. 1 GrEStG ausgeschlossen. Voraussetzung für eine Anwendung des § 16 Abs. 2 Nr. 1 GrEStG wäre im vorliegenden Fall, dass das Grundstück dem Veräußerer der Anteile (d. h. der Klägerin) grunderwerbsteuerrechtlich zuzuordnen war, mithin wenigstens eine logische Sekunde vor dem Erwerbsvorgang in den grunderwerbsteuerrechtlichen Zurechnungsbereich des Veräußerers gelangt ist. Fehle es daran, so handele es sich nicht um einen Rückerwerb, sondern um einen Ersterwerb. Damit folgt der BFH der Auffassung der Prüferin.

Im vorliegenden Falle war das Grundstück der Y1-GmbH – und damit für Zwecke des § 1 Abs. 3 Nr. 1 GrEStG der Klägerin – zum Zeitpunkt der Anteilsveräußerung durch UR-Nr. 002/2005 noch nicht zuzurechnen. Der Anspruch auf Übereignung wurde entweder zeitgleich oder danach, jedenfalls nicht davor begründet. Vorliegend hätten die Parteien aber beabsichtigt, alle Vereinbarungen gleichzeitig zu schließen. Daher seien auch der Anteilsübertragungsvertrag und der Vertrag über den Erwerb des Grundstücks, gleichzeitig geschlossen worden. Folglich fehle es an der notwendigen Überführung des Grundstücks in den grunderwerbsteuerrechtlichen Zurechnungsbereich der Klägerin vor der Anteilsveräußerung.

Folgerungen: Das Urteil zeigt, wie entscheidend im Grunderwerbsteuerrecht die richtige Zurechnung (Zuordnung) eines Grundstücks ist und wie sehr die Festlegung einer Reihenfolge von Verträgen über die grunderwerbsteuerlichen Folgen entscheiden kann. Zwar erscheint es logisch, dass ein Rückerwerb nur stattfinden kann, wenn dem potentiellen Rückerwerb ein Ersterwerb vorausgegangen ist. Auch erscheint es offensichtlich, dass es sich hinsichtlich der Anteile um einen Rückerwerb handelt. Dies ist aber für die Grunderwerbsteuer, wie der II. Senat aufzeigt, irrelevant. Die Entscheidung verdeutlicht somit die Grundstücksbezogenheit des § 16 GrEStG.

Das Urteil überzeugt inhaltlich. Allerdings zeigt der II. Senat erneut auf, wie schnell die Grunderwerbsteuer für den Steuerpflichtigen zur Steuerfalle werden kann. Die Vertragsparteien hätten die Grunderwerbsteuer durch eine abweichende Gestaltung durchaus vermeiden können, beispielsweise indem sie vereinbart hätten, dass der Grundstückserwerb eine logische Sekunde vor der Anteilsveräußerung hätte stattfinden sollen. Ob die Parteien nun in eine Steuerfalle gelaufen sind oder sich des Risikos bewusst waren, lässt sich nur erahnen. Dass die Klägerin allerdings erst im Einspruchsverfahren den nach § 16 GrEStG erforderlichen Antrag gestellt hat, deutet zumindest darauf hin, dass man die Grunderwerbsteuer nicht hinreichend berücksichtigt hat.

HINWEISE:

Einrichtung eines Kontrollsystems

Gerade in Konzernen mit viel Grundbesitz ist anzuraten, den Grundbesitz zu erfassen und zu dokumentieren, wem dieser Grundbesitz für grunderwerbsteuerliche Zwecke zuzurechnen ist. Im Optimalfall sollte erwägt werden, für die Grunderwerbsteuer ein eigenes Kontrollsystem zu schaffen. Denn gerade mit der anstehenden Gesetzesreform werden die steuerbaren Fälle – und damit auch die potenziellen Steuerfallen – zunehmen.

Bestimmung des zuständigen Finanzamts

Gerade bei einem Antrag auf verbindliche Auskunft ist die Bestimmung des zuständigen Finanzamts erforderlich. Hierzu wiederum bedarf es der Feststellung, wem ein Grundstück für grunderwerbsteuerrechtliche Zwecke zuzurechnen ist. Auf das Finanzamt abzustellen, in dessen zivilrechtlichem Eigentum das Grundstück steht, kann dabei zutreffen, muss es aber nicht. Das Finanzgericht Münster hat entschieden, dass eine durch ein örtlich unzuständiges Finanzamt erteilte verbindliche Auskunft Bindungswirkung entfaltet, und zwar auch gegenüber dem tatsächlich zuständigen Finanzamt, sofern die verbindliche Auskunft nur wirksam ist (FG Münster, Urteil v. 17.6.2019 – 4 K 3539/16 F, NWB ZAAAH-27753, Rev. eingelegt, Az. des BFH: IV R 23/19). Bleibt der BFH bei dieser Auffassung, wäre dies aufgrund des Umstandes, dass die Bestimmung des zuständigen Finanzamts im Bereich der Grunderwerbsteuer nicht immer eindeutig ist, eine für den Steuerpflichtigen positive Entscheidung.

Geplante Änderungen im Grunderwerbsteuergesetz

Interessant ist, dass der „Entwurf eines Gesetzes zur Änderung des Grunderwerbsteuergesetzes" (BR-Drucks. 355/19 v. 9.8.2019) keine Ergänzung des § 16 Abs. 5 GrEStG um einen Hinweis auf den geplanten § 1 Abs. 2b GrEStG vorsieht. Zwar ist davon auszugehen, dass auch Erwerbsvorgänge i. S. d. § 1 Abs. 2b GrEStG von § 16 Abs. 2 Nr. 1 GrEStG erfasst werden sollen. Denn es kann nicht davon ausgegangen werden, dass der Gesetzgeber beabsichtigt, dass es keiner fristgerechten und in allen Teilen vollständigen Anzeige bedarf, um einen Erwerbsvorgang i. S. d. § 1 Abs. 2b GrEStG-E rückgängig zu machen. Noch unzutreffender wäre es aber, § 1 Abs. 2b GrEStG-E vom Anwendungsbereich des § 16 Abs. 2 Nr. 1 GrEStG auszunehmen. Es wäre aber nicht das erste Mal, dass der Steuerpflichtige eigentlich Offensichtliches bis zum BFH treiben muss, um in den Genuss seiner Rechte zu kommen.

3. Gesetzesänderungen: BREXIT-Steuerbegleitgesetz

(Michael Joisten, David Dietsch)

Durch die am 23.6.2016 im Vereinigten Königreich getroffene Volksabstimmung zum Austritt aus der EU („Brexit") wird sich der Druck auf die bestehenden „private company limited by shares" (Limiteds) weiter erhöhen. Sobald der vom britischen Unterhaus am 8.2.2017 gebilligte EU-Austritt vollzogen ist, können englische und walisische Gesellschaften mit faktischem Verwaltungssitz (Ort der Geschäftsleitung) in Deutschland die auf EU-Recht basierende Niederlassungsfreiheit nicht mehr beanspruchen (Vgl. Miras, in BeckOK GmbHG; Ziemons/Jaeger, 39. Edition, § 5a GmbH Rz. 15d, Stand: 1.5.2019). Mit Eintreten des Brexits wird Großbritannien aus steuerlicher Sicht somit ein Drittstaat sein und EU-Grundfreiheiten und Steuervergünstigungen folglich wegfallen (Vgl. Richter, EWS 2018 S. 1).

In Bezug auf solche Limiteds wurden ebenfalls Änderungen im Grunderwerbsteuergesetz aufgenommen, um negative Folgen des Brexits zu vermeiden Hintergrund ist die gesellschaftsrechtliche Einordnung einer Limited: nach der europäischen Gründungstheorie wurde eine Limited bisher als Kapitalgesellschaft anerkannt. Fortan wäre eine solche Gesellschaft (zumindest bei Fehlen eines zweiten Gesellschafters) als OHG, GbR oder Einzelkaufmann zu qualifizieren, mit der Folge eines automatischen (d. h. passiven) Formwechsels der Limited von einer Kapital- in eine Personengesellschaft (Einzelunternehmen). Ergänzt wird das Gesetz daher um einen neuen § 4 Nr. 6 GrEStG, § 6a Satz 5 GrEStG, wodurch sichergestellt werden soll, dass der passive Formwechsel kein grunderwerbsteuerauslösendes Ereignis darstellt (Vgl. Wittkowski, BC 2019 S. 99).

a) BREXIT nicht als grunderwerbsteuerauslösendes Ereignis

Sofern an einer Limited mit inländischer Geschäftsleitung nur ein Gesellschafter beteiligt ist, gibt es verschiedene Fallkonstellationen, in denen allein durch den Brexit ein grunderwerbsteuerrechtlicher Tatbestand ausgelöst werden könnte, was durch § 4 Nr. 6 GrEStG verhindert werden soll. Nach § 4 Nr. 6 GrEStG sind Erwerbe von der Besteuerung ausgenommen, die allein auf dem Austritt des Vereinigten Königreichs Großbritannien und Nordirland aus der Europäischen Union beruhen.

> **BEISPIEL:** An einer UK-Limited mit Ort der Geschäftsleitung im Inland ist A als Alleingesellschafter beteiligt. Die Limited hält im Inland belegenen Grundbesitz. Bisher wird die Limited als Kapitalgesellschaft behandelt. Nach dem Brexit würde die Limited als OHG betrachtet werden. Mangels zweitem Gesellschafter gilt die OHG (für grunderwerbsteuerliche Zwecke) als aufgelöst, so dass es zu einem Erwerbs-

vorgang des A nach § 1 Abs. 1 Nr. 3 GrEStG kommt. Der Erwerbsvorgang ist nach § 4 Nr. 6 GrEStG jedoch von der Besteuerung ausgenommen.

b) Änderungen im Bereich der Konzernklausel

Eine entsprechende Ergänzung wurde für Zwecke des § 6a GrEStG vorgenommen. Danach gilt § 6a Satz 3 GrEStG nicht, soweit allein durch den Brexit das herrschende Unternehmen nicht i. S. v. Satz 4 innerhalb von fünf Jahren nach dem Rechtsvorgang unmittelbar oder mittelbar oder teils unmittelbar, teils mittelbar zu mindestens 95 % ununterbrochen beteiligt ist. Nach Satz 4 ist eine Gesellschaft abhängig i. S. v. Satz 3, an deren Kapital oder Gesellschaftsvermögen das herrschende Unternehmen innerhalb von fünf Jahren vor dem Rechtsvorgang und fünf Jahren nach dem Rechtsvorgang unmittelbar oder mittelbar oder teils unmittelbar, teils mittelbar zu mindestens 95 v. H. ununterbrochen beteiligt ist.

Wenn an einer Limited mit inländischer Geschäftsleitung, der vor dem Brexit eine Steuervergünstigung nach § 6a GrEStG gewährt wurde, nur ein Gesellschafter beteiligt ist, tritt durch den Brexit der Alleingesellschafter an die Stelle der Limited. Normalerweise würde daher der grunderwerbsteuerrechtliche Verbund i. S. d. § 6a GrEStG enden und die Steuervergünstigung nach § 6a GrEStG entfallen. Aufgrund von § 6a Satz 5 GrEStG bleibt diese aber unverändert bestehen.

BEISPIEL: An einer UK-Limited mit Ort der Geschäftsleitung im Inland ist A als Alleingesellschafter und herrschendes Unternehmen i. S. d. § 6a GrEStG beteiligt. Die Limited hält im Inland belegenen Grundbesitz. Diesen Grundbesitz hat die Ltd. aufgrund eines nach § 1 Abs. 1 Nr. 3 Satz 1 GrEStG steuerbaren Rechtsvorgang aufgrund einer begünstigten Umwandlung erworben. Durch den Brexit endet der Verbund zwischen A und der UK-Limited (für grunderwerbsteuerliche Zwecke). Diese Rechtsfolge wird aufgrund § 6a Satz 5 GrEStG nicht gezogen.

HINWEIS:

Vorgelagert stellt sich zwar die Frage, ob es sich überhaupt um einen Sperrfristverstoß handeln könnte, da das Grundstück aufgrund eines steuerbaren Erwerbvorgangs auf A übergeht (teleologische Reduktion). Dies dürfte aber, zumindest nach Auffassung der Finanzverwaltung, zu verneinen sein.

PRAXISTIPP:

Anders verhält sich dies bei der passiven Entstrickung aufgrund erstmaliger Anwendung eines DBA. Der Tatbestand des Ausschlusses oder der Beschränkung des Besteuerungsrechts der BRD setzt keine Handlung des Steuerpflichtigen voraus. Er kann unabhängig von einer Handlung des Steuerpflichtigen durch eine Änderung der rechtlichen Ausgangssituation ausgelöst werden (sog. passive Entstrickung). Damit hätten, nach Auffassung der Finanzverwaltung, die Rechtsfolgen des Brexits, ohne Anpassungen des Gesetzes, wohl auch für grunderwerbsteuerliche Zwecke gezogen werden dürfen. Aus welchem Grund der Gesetzgeber für grunderwerbsteuerliche Zwecke eine Verschonung des Steuerpflichtigen vorsieht, der Finanzverwaltung aber hinsichtlich der passiven Entstrickung (mit Ausnahme einer passiven Entstrickung beim Brexit) nicht entgegentritt und dies somit zulasten des Steuerpflichtigen gehen soll, ist nicht ersichtlich.

4. Geplante Grunderwerbsteuerreform
(Michael Joisten)

a) Problem und Ziel

In der Praxis tritt (nach Auffassung der Bundesregierung) das Phänomen auf, dass es besonders im Bereich hochpreisiger Immobilientransaktionen immer wieder gelingt, durch gestalterische Maßnahmen die Grunderwerbsteuer zu vermeiden. Die hiermit einhergehenden Steuermindereinnahmen seien von erheblicher Bedeutung, weswegen es nicht weiter hinnehmbar sei, dass die durch Gestaltungen herbeigeführten Steuerausfälle von denjenigen finanziert werden, denen solche Gestaltungen nicht möglich sei. Ziel des Gesetzes, welches derzeit im Entwurf vorliegt („Entwurf eines Gesetzes zur Änderung des Grunderwerbsteuergesetzes", BR-Drucks. 355/19 v. 9.8.2019) ist deshalb die Eindämmung missbräuchlicher (fraglich ist, ob hiermit ein Missbrauch i.S.d. § 42 AO gemeint ist) Steuergestaltungen in der Grunderwerbsteuer durch verschiedene Einzelmaßnahmen.

b) Vorgeschlagene Lösung der Bundesregierung

Zur Eindämmung missbräuchlicher Steuergestaltungen in der Grunderwerbsteuer schlägt die Bundesregierung dem Bundesrat in ihrem Gesetzesentwurf insb. folgende Maßnahmen vor:

1. Absenkung der 95 %-Grenze in den Ergänzungstatbeständen, d.h. § 1 Abs. 2a, Abs. 3 und Abs. 3a GrEStG, auf 90 %;
2. Einführung eines neuen Ergänzungstatbestand zur Erfassung von Anteilseignerwechseln in Höhe von mindestens 90 % bei Kapitalgesellschaften (§ 1 Abs. 2b GrEStG);
3. Verlängerung der Fristen in den Ergänzungstatbestanden des § 1 GrEStG sowie in den Begünstigungsvorschriften der §§ 5, 6 GrEStG von fünf auf zehn Jahre sowie Verlängerung der Vorbehaltensfrist in § 6 GrEStG auf fünfzehn Jahre;
4. Anwendung der Ersatzbemessungsgrundlage (§ 8 Abs. 2 GrEStG) auf Grundstücksverkäufe im (steuerlichen) Rückwirkungszeitraum von Umwandlungsfällen;
5. Aufhebung der Begrenzung des Verspätungszuschlags.

c) Alternative: Einführung eines quotalen Besteuerungsmodells

Die Bundesregierung sieht zu den vorgeschlagenen Änderungen keine Alternativen. Allerdings betrachtet der Bundesrat insb. die im Gesetzesentwurf enthaltene Absenkung der bestehenden Grenze zur Erhebung von Grunderwerbsteuer beim Verkauf von Anteilen an Gesellschaften mit Liegenschaftsvermögen von bisher 95 % auf 90 % als nicht ausreichend, um die Umgehung der Zahlung von Grunderwerbsteuer bei Anteilsübertragungen künftig zu verhindern. Er spricht sich vielmehr für die Einführung eines quotalen Besteuerungsmodells aus. Wie dies ausgestaltet sein soll, bleibt offen.

d) Einführung eines weiteren Ergänzungstatbestandes für Gesellschafterwechsel bei Kapitalgesellschaften (§ 1 Abs. 2b GrEStG-E)

aa) Gleicher Gedanke wie bei § 1 Abs. 2a GrEStG

§ 1 Abs. 2a GrEStG erfasst Gesellschafterwechsel an Personengesellschaften mit inländischem Grundbesitz in Höhe von mindestens 90 % innerhalb eines Zeitraums von zehn Jahren. Der Tatbestand fingiert die Übertragung der inländischen Gesellschaftsgrundstücke von der Personengesellschaft in „alter" Zusammensetzung auf die Personengesellschaft in „neuer" Zusammensetzung.

Die neue Vorschrift des § 1 Abs. 2b GrEStG soll aus Gründen der Missbrauchsverhinderung unter gleichen Voraussetzungen Anteilseignerwechsel an Kapitalgesellschaften mit inländischem Grundbesitz erfassen. Besteuert wird die Gesellschaft, die wegen des Anteilseignerwechsels grunderwerbsteuerrechtlich nicht mehr als dieselbe Kapitalgesellschaft anzusehen ist (vgl. BT-Drucks. 355/19 v. 9.8.2019). Insofern kann m. E. auf die Rechtsprechung und Verwaltungsanweisungen zu § 1 Abs. 2a GrEStG zurückgegriffen werden.

bb) Keine Anwendung der Nichterhebungsregelungen

Unverändert sollen in Bezug auf die personenbezogenen Steuerbefreiungstatbestände und die Nichterhebungsregelungen die Unterschiede, die aus der unterschiedlichen Rechtsform resultieren, Beachtung finden. Dies bedeutet, dass insb. §§ 5, 6 GrEStG im Bereich des § 1 Abs. 2b GrEStG keine Anwendung finden sollen. Dies ist nicht nur misslich, da der Gesetzesentwurf keine Nichterhebungsregelung für die Neuregelung des § 1 Abs. 2b GrEStG vorsieht. Gleichzeitig dürfte der Anwendungsvorrang des § 1 Abs. 2b GrEStG aufgrund seines vorgesehenen Anwendungsvorrangs gegenüber § 1 Abs. 3 GrEStG die Anwendung der Nichterhebungsvorschriften bei Kapitalgesellschaften für die Fälle des § 1 Abs. 3 Nr. 3, Nr. 4 GrEStG sperren, wo diese aufgrund der Fiktion des § 1 Abs. 3 GrEStG doch Anwendung finden würden.

Die Bundesregierung hat zwar erkannt, dass durch die Einführung des § 1 Abs. 2b GrEStG der Anwendungsbereich der Vorschrift des § 1 Abs. 3 Nr. 3 GrEStG für die Fälle von grundbesitzenden Kapitalgesellschaften verkleinert wird. Auch hat sie erkannt, dass aufgrund der Rechtsformunterschiede die Nichterhebungsvorschriften keine Anwendung finden. Allerdings scheint sie diesen Missstand nicht erkannt zu haben.

Bei der nach § 1 Abs. 3 Nr. 3 und 4 GrEStG steuerbaren Weiterübertragung von mindestens 95 % bereits in der Hand einer Gesellschaft (Kapital- bzw. Personalgesellschaft) vereinigter Anteile auf eine Gesamthand ist § 5 Abs. 2 GrEStG anwendbar (Pahlke, GrEStG, 6. Aufl. 2018, § 5 Rz. 15 m.w.N.). Diesen Erwerbsvorgängen liegt – anders als der Anteilsvereinigung nach § 1 Abs. 3 Nr. 1 und Nr. 2 GrEStG – kein (fingierter) Grundstückserwerb von der Gesellschaft, sondern ein (fingierter) Erwerb von dem die Anteile übertragenden Gesellschafter zugrunde. Werden daher mindestens 95 % der Anteile an einer grundstücksbesitzenden Kapitalgesellschaft auf eine Gesamthand übertragen, wird wegen der dem Gesellschafter der Kapitalgesellschaft zuzurechnenden Grundstücks der gem. § 1 Abs. 3 Nr. 3 oder Nr. 4 GrEStG fingierte Grundstücksübertragung nach § 5 Abs. 2 GrEStG zu dem Anteil nicht erhoben, zu dem der Gesellschafter der KapGes an der Gesamthand beteiligt ist (vgl. Pahlke, GrEStG, 6. Aufl.2018, § 5 Rz. 15 m.w.N.)

BEISPIEL: A, der sämtliche Anteile an einer GmbH mit Grundbesitz hält, überträgt alle Anteile auf eine OHG, an der er beteiligt ist.

Lösung: (nach derzeitigem Recht):

Die Grunderwerbsteuer des nach § 1 Abs. 3 Nr. 3 GrEStG fingierten Grundstückserwerbs bleibt nach § 5 Abs. 2 GrEStG in Höhe der Beteiligung des A an der OHG unerhoben (aus Pahlke, GrEStG, 6. Aufl. 2018, § 5 Rz. 15).

Lösung (nach Einführung des § 1 Abs. 2b GrEStG):

Der neue § 1 Abs. 2b GrEStG sperrt aufgrund seines Anwendungsvorrangs (§ 1 Abs. 3 Satz 1 GrEStG-E lautet: „Gehört zum Vermögen einer Gesellschaft ein inländisches Grundstück, so unterliegen der Steuer, soweit eine Besteuerung nach Absatz 2a und Absatz 2b nicht in Betracht kommt…") § 1 Abs. 3 Nr. 3, Nr. 4 GrEStG. Die Übertragung gilt als ein auf die Übereignung eines Grundstücks auf eine neue Kapitalgesellschaft gerichtetes Rechtsgeschäft. Hierfür kommt eine Nichterhebung der Grunderwerbsteuer nach § 5, 6 GrEStG nicht in Betracht. Sofern § 6a GrEStG nicht greift, wäre vollumfänglich Grunderwerbsteuer zu erheben.

Behoben werden könnte der Mangel durch die vorgeschlagenen Änderungen des § 6a GrEStG, wodurch die Begünstigungsvorschrift eine stärkere grundstücksbezogene Ausrichtung bekommen soll (Hierzu siehe BR Drucks. 355/1/19 v. 9.9.2019). Die Vorschläge sind zu begrüßen.

cc) Zeitliche Anwendung

Der Erwerbsvorgang des neuen § 1 Abs. 2b GrEStG ist verwirklicht, wenn eine Änderung des Gesellschafterbestandes einer grundbesitzenden Kapitalgesellschaft in Höhe von mindestens 90 % der Anteile an der Gesellschaft tatsächlich erfolgt ist. Maßgeblicher Zeitpunkt für die Verwirklichung des Steuertatbestands ist – genauso wie bei § 1 Abs. 2a GrEStG – die zivilrechtlich wirksame Anteilsübertragung, also das Verfügungsgeschäft. Auf das zugrunde liegende Kausal- bzw. Verpflichtungsgeschäft kommt es nicht an (Vgl. BT-Drucks. 355/19 v. 9.8.2019, S. 24).

§ 1 Abs. 2b GrEStG soll erstmals auf Erwerbsvorgänge anzuwenden sein, die nach dem 31.12.2019 verwirklicht werden (vgl. § 23 Abs. 17 GrEStG). Damit würden, anders als noch bei Einführung des § 1 Abs. 2a GrEStG (Vgl. hierzu BFH v. 8.11.2000 – II R 64/98, BStBl 2001 II S. 422), auch Anteilsübertragungen in die Berechnung der 90 %-Quote einbezogen werden, die vor dem 31.12.2019 stattgefunden haben. Dass dies verfassungsrechtlichen Bedenken begegnen dürfte, hat der Bundesrat zutreffend erkannt und spricht sich daher für eine Berücksichtigung nur solcher Veränderungen im Gesellschafterbestand aus, die nach dem 31.12.2019 stattgefunden haben (Vgl. BR-Drucks. 355/1/19 v. 9.9.2019, S. 8). Dies hatte der BFH auch schon zu § 1 Abs. 2a GrEStG entschieden.

In seinem Urteil II R 64/98 kam der BFH zu dem Ergebnis, dass im Rahmen des Fünfjahreszeitraums des § 1 Abs. 2a GrEStG liegende Änderungen im Gesellschafterbestand einer Personengesellschaft, die vor dem 1.1.1997 vorgenommen worden sind, gem. § 23 Abs. 3 GrEStG bei der Anwendung des § 1 Abs. 2a GrEStG nicht berücksichtigt werden dürfen. Da das Rechtsgeschäft im Sinne der Vorschrift aus der Summe seiner Teilakte besteht, mussten alle Teilakte nach dem 31.12.1996 erfüllt worden sein. Die Besteuerung durfte demnach nicht an Änderungen des Gesellschafterbestandes anknüpfen, die vor dem 1.12.1997 vorgenommen worden sind. Diese Auslegung des Gesetzes scheint die Bundesregierung dadurch umgehen zu wollen, dass sie nunmehr nicht an „Rechtsgeschäfte" anknüpft, sondern an die Verwirklichung des „Erwerbsvorgangs".

Dennoch scheint der Gesetzgeber zu übersehen, dass der BFH auch damals schon, obwohl es dieser Ausführungen nicht mehr bedurft hätte, sein Verständnis zu § 1 Abs. 2a GrEStG mit verfassungsrechtlichen Bedenken begründet hat, die sich entsprechend für die verfassungsrechtlichen Bedenken des § 1 Abs. 2b GrEStG-E heranziehen lassen. Seine Bedenken formulierte der II. Senat damals wie folgt:

„Für die Richtigkeit der hier vertretenen Auffassung des Senats sprechen auch verfassungsrechtliche Gesichtspunkte. Die sich nach der Ansicht der Finanzverwaltung aus § 23 Abs. 3 GrEStG ergebende nachträgliche Verschlechterung von Rechtspositionen würde einen einschneidenen Eingriff in die Erwartung der betroffenen Gesellschaften und Gesellschafter ergeben, dass der getätigte Anteilserwerb steuerfrei bleibe. Bei diesem Eingriff handelt es sich nicht nur um die Beseitigung einer begünstigenden Besteuerungsregel, sondern um die Schaffung eines gänzlich neuen Steuertatbestandes. Ein solcher Eingriff in Rechtspositionen bedarf einer ausdrücklichen und klaren gesetzlichen Anordnung, unabhängig davon, ob diese Regelung als echte Rückwirkung (Rückbewirkung von Rechtsfolgen) oder als unechte Rückwirkung (tatbestandliche Rückanknüpfung) im Sinne der Rechtsprechung des BVerfG [...] zu beurteilen wäre.

Vor dem Rechtsstaatsprinzip des Grundgesetzes (Art. 20 Abs. 3 GG) bedarf es besonderer Rechtfertigung, wenn der Gesetzgeber die Rechtsfolgen eines der Vergangenheit zugehörigen Verhaltens nachträglich belastend ändert. Auch soweit die Rechtsfolgen eines Gesetzes zwar erst nach Verkündung der Norm eintreten, deren Tatbestand aber Sachverhalte erfasst, die bereits vor Verkündung des Gesetzes verwirklicht worden sind, ist der Eingriff in Grundrechte der Betroffenen nur zulässig, wenn die Interessen der Allgemeinheit, die mit der Regelung verfolgt werden, das Vertrauen des Einzelnen auf die Fortgeltung der bestehenden Rechtslage überwiegen.

In beiden Fällen gebietet das Rechtsstaatsprinzip, die in die Vertrauensschutzpositionen eingreifenden Vorschriften in ihren Voraussetzungen und in ihrem Inhalt so klar zu formulieren, dass die Rechtslage für den Betroffenen erkennbar ist und er sein Verhalten danach einrichten kann. Dies spricht dagegen, der unklaren und auslegungsbedürftigen Vorschrift des § 23 Abs. 3 GrEStG den Norminhalt beizumessen, dass vor dem Stichtag liegende Veränderungen des Gesellschafterbestandes tatbestandserfüllend sind."

Es bleibt abzuwarten, ob sich die Bundesregierung dieser Ausführungen des II. Senats im weiteren Gesetzgebungsverfahren bewusst wird und von einer Einbeziehung bereits eingetretener Veränderungen im Gesellschafterbestand absieht. Für das Verständnis der Bundesregierung spricht lediglich, dass die Vorschrift in ihren Voraussetzungen und in ihrem Inhalt so klar formuliert ist, dass die Rechtslage für den Betroffenen erkennbar ist oder zumindest sein könnte. Sein Verhalten kann er danach dennoch nicht mehr einrichten.

STICHWORTVERZEICHNIS

A

Ablaufhemmung 143

Anschrift in einer Rechnung 178

Auslegung Doppelbesteuerungsabkommen 141 f., 149
– Nachweis 51

B

Bildungsleistung 175

Beihilfe
– Rückforderung 221
– Tatbestand 219 f.

Buchführungspflicht 101 ff.
– Buchführungspflicht ausländischer Personengesellschaften 105
– derivative Buchführungspflicht 103
– Goldfingermodell 103 ff.
– Ordre-public Vorbehalt 103
– Wahlrechtsausübung Einnahmen-Überschuss-Rechnung 104

Brexit 94, 146, 168

Bruchteilseigentum 184

E

Einbringung 89

Erhebungszeitraum 93

Erweiterte Kürzung 85

EU-Doppelbesteuerungsabkommen – Streitbeilegungsgesetz 145
– Alternative Streitbeilegung 148
– Ausschuss für Alternative Streitbeilegung 148
– Baseball Arbitration 148
– Beratender Ausschuss 148
– Final-Offer Arbitration 148
– Rechtsbehelfsverzicht 149
– Streitbeilegungsbeschwerde 146, 148

EU-Schiedskonvention 144 f., 149

EU-Streitbeilegungsrichtlinie 144 f., 149
– Europäisches Sekundärrecht 145 f.
– Rückwirkendes Inkrafttreten 145 f.
– Streitfrage 141, 149

F

Fahrschulunterricht 174

G

Gesundheitszentrum 173

H

Handelsübliche Bezeichnung 179

I

Infektion 87
– Abwärtsinfektion 92
– Aufwärtsinfektion 87
– Seitwärtsinfektiion 87

J

Jahressteuergesetz 2019 175 f.

K

Konfusion 163

Konzernklausel 219 ff.

L

Leistungsbeschreibung 177

M

Meistbegünstigungsgrundsatz 174

Miteigentumsanteil 184

MLI 146

N

Niedrigpreissegment 177

O

Obligatorische Streitbeilegungsmechanismen 141

Ort der sonstigen Leistung 171 f.

233

S

Sacheinlage 159

Schiedsverfahren 142 ff., 148, 149

Sperrfrist 165

Steuerbefreiung 173 ff.
- ärztliche Heilbehandlungen 173 f
- Bildungsleistungen 175 f.
- Krankenhausbehandlungen 173 f.
- Schul- und Hochschulunterricht 174 f.

T

Teilrücknahme 143

Teilverzicht 143

U

Umsatzsteuer 171 ff.

Unterhaltungsleistung 171

V

Verfolgungsverjährung 205 f.

Verluste
- gewerbesteuerliche - 89
- Verlustrücktrag 190 ff.

Verschmelzung 161, 163

Verständigungsverfahren 141, 146, 148
- abkommenswidrige Besteuerung 149

Vorsteuerabzug 180 ff.
- Angemessenheit der Anschaffungskosten 181
- Luxussportwagen 180 f.
- ohne Rechnung 182

Gleich per Fax anfordern
02323.141-173

Absender
☐ Firmenanschrift ☐ Privatanschrift (Zutreffendes bitte ankreuzen)

Firma/Kanzlei/Institution* Kundennummer

Titel/Vorname/Name* Geburtsdatum

Funktion

Straße/Postfach*

PLZ/Ort*

Tel.-Nr./Fax-Nr.

E-Mail*

Anzahl Berufsträger Anzahl Mitarbeiter (ca.)

Branche *Pflichtangaben

62134

Nutzen Sie den Aktualitäts-Service von „Steuerrecht aktuell":

Auf Wunsch senden wir Ihnen die jeweils neueste Ausgabe von „Steuerrecht aktuell" inklusive Online-Seminar und die beiden Spezial-Ausgaben sofort nach Erscheinen zu.

 Ja, ich nutze den Aktualitäts-Service von „Steuerrecht aktuell" um keine Ausgabe zu verpassen!

Senden Sie mir jeweils die neueste Ausgabe von „Steuerrecht aktuell" (42,90 € pro Ausgabe) inkl. Online-Seminar sofort nach Erscheinen zu. Neben zwei bis drei „regulären" Ausgaben im Jahr erhalte ich zum Jahresanfang die Ausgaben „Spezial Steuererklärungen" (44,90 €) und „Spezial Steuergesetzgebung" (49,90 €). Wenn ich diesen Service nicht mehr wünsche, genügt eine kurze Mitteilung an den Verlag.

 Ja, ich bin damit einverstanden, von NWB über interessante Angebote informiert zu werden und erkläre, die Datenschutzhinweise zur Kenntnis genommen zu haben.

Mit meiner Unterschrift akzeptiere ich die Datenschutzbestimmungen und bestätige, dass ich über mein Widerrufs- und Widerspruchsrecht aufgeklärt worden bin.

X _____
Datum/Unterschrift

Widerrufsbelehrung: Sie haben als Verbraucher das Recht, binnen 14 Tagen diesen Vertrag ohne Begründung zu widerrufen. Die Widerrufsfrist beginnt, sobald Sie/ ein Beauftragter die Ware (bei Lieferung in mehreren Teilsendungen: die letzte Teilsendung; bei regelmäßigen Lieferungen: die erste Teilsendung) besitzen. Um Ihr Widerrufsrecht auszuüben, müssen Sie uns, NWB Verlag, Eschstr. 22, 44629 Herne, mittels einer eindeutigen Erklärung, die vor Ablauf der Widerrufsfrist abgegeben sein muss, informieren. Sie können ein Muster-Formular auf unserer Webseite (www.nwb.de) elektronisch ausfüllen und übermitteln. Wir werden unverzüglich eine Bestätigung senden. Im Falle eines Widerrufs sind beiderseits empfangene Leistungen zurückzugewähren. Wir tragen die Kosten der Rücksendung. Unsere AGB finden sie unter go.nwb.de/agb

Datenschutzhinweise: Wir erheben Ihre Daten für folgende Zwecke und aufgrund folgender Rechtsgrundlage: Ihre Bestelldaten zur Vertragserfüllung und aufgrund Ihrer erteilten Einwilligung. Ihre Zahlungsdaten zur automatischen Zuordnung Ihrer Zahlung, Ihre Adressdaten zur Neukundengewinnung und Absatzförderung, Ihre E-Mail-Adresse zur Absatzförderung und zum Erhalt unserer Newsletter (ggfs. ihr Geburtsdatum im Rahmen der Identitätsfeststellung und Altersverifikation). Ihre Telefonnummer und/oder E-Mail-Adresse für Rückfragen in Bezug auf die Vertragserfüllung. Die Bereitstellung ist freiwillig, bei Nichtbereitstellung kann es zu Einschränkungen der Nutzbarkeit kommen. (Art 6 Abs.1 a), b) DSGVO)(Gegebenenfalls ihr Geburtsdatum um Geburtstagsgrüße zu senden und für statistische Zwecke - die Bereitstellung ist freiwillig)

Ort der Datenverarbeitung: Wir verarbeiten Ihre Daten grundsätzlich in der Bundesrepublik Deutschland. Eine Weitergabe ihrer Daten erfolgt nur im Rahmen des Versands ihrer Produktbestellungen grundsätzlich an die Deutsche Post AG. Für weitere Auskünfte besuchen Sie bitte auch unsere Homepage unter go.nwb.de/datenschutz

Bestellungen über unseren Online-Shop: Lieferung auf Rechnung, Bücher versandkostenfrei. NWB versendet Bücher, Zeitschriften und Briefe CO₂-neutral. Mehr über unseren Beitrag zum Umweltschutz unter www.nwb.de/go/nachhaltigkeit

 Service-Fon
02323.141-950

 E-Mail
bestellung@nwb.de

 Internet
www.nwb.de/go/shop

 Postanschrift
NWB Verlag · 44621 Herne

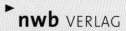